Jonathan A. Knee

Million Dollar Boys

Jonathan A. Knee

Million Dollar Boys

Die Insider-Story eines Investment-Bankers

Aus dem Amerikanischen
übersetzt von Stephan Gebauer

REDLINE WIRTSCHAFT

Bibliografische Information der Deutschen Nationalbibliothek

Die Deutsche Nationalbibliothek verzeichnet diese Publikation in der Deutschen Nationalbibliografie.
Detaillierte bibliografische Daten sind im Internet über http://dnb.d-nb.de abrufbar.

ISBN: 978-3-636-01436-8

Unsere Web-Adresse:
www.redline-wirtschaft.de

Übersetzung: Stephan Gebauer
Umschlaggestaltung: Thomas Jarzina, Köln
Umschlagabbildung: © Joseph Sohm; Visions of America/CORBIS
Satz: Manfred Zech, Redline Wirtschaft
Druck: Himmer, Augsburg
Printed in Germany

Für Chaille Bianca, Vivienne Lael und William Grant, der sagt, dass er Investment-Banker werden will

Danksagungen

Dies ist mein erstes Buch, und daher schulde ich vielen Leuten Dank. Zum Glück für den Leser sind die meisten von ihnen gegenwärtige und ehemalige Angestellte von Goldman Sachs und Morgan Stanley, die lieber nicht namentlich genannt werden möchten. Ohne ihre Unterstützung und ihr Wissen wäre dieses Unterfangen kaum gelungen. Sodann möchte ich Clare Reihill vom Verlag Harper Collins danken, die mich zu dem Projekt ermutigte und mir Orientierungshilfe gab. Dasselbe gilt für Brian Kempner und Peter Kaplan vom *New York Observer,* L. Gordon Crovitz und Paul Ingrassia von Dow Jones, Pat Tierney und Dan Farley von Harcourt, John Sargent und George Witte von Holtzbrinck sowie Allison Silver, eine langjährige Freundin und Journalistin der *Los Angeles Times* und der *New York Times.* Bei Beatrice Cassou, Mark Gerson, Bruce Greenwald, David Knee, Myra Kogen, Chaille Maddox, Lisa McGahan, John Edward Murphy, Jeff Reisenberg, Jason Sobol und Clyde Spillenger möchte ich mich dafür bedanken, dass sie die zahlreichen Entwürfe lasen und kommentierten. Meine beiden Forschungsassistenten Nicholas Greenwald und Amani Macaulay sorgten dafür, dass ich auf dem Boden der Tatsachen blieb. Und Stephanie Trocchia und Jeannie Esposito überlebten mein Archivierungssystem und schafften es, damit zu arbeiten. Schließlich schulde ich meiner Agentin Elaine Markson und meinen Lektoren bei der Oxford University Press Dank: Tim Bartlett übernahm die anfängliche Bearbeitung, und andere schleppten mein Werk über die Ziellinie. Sie gaben mir eine Chance, lenkten mich in die richtige Richtung und stärkten mir den Rücken. Allerdings sollte keine dieser Personen für das verantwortlich gemacht werden, was ich hervorgebracht habe.

Inhalt

Vorwort

Tausende Menschen drängten sich an jenem nebligen, feuchten Januarmorgen in der Riverside Church an der Upper West Side von Manhattan, um am Gedenkgottesdienst für Richard B. Fisher teilzunehmen, den ehemaligen Leiter von Morgan Stanley. Bürgermeister Michael Bloomberg war ebenso anwesend wie David Rockefeller und andere Würdenträger. Und es waren unzählige junge Banker gekommen, die dem Verstorbenen vielleicht nie begegnet waren, jedoch die Legenden kannten, die sich um seinen Namen rankten.

Dieser berührende Beweis der Zuneigung war nicht unbedingt zu erwarten gewesen. Als Fisher am 16. Dezember 2004 im Alter von 68 Jahren starb, war er längst nur noch eine Randfigur in der globalen Investment-Bank, für die sein Name einst ein Synonym gewesen war. Fisher war im Jahr 1962 bei Morgan Stanley eingetreten und 1984 zum Präsidenten der Firma ernannt worden. Als er im Jahr 1997 die schicksalhafte Fusion mit der in Chicago ansässigen Firma Dean Witter, Discover and Co. aushandelte – dabei wurde Phil Purcell, der Leiter von Dean Witter, zum CEO der neuen Firma und Fishers Schützling John Mack zum Präsidenten und Geschäftsführer ernannt –, war Fischer seit sechs Jahren Chairman von Morgan Stanley.

Schon einige Zeit bevor der Prostatakrebs wieder aufflammte, der ihn schließlich das Leben kosten sollte, war Fisher in der einst von ihm geführten Investment-Bank weiter und weiter an den Rand gedrängt worden. Unmittelbar nach der Fusion war er zum Vorsitzenden des Leitungsausschusses der Firma bestellt worden, doch im Jahr 2000 wurde er aus dem Board entfernt und kurze Zeit später zum »Chairman Emeritus« herabgestuft. Als John Mack, der von seinem Gegenspieler Purcell an die Wand gespielt worden war, im Jahr darauf zurücktrat, bat Fisher darum, sich an den Board wenden zu dürfen, doch Purcell überbrachte ihm eine schmerzhafte Nachricht: Der Board sei nicht daran interessiert, ihn anzuhören. Sogar Fishers Büro wurde zunächst aus dem für das Topmanagement reservierten Stockwerk und später überhaupt in ein anderes Gebäude verlegt, an einen Ort, der in der Firma als »Jurassic Park« bezeichnet wurde, weil altgediente Banker dort eine Nische erhielten und mit einer Sekretärin in den Vorruhestand geschickt wurden.

Unter den Trauergästen war eine Gruppe von sieben Mitbewohnern des Jurassic Park, zu denen S. Parker Gilbert zählte, Fishers Vorgänger als Chairman. Die meisten dieser angesehenen älteren Herren hatten so wie Fisher in den sechziger Jahren ihre Karriere bei Morgan Stanley begonnen. Als sie sich in der überfüllten Kirche umsahen, konnten sie sich des Gedankens nicht erwehren, dass sich die Zeiten sehr geändert hatten.

In den sechziger Jahren hatte Morgan Stanley nicht am Wertpapierhandel teilgenommen, da die Firma dieses Geschäft als minderwertige Tätigkeit betrachtete, die von reinen Händlern ausgeübt wurde, bei denen es sich überwiegend um Juden handelte. Doch im Jahr 1971 hatte die Bank eine eigene Verkaufs- und Handelsabteilung eingerichtet, mit deren Leitung ein junger Partner namens Richard Fisher betraut worden war. In den letzten Jahren waren die in diesem Tätigkeitsbereich erzielten Gewinne deutlich höher ausgefallen als jene im traditionellen Geschäft der Gentleman-Banker. Die Hinwendung zu Verkauf und Handel fiel mit der Gründung einer Abteilung für Fusionen und Übernahmen zusammen, womit Morgan Stanley eine Vorreiterrolle unter den großen Investment-Banken übernahm. Bis zu jener Zeit hatten diese Firmen die Beratung bei Fusionen und Übernahmen oft als eine Dienstleistung behandelt, die langjährigen Klienten kostenlos angeboten wurde. Doch innerhalb von zwei Jahrzehnten verwandelte sich der Bereich »M&A« (Mergers and Acquisitions) in die Ertragsmaschine der traditionellen Finanzierungsinstitute, und die Leitung dieses Bereichs übernahmen Stars, deren Namen oft bekannter waren als jene der Klienten oder Banken, in deren Dienst sie theoretisch standen.

Die bedeutsamste Veränderung betraf allerdings die Position der Firma in der Branche. In den sechziger Jahren war Morgan Stanley mit einigen Dutzend Partnern und mehreren Hundert Mitarbeitern die führende Investment-Bank der Welt. Im Labyrinth des heiß umkämpften Finanzsektors der neunziger Jahre war eine solche umfassende Vorherrschaft einfach nicht mehr möglich. Doch selbst in dem relativ kleinen Revier, auf das sich diese großartige Firma konzentrierte – gemeint ist die hochwertige unabhängige Finanzberatung der führenden Unternehmen der Welt –, war die Führung schon vor geraumer Zeit an Goldman Sachs verloren gegangen.

Der Aufstieg von Wertpapierhandel und M&A zu den vorrangigen Einnahmequellen in den siebziger Jahren hatte den Anstoß zum Wandel der Kultur und der Struktur des Investment-Banking und zur

Änderung von Morgan Stanleys Position in der Branche gegeben, doch es gab eine Vielzahl weiterer interner und externer Entwicklungen, die dazu beigetragen hatten, die Firma in die Lage zu bringen, in der sie sich Anfang des Jahres 2005 befand. Indem sich Morgan Stanley im Jahr 1986 entschlossen hatte, 20 Prozent der Aktien an externe Investoren zu verkaufen, hatte die Firma einen weitreichenden Schritt getan: Abgesehen davon, dass sie sich damit von der Tradition der privaten Partnerschaft gelöst hatte, wurde das Kapital auch verwendet, um Morgan Stanley eine aggressivere Beteiligung an den Leveraged Buy-outs (oder LBO) zu ermöglichen, die zu jener Zeit in der Branche in Mode gekommen waren. Aktiengesellschaften, die als schlecht geführt oder unterbewertet eingeschätzt wurden, wurden zum Ziel der Übernahmekünstler, die diese Geschäfte finanzierten, indem sie Schulden in nie dagewesener Höhe aufnahmen. Morgan Stanley platzierte nicht nur die Anleihen, sondern investierte teilweise auch sein eigenes Geld in die Transaktionen. Schon die Finanzierung von derart verschuldeten Unternehmen war umstritten, doch die Firma überschritt eine noch höhere Hemmschwelle, indem sie sich vom Vermittler zum Investor wandelte und aktiv auf eigene Rechnung an diesen Deals teilnahm, selbst wenn sie damit zum Konkurrenten ihrer Klienten wurde.

Als der Gesetzgeber ein Jahrzehnt später das Investment-Banking wieder für die großen Handelsbanken öffnete, gerieten die herkömmlichen Arbeitsmethoden der Branche unter noch größeren Druck. Das aus der Depression stammende Glass-Steagall-Gesetz hatte die Investment-Banken lange Zeit vor Übergriffen der sehr viel kapitalkräftigeren Handelsbanken geschützt. Doch die Aufhebung dieses Gesetzes im Jahr 1999 ebnete den Weg für einen deutlich verschärften Wettbewerb und für eine Fusionswelle, die riesige »Finanzsupermärkte« hervorbrachte, deren Geschäftsethos nichts mehr mit dem der alten Investment-Banken zu tun hatte.

Doch im Fall von Morgan Stanley hatte keine dieser Veränderungen ähnlich weitreichende Auswirkungen wie die Verschmelzung mit Dean Witter Discover. Obwohl diese Verbindung als »Fusion unter Gleichen« bezeichnet wurde, stellte sich bald heraus, dass sich die ehrwürdigste aller Wall-Street-Firmen in Wahrheit an eine Broker- und Kreditkartenfirma verkauft hatte, deren Zielgruppe das untere Privatkundensegment war. Als sich Robert Scott, ein Veteran von Morgan Stanley, beim Gedenkgottesdienst erhob, um einige Worte zu sagen, wurde das kleine Grüppchen der Zeitgenossen von Fisher daran erinnert, wie übel ihrer

Seite bei der ursprünglich vielversprechenden Fusion mitgespielt worden war. Obwohl Scott zehn Jahre jünger als Fisher war und eigentlich nicht dessen Generation angehörte, war er der letzte in einer langen Reihe von Morgan-Führungskräften, die Purcell gnadenlos aus dem Weg geräumt hatte, sobald er eine Bedrohung in ihnen gesehen hatte oder sie nicht länger brauchte. Scott, der frühere Leiter des Investment-Banking, war im Februar 1997 von Fisher mit der Leitung des Teams betraut worden, das die Fusion für Morgan abwickeln sollte. Doch noch vor Ende dieses Monats und lange vor dem Abschluss des Geschäfts im Mai 1997 erlitt Scott einen Herzinfarkt. Purcells Entscheidung, den gesundheitlich angeschlagenen Manager im Jahr 2001 zum Nachfolger von Mack als Präsident und Geschäftsführer zu ernennen, wurde allgemein als Schachzug gedeutet, der dazu diente, die Leute von Morgan Stanley angesichts des Verlusts ihres Thronerben Mack zu beschwichtigen, ohne eine Gefahr für Purcells Herrschaft heraufzubeschwören. Zwei Jahre später teilte Purcell Scott mit, dass seine Dienste nach 33 Jahren bei Morgan Stanley nicht länger benötigt würden. Der einzige verbleibende Sitz im Board, der für einen Manager von Morgan reserviert war, wurde in aller Stille gestrichen. Nun war Purcell der unangefochtene Alleinherrscher.

»Dick wacht über uns«, versicherte Scott der Trauergemeinde mit brechender Stimme. »Es wird alles ins Lot kommen.«

Manch einer war da nicht so sicher. Wenige Wochen nach Fishers Beerdigung schlossen sich dieselben sieben Männer mit Scott zusammen und versammelten sich in der Wohnung des früheren Chairman S. Parker Gilbert, um einen Plan für den Sturz Purcells zu schmieden. Einige von ihnen dachten seit geraumer Zeit darüber nach, wie sie ihrer Unzufriedenheit mit Purcell am besten Ausdruck verleihen könnten, und die Emotionen, die bei Fishers Begräbnis frei geworden waren, gaben ihnen den Anstoß zum Handeln. Die acht ehemaligen Spitzenmanager von Morgan Stanley, die ihrer Gruppe die Bezeichnung »Die missmutigen alten Männer« gaben, beauftragten schließlich den erfahrenen Investment-Banker Robert Greenhill – der im Jahr 1970 als Mitglied der gefeierten »Gruppe der respektlosen Sechs« (der auch Fisher angehört hatte) Partner der Firma geworden war – mit ihrer Vertretung. Es wurden Briefe an die Board-Mitglieder geschickt, Pressemitteilungen ausgesandt, Interviews für CNBC gegeben und ganzseitige Anzeigen im *Wall Street Journal* geschaltet. Morgan Stanley versuchte, ihre Vorwürfe als Ränke ehemaliger Mitarbeiter zu diskreditieren, die über die Entwicklungen in der Firma nicht auf dem Laufenden seien, doch das Renommee dieser Männer weckte Zweifel an dieser Darstellung.

Doch trotz oder gerade wegen des Renommees dieser Gruppe war die Kampagne befremdlich. Diese Männer hatten keinerlei Einwände gegen die Fusion mit Dean Witter erhoben, und einige von ihnen hatten sich im Lauf der Jahre bereit erklärt, bei zahlreichen Veranstaltungen aufzutreten und den jüngeren Generationen von Morgan-Mitarbeitern zu versichern, dass an den besten Traditionen der Firma festgehalten werde. Zudem hatten sie zumindest anfangs weder spezifische Änderungen der Strategie gefordert noch ein alternatives Managementteam vorgeschlagen. Abgesehen davon, dass sie Purcells Kopf forderten, schlugen sie lediglich geringfügige Änderungen an der Unternehmensführung vor. Auch die Tatsache, dass sich die missmutigen alten Männer mit dem Besitz von elf Millionen Aktien brüsteten, war nicht sehr überzeugend, denn mittlerweile waren über eine Milliarde Aktien im Umlauf. Die missmutigen alten Männer hatten also mit 1 Prozent der Aktien zum Sturm auf den Palast geblasen.

Als Morgan Stanley im Jahr 1986 an die Börse gebracht worden war, hatte Chairman S. Parker Gilbert allein fast 4 Prozent der Aktien erhalten. Rechnete man die Aktien der drei anderen Direktoren der neuen Aktiengesellschaft Morgan Stanley hinzu (dies waren Fisher, Greenhill und Lewis Bernard, ein weiteres Mitglied der missmutigen alten Männer), so kam man auf einen Anteil von 15 Prozent am Firmenkapital. Doch berücksichtigte man die Anteile, die die Gruppe in den fast zwei Jahrzehnten, die seit damals vergangen waren, verkauft hatte sowie jene neuen Aktien, die in der Zwischenzeit an die Mitarbeiter ausgegeben und im Rahmen der Fusion mit Dean Witter begeben worden waren, so konnten die missmutigen alten Männer von Glück reden, wenn sie als Gruppe zu den größten zehn Aktionären von Morgan Stanley zählten. Und im Board, der eindeutig auf der Seite von Purcell stand, benötigten sie eine Dreiviertelmehrheit, um den CEO abzusetzen.

Selbst wenn die Klagen über Purcells Methode der Unternehmensführung begründet waren, ist nur schwer nachzuvollziehen, warum die missmutigen alten Männer nicht so vernünftig waren, ihre Aktien zu verkaufen und ihres Weges zu gehen, anstatt eine Pressekonferenz zu geben. Um es anders auszudrücken: Man muss sich fragen, warum eine Gruppe von ansonsten intelligenten Bankern, die nach Ansicht vieler

Beobachter zu den brillantesten Köpfen ihrer Generation zählten, einen Angriff startete, der nur Aussicht auf Erfolg hatte, wenn es gelang, in der Firma, die sie zu lieben behaupteten, einen derartigen Aufruhr anzuzetteln, dass der Board zum Handeln gezwungen würde. Und als der Board am 13. Juni 2005 tatsächlich handelte und Purcell zum Rücktritt zwang, hatten Dutzende der besten Mitarbeiter Morgan Stanley den Rücken gekehrt. Einige hatte Purcell im Kampf um die Macht zum Verlassen der Firma gezwungen. Andere unterzeichneten verlockende langfristige Verträge bei Konkurrenzfirmen, die die Instabilität von Morgan Stanley ausnutzten. Und einige waren derart angewidert von den Vorgängen in der Firma, dass sie es dort nicht länger aushielten.

Die missmutigen alten Männer hatten gesiegt. Doch der Preis für diesen Triumph war eine erhebliche Schwächung der zunächst führerlosen Firma, die nun weniger als je zuvor in der Lage war, ihre einstige Größe wiederzuerlangen. Obwohl John Mack wenige Wochen nach Purcells Rücktritt wieder die Führung von Morgan Stanley übernahm, ist bisher keiner der hochrangigen Banker, die im Jahr 2005 ausschieden, zurückgekehrt. Wenn es nach der von *Business Week* veröffentlichten Liste der 100 führenden globalen Marken ging, so schaffte es Morgan Stanley im Jahr 2005, mehr Markenwert zu verlieren als jedes andere amerikanische Unternehmen in dieser Gruppe (der Verlust belief sich auf 15 Prozent oder nahezu 2 Milliarden Dollar). Der Aufruhr im Management und der Sturz Purcells hatten nach Einschätzung der Zeitschrift »der ausgezeichneten Reputation der Firma schweren Schaden zugefügt«.[1]

Was war der Grund für den anscheinend selbstzerstörerischen Kreuzzug dieser Männer, die Morgan Stanley in friedfertigeren Tagen angehört hatten? Die Unzufriedenheit mit Purcells Management ist keine ausreichende Erklärung. Böse Zungen behaupten, der Putschversuch sei möglicherweise »das letzte Aufbäumen einer zum Tod verurteilten Wall Street gewesen, die von an Eliteuniversitäten ausgebildeten Investment-Bankern aus gutem Haus beherrscht wurde«.[2] Wenn diese Interpretation richtig ist, so kam zu ihrer persönlichen Abneigung gegenüber Purcell noch die Scham darüber, dass sie selbst Beihilfe dazu geleistet hatten, den Tempel für die Ungläubigen zu öffnen. »Es war eine Fusion von Patriziern und Plebejern, und die größte Ironie war, dass die Plebejer schlauer waren als die Patrizier«, schreibt der Historiker Ron Chernow, der die definitive Geschichte von Morgan Stanley verfasst hat.[3]

Obwohl in dieser Deutung des Machtkampfs zwischen der alten Garde und den Emporkömmlingen mehr als ein Körnchen Wahrheit steckt, ist dies nicht die ganze Geschichte. Es mag sein, dass S. Parker Gilbert, der Stiefsohn von Harold Stanley und Sohn eines legendären Partners von J. P. Morgan, der unter Andrew Mellon als noch nicht Dreißigjähriger die Treasury-Abteilung geleitet hatte, dem Stereotyp des klassischen Morgan-Partners gut entsprach. Aber die Partner, die Fishers Altersgruppe oder der folgenden Generation angehörten, waren keineswegs eine homogene Gruppe und standen für einen entschlossenen Bruch mit der Vergangenheit. Fisher selbst war der Sohn eines Klebstoffvertreters und kämpfte tapfer gegen eine Behinderung an, die er infolge einer Kinderlähmung erlitten hatte. Lewis Bernard, der bedeutsame strategische Neuerungen durchsetzte, war im Jahr 1963 als erster Jude bei Morgan Stanley aufgenommen worden – bevor man ihn einstellte, hielt man Rücksprache mit ausgewählten Klienten, von denen einer, wie die Firma beschämt feststellen musste, selbst Jude war. Sogar Bob Greenhill, der ebenfalls ein Sohn von Einwanderern war, war sehr umstritten, da er in den frühen M&A-Schlachten in den siebziger Jahren als erster Banker zu einer Berühmtheit wurde. Die Ironie wollte es, dass Greenhill kein Freund, sondern ein Widersacher Fishers war und dessen Begräbnis fernblieb.

Doch so revolutionär Fishers Generation zu ihrer Zeit war, kann man es nicht als Heuchelei bezeichnen, dass sie nun für sich in Anspruch nahmen, die Hüter der alten Werte von Morgan Stanley zu sein. Denn trotz aller dramatischen Veränderungen, die sie herbeiführten, hielten sie sich immer an den einfachen Grundsatz von J. P. Morgan Jr., der erklärt hatte, seine Firma mache nur »erstklassige Geschäfte auf erstklassige Art und Weise«. Will man die Wut und Enttäuschung der missmutigen alten Männer richtig verstehen, so muss man sich vor Augen halten, dass sie dieses Prinzip systematisch bedroht sahen. Doch die bedenklichen Veränderungen bei Morgan Stanley im vergangenen Jahrzehnt waren nicht in erster Linie auf Phil Purcells Führung zurückzuführen. So wie die entsprechenden Veränderungen in allen großen Investment-Banken wurden sie durch den beispiellosen Wirtschaftsboom und die anschließende schwere Krise ausgelöst, die beträchtlichen Druck auf die Grundsätze ausübten, an denen sich diese Firmen einst orientiert hatten.

Es ist viel über die verschiedenen »Spekulationsblasen« der neunziger Jahre geschrieben worden: über die Internetblase, die Telekomblase, die Technologieblase und die Börsenblase. Und es ist viel über den Beitrag der Investment-Banken zum Wachstum dieser Spekulationsblasen geschrieben worden. Sehr viel weniger ist über die eigene Spekulationsblase der Investment-Banken geschrieben worden. Während diese Banken in mancher Hinsicht die anderen Spekulationsblasen ermöglichten – beispielsweise, indem sie Hunderte spekulative Startups gegenüber den Investoren legitimierten und sich über die »Fairness« des unglaublichen Werts äußerten, der diesen Unternehmen beigemessen wurde –, wurden diese Firmen selbst ebenfalls von der beispiellosen Zahl von Transaktionen verwandelt, die die von ihnen freigesetzten Marktkräfte ermöglichten.

Die großen Investment-Banken, die vor mehr als einem Jahrhundert entstanden waren, mieden die Publicity und hatten eigenwillige Kulturen entwickelt, die auf Exklusivität, Integrität und Konservatismus beruhten. Diese Kultur erfüllte in einer Ära, in der die staatlichen Einrichtungen nicht in der Lage waren, den Markt zu regeln, eine nützliche selbstregulierende Funktion. Und sie war die Grundlage dafür, dass Unternehmensleiter, die sich in der neuen globalen Konsumgesellschaft behaupten mussten, eine vertrauenswürdige Finanzberatung über die richtige Vorgehensweise auf den immer komplexeren Märkten erhielten.

Diese Investment-Banker stellten nun plötzlich fest, dass sie selbst zu Investoren in der ungezügelten, atemlosen New Economy geworden waren und dass ihre Firmen eigene Berühmtheiten hervorbrachten. Gleichzeitig tauchte der prominente Unternehmensleiter auf, der zu der Überzeugung gelangte, dass die Loyalität zu einem Finanzberater nicht länger in seinem kurzfristigen Interesse war. Und in dieser Umgebung hing der Erfolg der Investment-Banker im Wettbewerb um Marktanteile oft von ihrer Bereitschaft ab, die geschäftlichen Prinzipien zu lockern. Der Boom beschleunigte den Wandel des Selbstverständnisses der Investment-Banker: Sie sahen sich nicht mehr als diskrete Berater und Vertrauenspersonen, sondern als geschäftliche Spürnasen, die ihre Dienste an den Meistbietenden verkauften und nicht nur der Rentabilität, sondern auch der Publicity nachjagten. Die Banken und ihre Starbanker waren nun keine bloßen Agenten ihrer Unternehmenskunden mehr, sondern wollten Hauptdarsteller im wirtschaftlichen Drama sein.

Als die Spekulationsblase im Jahr 2000 angestochen wurde, waren diese Banken kaum noch wiederzuerkennen. Der Versuch, ihre frühere

Kultur, angesichts eines schrumpfenden Markts und einer zunehmenden Wachsamkeit der Aufsichtsbehörden ihre Reputation und ihre Rentabilität wiederherzustellen, stellte ihre Führungen erneut auf eine harte Probe. Und da ein Großteil dieser Führungen während des vorangegangenen Booms an die Macht gekommen war, fielen die Ergebnisse erwartungsgemäß uneinheitlich aus und entbehrten nicht der Ironie. Die prominenten »Starbanker« hatten sich viele Feinde gemacht – in ihren eigenen Firmen, bei den Regulierungsbehörden und in einigen Fällen sogar bei früher loyalen Firmenkunden. Einige wurden aus ihren Firmen gedrängt, einige wurden angeklagt, und einigen gelang es, ihr Image zu ändern und zu überleben. Die Branche, die diese Veränderungen hervorbrachten, hatte einiges an Vertrauen und Rentabilität verloren.

Im Jahr 1994 war ich ein Manager der mittleren Ebene in einer Fluggesellschaft. Eher zufällig landete ich in einem Job, in dem ich bei den beiden angesehensten Investment-Banken an der Wall Street aus nächster Nähe sowohl den Boom als auch den Crash verfolgen konnte. In diesem Buch erzähle ich die Geschichte des vergangenen Jahrzehnts aus diesem einzigartigen Blickwinkel. Ausgehend von meiner persönlichen Erfahrung bei Goldman Sachs und anschließend bei Morgan Stanley werde ich die Geschichte der Verwandlung dieser Branche erzählen. Ich werde versuchen, aufrichtig und verständlich zu schildern, wie diese Firmen arbeiten, was die Investment-Banker wirklich tun und wie die »Deals« abgewickelt werden. Und ich werde beschreiben, wie die Kulturen und die Strukturen dieser Firmen und der Branche insgesamt auf das beispiellose Wachstum und die folgende verheerende Rezession reagierten.

In diesem Buch geht es darum, wie die Kultur, die sich während des Booms entfaltete, die Integrität dieser Firmen untergrub, und warum es ihnen sehr schwerfallen dürfte, ihre frühere Rolle zurückzugewinnen. Neuartige Organisationen wie die milliardenschweren Hedgefonds und LBO-Firmen haben die Lücke gefüllt und einige der Funktionen übernommen, die einst den Investment-Banken vorbehalten waren. Ob diese Firmen, deren Tätigkeit kaum reguliert ist, von Vorteil für unsere Finanzmärkte oder unsere Kultur sein werden, ist fraglich. Sei es als Kapitalgeber oder als Arbeitgeber der besten Hochschulabsolventen: die Aktivitäten der Hedgefonds und LBO-Firmen werfen wichtige Fragen bezüglich der Transparenz und des Risikoprofils unserer Wirtschaft sowie bezüglich der von der Wirtschaft verfochtenen Werte auf.

Dass die Investment-Banken ein auf der langfristigen Beziehung zum Klienten und tief verwurzelten Werten beruhendes Geschäftsmodell durch ein aggressiveres, opportunistischeres und auf die Transaktionsabwicklung fixiertes Modell ersetzten, war kein Ergebnis der Internetära. Verschiedene strukturelle und gesetzliche Veränderungen hatten die Branche schon in den vorangegangenen Jahrzehnten Schritt für Schritt in diese Richtung gelenkt. Der Boom Ende der neunziger Jahre beschleunigte lediglich den Wandel, sodass viele dieser Firmen innerhalb weniger Jahre nicht mehr wiederzuerkennen waren.

Es gab eine Zeit, da wägte der Investment-Banker seine Verpflichtungen gegenüber dem Klienten, der Firma und den Märkten ab. Der Klient arbeitete möglicherweise schon seit Generationen mit der Firma zusammen. Das Ansehen der Bank galt als ihr wichtigster Vermögenswert. Die internen Standards für den Schutz der Investoren gingen deutlich über die gesetzlichen Erfordernisse hinaus. Und der Aufstieg eines Investment-Bankers hing im Wesentlichen davon ab, inwieweit es ihm gelang, gleichzeitig dem Klienten zu dienen, der Firma Erträge zu sichern und die Gesellschaft zu schützen.

Dieses Ideal wurde von einer Kultur der Ungewissheit ersetzt, von dem Bewusstsein, dass nicht nur jeder Tag dein letzter sein konnte, sondern dass der eigene Wert ausschließlich davon abhing, wie hohe Erträge man an diesem Tag für die Firma erzielte – gleichgültig, womit das Geld verdient wurde. Auf dem Höhepunkt des Booms im Jahr 1999 wechselte ich von Goldman Sachs zu Morgan Stanley. Diese einst vornehme Firma kämpfte mittlerweile mit der relativ jungen Firma Donaldson, Lufkin und Jenrette um die Führungsposition auf dem Markt für Junk Bonds, eine Position, die seit dem endgültigen Zusammenbruch von Michael Milkens Firma Drexel Lambert im Jahr 1999 vakant war. Drexel hatte die Junk Bonds hoffähig gemacht, und nun hatten verschiedenste hoch verschuldete spekulative Unternehmen – das heißt Unternehmen, die das genaue Gegenteil der ursprünglichen Kundschaft von Morgan Stanley waren – Zugang zu den Anleihenmärkten. Morgans beste Waffe in diesem Krieg war die Bereitschaft der Firma, »aufstrebende« Telekomunternehmen mit gewaltigen Kapitalerfordernissen zu finanzieren. Damit erreichte das Risiko ein neues Niveau, denn bis zu diesem Zeitpunkt waren auch unter den Emittenten von Junk-Bond-Anleihen eher wenige Unternehmen, die überhaupt keine Bareinnahmen erzielten. Die jungen Telekomunternehmen hatten im Allgemeinen keinerlei Cashflow vorzuweisen und arbeiteten mit vollkommen neuen Geschäftsmodellen. Dasselbe galt auch für die neuen Internetunternehmen, doch diese waren im Allgemeinen zumindest so vernünftig, sich kein Geld zu borgen.

Die Banker von Morgan Stanley, die im Streben nach Marktanteilen, Gebühren und internem Status diese fragwürdigen Telekomkredite durchsetzten, prägten ein Akronym, das durchaus der Schlachtruf der gesamten zeitgenössischen Investment-Banking-Branche hätte sein können: »IBG YBG« stand für »I'll Be Gone, You'll Be Gone«. Kam im Lauf der Due-Diligence-Prüfung eines dieser Unternehmen eine besonders bedenkliche Information zum Vorschein, so sorgte ein geflüstertes »IBG YBG« dafür, dass ein Weg gefunden wurde, um das Geschäft trotzdem über die Bühne zu bringen, selbst wenn die Investoren oder auch Morgan Stanley selbst später den Preis dafür bezahlen mussten. »Macht euch keine Gedanken«, flüsterten die Banker einander zu, »bis dahin sind wir längst über alle Berge.«

Im April 2005 wurde Daniel H. Bayly, der ehemalige Leiter der Investment-Banking-Abteilung von Merrill Lynch, wegen Verschwörung und Betrugs in Zusammenhang mit der berüchtigten Enron-Transaktion zu 30 Monaten Gefängnis verurteilt. Merrill hatte einen Anteil an drei nigerianischen Lastschiffen von Enron »erworben«, um Enron die Möglichkeit zu geben, rechtzeitg vor Bekanntgabe seiner Ertragszahlen einen Gewinn zu verbuchen. Enron hatte sich insgeheim verpflichtet, die Schiffe sechs Monate später zurückzukaufen. Als Gegenleistung für ihre Mühe erwartete sich die Investment-Bank zukünftige Aufträge von Enron. Nachdem Bayly und drei weitere ehemalige Führungskräfte von Merrill Lynch für ihre Beteiligung an der Transaktion verurteilt wurden, ging ein Aufschrei der Empörung durch die Investment-Banking-Gemeinde. Doch die Banker beklagten nicht den Verfall der Standards in der Branche. Vielmehr richtete sich die Kritik der Firmen gegen die vermeintliche Überhärte der Strafverfolgungsbehörden.[4] Hinter dem hochtrabenden Gerede über die Gefahren einer Kriminalisierung aggressiver Geschäftspraktiken versteckte sich jedoch ein eher eigennütziger Gedanke: Es hätte auch mich treffen können.

Die Versuchung ist groß, den Aufstand der »missmutigen alten Männer« als anachronistischen Versuch der Rückkehr in eine reaktionäre Zeit abzutun, die zum Glück der Vergangenheit angehört. Doch für diese Männer und ihre Generation hatte der Grundsatz, »nur erstklassige Geschäfte auf erstklassige Art und Weise zu machen«, tatsächlich

Bedeutung. Es ist kein übertrieben romantischer Gedanke, dass auf dem Weg von diesem Grundsatz zu »IBG YBG« etwas Wertvolles verloren gegangen ist. Und vielleicht bestand das eigentliche Ziel des Kampfs der missmutigen alten Männer gegen Phil Purcell darin, die Welt an das zu erinnern, was das Investment-Banking einst war, und uns dazu zu bewegen, darüber nachzudenken, ob eine Rückkehr zu den alten Werten nicht wünschenswert wäre.

1

Ein Hühnchen in jedem Topf

»Hillsdown Holdings!«, schrie die riesige Gestalt, die sich über meinen Schreibtisch beugte.

Ich hätte mich beinahe an der Fleischpastete verschluckt, die ich mir an diesem ansonsten ganz normalen, ruhigen Tag im Londoner Büro von Bankers Trust zum Mittagessen besorgt hatte. Andrew Capitman, ein aus New York gekommener altgedienter Experte für Fusionen und Übernahmen, sah mich mit einem zufriedenen, verschwörerischen Grinsen an. Ich starrte seine Furcht einflößende Erscheinung mit vollem, aber weit aufgerissenem Mund an. Capitman erwartete offensichtlich, dass ich den tieferen Sinn der zwei Worte verstünde, die er gerade ausgespuckt hatte. Nach einigen Augenblicken eisiger Stille verschwand das Grinsen aus seinem Gesicht, denn ihm wurde klar, dass ich keine Ahnung hatte, wovon er sprach.

»Hühnchen«, schrie er noch lauter. Anscheinend ärgerte es ihn, dass dieses dritte Wort nötig war, um mir die Tragweite der Situation zu erklären.

»Ach so, ja, großartig«, stammelte ich kleinlaut. Ich hatte keine Vorstellung davon, worauf ich mich einließ.

Ich hatte eigentlich nie ernsthaft vorgehabt, Investment-Banker zu werden. Die Business School hatte ich eher zum Spaß besucht. Ich hatte die Jahre 1983 und 1984 auf Kosten der Rotarier in Dublin am Trinity College verbracht. Als die Party zu Ende ging, wurde mir klar, dass ich anschließend etwas tun müsste, um Geld zu verdienen. Die geisteswissenschaftlichen Studien hatten mir gefallen, doch ich hoffte, irgendwann einige Ideen in die Praxis umsetzen zu können, und so bewarb ich mich an der Yale Law School. Dann erzählte mir jemand, die Stanford Business School sei unter den Managementhochschulen dass, was Yale unter den juristischen Fakultäten sei. Ich wusste nicht genau, was das bedeutete, aber ich nahm an, damit sei gemeint, dass die schwierigste Aufgabe darin bestand, hineinzukommen. Mein Interesse an einem MBA-Titel war rein philosophischer Natur und entsprang meiner jugendlichen Skepsis gegenüber dem neuen Berufsbild des »professionellen Managers« als zeitgenössischer Kulturikone. Abgesehen von meinem Hochmut gefiel mir der Gedanke, dass sich nie jemand mir gegenüber wichtig machen könnte, indem er behauptete, mehr zu wissen als ich, weil er einen schicken MBA-Titel hatte.

Als ich von beiden Hochschulen aufgenommen wurde, klemmte ich mich ans Telefon und fand rasch etwas Wichtiges heraus: So sehr sich diese Einrichtungen in anderen Bereichen ähneln mochten, vom Kundendienst hatten sie ganz unterschiedliche Vorstellungen. Während die Yale Law School bereit schien, fast alles zu tun, um einen Studenten für sich zu gewinnen, den sie der Aufnahme für würdig erachtet hatte, schien Stanford ungehalten darüber, dass man sich nicht darauf beschränkte, ihr großzügiges Angebot anzunehmen. Schließlich gelangte ich zu der Überzeugung, dass ich die Aufnahme in Stanford um ein Jahr hinausschieben und bis dahin nach Yale gehen könne, um anschließend in den zwei Jahren in Stanford so viele Kurse doppelt zu zählen, dass es mir möglich sein würde, die Sache schneller hinter mich zu bringen als ein herkömmliches Jura-/MBA-Studium an einer einzigen Hochschule. Indem ich das Gemeinschaftsdiplom erwarb, tauschte ich im Grunde ein Jahr in New Haven gegen etwas weniger als zwei Jahre in Palo Alto. Ich hatte mir beide Hochschulen angesehen und wusste, dass dies ein gutes Geschäft war. Der MBA würde ein zusätzlicher Preis dafür sein, dass ich auf diese tolle Idee gekommen war.

Meine erste und, wie ich zu jener Zeit glaubte, letzte Erfahrung im Investment-Banking machte ich in jenem Ferienjob bei Bankers Trust im Jahr 1987, wo ich mir den Vortrag über Hühner anhören musste. Viele gute Freunde aus dem Trinity College waren nach London gegangen, und ich war sehr interessiert an einer einträglichen Arbeit, die mich über den Atlantik bringen würde. Bankers Trust kämpfte zu jener Zeit verzweifelt um den Aufstieg in die Gruppe der besten Investment-Banken und handhabte Ferienjobs deutlich flexibler als die wirklichen Spitzenbanken. Zudem zahlte die Bank Auslandsamerikanern unglaublich großzügige Gehälter, die vermutlich für Handelsbanker bestimmt waren, die an unattraktive Außenposten in Entwicklungsländern versetzt wurden, jedoch aus unerklärlichen Gründen auch Personen angeboten wurden, die nur für einen Sommer als Praktikanten nach London gingen. Neben einem Wochengehalt von 1.000 Dollar stellten sie mir eine schöne Einzimmerwohnung in der schicken Sloane Street samt Reinigungsdienst zur Verfügung. Ich konnte unbegrenzt auf Firmenkosten telefonieren und erhielt eine steuerfreie tägliche Spesenentschädigung in Höhe von 50 Dollar. Das Leben war schön.

Allerdings war die Arbeit nicht sehr interessant. Die von Margaret Thatcher durchgesetzte »Big-Bang«-Deregulierung der britischen Finanzmärkte im Jahr 1986 hatte bei den amerikanischen Geldinstituten eine Goldgräbermentalität geweckt, und nun stürzten sie sich auf die vermeintlichen Chancen auf diesem Markt. Sie erhielten erstmals Zugang zur Londoner Börse und beeilten sich, Niederlassungen zu gründen oder den bestehenden Betrieb rasant auszubauen. Doch aus dem Urknall wurde nichts. Es platzte lediglich eine Seifenblase.

Unter den neuen Regeln konnten ausländische Finanzinstitute britischen Klienten eine Reihe von Finanzdienstleistungen anbieten, doch die größten Gewinne rechneten sich die amerikanischen Banken anfangs im Bereich von Fusionen und Übernahmen (M&A) aus. Ein M&A-Berater vertritt ein Unternehmen bei der Wahl eines Übernahmezieles oder beim Verkauf einer Tochtergesellschaft, eines Geschäftsbereichs oder des ganzen Unternehmens zum höchsten möglichen Preis. Da die meisten Unternehmen vollauf damit beschäftigt sind, ihrer Tätigkeit nachzugehen, gilt es allgemein als gute Investition, für eine Fusion oder Übernahme einen Experten zu engagieren, der alle Tricks des Geschäfts kennt und die Transaktion gut über die Bühne bringen kann. So hoffen die Unternehmen eine Ablenkung ihrer Manager zu vermeiden. Der M&A-Berater erhält üblicherweise einen kleinen Prozentsatz der Transaktionssumme als Honorar, wobei sich dieser Betrag bei einer großen Fusion oder Übernahme auf mehrere Millionen Dollar belaufen kann. In der Theorie war dieses Geschäft für einen neuen Marktteilnehmer verlockend, da man nicht viel Personal oder Kapital dafür brauchte. Eine große Handelsabteilung war ebenso wenig erforderlich wie große Investitionen. Das einzige, was man brauchte, um das Geschäft auf die Beine zu stellen, war eine Handvoll wendiger, gut bezahlter und professionell wirkender Mitarbeiter.

Das Problem mit dieser Theorie war, dass die britischen Manager nicht daran gewöhnt waren, für eine Beratung beim Kauf und Verkauf von Unternehmen zu bezahlen – und schon gar nicht die Honorare, die in den Vereinigten Staaten üblich waren. Der Großteil der Beratungsgebühren ging an die großen britischen Finanzinstitute, die die einheimischen Unternehmen seit Generationen betreuten. So standen die amerikanischen Newcomer vor einer doppelten Herausforderung: Sie mussten die britischen Unternehmen nicht nur davon überzeugen, dass sie in einer solchen Situation überhaupt einen Berater brauchten, sondern sie mussten sie auch dazu bringen, für eine Zusammenarbeit mit den Yankee-Invasoren ihre langjährigen Beziehungen zu den einheimischen Banken aufs Spiel zu setzen, die vielfach durch komplexe gesellschaftliche und persönlichen Bande gefestigt waren.

Bankers Trust hatte sich ein winziges Bröckchen des ohnehin kleinen Stücks am britischen M&A-Kuchen gesichert, das die amerikanischen Institute untereinander aufteilen mussten. Das hatte zur Folge, dass die M&A-Experten des Unternehmens den Großteil ihrer Zeit damit verbrachten, sich Geschäfte auszudenken, auf Verdacht Unternehmen anzurufen und die gelegentlichen Chancen zu nutzen, ihre Dienste bei einem Treffen anzupreisen – wobei ihnen der Erfolg fast immer versagt blieb. Investment-Banken, die Verkaufsgespräche mit Unternehmen führen, bringen üblicherweise einen Vorschlag für eine Transaktion mit, der ihnen die Aufgabe erleichtern soll. Dieser unverzichtbare Bestandteil des Lebens eines Investment-Bankers wird als »Pitch Book« bezeichnet.

Heute noch stellt die geistlose Zusammenstellung dicker Pitch Books die wahrscheinlich uninteressanteste Tätigkeit für die jungen Analysten und Associates der Investment-Banken dar. Das typische Pitch Book ist viele Seiten stark und aus einem unerfindlichen Grund blau (daher das Synonym »Blue Book«). Der Inhalt besteht aus (1) ansprechend gestalteten Zusammenfassungen der öffentlich zugänglichen Informationen über den potenziellen Klienten, seine Konkurrenten, seine Branche und alle Unternehmen, die an einem Kauf interessiert sein könnten, (2) Standardseiten, auf denen sämtliche Investmentprodukte beschrieben werden, die für den Klienten interessant sein könnten – »Das gegenwärtige Fusionsumfeld«, »Die gegenwärtige Situation auf dem Markt für Beteiligungskapital«, »Einige von uns abgewickelte Transaktionen« usw. – und schließlich (3) Referenzen im Bereich des Investment-Banking samt attraktiv gestalteten Logos der in der Vergangenheit betreuten Unternehmen sowie »Ligatabellen«, aus denen hervorgehen soll, dass derjenige, der diese Referenzen präsentiert, den größten Marktanteil im Bereich des angepriesenen Produkts besitzt. Zu den vergnüglichsten Bestandteilen jedes Pitch Books gehören die gewundenen Fußnoten zu den Ligatabellen, die jedermann, der dabei nicht in Lachen ausbrechen wird, in die Lage versetzt, sich als Nummer eins darzustellen: »Seit 1. Januar XXXX abgeschlossene Transaktionen mit einem Wert von mehr 500 Dollar.« Oder: „Mit Ausnahme von seit 1. Januar XXXX abgeschlossenen Transaktionen mit einem Wert von mehr 500 Dollar.« Oder: »Transaktionen Comcast/AT&T und AOL/Time Warner nicht in der Tabelle enthalten.« So mancher Analyst schlägt sich viele Nächte um die Ohren, um die Daten so zurechtzustutzen, dass der Beweis für die Marktführerschaft seines Arbeitgebers nicht allzu lächerlich wirkt. Man kann es den Analysten verzeihen, dass sie gelegentlich versucht sind, sich geschlagen zu geben und einfach eine allgemeingültige Tabelle für alle Produkte zu allen Zeiten zu erstellen, in der nur stünde: WIR HALTEN EINEN MARKTANTEIL VON 100 PROZENT AN ALLEN VON UNS ABGEWICKELTEN GESCHÄFTEN.

Ach ja, eines hätte ich fast vergessen: Manchmal, wenn auch keineswegs immer, verbirgt sich in dem zwischen den beiden blauen Pappendeckeln eingeklemmten Papierstapel tatsächlich eine realisierbare Idee für ein strategisches Geschäft. Und bei sehr seltenen Gelegenheiten ist diese Idee sogar gut durchdacht oder originell. Trifft beides zu, so handelt es sich um ein Gut von unschätzbarem Wert.

Ironischerweise fördern die Klientenstudien durchweg eine Erkenntnis zutage, die eigentlich weniger überraschend sein sollte, als sie stets auf das Management der Investment-Banken zu wirken scheint: Ein Pitch Book zu lesen ist nicht vergnüglicher, als es zusammenzustellen. Es liegt eigentlich auf der Hand, warum die Klienten diese Bücher hassen.

Weniger klar ist, warum die Banker der mittleren und manchmal auch der höheren Ebene weiterhin darauf bestehen, solche Wälzer zu produzieren. Eine einfache Antwort lautet: Sie haben Lampenfieber. Ein Bankmanager, der ohne ein solches Buch zu einer Sitzung erscheint, fühlt sich ähnlich wie ein Theaterschauspieler, der zum ersten Mal einen Auftritt aus dem Gedächtnis absolviert. Man steht ganz allein vor dem Publikum und ist vollkommen auf den eigenen Verstand angewiesen. Das kann eine Furcht einflößende Situation sein. Das Publikum des Schauspielers besteht aus einem allwissenden Regisseur und den Kollegen, nach deren Anerkennung er sich sehnt. Das Publikum des Bankers sind ein Unternehmensleiter oder ein anderer Spitzenmanager, der wahrscheinlich mehr über sein Unternehmen vergessen hat, als der Banker jemals lernen kann, und sich vermutlich schon zahlreiche Präsentationen von anderen Bankern angehört hat. Das Ansehen und der Erfolg eines Bankers »auf dem Markt« hängen nicht zuletzt davon ab, welchen Eindruck er in seinen zahlreichen Treffen mit Unternehmensführungen auf die Managergemeinde macht. Daher kann es eigentlich nicht überraschen, dass die Unerfahrenen und Unsicheren darauf beharren, ein Pitch Book mitzunehmen, an das sie sich klammern können, oder sich in den Sitzungen mit einer schützenden Hülle aus jüngeren Gehilfen zu umgeben, deren spezifische Rollen für den Manager des Kundenunternehmens oft ein Geheimnis bleiben (die Größe des Kontingents kommt in der Liste der häufigsten Klientenbeschwerden üblicherweise direkt nach der Dicke des Pitch Books).

Etwa einmal im Jahr – üblicherweise nach der Durchführung einer teuren Umfrage unter den Klienten – ziehen die Investment-Banken auf den Kriegspfad gegen dicke Pitch Books. Es werden Höchstgrenzen für die Seitenzahl vorgeschrieben, und die Bankbürokraten werden mit einer Überprüfung der Bücher beauftragt. Die Ergebnisse sind zwangsläufig ebenso bedeutungslos wie kurzlebig. Die Auswirkung einer solchen Schreckensherrschaft auf ein 70 Seiten dickes Pitch Book mit sieben Kapiteln besteht darin, dass es sich in ein 30 Seiten dickes Pitch Book mit drei Kapiteln verwandelt – zu denen vier Anhängen mit insgesamt 40 Seiten kommen, die als »Hintergrundinformation« auf dem Tisch des Klienten hinterlassen werden.

Zu der Zeit, als ich bei Bankers Trust in London arbeitete, fielen mir diese Nuancen selbstverständlich nicht auf. Ich wusste lediglich, dass die Herstellung von Pitch Books keine besonders anregende Beschäftigung war. Die Investment-Banking-Gruppe wurde von einem schlanken, gut aussehenden und eleganten Briten namens Colin Keer geleitet. Er war immer perfekt frisiert und begegnete den lärmenden amerikanischen Bankern, die in seine vornehme Welt hineingeplatzt waren, mit distanzierter, ungläubiger Nachdenklichkeit. Doch er schien Spaß zu verstehen, war durch nichts aus der Ruhe zu bringen und zeigte überraschende Anflüge von Großzügigkeit und Menschlichkeit, was mir als Summer Associate die Gewissheit gab, dass die Dinge nie vollkommen außer Kontrolle geraten würden.

Andrew Capitman war von Keer mit der Leitung der Gruppe Fusionen und Übernahmen betraut worden. Dieser Gruppe hatte man mich zugeteilt. Ich erinnere mich nicht, ob Capitman tatsächlich stets eine nicht brennende Zigarre im Mund hatte, während er seine Befehle brüllte, aber er wirkte wie eine Karikatur, und deshalb habe ich ihn so in Erinnerung behalten. Man sah Keer und Capitman nicht allzu oft gemeinsam, doch wenn sie zusammentrafen, waren sie ein Paar, das man mit Laurel und Hardy auf eine Stufe stellen konnte.

Ich lernte die Pitch Books etwa zur selben Zeit kennen, als ich erstmals die Worte »Hillsdown Holdings« hörte.

»Haben nächste Woche einen Termin bei denen«, hatte Capitman auf meinen wenig überzeugenden Versuch geantwortet, Interesse zu zeigen. »Stellen Sie ein Buch zusammen.« Mit diesen Worten kehrte er mir den Rücken zu und ging

»Unternehmen in Bewegung!«, schrie er mir über die Schulter zu, als er hinter eine Ecke verschwand. »Also Marsch!«

Wie sich herausstellte, war Hillsdown ein sehr schwieriges Ziel für einen amerikanischen Investment-Banker. In Großbritannien, das in Finanzfragen konservativ ist, galt Hillsdown als »das kauffreudigste Unternehmen des Landes«.[1] Das im Jahr 1975 von einem Londoner Rechtsanwalt und einem zum Investor gewandelten Fleischhauer gegründete und 1985 an die Börse gebrachte Unternehmen konzentrierte sich auf die preisgünstige Übernahme unterbewerteter Unternehmen. In den folgenden Jahren kaufte das vielgestaltige Firmenkonglomerat mehr als 100 Unternehmen.

Obwohl Buxted Poultry Ltd., der Teil von Hillsdown, der mit Hühnern zu tun hatte, nicht der größte Bereich des Unternehmens war, war Capitman selig, einen Termin bekommen zu haben. Und offensichtlich erwartete er von uns, dass wir bei der Präsentation etwas Bedeutsames zu sagen hätten.

Hühner. Ich wusste nicht viel über Hühner, obwohl dies mein Lieblingsfleisch war. Ich wusste, dass die Konsumenten, die weißes Fleisch vorzogen, bei Kentucky Fried Chicken mittels eines unfairen Preisaufschlags diskriminiert wurden. Und ich erinnerte mich vage daran, dass einer meiner Urgroßväter in Polen seinen Lebensunterhalt mit der Tötung von Hühnern verdient hatte und dass meine Großmutter gegenüber Nachbarn, deren Väter weniger gehobene Positionen bekleideten, mit seinem noblen Beruf geprahlt hatte. Sie hatte mich glauben gemacht, dass ein Hühnerkiller (jiddisch »schoichet«) in der Hierarchie der heiligsten und angesehensten Mitglieder der jüdischen Gemeinde Warschaus direkt nach dem Oberrabbiner kam. Aber damit waren meine Kenntnisse und mein Interesse an Hühnern auch schon erschöpft.

Wo sollte ich beginnen? Ich ging in die Bibliothek und vertiefte mich in die Welt der Hühnchen. Ich fand heraus, dass es einige Unternehmen gab, die sich verschiedenen Manipulationen an Hühnerkadavern widmeten. Doch es war mir ein Rätsel, welches dieser

Unternehmen und welche dieser Tätigkeiten für Hillsdown interessant sein mochten. Buxted Poultry schien den toten Hühnern schon alle erdenklichen Dinge anzutun. Allerdings beschränkte sich das Unternehmen darauf, britisches Geflügel zu ermorden, weshalb es logisch schien, nach Möglichkeiten Ausschau zu halten, dasselbe auf der anderen Seite des Atlantiks zu tun.

Ich studierte zahlreiche Analyseberichte über die börsennotierten amerikanischen Hühnermörder und stellte fest, dass die Post-Mortem-Verfahren dieser Unternehmen im Wesentlichen zwei Kategorien zuzuordnen waren: Sie zerschnitten die toten Tiere auf verschiedene Arten, um sie als Hühnerteile zu verkaufen, und sie wandten »Verarbeitungsverfahren« an, um nicht näher spezifizierte Körperteile in Würstchen, gefrorene panierte Klößchen und Fleischstreifen zu verwandeln (im Folgenden abgekürzt als WKF). Die Unternehmen mit WKF-Aktivitäten wurden in den Forschungsberichten als »Wertschöpfungsverarbeiter« bezeichnet, und diese Einstufung rechtfertigte anscheinend eine bessere Bewertung.

Zu dem Zeitpunkt, da ich dieses Wissen angehäuft hatte, blieben nur noch wenige Tage bis zu unserem Treffen mit den Leuten von Buxted. Ich marschierte in Capitmans Büro und überbrachte ihm die Ergebnisse meiner Nachforschungen. Er lehnte sich in seinen Sessel zurück und hörte sich geduldig meinen Bericht an. Als ich fertig war, dehnte sich die Stille im Raum aus. »Das ist alles?!«, schrie er unvermittelt los und begann, mich mit wilden Bewegungen seines Kopfs und seiner Arme zu bedrohen. Ich presste hektisch ein paar zusätzliche »Klößchen« meines Wissens über das Geflügel und die mit seiner Tötung beschäftigten Unternehmen hervor.

»Nein, nein, nein!«, unterbrach er mich und sprang auf, um meine bedeutungslosen Worte mit wilden Handbewegungen wegzuwischen.

Ich hielt inne, und wir starrten einander an. Dann huschte die Erkenntnis über sein Gesicht. »Oh mein Gott«, schien sein Ausdruck zu sagen. »Die Präsentation ist in zwei Tagen, und ich habe sie einem Idioten übertragen.« Schließlich beugte er sich vor und sagte langsam, wobei er die Silben langsam aneinanderreihte, so als versuchte er, einem Kind etwas begreiflich zu machen:

»Was ... soll ... Bux ... ted ... KAU ... FEN?« Die ersten drei Worte sprach er ruhig aus, aber das letzte drang sehr nachdrücklich aus seinem Mund, wobei er mir bedrohlich nahekam.

Trotz meiner Ausbildung an der Business School hatte ich nie wirklich über die Bewertung eines Unternehmens nachgedacht. Ich wusste mittlerweile einiges über diese Hühnerunternehmen, aber ich hatte mir nie die Frage gestellt, ob sie ein gutes Geschäft waren.

»Ach so, natürlich«, log ich. »Diese Zahlen bringe ich Ihnen morgen. Ich wollte Ihnen nur berichten, wie ich die Branche einschätze.«

Er ließ sich in seinen Sessel zurückfallen und musterte mich eingehend. Ich war ziemlich sicher, dass ich aufgeflogen war.

»Ich will die Zahlen gleich morgen früh sehen«, sagte er, gab mir mit einer Handbewegung zu verstehen, dass ich mich zurückziehen durfte, und wandte sich wieder der *Financial Times* zu.

Ich stürzte mich erneut auf die Forschungsberichte und begann verzweifelt, die Abschnitte mit der Überschrift »Bewertung« zu durchforsten. Fast alle Berichte über diese Unternehmen enthielten in irgendeiner Form die Empfehlung »Kaufen«, doch in keinem einzigen Bericht wurde eines der Unternehmen mit einem anderen verglichen. Das einzige Bewertungskriterium schien das »Kurs-Gewinn-Verhältnis« oder KGV zu sein. Der KGV-Indikator gab im Wesentlichen Aufschluss darüber, wie viel Dollar (oder Pfund) ein Investor zum gegenwärtigen Aktienkurs für jeden Dollar Gewinn zu zahlen hatte. Ich hatte keine Ahnung, wie der Gewinn tatsächlich berechnet wurde oder welche Unterschiede zwischen den Buchführungsmethoden der verschiedenen Länder bestanden. Aber ich wusste, dass ein höheres KGV gleichbedeutend mit einem höheren und ein niedrigeres KGV gleichbedeutend mit einem geringeren Preis war. Das war zumindest ein Anfang.

Auch erinnerte ich mich daran, dass die Unternehmen mit mehr WKF-Aktivitäten nach Meinung der Analysten einen höheren Preis wert waren. Dann begriff ich: Es mochte sein, dass ich nichts über die Bewertung von Unternehmen oder über das Rechungswesen wusste, und wahrscheinlich wusste ich auch noch immer sehr wenig über Geflügel. Aber ich besaß ein Mathematikdiplom. (In Ordnung, es war mit dem Diplom in Geisteswissenschaften verbunden und nur ein Nebenfach, aber die Grundlagen hatte ich nicht vergessen.) Und ich verstand es, in zweidimensionalen Grafiken Punkte miteinander zu verbinden. Also nahm ich sechs Geflügelproduzenten mit unterschiedlichem Kurs-Gewinn-Verhältnis (die y-Achse) und unterschiedlichen Erträgen aus den WKF-Aktivitäten (die x-Achse) und erhielt eine Grafik mit sechs Datenpunkten. Mithilfe des damals verfügbaren Tabellenkalkulationsprogramms – Lotus 123 – konnte ich eine sehr hübsche Grafik erstellen, die ich mit der Überschrift »Der Preis des Geflügels« versah.

Dann entdeckte ich ein wunderbares Merkmal von Lotus 123. Wenn ich die sechs verschiedenen Koordinaten in meiner kleinen Grafik hervorhob, konnte ich auf ein Icon namens »Regression« klicken. Hier war mit der Regression ein statistisches Verfahren gemeint. Anhand dieses Verfahrens konnte man in der Grafik eine gerade Linie ziehen, die sich den sechs Datenpunkten am besten annäherte. Mit anderen Worten, man erhielt eine gerade Linie, die sich näher an jenen sechs Punkten befand als jede andere gerade Linie und zeigte, inwieweit ein höheres KGV (zumindest im Fall dieser sechs Unternehmen) auf einen höheren WKF-Prozentsatz zurückzuführen war. Es ging einfach darum, die mathematische Beziehung zwischen der Bewertung eines Geflügelproduzenten und dem Anteil der WKF an seiner Produktion herzustellen.

In dem Moment, da Lotus die gerade Linie für mich gezogen hatte, war ich aus dem Schneider, auch wenn ich bis drei Uhr morgens gebraucht hatte, um herauszufinden, wie es funktionierte. Nun konnten wir behaupten, die Zauberformel entwickelt zu haben, die den realen Wert der Aktien der Geflügelproduzenten mit den Verarbeitungsverfahren verknüpfte, denen sie die Hühner unterzogen. Alle Unternehmen mit einem Datenpunkt oberhalb der Linie waren »teuer« – ihr Preis war hoch, gemessen an ihrer WKF-Produktion. Hingegen waren die, deren Punkt sich unterhalb der Linie befand, ein Schnäppchen! Ich wählte das Unternehmen aus, dessen Punkt sich am weitesten unterhalb der Linie befand, und erklärte es zum besten Geschäft im Geflügeluniversum.

Natürlich wusste ich, dass das im Grunde ein Unfug war. Das Kurs-Gewinn-Verhältnis eines Geflügelproduzenten wurde neben dem WKF von einer Vielzahl weiterer Faktoren beeinflusst. War das Management gut? War das Unternehmen zu hoch verschuldet? War es in einen Rechtsstreit verwickelt? Welche Buchhaltungsmethode verwendete es? Und gleichgültig, ob es objektiv »billig« war oder nicht, hing die Entscheidung darüber, ob ein Kauf dieses Unternehmens für Hillsdown sinnvoll war, von einer Vielzahl weiterer betrieblicher und finanzieller Fragen ab. Aber der Wunsch, ein oder zwei Stunden Schlaf zu bekommen, bevor ich Capitman meine Ergebnisse vorlegen musste, überzeugte mich davon, dass meine Argumentation gut genug sei.

Am folgenden Morgen legte ich Capitman die Ergebnisse meiner Arbeit vor. Er warf mir über seine *Financial Times* hinweg einen zweifelnden Blick zu und sagte kein Wort, als ich an seinen Schreibtisch trat. Ich legte ihm die Grafik vor und erläuterte meinen Gedankengang und meine Berechnungen. Ich sah, wie sich sein Körper entspannte, und ich glaubte sogar, den Hauch eines Lächelns zu erkennen. Er wandte sich wieder seiner Zeitung zu: »Ich will das ganze Pitch Book sehen, bevor ich am Abend nach Hause gehe«, sagte er ohne aufzublicken und bedeutete mir mit einer Handbewegung, dass ich mich zurückziehen durfte.

Nun war dieses Blatt mit der Grafik in der Praxis die einzig wichtige – und obendrein nicht über jeden Zweifel erhabene – Information, die wir dem Geschäftsführer von Buxted zeigen konnten. Aber wie geheißen verbrachte ich den restlichen Tag damit, das Buch mit Capitmans Lebenslauf, allgemeinem Propagandamaterial über Bankers Trust und seine früheren Aktivitäten in der Nahrungsmittelindustrie, mehrseitigen Überblicken über die sechs Unternehmen einschließlich von Hillsdown, einer Auswahl einschlägiger Forschungsberichte über die Unternehmen und die Branche, einer Zusammenfassung der Ergebnisse der sechs börsennotierten Unternehmen und der Entwicklung ihrer Aktienkurse sowie mit Beschreibungen vorangegangener M&A-Transaktionen in der Branche aufzublasen. Und siehe da: Ein Blatt hatte sich in ein 50 Seiten dickes Pitch Book verwandelt.

Wie sich herausstellte, war Capitman dem Geschäftsführer von Buxted, David Newton, nie begegnet, sondern hatte ihm – wahrscheinlich nach der Lektüre einer Nachricht in der *Financial Times* über ein angebliches Übernahmevorhaben von Buxted – einen unangemeldeten Besuch abgestattet. »Wir haben Ihre Branche aus einem innovativen Blickwinkel unter die Lupe genommen«, hörte ich Capitman sagen, als er das Treffen telefonisch bestätigte, »wir haben einige sehr originelle Konzepte für Sie.« Normalerweise freuen sich die Analysten und Mitarbeiter, insbesondere die Inhaber von Ferienjobs, sehr über die Gelegenheit, an einer Sitzung teilzunehmen, in der von ihnen vorbereitetes Material präsentiert wird. Doch um ehrlich zu sein, ich befürchtete, Newton werde angesichts unserer Präsentation in schallendes Gelächter ausbrechen. Mir fielen tausendundein Gründe dafür ein, dass jenens Unternehmen, das wir als unvergleichlich günstige Gelegenheit präsentieren würden, aus praktischen Gründen, die für jedermann, der im geringsten mit der Branche vertraut war, auf der Hand lagen, unmöglich infrage kam. Ich stellte mir den mordlustigen Blick vor, den mir Capitman über den Tisch zuwerfen würde, um mich, sobald wir zurück im Büro waren, für den Rest des Sommers in das dunkelste Kämmerlein des Büros von Bankers Trust zu verbannen.

Die Sitzung begann, und ich wurde Zeuge, wie Capitman eine für das Investment-Banking abgewandelte Version des alten Tricks vorführte, für den Zigeuner und Wahrsager bekannt sind: So wie Professor Marvel im *Zauberer von Oz* heimlich in die Tasche der entlaufenen Dorothy schaut, um sie zum Reden zu bringen, lockte Capitman Informationen aus dem Klienten heraus, indem er jeden kleinen Hinweis in Newtons Prahlerei nutzte, um eine wachsende Vertrautheit mit dem Thema vorzutäuschen und diese Kenntnisse anschließend verwendete, um weitere Informationen aus Newton herauszukitzeln. Das Ziel bestand darin, eine vertrauliche Atmosphäre zu erzeugen, um möglichst viele Informationen zu sammeln, bevor wir mit der Präsentation begannen. Als Capitman von Newton alles erfahren hatte, was er auf diese Art aus ihm herausholen konnte, und zu der Überzeugung gelangt war, dass unser Vorschlag nicht in krassem Widerspruch zu den strategischen Vorhaben von Hillsdown stand, zauberte er sehr dramatisch ein Exemplar unseres gewaltigen Pitch Books hervor.

»Ich glaube, ich habe in unserem Telefongespräch erwähnt, dass wir uns sehr ernsthaft mit Ihrem Sektor beschäftigt haben«, erklärte er in verschwörerischem Ton, wobei er das Buch fest an sich drückte, so als wäre er nicht sicher, ob er seinen kostbaren Inhalt tatsächlich preisgeben sollte. »Wir sehen eine Chance für die wenigen Unternehmen, die sich in einer günstigen Position für eine Branchenkonsolidierung befinden«, fuhr er fort und schob die wertvolle Fracht langsam über den Tisch.

»Die Frage ist nicht, ob es geschehen wird, sondern eher, wer welchen Schritt tun und wie er vorgehen wird«, verkündete er mit einer vorgetäuschten Gewissheit, die ich kaum fassen konnte. Ich wollte einfach nur »die Seite« aufschlagen und aus dem Raum fliehen, um draußen auf die Reaktion des Klienten zu warten.

»Unsere Aufgabe bestand darin, den richtigen Schritt zu identifizieren. Das Wer und das Wie hängen davon ab, wer von Ihnen die Vision und den Mut hat, diesen Schritt als erster zu tun. Der Grund für unseren Besuch ist, dass wir der Meinung sind, dass Sie es sein sollten. Und wir glauben, dass Sie rasch handeln sollten.«

Später lernte ich, dass dies einfach eine Version jener Ansprache war, die bei den Investment-Bankern unter dem Titel »Wagen Sie es, etwas Großartiges zu tun« läuft. Aber in jenem Moment war ich vollkommen fassungslos. Er hatte diesen Mann nie zuvor gesehen. Und er hatte ihm noch überhaupt nichts über unser Projekt verraten, das sich meiner Meinung nach immer noch als unsinnig herausstellen konnte. Doch allem Anschein nach hatte Newton angebissen. Bemerkenswert selbstsicher begann Capitman, unser Präsentationsmaterial durchzugehen, und mit jeder Seite lockte er Newton mehr aus der Defensive. Dann gelangten wir zu »der Seite«. Ich hielt buchstäblich den Atem an. Capitman erklärte. Es trat Stille ein.

»Interessant«, sagte Newton nachdenklich. Capitman versuchte vergeblich, ein Lächeln zu unterdrücken.

Als wir im Taxi saßen, das uns ins Büro von Bankers Trust zurückbrachte, platzte Capitman fast vor Freude. Er bemerkte meine Gegenwart kaum und schien mit sich selbst zu sprechen. »Das war ein großartiges Meeting«, sagte er nachdrücklich. Er konnte kaum an sich halten und sprang bei unserer Ankunft in der City sofort aus dem Taxi, um jedermann, der zuzuhören bereit war, von seinem Erfolg zu erzählen. Dies war ein seltsames Metier, dachte ich. Für mich stand fest, dass ich damit nicht meinen Lebensunterhalt verdienen würde.

Soweit ich weiß, nahm Hillsdown niemals die Dienste von Bankers Trust in Anspruch, obwohl das Unternehmen in den folgenden Jahren weitere Übernahmen durchführte, darunter auch einige im Bereich der Geflügelproduktion. Im Jahr 1998 spaltete sich Hillsdown auf, gliederte den Bereich Fertignahrung (einschließlich der WKF-Sparte von Buxted) sowie den Konstruktionsbereich aus und verkaufte eine Reihe anderer Unternehmensbereiche. Und schließlich verdiente Bankers Trust doch noch Geld mit Hillsdown. Im Jahr nach der Aufspaltung des Unternehmens finanzierte Bankers Trust die Übernahme des Unternehmens durch das in Texas beheimatete Hicks Muse, ein auf Buy-outs spezialisiertes Unternehmen, nachdem Hillsdown aufgrund von Problemen mit dem verbleibenden Geflügelbereich verwundbar geworden war. Im Jahr 2004 brachte Hicks Muse das Unternehmen unter dem Namen Premier Foods erneut an die Börse, nachdem der Geflügelbereich teilweise abgestoßen und teilweise aufgelöst worden war.

Als sich der Sommer dem Ende zuneigte, waren die Beziehungen zwischen den Praktikanten einigermaßen gespannt, denn es war fraglich, wie vielen von uns ein fester Vertrag angeboten werden würde. Eines Tages zitierte Keer mich in sein Büro.

»Ich bin sicher, Sie wissen, dass Sie wirklich Talent für diese Arbeit besitzen«, begann er beiläufig. »Und Sie wären natürlich willkommen, sollten Sie zu der Überzeugung gelangen, dass dies das Richtige für Sie ist. Allerdings glaube ich nicht, dass Sie wirklich mit ganzem Herzen bei der Sache sind. Und es gibt nichts Schlimmeres, als eine Arbeit zu wählen, die man nicht wirklich liebt.« Ich konnte mich des Gedankens nicht erwehren, dass er möglicherweise aus eigener Erfahrung sprach.

»Lassen Sie sich Zeit. Wie gesagt, Sie werden hier immer willkommen sein. Und lassen Sie mich wissen, wenn ich Ihnen irgendwie helfen kann.«

Das war's. Zu jenem Zeitpunkt wusste ich Colins ungewöhnlich großzügige Geste nicht richtig zu schätzen. Später fand ich heraus, dass Investment-Banken und Investment-Banker nur selten etwas anbieten, ohne eine Gegenleistung zu verlangen. Viele Banken verpflichten ihre Summer Associates im Voraus dazu, ein etwaiges Stellenangebot am Ende des Praktikums anzunehmen. Und für jeden Fortschritt in der Karriere des Jungbankers, für jede Bonuszahlung oder Beförderung wird irgendein klarer Treuebeweis gegenüber der Institution oder dem wohlmeinenden Vorgesetzten erwartet. Der Mitarbeiter mag glauben, die Belohnung wirklich verdient zu haben, doch die Bank scheint den unwiderstehlichen Drang zu spüren, sich noch ein Stück mehr von ihm einzuverleiben. Vielleicht liegt es einfach im Wesen dieses Geschäfts – schließlich geht es im Bankwesen immer um Verhandlungen.

Wenn ich an jenen Sommer zurückdenke, wird mir klar, dass mir eine Reihe wichtiger Lehren entgingen, die ich erst einige Jahre später zog. So wie ich ein MBA-Diplom nicht zuletzt angestrebt hatte, um zu vermeiden, dass die Inhaber eines solchen Diploms auf mich herabblicken würden, hatte ich den Sommerjob zum Teil angenommen, um eine Bestätigung für meine Vorurteile bezüglich der Oberflächlichkeit des Investment-Banking zu erhalten und für mich in Anspruch nehmen zu können, dass ich selbst mich gegen diesen Beruf entschieden habe. Und ich sah, was ich hatte sehen wollen. Selbstverständlich kann man sich über das Marketing in allen Dienstleistungen leicht lustig machen. Die »Verdrehung der Wahrheit«, die Bestandteil jedes Verkaufsjobs ist, kann komisch und beinahe absurd wirken, wenn der finanzielle Einsatz so hoch ist wie im Investment-Banking: »Bitte nehmen Sie mein Unternehmen.« Oder: »Sie können es sich nicht leisten, es nicht zu kaufen.« Da die Marktposition von Bankers Trust in Großbritannien schwach war, konnte ich dort beobachten, dass sehr viel mehr verkauft als beraten wurde. Doch allein die Tatsache, dass sich der Geschäftsführer von Buxted Poultry überhaupt zu einem Meeting mit uns bereit erklärt hatte, hätte mir die Augen dafür öffnen sollen, welche Rolle ein vernünftiger Investment-Banker, der an den richtigen Platz gesetzt wird, spielen kann. Und dass sich ein so vernünftiger und intelligenter Mensch wie Keer von dieser Tätigkeit angezogen fühlte, hätte mich nachdenklich stimmen sollen.

Aber zu jener Zeit war ich nicht bereit, mich ernsthaft damit auseinanderzusetzen. Abgesehen von seiner Freundlichkeit hatte Keer richtig erkannt, dass es mir an Interesse für die Wirtschaft mangelte. Ich hatte immer noch sehr viel größeres Interesse an der Politik als an der Wirtschaft. Selbst als sie uns an der Stanford Business School angehalten hatten, das gesamte *Wall Street Journal* zu lesen, hatte ich mich nicht dazu durchringen können. Ich schlug immer sofort den Politikteil auf und studierte am Freitag die Beilage *Washington Wire*, doch den Rest der Zeitung fand ich schwer verdaulich. Allerdings gab es da etwas, das Keer nicht sehen konnte, da er mich nicht allzu gut kannte: Mir wurde schließlich klar, dass ein leidenschaftlicher Anhänger der Politik im Investment-Banking mehr intellektuelles Vergnügen finden kann als in einer Tätigkeit in der Politik. Doch da ich mehr als genug Munition angehäuft hatte, um diese Tätigkeit als unwürdig abzulehnen, kehrte ich nach jenem lukrativen Sommer in der festen Gewissheit an die Business School zurück, dies sei meine erste und letzte Begegnung mit dem Investment-Banking gewesen.

Später erfuhr ich zu meinem Bedauern, dass Keer viel zu jung gestorben war. Doch bei den Recherchen für dieses Buch entdeckte ich, dass seine Geschichte ein glückliches Ende gehabt hatte. Vor seinem Tod hatte er etwas getan, was Investment-Banker selten tun – er hatte den Beruf auf dem Höhepunkt seiner Karriere an den Nagel gehängt, um sich seiner wahren Leidenschaft zu widmen: Im Jahr 1992 hatte er sich im Alter von 42 Jahren als Landschafts- und Gartenarchitekt selbstständig gemacht. Wie ein führender Headhunter damals bemerkte: »Sein Ausstieg war ein Schock für die Branche. Aber er hatte den Mut, zu gehen und etwas zu tun, das ihm wahrscheinlich mehr Spaß machen würde.«[2]

2

Ein Investment-Banker durch Zufall

Fäkalien in den Kaffeekannen in der ersten Klasse: Ein Freund in der Abteilung Unternehmenskommunikation rief mich an, um mir von dieser innovativen Verhandlungstaktik der Gewerkschaften zu erzählen. Sieben Jahre, nachdem ich meinen kleinen Sommerjob hinter mir gelassen hatte, arbeitete ich in Chicago bei United Airlines als Leiter der Abteilung Internationale Angelegenheiten. Zuvor hatte ich in Washington als Lobbyist für eine Firma von Stuart Eizenstat gearbeitet, der innenpolitischer Berater von Präsident Jimmy Carter gewesen war. Bei United war ich offiziell für die Leitung des Personals zuständig, das die internationalen Routen und Anlagen der Fluglinie sichern und schützen sollte. Inoffiziell war ich der Adjutant von CEO Stephen Wolf und seinem langjährigen Generalberater Lawrence Nagin. Der Job gefiel mir sehr, aber unglücklicherweise begannen wir nach kaum einem Jahr mit den Gewerkschaften über die Möglichkeit zu verhandeln, die Fluglinie zu verkaufen, um ihre Wettbewerbsfähigkeit zu erhöhen. Als Gegenleistung wurde der Belegschaft eine Vielzahl von Zugeständnissen bei Löhnen und Arbeitsbedingungen angeboten. Im Frühjahr 1994 spitzten sich diese Verhandlungen dramatisch zu, wie der Zwischenfall mit dem Kaffee und ähnliche Vorkommnisse zeigten.

Meine Liebe zu dem Job rührte daher, dass man in keiner anderen Branche eine derart gute Kenntnis des Wechselspiels zwischen Rechtslage, Politik und Finanzen brauchte, um gute strategische Entscheidungen zu füllen. In den Vereinigten Staaten war die Luftfahrtindustrie liberalisiert, doch international unterlag sie weiterhin einem komplexen Netz bilateraler Vereinbarungen. Und auf dem amerikanischen Binnenmarkt erhöhten die finanziellen Auswirkungen der Liberalisierung die Spannungen zwischen den Fluglinien und den Gewerkschaften und lösten eine Vielzahl von Konflikten mit Flughäfen, verschiedenen Interessengruppen und Politikern aus. Ich schrieb Reden, bereitete Briefing-Unterlagen vor und reiste mit Wolf kreuz und quer durch die

Welt, um Gespräche mit Politikern und Unternehmensführern zu führen.

Wolf und sein Team wurden von den Gewerkschaften seit langem verteufelt. Obwohl er die Zahl der internationalen Ziele auf drei Kontinenten verdreifacht und so aus United die führende internationale Fluggesellschaft gemacht hatte, verziehen ihm die Gewerkschaftsführer nie, dass er öffentlich erklärt hatte, der Status quo in der Industrie sei nicht aufrechtzuerhalten. So konnte es niemanden überraschen, dass die Gewerkschaften eine Einigung über den Verkauf vom Ausscheiden Wolfs und Nagins abhängig machten. Obwohl mir angeboten wurde, meine offizielle Funktion beizubehalten, würde ich auf den aufregendsten Teil meiner Tätigkeit – auf den inoffiziellen – verzichten müssen. Weder Wolf noch Nagin wussten, was sie als Nächstes tun würden, und ich hatte keine Ahnung, welcher Tätigkeit ich mich zuwenden sollte.

Ich war noch damit beschäftigt, die jüngste kulinarische Entwicklung an der Front zu verdauen, als das Telefon erneut klingelte. Ich machte mich auf noch groteskere Neuigkeiten gefasst, doch zu meiner freudigen Überraschung hörte ich am anderen Ende der Leitung die Stimme meines früheren Studienkollegen Kevin Czinger. Ich hatte Kevin zehn Jahre früher am ersten Vorlesungstag in der Law School kennengelernt. Wir waren derselben Vorlesungsgruppe zugeteilt worden und hatten uns rasch angefreundet. Kevin war ein ausgezeichneter Footballspieler in Yale gewesen und war berühmt für sein leidenschaftliches Wesen. Nach dem Jurastudium arbeitete er zunächst für Rudy Giuliani, als dieser Staatsanwalt war. In dieser Tätigkeit freundete er sich mit Arthur Liman an, einem anderen Yale-Absolventen, der im Fall Vereinigte Staaten gegen die GAF Corporation auf der Gegenseite stand. GAF war er erste große Fall von Insiderhandel (Liman unterlag im Prozess, setzte sich jedoch in der Berufung durch). Liman ermutigte Kevin, ins Investment-Banking zu wechseln, und arrangierte ein Vorstellungsgespräch mit den damaligen Leitern von Goldman Sachs, Steve Friedman (ein ehemaliger Ringerstar der Cornell University) und Robert Rubin. Kevin wurde an John Thornton weiterempfohlen, einen umstrittenen Partner des Unternehmens, der Goldmans europäischen Investment-Banking-Bereich in London aufbaute.

Als mich Kevin anrief, war er seit zwei Jahren für Goldman tätig und arbeitete seit anderthalb Jahren direkt für Thornton in London. Wir hatten uns in der Vergangenheit hin und wieder über das Investment-Banking unterhalten, und Kevin wusste, dass ich mich für dieses Metier nicht allzu sehr interessierte. Doch zwei Dinge hatten sich geändert. Ich wusste, dass diejenigen, die der früheren Führung von United loyal gegenüberstanden, kein schönes Leben im Unternehmen führen würden, wenn sich das Königreich erst einmal in eine Diktatur des Proletariats verwandelt hätte. Kevin seinerseits war von Thornton aufgefordert worden, ihm beim Aufbau des europäischen Medienbereichs zu helfen und eine Handvoll schlauer und hungriger junger Leute ins Unternehmen zu holen. Und Kevin war fest entschlossen, diese Aufgabe zu bewältigen. Thornton hatte deutlich gemacht, dass er Personen wollte, deren Denkweise noch nicht durch eine Indoktrinierung mit der auf New York fixierten Inselkultur von Goldman verschmutzt war. Ich erfüllte dieses Kriterium.

»Kevin, ich hätte Banker werden können, als ich vor sechs Jahren die Uni abschloss«, erklärte ich ihm. »Ich versuchte es, es gefiel mir nicht, und ich mache jetzt etwas anderes. Warum sollte ich erneut mit etwas beginnen, das ich nie tun wollte?«

Kevin ließ nicht locker. »Das hier ist etwas anderes.«

»Gib es zu. Dieser Job ist LANG-WEI-LIG«, hielt ich ihm entgegen.

»Ich sage dir, das hier ist das Wahre. Es geht um die Medien. Wir haben Bewegungsfreiheit. Wir werden es gemeinsam machen. Es wird Spaß machen.« Die Argumente kamen wie aus der Pistole geschossen, und mit jedem Satz löste er einen anderen positiven Reflex bei mir aus.

Die Medien waren zweifellos interessanter als Hühner. Ich war ein leidenschaftlicher Anhänger von Theater und Film und ein verhinderter Schauspieler, der seine Bühnenbestrebungen fallen gelassen hatte, nachdem ihm nach der Universität die Aufnahme in die Yale Drama School verwehrt worden war. Doch obwohl ich Kevin sehr mochte, war die Vorstellung, jeden Tag mit ihm zusammenarbeiten zu müssen, ein wenig beängstigend.

»Aber Goldman, Kevin? Du weißt, dass ich dort überhaupt nicht hineinpasse.« Ich hatte in der Business School genug über die Kultur von Goldman gehört, um zu wissen, dass sie unflexibel, streng hierarchisch, homogen war. In diesem Unternehmen fühlten sich ehemalige Militärs, Sportler und Katholiken wohl (Kevin war all das), die daran gewöhnt waren, nicht aufzumucken, sondern Befehle zu befolgen. Einsatz für das Team und all das. Eine endlose Reihe von Bewerbungsgesprächen, in denen jeder Interviewer ein Vetorecht hat. Das war nichts für mich. Darauf würde ich mich nicht einlassen.

»Du verstehst nicht richtig, Mann«, drängte Kevin. »Thornton hält all das für Mist. Er will hier wirklich etwas Tolles aufbauen. Er ist der Herr dieses Büros. Er wird dich beschützen. Sie werden nicht an dich herankommen. Wir können unser eigenes Ding machen und uns ins Getümmel stürzen. Wir werden dir deine bisherige Erfahrung teilweise anrechnen, damit du nicht von vorne anfangen musst. Ich verspreche dir, es wird dir Spaß machen.«

Er holte kurz Luft und schrie: »Du sollst doch nur ein einziges verfluchtes Gespräch mit dem Kerl führen!«

»In Ordnung!«, schrie ich zurück. Was hatte ich zu verlieren? Es war immer unwahrscheinlicher, dass Steve und Larry bis zu der Zeit, da das Unternehmen den Gewerkschaften übergeben werden sollte, tatsächlich etwas Neues auf die Beine stellen würden. Die Medien fand ich interessant. London gefiel mir. Ich hatte ansonsten nichts in Aussicht. Was soll's, dachte ich.

Als ich in London eintraf, war Kevin gerade in Hongkong. Ich würde in den eleganten, modernen Büros von Goldman also kein vertrautes Gesicht sehen. Die Goldman-Niederlassung in der Fleet Street versteckt sich diskret hinter der Fassade der ehemaligen Zentrale einer nicht mehr existierenden Zeitung. Die eigentliche Adresse lautet Peterborough Court, und es heißt, der Taxistand vor dem Sitz von Goldman sei nach Heathrow derjenige mit dem größten Umschlag in London. (Der Tag, an dem Goldman das Taxiunternehmen wechselte, wird bei der Firma, die diesen Kunden verlor, noch heute als der »schwarze Dienstag« bezeichnet.)

Ich wurde in ein großes Konferenzzimmer im letzten, das heißt im neunten Stock gebracht, wo alle Treffen mit Außenstehenden stattfanden. Das Treffen war für sechs Uhr abends angesetzt, aber Thornton traf erst nach sieben ein. Als er endlich hereinstürmte und mir die Hand schüttelte, fielen mir vor allem seine Jugend und sein forsches Auftreten auf. Thornton war erst 40 Jahre alt, und sein ganzer Körper bebte von Energie. Er sah gut aus, obwohl er bereits ein wenig Bauch angesetzt hatte, und seine Knollennase erinnerte ein wenig an die von W. C. Fields. Er hackte die Worte ab, als ginge es ihm auf die Nerven, dass die Kommunikation durch die unumgänglichen sprachlichen Konventionen gebremst wurde. Er hatte einen etwas komisch wirkenden Tick, der darin bestand, dass er sich wie Rodney Dangerfield unentwegt den Kragen richtete und die Haartolle zurückschob, die ihm immer wieder in die Stirn fiel.

Es war fast neun Uhr, als Thornton den Raum ebenso plötzlich verließ, wie er ihn betreten hatte, nachdem er mir kurz die Hand geschüttelt und erklärt hatte, Kevin werde mir in den nächsten Tagen ein konkretes Angebot unterbreiten. Ich ließ mich in den Sessel zurückfallen und sah durch die Fenster des menschenleeren Konferenzzimmers auf die nächtliche Londoner Skyline hinaus.

»Ein Angebot?«, dachte ich. »Was ist mit den anderen Interviews? Und worum geht es überhaupt bei dem Job?«

In dem zweistündigen Gespräch mit Thornton hatte ich nichts über die Aufgabe erfahren, die man mir übertragen wollte. Wir sprachen keine Sekunde über das Investment-Banking, was es mir ersparte, von meinem Abenteuer mit den Hühnern zu erzählen. Er bombardierte mich mit Fragen zu meiner Schulausbildung und meinen Studien. Wenn er auf einen Faden stieß, der ihm interessant schien, zog er so lange daran, bis nichts mehr aus mir herauszuholen war. Sobald ihn ein Thema nicht mehr fesselte, sprang er einfach zum nächsten. Am Ende schien seine Methode der Entscheidungsfindung präzis und einfach: »Ich suche nach schlauen Köpfen, die wissen, worum es geht. Steve Wolf und Stuart Eizenstat sind schlaue Köpfe, die wissen, worum es geht, und wollen wahrscheinlich schlaue Köpfe, die es für sie umsetzen können. Sie haben für diese Leute gearbeitet und sie zufriedengestellt. Also los.« Der Rest des Gesprächs schien wenig mit mir oder dem Job zu tun zu haben, sondern diente ihm eher dazu, sich Informationen über verschiedenste Themen zu beschaffen, die sein Interesse weckten.

Wie versprochen, faxte Kevin mir einige Tage später einen Vertrag nach Chicago. Es war mir ein Rätsel, wie sie es angestellt hatten, von der Personalabteilung von Goldman die Erlaubnis dazu zu erhalten.[1] Kevin wollte mir demonstrieren, dass ich es mit einer unbürokratischen Organisation zu tun hatte. Die Vertragsbedingungen waren ausgesprochen großzügig. Bis zum Abschluss des Geschäftsjahrs, das am 30. November endete, würde ich einen proportionalen Anteil von 225.000 Dollar bekommen. Das war mehr als das Doppelte meines damaligen Gehalts. Danach würde es an mir liegen, gute Konditionen auszuhandeln, aber Kevin schlug eine jährliche Gehaltserhöhung von 100.000 Dollar vor. In dem Vertrag stand, dass ich bis 1996 keinen Anspruch auf eine Beförderung zum Vice President haben würde, was ich so verstand, dass man mir zwei Jahre meiner Zeit als Lobbyist und Manager einer Fluglinie anrechnen würde. Um ganz offen zu sein: Sie boten mir so viel mehr Geld an, als ich je erwartet hätte, dass ich gar nicht erst versuchte zu verhandeln. Ich unterschrieb einfach.

Steve und Larry schienen ein wenig pikiert, als sich herausstellte, dass ich nicht abgewartet hatte, was sie als Nächstes tun würden. Und als ich ihnen meine neue Tätigkeit erklärte, schienen sie ebenso überrascht wie ich, dass man mir diesen Job angeboten hatte. Ein paar Wochen später, als die bittersüße Aktionärsversammlung näher rückte, bei der das Unternehmen offiziell übergeben werden sollte, bat mich Steve, ihn zu der Sitzung im Chicago Fairmont Hotel zu begleiten. Sie hatten mir verziehen.

Die Aktionärsversammlung fand am 12. Juli statt, das heißt an einem Donnerstag. Am folgenden Montag sollte ich in London bei Goldman anfangen. Nachdem ich mich im Hotel verabschiedet hatte, fuhr ich in die Zentrale zurück, um meinen Schreibtisch aufzuräumen. Als ich an der Managementsuite vorbeiging, sah ich eine Szene wie aus der Französischen Revolution: Die Glaswände, die die Bürosuite von den umgebenden Räumen getrennt hatten, waren entfernt worden, und Gewerkschaftsmitglieder schlenderten durch die Büros. In Steves Büro sah ich einen Mechaniker eine Heftmaschine mitnehmen, während andere seine Schreibtischschubladen durchsuchten. Dies war kein vielversprechender Neubeginn.

Später erhielt ich einen Anruf von einem Journalisten der *New York Times*, der einen Artikel über die neue Ära der Arbeitnehmerbeteiligung schrieb, den er an der Entwicklung bei United Airlines aufhängen wollte. Ich versuchte, ihm auf sanfte Art klarzumachen, dass United aufgrund der unvergleichlichen Geschichte der Luftfahrtindustrie und der tief verwurzelten Feindschaft nicht nur zwischen Management und Belegschaft, sondern auch zwischen den verschiedenen Belegschaftsgruppen ein schlechtes Fallbeispiel sei. Daraufhin kürzte er das Gespräch ab, und die *Times* brachte eine Artikelserie, in der sie die Arbeitnehmerbeteiligung als Allheilmittel für die Probleme pries, mit denen die Unternehmen in Bezug auf Wettbewerb und Arbeitsbeziehungen konfrontiert waren. Die Tatsache, dass United Airlines bald in Konkurs ging, legt den Schluss nahe, dass die Probleme der Industrie etwas komplexer waren.

Ich war froh, über den Atlantik fliegen und die Spannungen hinter mir lassen zu können, die sich in den Wochen vor der Machtübergabe bei United aufgebaut hatten. Und ich freute mich auf ein neues Leben in London, wo ich alte Freunde wiedersehen und mehr über die Medienbranche lernen würde. Aber eigentlich hatte ich keine Vorstellung davon, was ich von Goldman Sachs zu erwarten hatte oder was die Firma eigentlich von mir erwartete. Am folgenden Montag würde ich beginnen, es herauszufinden.

3

Ein Imperium für sich

Es herrscht seit jeher einige Unklarheit darüber, worin die Tätigkeit des Investment-Bankers eigentlich besteht. Und diese Unklarheit wurde im Lauf der Zeit durch eine Reihe von Faktoren verschlimmert. Zu diesen Faktoren zählen die Verschiebung der Grenzen zwischen Handels- und Investment-Banken, der Wandel der Rolle und die wechselnde Bedeutung der verschiedenen Funktionen und Bereiche innerhalb der Investment-Banken und die Neigung dieser Einrichtungen zur Geheimniskrämerei. Doch einige Grundlagen der Tätigkeit haben Bestand. Alle Investment-Banken unterteilen ihre Tätigkeiten grob in die »Unternehmensfinanzierung« auf der einen und den »Verkauf und Handel« auf der anderen Seite.

Fragt man die Leute, was ein Investment-Banker tut, so denken die meisten von ihnen an einen Finanzexperten, der Unternehmensmanager berät. Dies entspricht dem Bereich Unternehmensfinanzierung. Dieser Bereich ist auch der Gegenstand meines Buches, denn dies war die Welt, in die ich eintauchte, als ich im Jahr 1994 nach London ging. Die auf die Unternehmensfinanzierung spezialisierten Banker stehen ihren Kunden auf zwei Arten zur Seite. Sie beschaffen Geld, eine Tätigkeit, die unter dem Schlagwort »Finanzierung« bekannt ist. Und sie beraten die Unternehmen bei »Transaktionen«, bei denen es sich im Allgemeinen um Fusionen oder Übernahmen handelt (Mergers and Acquisitions, M&A). Manchmal tun die Investment-Banker auch beides gleichzeitig, beispielsweise, wenn sie einen Klienten bei einer Übernahme beraten und die Finanzierung des Geschäfts arrangieren.

Das Geld kommt von dritten Parteien – von reichen Privatinvestoren, Investmentfonds, Versicherungsgesellschaften, Rentenfonds – und kann durch einen Börsengang oder auch mit der Ausgabe von Junk Bonds eingenommen werden. Wenn eine Investment-Bank ein Unternehmen bei der Suche nach Geldgebern vertritt, an die bestimmte Vermögenswerte zu einem bestimmten Preis verkauft werden können, wird dies als »Emission« bezeichnet. Der Begriff »Emission« legt nahe, dass eine Investment-Bank, die keine Käufer findet, verpflichtet ist, die Suppe auszulöffeln und die Wertpapiere selbst zu kaufen, doch das ist selten der Fall. Von einer Emissionsbank wird üblicherweise lediglich verlangt, ihr »Bestes« zu tun, um die Wertpapiere an den Mann zu bringen. Gegenstand der M&A-Beratung kann eine Übernahme wie jene, die wir bei Bankers Trust gerne für Hillsdown abgewickelt hätten, die Abstoßung eines Tochterunternehmens oder der Verkauf oder die Fusion eines ganzen Unternehmens sein.

Die Abteilung Verkauf und Handel, von der in diesem Buch sehr viel weniger die Rede sein wird, hat die Aufgabe, die Wertpapiere der von der Abteilung Unternehmensfinanzierung betreuten Unternehmen zu kaufen und zu verkaufen. Die Klienten sind jedoch nicht diese Unternehmen, sondern institutionelle Investoren und reiche Privatanleger, die sich von diesen Wertpapieren eine attraktive Rendite versprechen. Die Spannungen, die dadurch entstehen, dass eine Bank sowohl Verkauf und Handel als auch die Betreuung der emittierenden Unternehmen betreibt, sind zum Teil darauf zurückzuführen, dass die Kunden der beiden Abteilungen vielfach strukturell unvereinbare Ziele verfolgen: Die Investoren wollen einen möglichst hohen Ertrag erzielen, während die Unternehmen, die die Papiere begeben, an möglichst billigem Kapital interessiert sind. Die jüngsten Fälle, in denen Investment-Banken wegen eines zweifelhaften Einsatzes der Wertpapieranalyse strafrechtlich verfolgt wurden, beruhten auf dem Verdacht, dass die Banken die Emittenten gegenüber den Investoren bevorzugt hatten und dass die vorgeblich objektiven Kaufempfehlungen, die die Abteilung Verkauf und Handel gegenüber den Anlegern abgegeben hatte, von der Abteilung Unternehmensfinanzierung manipuliert worden waren

Ob sie nun in Verkauf und Handel oder in der Unternehmensfinanzierung tätig sind, Investment-Banker sind in erster Linie Mittelsmänner zwischen den Parteien auf beiden Seiten einer Transaktion. Das gilt unabhängig davon, ob ein Wertpapierhändler ein Geschäft zwischen institutionellen Investoren ermöglicht, ob ein Verkäufer ein neues Wertpapierangebot vermarktet oder ob ein M&A-Banker den Verkauf eines Tochterunternehmens betreut. Sie alle sind in diesen Transaktionen eher »Agenten« als »Händler auf eigene Rechnung«.

Viele der Kontroversen in den letzten Jahren haben ihren Ursprung in der Entscheidung der meisten Investment-Banken, die Trennlinie zwischen Agent und Händler auf eigene Rechnung mehr oder weniger entschlossen zu überschreiten. Die Anwendung eigener Handelsstrategien, mit denen eine Bank ihr eigenes Kapital riskiert und die normalerweise in fensterlosen Räumen von einem bunten Völkchen von Superhirnen entwickelt werden, hat dazu geführt, dass der Gewinn einiger Investment-Banken zu bestimmten Zeiten überwiegend mit dem Verkauf und Handel von Wertpapieren erzielt wird. Daran ist an sich nichts auszusetzen, aber diese Praxis hat die Frage aufgeworfen, ob diese Gewinne nicht auf Kosten anderer Investoren erzielt werden. Und jene, die das Vermögen von Investment-Banken analysieren, haben eine Abneigung dagegen, diese Gewinne genauso zu bewerten wie leichter prognostizierbare und wiederkehrende Erträge. Aufseiten der Unternehmensfinanzierung hat die Entscheidung der meisten Investment-Banken, Beteiligungsgesellschaften zu gründen, die in direktem Wettbewerb mit Unternehmenskunden und anderen Fonds auf eigene Rechnung Kapitalbeteiligungen erwerben, Fragen bezüglich ihrer Loyalität gegenüber den Klienten, bezüglich der Geheimhaltungspflicht und bezüglich möglicher Interessenkonflikte aufgeworfen. Um diese Bedenken auszuräumen, haben mehrere große Investment-Banken, darunter Morgan Stanley und Credit Suisse First Boston, in den letzten Jahren Pläne angekündigt, ihre eigenen Beteiligungsgesellschaften in unabhängige Firmen umzuwandeln.

Die »Mittlerfunktion« der Investment-Banken bedeutet an sich nicht, dass diese Firmen überhaupt kein finanzielles Risiko eingehen. Im Haftungsausschluss im Prospekt für eine Emission von Eigenkapital oder Anleihen mag etwas anderes stehen, aber eine Investment-Bank heißt die Angaben eines Unternehmens implizit gut, indem sie seine Wertpapiere vermarktet.

Auch sind die Führungsgremien der Unternehmen – wenn auch in geringerem Maß – auf den Rat der Investment-Banken angewiesen, bevor sie einer M&A-Transaktion zustimmen. Gelegentlich verklagen unzufriedene Investoren und Kundenunternehmen mit Erfolg eine Investment-Bank, weil diese die Interessen der Investoren nicht ausreichend geschützt hat, oder die Börsenaufsichtsbehörde SEC setzt Zwangsmaßnahmen gegen eine Bank durch. Die jüngsten Beispiele sind der Fall Ron Perelmans, der Morgan Stanley wegen mangelnder Offenlegung beim Verkauf von Sunbeam erfolgreich auf Rückerstattung von 1,5 Milliarden Dollar verklagte, und der Vergleich in Höhe von 2,65 Milliarden Dollar, den die Citigroup mit Käufern von Aktien und Anleihen des mittlerweile untergegangenen Unternehmens WorldCom schloss. Und selbst wenn es nicht bis zu einer Klage von Investoren oder

Regulierungsbehörden kommt, fällt es einer Investment-Bank, die zu oft mit unglücklichen Situationen in Verbindung gebracht wird, auf die Dauer schwer, neue Klienten zu gewinnen.

Wie die Beschreibung der Pitch Books gezeigt hat, hängt die Hackordnung der Investment-Banken zum Teil von den »Ligatabellen« ab. Diese Rankings werden von mehreren unabhängigen Einrichtungen zusammengestellt und geben Aufschluss darüber, welche Investmentfirma in einem gegebenen Zeitraum am meisten Transaktionen eines gegebenen Typs abgewickelt hat. Das klingt durchaus objektiv, aber diese Rankings kann man leicht manipulieren, sodass anhand dieser Tabellen ein Dutzend Firmen beweisen können, dass sie zu den besten drei Banken gehören. Beispielsweise kann man für die M&A-Vergleichstabellen die Zahl der Transaktionen oder die Gesamtgröße der Transaktionen zählen, man kann sich auf das Inlandsgeschäft beschränken oder sämtliche globalen Deals oder auch lediglich Transaktionen ab einer bestimmten Größe oder in bestimmten Branchen berücksichtigen. Und selbstverständlich kann man sich einen Zeitraum herauspicken, der den eigenen Bedürfnissen entspricht. Die Firmen selbst wissen allerdings ganz genau, wer die Marktführer bei bestimmten Produkten sind. Und die insgesamt führenden Banken sind jene, die stets an der Spitze der Ligatabellen für die lukrativsten Produkte stehen.

Die beiden rentabelsten Produkte der Investment-Banken sind die M&A-Beratung und die Betreuung von Börsengängen (das heißt die Erstausgabe der Aktien eines Privatunternehmens). Der Grund für die hohe Rentabilität der M&A-Transaktionen sind die geringen Gemeinkosten der Dienstleistungen. Mit der Betreuung von Börsengängen wird viel Geld verdient, weil die Investment-Banken dafür, dass sie die Aktien bei institutionellen Anlegern unterbringen, eine Kommission von nicht weniger als 7 Prozent auf den aufgetriebenen Betrag verdienen. (Dieser von den Banken verrechnete Anteil an Finanztransaktionen wird als »Spread« bezeichnet.) Es bleibt für viele – darunter auch für das Justizministerium, das mehrfach mögliche Absprachen zwischen den Investment-Banken untersucht hat – ein Geheimnis, wie es den Emissionsbanken möglich ist, eine derart hohe Gebühr für Aktienemissionen aufrechtzuerhalten, während die Spreads bei vielen anderen Produkten unter dem Wettbewerbsdruck zusammengeschmolzen sind (dies gilt unter anderem für alle Formen von Anleihen und sogar Folgeemissionen bei Kapitalerhöhungen).

Als ich im Jahr 1994 in London ankam, erholten sich die Investment-Banken gerade von der Rezession der Jahre 1990 und 1991, die umfassende Personalkürzungen erzwungen hatte. Morgan Stanley und Goldman Sachs waren die Marktführer, wobei Goldman allerdings auf dem Vormarsch schien, da Morgan nicht nur vom jüngsten wirtschaftlichen Abschwung, sondern auch vom Verlust vieler besonders produktiver Partner nach seinem eigenen Börsengang im Jahr 1986 geschwächt war. Die Kulturen der beiden Firmen waren ebenfalls sehr unterschiedlich.

Merrill Lynch nahm wahrscheinlich den dritten Rang hinter diesen beiden Marktführern ein. Merrill war die einzige große Investment-Bank, die ausgehend vom Privatkundengeschäft ein großes Firmenkundengeschäft aufgebaut hatte. Daher betrachteten die Konkurrenten diese Bank mit einer gewissen Geringschätzung. Doch zu Beginn der neunziger Jahre erzielte Merrill durchweg die höchsten Umsätze mit Wertpapieremissionen. Unglücklicherweise wurde die Firma aufgrund ihrer Marktposition besonders hart von den gesetzlichen Neuerungen und Marktentwicklungen getroffen, welche die Gewinnmargen der Branche zusammenschmelzen ließen. Als die Börsenaufsichtsbehörde SEC (Security Exchange Commission) im Jahr 1975 die Fixprovisionen auf die Abwicklung von Aktiengeschäften abgeschafft hatte, hatten die kleineren Investmenthäuser besonders gelitten, während es Marktführern wie Merrill gelungen war, ihre Marktposition zu festigen. Doch diese Maßnahme erhöhte den Druck auf die Gewinnmargen für Emissionen und den Wertpapierhandel. Die SEC setzte weitere Regelungen durch, die es für bestimmte Unternehmen leichter und billiger machten, Wertpapiere ohne die kostspieligen Vermittlerdienste einer Investment-Bank direkt an institutionelle Anleger zu verkaufen.

Da das Geschäft, von dem das Überleben der Firma abhing, unter Druck gekommen war, wandte sich Merrill Lynch rentableren Bereichen wie Fusionen und Übernahmen zu. Als die Firma im Jahr 1988 den 35-jährigen Jack Levy zum Leiter ihres M&A-Bereichs ernannte, reagierten die Konkurrenten nicht mit übermäßiger Besorgnis. Merrills Finanzierungsbereich brachte seine Banker in Kontakt mit den Finanzchefs der Unternehmen, nicht mit den Unternehmensleitern, die für die strategischen Übernahmeentscheidungen zuständig waren. Doch nachdem er der Konkurrenz einige Banker ausgespannt hatte, machte Levy Fortschritte. Im Jahr 1996 eroberte Merrill den Spitzenplatz in den amerikanischen M&A-Ligatabellen, obwohl die Firma aufgrund ihrer

Schwäche im internationalen Geschäft auf absehbare Zeit nicht in der Lage sein würde, Goldman oder Morgan die globalen Spitzenpositionen streitig zu machen. Levy war derart begeistert von seinem lang ersehnten Triumph, dass er am Jahresende ein Video für die Belegschaft produzieren ließ, in dem der groß gewachsene, elegante Mann selbst als Jerry-Maguire-Imitation auftrat und »Show me the money!« brüllte.[1]

Das übrige Investment-Banking-Geschäft teilten sich zu Beginn der neunziger Jahre einige Firmen, die teils auf dem aufsteigenden, teils auf dem absteigenden Ast waren oder eine »Nischenposition« bezogen hatten. Zwei nennenswerte Beispiele für Firmen, die sich erfolgreich auf ein bestimmtes Produkt spezialisiert hatten, waren First Boston im Bereich M&A und Donaldson Lufkin and Jenrette (DLJ) bei den hochspekulativen »Junk Bonds«.

First Boston wurde von Bruce Wasserstein und Joe Perella zur Zeit des Buy-out-Booms in den achtziger Jahren in eine echte Alternative zu Morgan Stanley und Goldman Sachs verwandelt, wenn es um strategische M&A-Beratung ging. Der kleinwüchsige, ungepflegte und egomanische Wasserstein war der vielleicht prominenteste Banker jener Zeit. Aber im Jahr 1988 schieden die beiden bei First Boston aus, um ihre eigene Beratungsfirma Wasserstein Perella zu gründen, womit sie die Entscheidung von Credit Suisse (dem europäischen Partner von First Boston) beschleunigten, die beiden Firmen zu CSFB zu verschmelzen und die Entscheidungsbefugnisse in der Schweiz zu bündeln. Trotz des Ausscheidens der Firmengründer sollte es CSFB Anfang der neunziger Jahre einige Male gelingen, unter die besten drei globalen M&A-Beratungsfirmen vorzustoßen.

DLJ war im Jahr 1959 von den genannten Partnern gegründet worden und konzentrierte sich in erster Linie darauf, kleinere, weniger etablierte Unternehmen an die Börse zu bringen, die größeres Wachstumspotenzial hatten als die von den eingesessenen Investment-Banken betreuten Blue-Chip-Unternehmen. Noch Ende der achtziger Jahre war DLJ eine relativ kleine Firma, die jedoch frühzeitig und erfolgreich den umstrittenen Weg beschritten hatte, ihr eigenes Kapital in Unternehmensbeteiligungen zu investieren. Doch nachdem Michael Milkens Firma Drexel Burnham im Jahr 1990 Bankrott gemacht hatte, verwandelte sich DLJ Mitte der neunziger Jahre in den führenden Händler von Junk Bonds.

Junk Bonds sind Anleihen, die von Unternehmen begeben werden, die keinen Zugang zu herkömmlicheren und kostengünstigeren Finanzierungsformen haben, weil sie zu klein, zu jung oder zu verschuldet sind oder aus anderen Gründen als zu riskanter Anlagegegenstand gelten. Als Junk Bonds werden jene Anleihen bezeichnet, die von den Ratingagenturen Moody's oder S&P als »spekulativ« eingestuft werden, während die Anleihen größerer, etablierter und auf weniger Fremdkapital angewiesener Unternehmen die Einstufung als »geeignete Investition« erhalten. Abgesehen davon, dass die Emittenten von Junk Bonds höhere Zinsen zahlen müssen, müssen sie auch einen größeren »Spread« an die Investment-Bank entrichten, die ihre Anleihen platziert, womit dieses Geschäft der lukrativste Bereich der Fremdfinanzierung ist. Hingegen sind die Anleihen der als sichere Geldanlage betrachteten Blue-Chip-Unternehmen mittlerweile Massengüter, mit deren Platzierung nur noch sehr geringe Margen zu verdienen sind. Doch ungeachtet der Rentabilität der Junk Bonds wollen die Investment-Banken lieber mit Namen wie Ford und AT&T als mit hoch verschuldeten Unternehmen wie Chrysler oder Neugründungen wie McCaw Cellular in Verbindung gebracht werden. Diese Einstellung der Platzhirsche gibt einem Nischenanbieter die Möglichkeit, eine Führungsposition in diesem attraktiven Geschäft zu übernehmen.

Der Niedergang einer Investment-Bank wird normalerweise von einem großen Skandal, einer Kapitalkrise, einem Massenexodus produktiver Partner oder, was zumeist der Fall ist, von einer Kombination dieser drei Faktoren ausgelöst. Salomon Brothers war es in den achtziger Jahren mit harten Methoden und einer kreativen Strukturierung insbesondere auf den Rentenmärkten gelungen, sich an die Spitze der Ligatabellen für den gesamten Finanzierungsmarkt zu kämpfen. Die Schattenseite seiner außer Kontrolle geratenen Handelskultur beschrieb Michael Lewis sehr anschaulich in seinem Buch *Liar's Poker*, in dem er über seine Erfahrungen als junger Salomon-Anleihenhändler in den Jahren vor dem Crash von 1987 berichtete. Ende der achtziger Jahre wurden Risse in Salomons glänzender Rüstung sichtbar. Lew Ranieri, der brillante Architekt von Salomons einst hochrentablen Handelsoperationen mit hypothekarisch gesicherten Papieren, schied im Jahr 1987 aus. Ein Wertpapierskandal im Jahr 1991 warf die Firma weit zurück. Obwohl Warren Buffet ihr mit einer Investition unter die Arme griff (diese zählte nicht zu seinen besten Geschäften), wurde Salomon Ende der neunziger Jahre erst mit Sandy Weills Brokerfirma Smith Barney verschmolzen und anschließend von der riesigen Citigroup geschluckt, die vor kurzem vollkommen auf den Namen Salomon verzichtete.

Der Aufstieg einer Investmentfirma beginnt normalerweise mit einer Reihe von spektakulären Transaktionen, mit einer Finanzspritze eines externen Investors oder einer wohlhabenden Muttergesellschaft und manchmal mit einer vorteilhaften Änderung der Vorschriften. Anfang der neunziger Jahre waren große Geschäftsbanken wie J.P. Morgan und Bankers Trust noch den Beschränkungen unterworfen, die den Finanzinstituten mit dem Glass-Steagall Act von 1933 auferlegt worden waren. Dieses Gesetz, mit dem das Trennbankensystem eingeführt wurde, hinderte die Geschäftsbanken an der Wertpapieremission. Doch obwohl ihnen ein Arm auf den Rücken gebunden war, investierten diese Institute seit mindestens einem Jahrzehnt in Erwartung einer Aufhebung von Glass-Steagall große Summen in die Ausweitung ihrer Aktivitäten im Bereich des Investment-Banking. Sie engagierten herausragende Banker, fanden Schlupflöcher in den geltenden Vorschriften und setzten ihr riesigen Portfolios an Handelskrediten in sämtlichen Bereichen der Anleihenmärkte ein. Insbesondere J.P. Morgan war es gelungen, seine historischen internationalen Kreditbeziehungen zu nutzen, um sich außerhalb der Vereinigten Staaten eine Führungsposition als M&A-Berater zu sichern.

»Ligatabellen« aus dem Jahr 1994

Globale M&A	Amerikanische Junk Bonds	Amerikanische Börsengänge
Goldman Sachs	Donaldson Lufkin & Jenrette	Merrill Lynch
Morgan Stanley	Merrill Lynch	Goldman Sachs
Merrill Lynch	Salomon Brothers	Morgan Stanley
Lehman Brothers	Morgan Stanley	Lehman Brothers
Salomon Brothers	Goldman Sachs	Donaldson Lufkin & Jenrette

Quelle: Thomson Financial

J. P. Morgans relativer Erfolg im Ausland war die Ausnahme, nicht die Regel. Obwohl das Volumen der internationalen Finanzierungen und Geschäfte jenes in den Vereinigten Staaten überstieg, waren die globalen Bereiche der meisten amerikanischen Investment-Banken Anfang der neunziger Jahre noch relativ jung. Beim Aufbau ausländischer Niederlassungen stoßen die Institute auf kulturelle und rechtliche Hindernisse sowie auf die Gegenwehr eingesessener Konkurrenten. Sie mögen sich mit ihrer Position in den heimischen Ligatabellen brüsten, aber diese Stellung ist auf jenen ganz andersartigen Märkten von überraschend geringem praktischem Nutzen. Und obwohl die internationale Tätigkeit verlockend ist, wird sie altgedienten Bankern oft zum Verhängnis, denn es handelt sich um sehr riskante Posten mit geringen Aufstiegschancen. In den Pressemitteilungen wird die Versetzung eines Bankers, dem die Leitung bestimmter internationaler Tätigkeiten übertragen wird, durchweg mit der wachsenden Bedeutung der betreffenden Märkte erklärt. Die Wahrheit ist jedoch oft, dass dieser Banker in einer internen Auseinandersetzung unterlegen ist. Diese Institute mögen bemüht sein, sich als global integriert darzustellen, aber die wichtigen Entscheidungen fallen weiterhin in der New Yorker Zentrale.

Die Situation, die ich im Juli 1994 in der Londoner Niederlassung von Goldman Sachs vorfand, entsprach diesem Bild. Das Büro schien in seiner eigenen kleinen Welt zu leben, und auf die Verbindung zu New York deuteten lediglich die gelegentlichen Stippvisiten von Bankern hin, die zu einer Sitzung kamen oder auf der Durchreise waren. Goldman mochte eine führende Emissionsbank in den Vereinigten Staaten sein, aber in Großbritannien spielte die Firma auf diesem Markt kaum eine Rolle. Bis dahin hatte ich nie an einer Finanzierungstransaktion gearbeitet, und obwohl ich mich dunkel daran erinnerte, wie man einem Klienten einen M&A-Deal schmackhaft machte, hatte ich keine Ahnung, wie die tatsächliche Abwicklung einer Fusion oder Übernahme funktionierte. Doch innerhalb weniger Wochen sollte ich mich in Goldmans Vertreter beim spektakulärsten britischen Börsengang des Jahrzehnts verwandeln.

Obwohl ich indirekt Thornton unterstellt war, brachte man mich offiziell in der Londoner Gruppe Kommunikation, Medien und Technologie von Goldman Sachs unter, die unter dem Kürzel CMT bekannt war. Diese Gruppe wurde von einem schrägen ehemaligen Rechtsanwalt namens Scott Mead geleitet. Dieser kleinwüchsige Mann mit fortgeschrittener Glatze war sehr freundlich zu mir und schien sich nicht daran zu stören, dass man nicht die Höflichkeit gehabt hatte, ihm ein Interview mit mir zuzugestehen, bevor man mich ihm aufhalste. Er war ein wenig schüchtern und unsicher und entsprach überhaupt nicht meiner Vorstellung von einem leitenden Investment-Banker, vor allem angesichts der Tatsache, dass wir es hier mit der Medienindustrie zu tun hatte. Ich fand bald heraus, dass Mead eigentlich nichts mit den Medien zu tun hatte. Zu jener Zeit bestand die Aufgabe des europäischen

Kommunikationsbereichs darin, detaillierte »Aufforderungen zur Einreichung von Vorschlägen« (oder RFP, »Request for proposal«) auszufüllen, die von ausländischen Regierungen herausgegeben wurden, die ihre staatlichen Telefongesellschaften privatisieren wollten. Die ausgewählte Investment-Bank wurde mit der Aufgabe betraut, dem bürokratischen Staatsunternehmen den Anstrich eines dynamischen Privatbetriebs zu geben und es an die Börse zu bringen. Da bei einer solchen Umwandlung zahllose rechtliche Bestimmungen und Vorschriften beachtet werden mussten, waren verschrobene Rechtsexperten die richtigen Leute für eine Tätigkeit in diesem sehr spezialisierten Finanzierungsbereich. Mead hatte zudem gemeinsam mit Thornton in Harvard studiert, und John konnte sich darauf verlassen, dass ihm dieser Mann völlige Freiheit bei der Gestaltung seiner Medienstrategie lassen würde.

Mead machte sich schließlich einen Namen in der Firma, indem er durch Transaktionen mit der Deutschen Telekom und später mit Vodafone riesige Gebühren für Goldman Sachs verdiente. Er erlebte seine 15 Minuten des Ruhms im Jahr 2002, als seine Sekretärin zum Entzücken der Londoner Boulevardblätter verhaftet wurde, weil sie ihm mehr als 5 Millionen Dollar gestohlen hatte, was ihm geraume Zeit nicht aufgefallen war. Diese Episode und der folgende Prozess, in dem zahlreiche überraschende persönliche Details enthüllt wurden, gaben sogar genug Stoff für einen Fernsehfilm ab.

Doch im Jahr 1994 war Mead, der nach nur zwei Jahren in New York 1988 nach London gekommen war, weder innerhalb noch außerhalb der Firma bekannt. Obwohl er alles andere als Furcht einflößend wirkte, war ich befangen, da ich abgesehen von meiner vagen Erinnerung an das Studium der Geflügelindustrie nicht viel über das Investment-Banking und noch weniger über die Medien wusste. Das einzige, was für mich sprach, war die Tatsache, dass ich aus meiner Zeit als Rechtsberater über grundlegende Recherchekenntnisse verfügte, dank meiner Erfahrung als Lobbyist überzeugende und präzise Präsentationen gestalten konnte und mich an der Universität mit der Mathematik beschäftigt hatte. Mein Plan bestand darin, mich nützlich zu machen, indem ich aus diesen bescheidenen Fähigkeiten möglichst viel herausholte, während ich herauszufinden versuchte, worum es in dem Job eigentlich ging.

Es erwies sich als hilfreich, dass ich schamlos war. Viele Banker und Fachleute im Allgemeinen fürchten sich davor, sich gegenüber ihren Kollegen eine Blöße zu geben. Doch es war unübersehbar, dass dieser frühere Fluglinienmanager, der zum Senior Associate der CMT-Gruppe ernannt worden war, keine Ahnung hatte. Also konnte es mir kaum schaden, mich an die schlausten, gewieftesten jungen Analysten zu klammern. Obwohl sie sich nicht unbedingt darüber freuten, einem zehn Jahre älteren Amerikaner als Tutoren zu dienen, retteten mir diese jungen Briten in meinem ersten Jahr als echter Investment-Banker das Leben.

Meine ersten tollpatschigen Wochen verbrachte ich hauptsächlich damit, Pitch Books zusammenzustellen. Das war etwas, was ich sieben Jahre früher bei Bankers Trust kennengelernt hatte, wobei es allerdings einen wichtigen Unterschied gab: Das Geschäft hatte eine verblüffende Institutionalisierung erfahren. War Capitman noch darauf beschränkt gewesen, Unternehmen, über die er am Morgen etwas in der *Financial Times* gelesen hatte, unangemeldete Besuche abzustatten, so verfügte Goldman im Jahr 1994 über eine gut organisierte Abteilung, die für die Kontaktaufnahme zu potenziellen Klienten zuständig war, wobei allen großen einheimischen Unternehmen bestimmte Gebietsmanager zugeteilt waren. Goldman betrieb schon seit 1969 ein Büro in London, doch diese Niederlassung konzentrierte sich in erster Linie auf den Verkauf amerikanischer Wertpapiere an europäische Institutionen und sodann auf die Betreuung ihrer in den USA ansässigen Klienten. Erst Mitte der achtziger Jahre wandte sich die Firma gezielt dem Investment-Banking zu. Thornton wurde mit der Leitung des Bereichs M&A und gleichzeitig mit der Führung dieses verbesserten, aber immer noch nicht voll entwickelten Bereichs betraut. In der Zwischenzeit war Goldman auf der Straße zum Erfolg in einige Schlaglöcher gefahren – darunter vor allem die sehr mühselige und letzten Endes teure Verbindung mit Robert Maxwell, dem britischen Entrepreneur, Medienzaren und Gauner. Im Jahr 1991 starb Maxwell unter geheimnisvollen Umständen bei einem Jachtunfall vor den Kanarischen Inseln und hinterließ Goldman und vielen anderen seine Suppe zum Auslöffeln. Maxwell hatte die Pensionskassen seiner Mitarbeiter geplündert, und so zahlte Goldman schließlich über 250 Millionen Dollar zur Beilegung ihrer Forderungen. Doch zu der Zeit, als ich dort zu arbeiten begann, hatte sich Goldman bereits als seriöser Anbieter von Finanzdienstleistungen auf dem britischen Markt etabliert und sich insbesondere im lukrativen M&A-Bereich festgesetzt.

Ich war auch verblüfft von der Institutionalisierung des »Produktionsprozesses« in sämtlichen Bereichen des Investment-Bankings. Obwohl die Internetära noch nicht begonnen hatte, konnten unsere Computersysteme wichtige Informationen über jedes beliebige Unternehmen – alles von aktuellen Firmennachrichten über Jahresabschlüsse bis zu Transaktionsdatenbanken, aus denen hervorging, welche Geschäfte ein Unternehmen abgewickelt hatte und von wem es beraten worden war – nahtlos mit geschützten internen Informationen von Goldman Sachs verknüpfen, die Aufschluss über die Geschichte der Beziehung, wichtige Ansprechpartner in dem Unternehmen und Mitglieder des Transaktionsteams in verschiedenen Teilen der Firma gaben. Diese Software stellte Verbindungen zu eigenen Datenbanken von Goldman Sachs und intern entwickelten maßgeschneiderten Programmen her. Zudem waren anspruchsvolle Softwareanwendungen entwickelt worden, um ausgehend von simplen Eingaben potenzielle Fusionen und Leveraged Buy-outs zu analysieren. Aktualisierte Standardschaubilder wurden nach Themen sortiert und konnten problemlos aufgerufen werden. Und eine offene Kommunikationskultur innerhalb der Firma ermöglichte es, rasch alles Wissen zu sammeln, das bereits über ein Unternehmen, über Personen oder über eine Situation vorhanden war.

Doch ein zentraler Bestandteil der Tätigkeit eines Investment-Bankers hatte sich seit meiner Zeit bei Bankers Trust nicht wesentlich geändert. Und dieses Element schien mir um so unglaublicher, als ich in der Zwischenzeit vier Jahre in einer Rechtsanwaltsfirma gearbeitet hatte, in der sich junge Anwälte wochenlang schinden konnten, um einen Entwurf nach dem anderen für ein Memorandum zu produzieren, bis es vom zuständigen Partner endlich für würdig befunden wurde, es auch nur einem assistierenden Hauptanwalt vorzulegen. In einer Investment-Bank hingegen wurde erwartet, dass man innerhalb weniger Tage ein Buch zusammenschusterte, das als Grundlage für ein ernsthaftes Gespräch mit der Führung eines Unternehmens über zentrale strategische Fragen dienen sollte.

Und wie eh und je enthielten diese Bücher keine gründliche, detaillierte Analyse der strategischen Optionen, sondern waren überwiegend mit Seiten gefüllt, die prägnante, aber wenig aussagekräftige Bullet Points enthielten (so konnte man einen Punkt plausibel leugnen, wenn der Klient überhaupt nicht damit einverstanden war). Dazu kamen flotte Grafiken (Kästen, Pfeile, einfache Diagramme, Standardzeichnungen von Objekten – eine Zeitung, eine Hi-Fi-Anlage, ein Fernsehgerät –, die für die behandelten Geschäftsbereiche standen). Das Ergebnis der

Arbeit des Bankers hatte größere Ähnlichkeit mit einem Comicheft als mit einem juristischen Memorandum. Die neue Technologie und die perfektionierte Infrastruktur hatten die Produktion der Bücher sehr erleichtert – diese erforderten etwas mehr als einen Knopfdruck, aber sie waren weit weniger als eine ausgereifte Idee. Das soll nicht heißen, dass die Investment-Banker einem Klienten keine durchdachten, seriösen Analysen liefern konnten oder wollten. Aber die Werkzeuge, die überarbeitete Banker im Präsentationsrausch verwendeten, dienten weniger der Aufklärung als vielmehr dem Bestreben, den Klienten zu fesseln und seinen Appetit zu wecken.

All das lässt die nahe liegende Frage unbeantwortet, warum sich ansonsten intelligente Spitzenmanager auf diesen Zirkus einlassen. Warum vereinbaren sie überhaupt Termine mit diesen Leuten? Die Frage ist nicht leicht zu beantworten. Zum einen ist offensichtlich, dass der Gegenstand der Gespräche – Kapitalbeschaffung, Börsengänge, Firmenübernahmen oder Ausgliederungen – sehr wichtig für die Zukunft des Unternehmens und seiner Führungskräfte ist. Selbst wenn es unwahrscheinlich ist, dass ein Manager in einem Meeting eine originelle Idee zu hören bekommt, kann er sich ausrechnen, dass sich irgendwann etwas Interessantes ergeben wird, wenn er nur genug derartige Präsentationen über sich ergehen lässt. Und wenn eine gute Idee auftaucht, wissen die Banker viel (wenn auch manchmal sehr viel weniger, als sie preisgeben) über die praktische Machbarkeit der vorgeschlagenen Transaktion.

Weniger offenkundig, aber möglicherweise bedeutsamer ist die Tatsache, dass Banker manchmal Zugang zu wichtigen Informationen über die Denkweise sowohl der Konkurrenten als auch der Investoren haben, das heißt zu Informationen, die den Managern andernfalls nicht zugänglich wären. Die meisten Banker konzentrieren sich auf eine Branche und erwerben auf diese Art eine gute Kenntnis dieses spezifischen Wirtschaftszweigs. Ein Banker, der sich in der Branche bewegt, wird sich wahrscheinlich ein genaueres Bild vom strategischen Zugang der wichtigsten Konkurrenten oder potenzielle Übernahmeziele machen können als diese Führungskräfte, die derartige Überlegungen nicht miteinander teilen. Zudem kann der Banker auf die Daten der Handelsabteilung seiner Firma zurückgreifen, um zu erfahren, wie die Investoren wirklich über das Unternehmen denken.

Dieses Geschäftsmodell erinnert an das von Corporate Executive Board (CEB), jener sehr erfolgreichen Schöpfung des Entrepreneurs

David Bradley. Während seines Jurastudiums an der Universität Georgetown entdeckte Bradley eine große Geschäftschance, als ihm klar wurde, dass sich die meisten Unternehmensleiter wünschten, mehr darüber zu wissen, wie ihre Gegenstücke in anderen Unternehmen dieselben Aufgaben wie ihre in Angriff nahmen. Bradley entwickelte ein bemerkenswert einfaches Geschäftsmodell, um diese Chance zu nutzen: Die Manager zahlen eine hohe Gebühr für das Recht, CEB-Informationen über ihre eigenen Unternehmenspraktiken bereitzustellen. CEB sortiert die Informationen, die es bei allen wichtigen Branchenteilnehmern einholt, und verkauft sie de facto in gebündelter Form wieder an die Unternehmen zurück. Indem sie an dem System teilnehmen, können Marketingleiter, Finanzchefs, Rechtsberater und andere Manager nachts gut schlafen, da sie die Gewissheit haben, kaum auf die Straße gesetzt zu werden, weil der Geschäftsführer eines Tages entdecken wird, dass ihre Kollegen in anderen Unternehmen dieselbe Aufgabe besser erfüllen als sie.

Es kann auch davon ausgegangen werden, dass Manager im Gespräch mit einem Investment-Banker eine ehrlichere Einschätzung ihrer strategischen Bestrebungen und ihrer Konkurrenten abgeben dürften als gegenüber diesen Konkurrenten. Und ein Investor wird einem Händler, Verkäufer oder Analysten eher als den Managern verraten, was er wirklich über das Management eines Unternehmens denkt. Daher kann der Investment-Banker ein guter Informationskanal sein. Und die Information ist – möglicherweise mehr als die Ideen – die geltende Währung im Investment-Banking.

Diese Beschreibung der Tätigkeit eines Investment-Bankers zeigt, dass zwangsläufig stets heikle Fragen in Bezug auf Interessenkonflikte und Wahrung der Vertraulichkeit auftauchen, die sich auf die Beziehung zwischen den Bankern und ihren Klienten sowie potenziellen Klienten auswirken. Ein Unternehmensleiter, der den geeigneten Zeitpunkt für eine Übernahme wissen möchte, muss sehr viel Information über seine eigene Strategie enthüllen, wenn er von einem Banker verlangen will, die Situation richtig zu beurteilen. Aber er wird sich sträuben, sehr viel Wissen preiszugeben, wenn er befürchten muss, dass die Investmentfirma diese Information unverzüglich an seine Konkurrenten weitergeben wird. Und die Unternehmensmanager hegen ein wenig schizophrene Erwartungen in Bezug auf die Dienste ihrer Investment-Banker: Auf der einen Seite sehnen sie sich möglicherweise nach einfacheren Zeiten zurück, als ein bestimmter Banker ihr exklusiver »Vertrauter und Berater« war, auf der anderen Seite suchen sie nach Marktinformationen, die ein allzu eng mit einem bestimmten Branchenteilnehmer verbundener Banker kaum erhalten dürfte.

Doch die besten Investment-Banker sind sehr viel mehr als bloße Händler von Marktgeflüster. Sie erfüllen ein grundlegendes Bedürfnis, das seinen Ursprung in der überraschenden Tatsache hat, dass vor allem der Job des Unternehmensleiters sehr einsam ist. Er ist von einer Vielzahl interner und externer Interessengruppen umgeben, die allesamt eigene Ziele zu erreichen, Produkte zu verkaufen oder Positionen zu verteidigen haben. Wie eine unerfahrene Jungschauspielerin in Hollywood, die sich nach einem erfolgreichen Filmdebüt von einer Heerschar neuer »bester Freunde« umgeben sieht, muss der Unternehmensleiter einen Weg finden, um inmitten einer Kakophonie von eigennützigen Forderungen, voreingenommenen Ratschlägen und unermüdlicher Schmeichelei den richtigen Kurs zu halten. Einen Berater zu finden, der die relevanten Informationen zu einer unvoreingenommenen Analyse zusammenfassen und ihre strategische Bedeutung auf Dauer richtig beurteilen kann, ist eine große Hilfe für einen Unternehmensleiter.

Ein weiterer Grund dafür, dass die Unternehmen und ihre Leiter dennoch davor zurückschrecken, allzu offen gegenüber einem bestimmten Berater zu sein, ist darin zu suchen, dass die Investment-Banker Anfang der neunziger Jahre begannen, häufig den Arbeitgeber zu wechseln. Vertrauliche Informationen, die man einer Investment-Bank gab, gerieten in große Gefahr, wenn ein Mitglied des Betreuungsteams zu einer anderen Firma ging. Es gab eine Zeit, in der es nicht ungewöhnlich war, dass ein Banker seine gesamte Karriere in einem einzigen Finanzinstitut verbrachte. Doch mit dem Wachstum der Industrie, dem Aufstieg neuer Marktteilnehmer und den Fusionen zwischen eingesessenen Firmen, mit den Zyklen von Personalkürzungen und hektischen Einstellungskampagnen sowie dem Absprung prominenter Banker, die sich mit Firmen wie Greenhill, Gleacher und Wasserstein Perella selbstständig machten, wurden derartige Bindungen immer seltener.

Die einzige Ausnahme von dieser Regel war immer noch Goldman Sachs. Kaum jemand verließ diese Firma, es sei denn, um in den Ruhestand zu gehen oder sich einer vollkommen anderen Tätigkeit zuzuwenden. Umgekehrt hatte Goldman eine Abneigung gegen die »laterale« Rekrutierung, das heißt gegen die Aufnahme von Bankern, die zuvor schon für eine andere Investment-Bank gearbeitet hatten. Dies galt zumindest für die Besetzung von Positionen oberhalb der Einstiegsebene. Die interne Kommunikation funktionierte in dieser Firma nicht zuletzt deshalb so gut, weil die überwältigende Mehrheit der Goldman-Banker nie anderswo gearbeitet hatte, weil all diese Mitarbeiter dieselbe Ausbildung genossen und ähnliche Erfahrungen gemacht hatten. Ein ehemaliges Mitglied des Management Committee erklärte im Gespräch mit einer Autorin, die lateral rekrutierten Mitarbeiter seien »wie Ausländer: Sie sprechen unsere Sprache nicht.«[2]

So konnte es nicht überraschen, dass ich bei Goldman, abgesehen von Meads Freundlichkeit, eher kühl aufgenommen wurde. Schließlich war ich nicht nur lateral rekrutiert worden, sondern besaß auch kaum echte Erfahrung im Investment-Banking. Meine neuen Kollegen verstanden nicht, warum ich eingestellt worden war und worin meine Aufgabe bestehen würde. Zu jener Zeit war mir die historische Bedeutung des Misstrauens gegenüber Außenstehenden nicht vollkommen bewusst. Goldmans erstes großes Experiment mit einem von außen engagierten Partner, Waddill Catchins, der vor seiner Aufnahme in die Firma im Jahr 1918 als Rechtsanwalt bei Sullivan and Cromwell und anschließend als Banker bei J. P. Morgan tätig gewesen war, hatte die Firma in den zwanziger Jahren beinahe zerstört. Die jüdischen Familien Goldman und Sachs waren im 19. Jahrhundert aus Deutschland in die Vereinigten Staaten ausgewandert und hatten sich nach dem Bürgerkrieg von ihren Ursprüngen als Textilhändler gelöst, obwohl sie über wenig Kapital und begrenzte Erfahrung im Kreditgeschäft verfügten. Solche Familien, die »von Tellerwäschern zu Millionären« aufstiegen, verwandelten sich schließlich in eine ernste Bedrohung für die Vorherrschaft der etablierten Bankhäuser, die allgemein als die »Yankee-Banken« bezeichnet wurden, weil ihre Partner zumeist neuenglischer Herkunft waren und angesehenen, traditionsreichen Familien angehören.[3]

Eines der Erfolgsgeheimnisse der neuen Bankhäuser war, dass sich die Familienmitglieder in einer manchmal feindseligen Finanzwelt aufeinander verlassen konnten. Und verständlicherweise sträubten sie sich gegen die Aufnahme von Außenstehenden in ihre Partnerschaften, bis ihr Wachstum einen solchen Schritt erzwang. Bei Goldman Sachs dauerte es 50 Jahre, bevor jemand mit einem anderen Familiennamen als Goldman oder Sachs Partner wurde. Und damit öffnete sich diese Bank rascher für die Außenwelt als Lehman Brothers, eine weitere jüdische Firma, mit der sie jahrzehntelang zusammenarbeitete.[4] Goldman verwandelte sich erst im Jahr 1906 in eine echte Investment-Bank, als die Firma gemeinsam mit Lehman den Börsengang eines kleinen Versandhauses übernahm, das im Besitz eines entfernten Verwandten der Familie Sachs stand. Der Name dieses kleinen Unternehmens war Sears, und es dauerte drei Monate, bis Käufer für das Aktienpaket im bescheidenen Wert von 10 Millionen Dollar gefunden waren. Aber mit dieser ersten Transaktion setzte Goldman seinen Fuß »auf die Schwelle zu einer neuen Ära«.[5]

Ähnlich wie jene Juden, die mit der frühen Filmindustrie »ihr eigenes Imperium« errichtet hatten, weil sie keinen Zugang zum Theater gehabt hatten, konzentrierten sich diese Juden nicht zuletzt deshalb mittels eines stabilen Netzes familiärer Bindungen auf eine aggressive Entwicklung des Investment-Banking, weil sie in der Bankindustrie nicht willkommen waren.[6] Sie bewiesen finanzielle Kreativität, waren bereit, kleinere Unternehmen (insbesondere im Einzelhandel und in der Leichtindustrie) zu betreuen, und nutzten ihre familiären Beziehungen zu den großen europäischen Bankhäusern, die sich als unerlässliche Partner beim Vertrieb amerikanischer Wertpapiere erwiesen. So veränderten diese einst marginalisierten Akteure die globalen Finanzmärkte. Schließlich musste sogar J. P. Morgan, der traditionellste der Yankee-Banker, mit den deutsch-jüdischen Bankhäusern zusammenarbeiten, um den Vertrieb seiner großen Wertpapieremissionen zu sichern. Morgan beklagte sich bitte über den wachsenden Einfluss der jüdischen Banker und stellte zur Jahrhundertwende die unzutreffende Behauptung auf, seine Bank sei eine von nur noch zwei Firmen in New York, die sich weiterhin »aus weißen Männern« zusammensetze.[7]

Als nach Henry Goldmans Tod im Jahr 1917 kein Familienmitglied geeignet schien, um die Lücke zu schließen, musste Waddill Catchings als ausgezeichnete Wahl erscheinen.[8] Der charmante Südstaatler war ein geborener Verkäufer und zu jener Zeit bereits ein bekannter Buchautor. Es schien keine Rolle zu spielen, dass die Grundaussage seines Bestsellers *The Road to Plenty*, in dem er die Ansicht verfocht, die Wirtschaft könne unbegrenzt wachsen, dem konservativen finanziellen Ethos von Goldman widersprach. Catchings hatte sich in Harvard mit den Sachs-Söhnen angefreundet, und es hatte den Anschein, als ergänzten die gegensätzlichen Einstellungen und Stile einander, anstatt die Firma zu gefährden.

Unglücklicherweise überzeugte Catchings die Firma davon, jene Art von Investmentgesellschaften zu vermarkten, die sich zu jener Zeit wachsender Beliebtheit erfreuten und Catchings wirtschaftlichem Kredo entsprachen. Man verkaufte Einheiten dieser Trusts mit dem Versprechen unvorstellbarer Reichtümer, die durch die Beteiligung von immer mehr Investoren angehäuft werden sollten. Der Zusammenbruch der Goldman Sachs Trading Corp. im Jahr 1929 war vielleicht nicht das spektakulärste Beispiel für die Gefahren dieser Pyramidenkonzepte. Doch Goldman Sachs erweckte unverhältnismäßig große Aufmerksamkeit, weil Catchings sehr prominent war, weil man den schweren Fehler begangen hatte, die Investmentgesellschaft unter dem Namen Goldman zu vermarkten,[9] und weil es das Unglück wollte, dass unter den geschädigten Anlegern auch Eddie Cantor war, einer der beliebtesten Unterhaltungskünstler jener Zeit. Cantor beschränkte sich nicht darauf, die Firma wie viele andere Anleger zu verklagen, sondern baute den Skandal obendrein in seine beliebten Sketche ein.

Es ist wahrscheinlich nicht fair, Catchings die Schuld daran zu geben, dass Quereinsteiger bei Goldman einen derart schweren Stand haben. Die Inselmentalität der Firma bestand mit Sicherheit schon vor seiner Zeit. Man sollte eher sagen, dass die Erfahrung mit Catchings Goldman in der Neigung bestätigte, sich ausschließlich auf im Unternehmen herangezogene Talente zu verlassen. Und diese Prädisposition war über 60 Jahre später immer noch deutlich zu spüren.

Doch ich war von John Thornton eingestellt worden, der zumindest an diesem kleinen Außenposten von Goldman Sachs der Chef war. In Wahrheit war die Londoner Niederlassung mit mehr als tausend Angestellten nicht gerade klein, zumindest nicht im Vergleich mit den Außenstellen der übrigen großen amerikanischen Investment-Banken. Meine neuen Kollegen waren im Allgemeinen höflich und hilfsbereit, wenn auch ein wenig zurückhaltend. Das dauerte so lange, bis sie herausfanden, was Thornton mit mir vorhatte.

Eines Tages im Spätsommer, Thornton war nach einer Mission in Deutschland oder Australien gerade für kurze Zeit zurück im Büro, schaute mein alter Freund Kevin Czinger, der mich in diesen Schlamassel gebracht hatte, bei meinem Schreibtisch vorbei.

»Thornton will, dass wir nach Isleworth hinauskommen«, sagte er.

»Und was soll das sein?«, fragte ich.

Es stellte sich heraus, dass Isleworth ein nicht unbedingt hübscher Vorort von London war, etwa auf halbem Weg zwischen dem Zentrum und Heathrow. Dort befanden sich die Studios von BSkyB, dem einzigen Satellitenfernsehsender, der aufgrund der Tatsache, dass das Kabelfernsehen in Großbritannien noch in den Kinderschuhen steckte, für die meisten Briten die einzige Möglichkeit war, der BBC und ITV zu entkommen. BSkyB, das einem Konsortium von Rupert Murdoch, Pearson, Granada und Chargeurs gehörte, war ein unglaubliches Unternehmen. Abgesehen vom nationalen Vertrieb hatte sich BSkyB sämtliche – und zwar tatsächlich sämtliche – Pay-TV-Rechte an neuen Filmen der großen Studios gesichert. Die Verträge waren gestaffelt, sodass in jedem Jahr nur ein Studiovertrag versteigert wurde. Doch wie jeder potenzielle konkurrierende Bieter wusste, brauchte man die Produktion von mindestens zwei Filmstudios, um einen glaubwürdigen Kinokanal im Pay-TV aufzubauen. Daher wäre es verrückt gewesen, hätte ein Kabelfernsehunternehmen – oder auch ein Konsortium von Kabelanbietern, die allesamt sehr viel Geld verloren – versucht, BSkyB einen Vertrag mit einem großen Studio abspenstig zu machen. Ein Kabelnetzbetreiber, der einen Kinokanal mit Spitzenfilmen anbieten wollte, musste die Filme im »Großhandel« vom Hauptkonkurrenten BSkyB kaufen. Und BSkyB konnte Preise verlangen, die es den Kabelnetzbetreibern mehr als schwierig machten, mit seinen eigenen Angeboten zu konkurrieren.

Dasselbe galt für die Sportübertragungsrechte, den einzigen anderen Bereich (mit Ausnahme der Pornografie), in dem das Publikum für eine »exklusive« Programmgestaltung fast unbegrenzt Zusatzgebühren zu zahlen bereit schien. Zu jener Zeit besaß Sky Sports die Live-Übertragungsrechte an der Premier League für die folgenden drei Jahre, und auf dem britischen Markt war der Fußball so ziemlich der einzige Sport, der wirklich wichtig war. Und was die Basisdienste anbelangte, so vertrieb Sky ein Dutzend Kanäle von Drittanbietern (von denen viele dazu bewegt worden waren, BSkyB einen Kapitalanteil zu überlassen) und vier eigene Kanäle. Zu den vier Sky-Kanälen gehörten der rund um die Uhr ausgestrahlte Kanal Sky News und das Flaggschiff Sky One, das die Serien *Die Simpsons, Beverly Hills 90210* und andere beliebte Sendungen ausstrahlte, die von den Herren der BBC als unwürdig betrachtet wurden.

Und all das wurde von einem modernen Kundendienstzentrum in Schottland unterstützt, wo der Kunde unter einer Gratisnummer umgehend Hilfe bei Problemen mit der Rechnung oder technischen Störungen erhielt (etwas sehr Ungewöhnliches auf den Britischen Inseln).

Wenn das keine Lizenz zum Gelddrucken war.

Allerdings hatte es eine Zeit gegeben, in der Rupert Murdoch mit dem Satellitenfernsehen derart hohe Verluste erlitt, dass sein Imperium fast zu Fall gekommen wäre. Die erbitterte Auseinandersetzung um die Vorherrschaft auf diesem Markt zwischen Sky und seinem Konkurrenten BSB (British Satellite Broadcasting) war Gegenstand mehrerer Bücher.[10] Die großen Studios konnten ihre Freude kaum fassen, als die beiden Satellitenplattformen versuchten, einander in der Auseinandersetzung um die Filmrechte zu überbieten. Als endlich ein Waffenstillstand geschlossen wurde – und BSkyB entstand –, schickte Murdoch unverzüglich seinen CEO Sam Chisholm zu »freundschaftlichen« Verhandlungen nach Hollywood. Als der Schlachtenlärm verklungen war, stand Chisholm, ein bulliger Mann mit derber Ausdrucksweise, der gerne trank und Kettenraucher war, an der Spitze eines Unternehmens, das Ähnlichkeit mit dem hat, was DirectTV in den Vereinigten Staaten sein könnte – gäbe es nicht Echostar, wäre das Kabelfernsehen keine derart starke Konkurrenz, und es besäße ESPN, HBO, Showtime, Cinemax und STARZ. »Herr der Welt, Mama«, schreit James Cagney am Ende des Filmklassikers *Sprung in den Tod*. Man könnte Sam Chisholm als einen neuseeländischen Cagney bezeichnen, was anscheinend so mancher Manager tatsächlich getan hat.

Abgesehen davon, dass er BSkyB leitete, saß Chisholm im Board von News Corp. und war verantwortlich für Murdochs Pay-TV-Strategie in Asien. Czinger war Chisholm und seinem Team begegnet, als Thornton für Richard Li (den 27-jährigen Sohn des Medienzaren Li Kashing aus Hongkong) einen Mehrheitsanteil an Star TV – dies war die größte asiatische Satellitenfernsehplattform – an Murdoch verkauft hatte. Das zeigte, dass es Thornton, obwohl er von Murdoch einen enorm hohen Preis für Star kassiert hatte, gelungen war, das Team von News Corp. mit dem Verkaufsangebot für sich zu gewinnen und gleichzeitig das Vertrauen seines Klienten Richard Li zu bewahren.

Auf dem Weg zum Sitz von BSkyB erzählte mir Kevin, dass BSkyB an die Börse gebracht werden solle. Da das Unternehmen auf Erfolgskurs war, hatte Murdoch bereits begonnen, Geld aus BSkyB abzuziehen, um mit der Tilgung der hohen Schulden der Gesellschaft zu beginnen. Ein Börsengang würde es ihm erlauben, nicht nur die Rückzahlung weiterer Kredite in Höhe von 600 Millionen Pfund zu beschleunigen, sondern auch lästige Minderheitspartner auszuzahlen und Geld für weitere Übernahmen in Europa zu beschaffen, ohne seinen Anteil an

News Corp. verwässern zu müssen. Kevin, der nicht an der alltäglichen Betreuung des Projekts beteiligt sein würde, sollte mich bei diesem Treffen dem Finanzteam von BSkyB als Thorntons Ansprechperson für diese Transaktion in der CMT-Gruppe vorstellen. Und es war klar, dass es sich hier nicht um eine Präsentation, sondern um einen Auftrag handelte. Thornton hatte seine Beziehung zu Murdoch und Chisholm bereits genutzt, um Goldman in den wichtigsten strategischen Berater von BSkyB zu verwandeln, und sie hatten ihm die Leitung dieses Projekts angeboten – meines Wissens, ohne dass er einen förmlichen Vorschlag vorgelegt hatte. Ich erfuhr auch, dass Murdochs »Partner« erst im letzten Moment von seinem Plan erfahren sollten, sodass ihnen kaum eine andere Wahl bleiben würde, als dem Börsengang zuzustimmen.

Für Goldman bedeutete die Geheimnistuerei einen klaren Wettbewerbsvorteil. Während die Firma bereits als glaubwürdiger Akteur auf dem britischen Fusions- und Übernahmemarkt etabliert war, spielte sie auf den dortigen Aktienmärkten kaum eine Rolle. Im Jahr 1987 hatte Goldman in einer viel beachteten Aktion ein großes Aktienpaket für British Petroleum platziert (der Pakethandel, bei dem die Investment-Bank eine große Position übernimmt, um sie rasch mit Gewinn bei institutionellen Kunden zu platzieren, zählte zu den Spezialgebieten der Firma), und im Jahr 1988 hatte Thornton kreative Methoden angewandt, um Racal gegen eine Übernahme zu verteidigen. Goldman war Konsortialführer beim Börsengang der Racal-Tochtergesellschaft Vodafone. Doch die Firma war nie die führende Emissionsbank beim Börsengang eines eigenständigen britischen Unternehmens gewesen. Der Konsortialführer ist die Bank, die letzten Endes die Verantwortung für die Platzierung der Aktien trägt – mit anderen Worten, sie muss Käufer finden, die die Papiere tatsächlich zum angebotenen Preis erwerben. Und dies hier war nicht irgendein Börsengang. Dies würde das Geschäft des Jahrzehnts werden. Goldman wusste, dass in dem Augenblick, da der Börsengang bekannt würde, aufgrund der historischen Beziehungen auf dem britischen Markt großer Druck ausgeübt werden würde, die Konsortialführung einer einheimischen Bank zu übertragen.

Und wenn die »Partner« einmal von dem Vorhaben erführen, würde es unmöglich sein, das alteingesessene britische Bankhaus Lazard Brothers daran zu hindern, eine wichtige (und störende) Rolle in dem Geschäft zu übernehmen. Lazard Brothers befand sich zum Teil im Besitz von Pearson, und Pearson war der zweitgrößte Aktionär von

BSkyB. Zudem bestanden parallele Spannungen zwischen Pearson und News Corp. auf der einen und Lazard und Goldman auf der anderen Seite. Pearsons Geschäftsführer Frank Barlow, der wie üblich von Lazard vertreten wurde, war ein Jahr zuvor der wichtigste konkurrierende Freier gewesen, der um die Hand von Star TV angehalten hatte. Und sie waren der Meinung, Thornton habe News Corp. bevorzugt, was Barlow als Schmach empfand. Er sollte schon bald ein weiteres Mal gedemütigt werden.

Der Finanzleiter von BSkyB, der geniale, unprätentiöse Richard Brooke, war einer der letzten BSB-Mitarbeiter der ersten Stunde. Sein schüchterner, zwergenhafter Assistent Roger Blundell hatte kurz geschorenes, leuchtend rotes Haar und dazu passende jungenhafte rote Wangen. Nachdem, was ich über Chisholm gehört hatte, hatte ich erwartet, auf durchaus Furcht einflößende Personen zu treffen, doch ich sollte bald erfahren, dass Brooke nicht zum inneren Führungskreis von BSkyB gehörte und dort eher für die Lösung lästiger rechtlicher Probleme zuständig war. Wir sprachen über den Termin für eine Versammlung, darüber, wer eingeweiht werden sollte, welches unser Vorwand für die Prüfungsaktivitäten im Rahmen der »Due Diligence« sein würde und welchen Codenamen wir unserem vertraulichen Investment-Banking-Projekt geben wollten. Zu jener Zeit hatte ich nur eine sehr allgemeine Vorstellung davon, worum es bei der »Due Diligence« ging, doch im Lauf der Zeit fand ich heraus, dass mit der »angemessenen Sorgfalt« die Prüfungen bezeichnet wurden, die der Emittent vorzunehmen hatte, um den Käufern der Aktien die Sicherheit zu geben, dass die Realität des Unternehmens den Angaben im Emissionsprospekt entsprach. Nur für den Fall, dass jemandem nicht klar war, wie geheim unsere Aktivitäten waren, erhielt der Börsengang von BSkyB den Codenamen »Project Hush« (Projekt Psst).

Eines verstand ich wirklich nicht: Warum ich? Thornton war zwar sechs Jahre früher am Börsengang von Vodafone beteiligt gewesen, doch in der Praxis waren Thornton, Czinger und ich vollkommene Laien auf diesem Gebiet. Warum sollte man jemandem, der offensichtlich derart ahnungslos war, eine derart wichtige Rolle in einer Transaktion übertragen, die von größter Bedeutung für das Gesamtunternehmen war? Kevin erklärte mir, dass es innerhalb der Inselkultur von Goldman eine Reihe von ausgeprägten und noch deutlicher abgeschotteten Subkulturen gab. Equity Capital Markets (ECM) – jener Teil der Firma, der für den Vertrieb von Kapitalanteilen verantwortlich war, wurde von Eric

Dobkin, einer weiteren Bulldogge von einem Mann, von New York aus mit eiserner Hand regiert. Der ECM-Bereich dieses kleinwüchsigen Zigarrenrauchers hielt seit Jahren die Führungsposition bei Aktienemissionen, und ECM war gemeinsam mit M&A der lukrativste Bereich des Investment-Banking. Dobkins Wort war Gesetz. Er war eine Legende bei Goldman und in »der Street«, wie sich die Investment-Banking-Gemeinde selbst nannte (in London hieß sie »die City«). Obwohl Thornton den Großteil der Londoner ECM-Banker selbst eingestellt hatte, wollte er anscheinend jemanden vor Ort haben, der nur ihm Loyalität schuldete.

Beim ersten internen Treffen unseres Projektteams trat an die Stelle der kühlen Distanz, mit der mir meine Kollegen bei Goldman bisher begegnet waren, eine arktische Kälte. Diese Leute waren nicht erfreut über meine Anwesenheit. Wenn ich den Mund aufmachte, taten sie, als hätte ich keinen Ton gesagt. Ich war unsichtbar. Alle Anwesenden – von den beiden jungen Analysten Ulrika Lindgren und Jean Marc Huet bis zum Leiter des Londoner ECM-Bereichs, Michael Evans (der als Ruderer bei den Olympischen Spielen für Kanada gestartet war) – hatten schon zusammengearbeitet und verströmten Selbstvertrauen. Dies war eindeutig das »A-Team«, das sorgfältig ausgewählt worden war, um das wichtigste Geschäft in der Geschichte der Londoner Niederlassung durchzuführen. Genau das war der Grund dafür, dass sie derart verärgert darüber waren, erst als Babysitter für mich herhalten und anschließend hinnehmen zu müssen, dass ich an einem Projekt teilnehmen durfte, ohne es mir verdient zu haben.

Dem Team gehörte auch ein erfahrener Experte für Unternehmensfinanzierungen an, der lange Zeit im Bereich Aktienemissionen tätig gewesen war. Tim Bunting war ein leicht übergewichtiger Mann mit schlechten Zähnen, der oft den Eindruck erweckte, die vorangegangene Nacht auf einer Parkbank verbracht zu haben. Mit seinem zerzausten kurzen Haar und seinen an den Taschen und Nähten aufgerissenen Nadelstreifenanzügen wirkte er wie ein zerstreuter Professor. Aber er verfügte über ein großartiges strategisches Urteilsvermögen und verstand unsere Aufgabe sehr viel besser als jeder andere im Team.

Schließlich gehörte dem Team ein schüchterner, aber beliebter Manager namens Fergal O'Driscoll an. Fergals Teilnahme war offenkundig Mikes und Tims Preis dafür gewesen, dass ich aufgenommen wurde. Mit ihm teilte ich wenigstens ein Gesprächsthema, da er das Trinity College besucht hatte, wenn auch lange nach mir. Es sollte jedoch einige Zeit dauern, bis man die Beziehungen zwischen mir und den anderen Teammitgliedern auch nur als gezwungen förmlich bezeichnen konnte.

Ich sagte in dem Meeting praktisch nichts, was meine Kollegen allem Anschein nach zu schätzen wussten. Sie vermieden nach Möglichkeit jeglichen Blickkontakt mit mir, selbst dann, wenn ich einmal das Wort ergriff, um etwas klarzustellen. Schließlich begann ich zu begreifen, worum es bei der »Due Diligence« ging. Im Grunde würden wir die nächsten Monate damit verbringen, die Führungskräfte von BSkyB zu ihren Tätigkeitsbereichen zu befragen, um uns anschließend mit den Rechtsanwälten hinzusetzen und einen Prospekt zu entwerfen, in dem das Unternehmen, seine Tätigkeit, seine finanzielle Situation und das Emissionsangebot beschrieben würden.

Doch obwohl ich nun einen ersten Hinweis auf meine eigentliche Aufgabe erhalten hatte, sollten die folgenden Wochen schwierig werden. Die Analysten unterließen es versehentlich, mich über Sitzungen bei BSkyB zu informieren. Irgendwie schien sich nur jede zweite Aktualisierung der Team-Voicemail bis zu mir durchzusprechen. Ich versuchte es mit Liebenswürdigkeit, ohne Ergebnis. Ich versuchte es mit Konfrontation, doch sie stellten sich dumm. Doch ich war nicht bereit, mich darauf zu beschränken, mich bei Thornton zu beklagen, sondern tat beharrlich mein Bestes, um so viel Information wie möglich aufzuschnappen und den Anschein der Kompetenz zu erwecken.

Erfreulich war, dass die Due Diligence genau das Richtige für einen von Natur aus neugierigen und extrovertierten Menschen wie mich war. Es fasziniert mich, die Leute darüber auszufragen, wie ihr Unternehmen funktioniert, wovon sein Erfolg abhängt und welchen Risiken es ausgesetzt ist. Und die Leute sprechen gern über ihre eigene Tätigkeit und fühlen sich geschmeichelt, wenn sich Außenstehende dafür interessieren. So hörte ich aufmerksam zu, wenn die Gruppenleiter in den Sitzungen über ihre Tätigkeitsbereiche sprachen – über den Erwerb von Übertragungsrechten für Sportveranstaltungen, über den Verkauf von Werbeblöcken im Wettbewerb mit etablierten Konkurrenten, über die Beziehungen zu den Aufsichtsbehörden, über die Führung des Callcenters oder den Betrieb der Satellitenverbindung. Andere dösten in diesen Sitzungen gelangweilt vor sich hin. Und anstatt wie meine Kollegen anschließend ins Büro zurückzueilen, um mich wichtigeren Aufgaben zuzuwenden, blieb ich gern ein wenig länger und stellte noch einige zusätzliche Fragen. So wusste ich zu dem Zeitpunkt, da wir uns an die

Erstellung des Prospekts machten, mehr über BSkyB als meine Kollegen, weshalb es mir nicht schwerfiel, den Eindruck zu erwecken, dass ich zu den endlosen Entwurfssitzungen etwas beizutragen hatte.

Doch meine Rettung war, dass ich mich ungeachtet aller offensichtlichen Versuche, mir intern ein Bein zu stellen, wirklich gut mit den Leuten bei BSkyB verstand. Die Kultur dieses Unternehmens war ebenso wie die des gesamten Murdoch-Konzerns vollkommen auf die Ergebnisse ausgerichtet. Dazu kam eine gewisse populistische Geringschätzung für Pomp und Angeberei. Wichtig klingende Diplome und Selbstbeweihräucherung hatten einfach keinen Platz im Umgang mit den Leuten, die Homer Simpson in aller Welt zu einem Markennamen gemacht hatten. Obwohl meine politische Einstellung unvereinbar mit den erzkonservativen Ansichten war, die das Murdoch-Imperium systematisch und wirkungsvoll verfocht, entwickelte ich Hochachtung für die Anti-Establishment-Grundhaltung dieses Unternehmens. Und im Lauf der Zeit schienen sich die Beziehungen, die ich dort knüpfte, bezahlt zu machen, denn während meine Kollegen bei Goldman nichts von mir hielten, sah der Klient einen glaubwürdigen Berater in mir.

Ich beschwerte mich nicht bei Thornton darüber, dass meine Kollegen mich zu isolieren versuchten, doch ich erzählte Czinger davon. Eines Tages besuchte er mich an meinem Schreibtisch und sagte: »Thornton möchte, dass du die Präsentation vor den Analysten übernimmst.« Ich erfuhr, dass in Großbritannien eine ganztägige Präsentation vor den Researchanalysten üblich ist, bevor die Serie von 45-minütigen Präsentationen für die potenziellen Investoren beginnt. Auf der Grundlage dieser Präsentationen können die Analysten, die die Investoren bei der Bewertung der neuen Aktien unterstützen sollen, ihre Finanzmodelle erstellen und vor dem Börsengang ihre schriftlichen Forschungsberichte erstellen. Als das Team erfuhr, dass diese Aufgabe mir übertragen worden war, trat erstmals spürbare Wut an die Stelle der vorgetäuschten Gleichgültigkeit.

»Fein!«, stieß Fergal hervor und stürmte aus dem Raum, als er erfahren hatte, dass er nicht an der Präsentation teilnehmen würde.

Doch der Ärger des Teams schien angesichts der Erwartung, dass ich mich zum Narren machen würde, bald in stille Befriedigung überzugehen. Nur war es so, dass die Verwandlung eines komplizierten Rechtsdokuments (in diesem Fall des Emissionsprospekts) in eine einfache, in Stichpunkten erzählte Geschichte zu den wenigen Dingen gehörte, auf die ich mich wirklich verstand. Meine vierjährige Erfahrung als Rechtsberater und Lobbyist sollte mich im Moment der größten Not retten.

Als wir das Endprodukt vorstellten, schien David Chance, Chisholms gut aussehender, unerschütterlicher Stellvertreter, der für den Tagesbetrieb verantwortlich war, verblüfft. Er fragte, wer die Präsentation vorbereitet habe. Ich hob vorsichtig die Hand. Vielleicht bildete ich mir die Enttäuschung in den Gesichtern der übrigen Mitglieder des Goldman-Teams nur ein, als er sagte: »Sie ist verdammt gut!«

Die Präsentation für die Analysten zu straffen und in eine Präsentation für das allgemeine Investorenpublikum zu verwandeln, war kein Problem. Ich nahm an, wir seien alle bereit, als Tim mich bat, in Mike Evans' Büro hinunterzukommen, wo ein Konferenzgespräch mit New York über die Präsentation stattfinden würde. Erst als ich mich dort niedergelassen hatte, erfuhr ich, dass »New York« ein Codewort für Eric Dobkin war. Anscheinend war allen Beteiligten klar, dass eine verheerende Explosion drohte, wenn die Persönlichkeiten Chisholms und Dobkins zusammentrafen. Daher hatten wir jeglichen Informationsaustausch mit New York vermieden. Doch bei Goldman mussten alle Präsentationen von Dobkin genehmigt werden. Es war meine Aufgabe, sie ihm zu erläutern.

Dobkin sprach nicht, er brüllte. Zu jener Zeit war mir nicht bewusst, welche Furcht Dobkin im ECM-Bereich verbreitete und wie groß sein Einfluss war, weshalb mich sein Verhalten lediglich ein wenig irritierte. Thornton versuchte, London als unabhängigen Außenposten zu führen, und es fiel mir schwer genug, mich in dieser kleinen Welt zurechtzufinden. Zwar war es mir mittlerweile gelungen, mir ein ganz gutes Bild von den politischen Verhältnissen bei Goldman London zu machen, aber über die übergeordneten Zusammenhänge in der Firma wusste ich sehr wenig. Den Firmensitz in New York hatte ich nur bei einem Kurzaufenthalt zum Zweck einer oberflächlichen Einschulung kennengelernt.

Wir überflogen Seite für Seite, Dobkin brüllte eine Anmerkung, und ich antwortete respektvoll. Als wir fertig waren, schrie Dobkin: »Wir müssen mehr über das Wachstumspotenzial neuer Produkte, über die Interaktivität und das ganze Zeug hineinpacken.« Im Allgemeinen ist es zwar ein wenig spekulativ, aber durchaus sinnvoll, die potenziellen Wachstumschancen zu beschreiben, denn die Investoren werden mehr für die gegenwärtigen Erträge zahlen, wenn sie glauben, in Zukunft mit höheren Gewinnen rechnen zu können. Doch das Geschäft von BSkyB wuchs derart stabil, dass es in meinen Augen verrückt war, Zeit für Spekulationen aufzuwenden.

Ich war ein wenig müde und wusste nicht genau, warum ich mich gegenüber diesem Kerl rechtfertigen musste. Abgesehen davon würde Chisholm mich bei lebendigem Leib auffressen, wenn wir an diesem Punkt noch etwas änderten.

Also sagte ich: »Wir haben ein Kerngeschäft mit einer extrem soliden Wachstumskurve, keine glaubwürdigen Konkurrenten und keine realistischen geschäftlichen Risiken. Mit diesem Geschäft können wir die von uns angestrebte Bewertung problemlos rechtfertigen. Wie Sie richtig bemerkt haben, gibt es einige Dienste, die das Unternehmen in der Zukunft anbieten kann, doch diese Dienste sind mit technologischen und Wettbewerbsrisiken verbunden und werfen die grundlegende Frage auf, ob die Konsumenten überhaupt bereit sein werden, dafür zu bezahlen. Wir können uns in der Präsentation auf das narrensichere Geschäft konzentrieren, oder wir können uns den spekulativen Tätigkeiten zuwenden.« Mike und Tim sahen aus, als stünden sie unter Schock. Sie begannen, mir mit wilden Handzeichen zu bedeuten, ich solle den Mund halten. Niemand sprach in diesem Ton mit Dobkin. Also schwieg ich. Es herrschte Stille, und alle Anwesenden starrten wie gelähmt auf den Lautsprecher.

»In Ordnung!«, brüllte Dobkin. Die Atmung meiner Kollegen setzte wieder ein. Dobkin wandte sich einem anderen Thema zu.

Noch bevor der Prospekt fertig war, beklagte sich Pearsons Geschäftsführer Frank Barlow wie erwartet lautstark über Chisholms konkurrierende Verpflichtung gegenüber News Corporation, wo er im Board saß und immer noch als Chefstratege für die Kabel- und Satellitenbereiche außerhalb der Vereinigten Staaten zuständig war. Zudem beschwerte sich Barlow über die Höhe der Bonuszahlungen, die Chisholms Team erhielt und die für britische Verhältnisse tatsächlich sehr großzügig waren. Doch obwohl Barlow durchsetzen konnte, dass der Bonusplan ein wenig zurechtgestutzt wurde, reagierten die übrigen wichtigen Aktionäre befremdet auf seine Sticheleien, denn sie interessierten sich mehr für den hohen Wert, den ihre Anteile so kurz nach dem drohenden Bankrott des Unternehmens erreicht hatten. Vor der ersten Board-Sitzung nach dem Börsengang nahmen Murdoch und der Granada-Geschäftsführer Gerry Robinson Barlow zur Seite und stellten ihn vor eine kategorische Wahl: Er konnte als Chairman zurücktreten, oder er würde hinausgeworfen werden. »Ich habe die Stimmen, Frank«, erklärte ihm Murdoch. Barlow trat noch am selben Tag zurück.[11]

Während der sogenannten »Road Show« begleiten die Emissionsbanken das Management bei einer Serie von individuellen und Gruppentreffen mit potenziellen Investoren und reisen mehrere Wochen rund um den Erdball, um für die Aktien des Unternehmens zu werben. Da Sam ungern mit Fremden zu tun hatte, wurde ich aufgefordert, ihn fast bei der gesamten Road Show als Goldmans Vertreter zu begleiten. Ich hatte keine Erfahrung mit derartigen Veranstaltungen, doch ich bin sicher, dass die Präsentation des Börsenprospekts für die Investoren, insbesondere für die britischen Investoren, ein noch größerer Schock war als für mich. Sam hat nicht gerade ein Faible für die Briten. Es wäre untertrieben zu sagen, dass die britischen Fondsmanager, die eher daran gewöhnt waren, umworben zu werden, überrascht waren, von jemandem, der ihnen Aktien verkaufen wollte, zu hören, dass er die Briten nicht ausstehen konnte. Stellte ein Fondsmanager in einer großen Versammlung eine Frage, die Sam als Provokation empfand, so konnte es passieren, dass Chisholm aus der Haut fuhr und sich über die Falschheit der Briten ausließ, die vorgäben, die *Times* zu lesen, während sie in Wahrheit nichts anderes im Sinn hätten, als das Busenmodell auf Seite drei in der *Sun* zu begaffen. Sie täten so, als interessierten sie sich für das Geschwätz der BBC, obwohl sie in Wahrheit die *Simpsons* sehen wollten. Nun böte er dem britischen Volk erstmals in der Geschichte eine echte Wahl an. Diese Fondsmanager mochten über den Einfluss auf die Fernsehgewohnheiten denken, was sie wollten, aber sie sollten sich einmal die Einschaltquoten und die Abonnentenzahlen ansehen.

In vertraulicheren Gesprächen mit Fondsmanagern konnte Chisholm noch brüsker werden. Bei einem Mittagessen mit fünf potenziellen Investoren hatte einer dieser Gesprächspartner die Stirn, Sam zu fragen, ob er damit rechne, dass die Behörden Maßnahmen ergreifen würden, um ihn am Kauf weiterer Sportübertragungsrechte zu hindern. Sam sah von seinem Teller auf und warf dem Manager einen Blick zu, in dem unverhohlene Geringschätzung glühte.

»Mich hindern?!«, bellte er den sichtlich erschrockenen Mann an. »Was glauben Sie, wo wir sind? Im verfluchten Internat vielleicht? Niemand wird mich hindern!«

Sam konnte grausam zu jenen sein, die er nicht zu seinen Leuten zählte. In einer Präsentation für eine Investorengruppe nahm es sich der BSkyB-Finanzchef Richard Brooke heraus, eine Frage zu beantworten, die nach Sams Meinung sein Revier betraf. Während Richard antwortete, erhob sich Sam und begann, mit einem skeptischen Grinsen hinter ihm auf- und abzugehen. Als Richard fertig war, tätschelte Sam ihm den Kopf, als wäre er ein Hund, dem es gelungen sei, eine Melodie zu bellen. Doch bei all seinen persönlichen Mängeln muss zu seinen Gunsten gesagt werden, dass Sam ein ungewöhnlich humorvoller Mensch war, der jene Personen, denen er vertraute, fürsorglich und großzügig behandelte.

Die Qualität des Unternehmens ermöglichte es uns, unsere unkonventionelle Marketingkampagne »durchzuziehen«, und die Emission wurde ein gewaltiger Erfolg: Wir nahmen 1,4 Milliarden Dollar ein, womit BSkyB gemessen an der Marktkapitalisierung zu einer der 50 größten Aktiengesellschaften Großbritanniens wurde. Allerdings erübrigt es sich wohl zu sagen, dass wir in den Vereinigten Staaten sehr viel mehr Aktien verkauften als in Großbritannien – 65 Prozent der Aktien dieses Unternehmens, das nur auf dem britischen Markt tätig war, gingen in die USA. Als das Geschäft über die Bühne gebracht war, hatte ich vernünftige Arbeitsbeziehungen zu meinen Teamkollegen bei Goldman aufgebaut. Niemand machte sich Illusionen über meine Kenntnisse im Investment-Banking, aber ich hatte versucht, das Team auf die Aspekte der Transaktion hinzuweisen, für die es verantwortlich war. Schließlich wurde mein Name anscheinend doch noch in die Liste der zu informierenden Teammitglieder aufgenommen. Und gelegentlich luden sie mich sogar ein, mit ihnen ein Bier trinken zu gehen.

Nachdem ich meine Schockschulung im Investment-Banking überlebt und Gefallen an dieser Tätigkeit gefunden hatte, wurde das Jahr 1994 zu einer bewegten Zeit für mich. Doch als es sich seinem Ende zuneigte, wurde klar, dass es für Goldman wahrscheinlich noch bewegter werden würde. Und zwar nicht im positiven Sinn.

4

»Fragen wir Sidney Weinberg«

Der Hauptzweck des im Jahr 1933 verabschiedeten Glass-Steagall-Gesetzes bestand darin, die Macht und den Einfluss von J. P. Morgan zu beschränken. Die erzwungene Trennung der neu gegründeten Investment-Bank Morgan Stanley von J. P. Morgan im Jahr 1935 legte den Grundstein für die bis heute andauernde Rivalität zwischen Morgan Stanley und Goldman Sachs – obwohl sich Goldman zu jener Zeit noch vom Skandal der Trading Corp. erholen musste und kaum als Konkurrent von Morgan betrachtet werden konnte. Aber das Trennbankengesetz hatte noch eine weitere Konsequenz, die ebenso bedeutsam, aber unbeabsichtigt war: Es schützte die reinen Investment-Banken vor der Konkurrenz durch J. P. Morgan oder andere Geschäftsbanken mit guter Kapitalausstattung, sollten diese auf den Gedanken kommen, sich am Emissionsgeschäft zu beteiligen. Die Investment-Banken wussten das über die Generationen hinweg zu schätzen. Lisa Endlich, die Autorin einer halboffiziellen Geschichte von Goldman Sachs, beschreibt folgende Szene: »Ein Partner [von Goldman Sachs] erinnert sich daran, dass in der ersten Sitzung, an der er im Jahr 1981 als Partner teilnahm, die Porträts zweier alter Herren mit langen Bärten hochgehalten wurden. Die Anwesenden erfuhren, dies seien zwei der wichtigsten Männer für das Unternehmen, und sollten raten, wer diese Figuren seien. Nachdem sich herausgestellt hatte, dass es sich weder um Goldman noch um Sachs oder Weinberg handelte, wurde das Geheimnis gelüftet: Die Porträts zeigten den Senator Carter Glass und den Abgeordneten Henry Steagall.«[1]

Für jene Investment-Banken, die die Depression überlebt hatten, begann eine goldene Ära des Relationship-Banking. Die Werte dieser Zeit waren schon von den besten dieser Firmen festgelegt worden, die eine Corporate Identity entwickelt hatten, die auf Loyalität, Exklusivität und einer erstklassigen unabhängigen Beratung beruhte. Doch etwas hatte sich geändert: Nach der Verabschiedung des Glass-Steagall Act konnten die Firmen dieser vornehmen Form des Relationship-Banking in relativer Sicherheit nachgehen, da sie nun vor unangemessener Konkurrenz seitens der Geschäftsbanken mit gut gefüllten Kassen und stabilen Beziehungsnetzen geschützt waren.

Der Inbegriff des Investment-Bankers jener Zeit war Sidney Weinberg, der von 1930 bis zu seinem Tod im Jahr 1969 Goldman Sachs leitete. Weinbergs Aufstieg in der Firma verlief sehr ungewöhnlich. Nicht nur, dass er weder ein Goldman noch ein Sachs war, konnte man seine Herkunft auch nicht gerade als vornehm bezeichnen. Weinberg, der nur acht Jahre lang zur Schule gegangen war, trat im Alter von 15 Jahren als Gehilfe des Pförtners in die Firma ein. 20 Jahre später wurde er Partner, und bald darauf übertrug man ihm die Aufgabe, die Scherben des Skandals bei Goldman Sachs Trading Corp. aufzukehren.

Weinberg war ein Gefolgsmann von Catchings sowie der Finanzleiter der Investmentgesellschaft gewesen, die Goldman fast ruiniert hätte. Das machte ihn nicht unbedingt zum idealen Kandidaten für die Führungsposition, als Catchings im Jahr 1930 zurücktrat. Doch Weinberg nahm rasch die Zügel in die Hand und gewann an Glaubwürdigkeit, indem er dafür sorgte, dass die Firma niemals einen Anteil verkaufte – was den Partnern persönliche Kosten von rund 12 Millionen Dollar verursachte, was einem heutigen Wert von etwa 130 Millionen entsprechen würde – und die Investmentgesellschaft erfolgreich liquidierte, indem er sie an Floyd Odlums Atlas Corp. verkaufte.[2] Es sollte fünf Jahre dauern, bis Goldman erneut Konsortialführer bei einer Emission wurde. Doch wie John Kenneth Galbraith 25 Jahre später in seiner bahnbrechenden Arbeit über den Crash und seine Folgen schreiben sollte: »Goldman Sachs entzog dem kriminellen Sprössling seinen Firmennamen und kehrte zu seiner früheren Rechtschaffenheit und seinen streng konservativen Werten zurück.«[3] Das war im Wesentlichen Weinbergs Führung zu verdanken.

Ebenso große Bedeutung hatte auf lange Sicht, dass Weinberg die meisten der früher von Catchings gehaltenen Sitze in den Leitungsgremien von Unternehmen übernahm. Weinberg saß schließlich gleichzeitig in nicht weniger als 31 Boards und verdiente sich den Spitznamen »Direktorendirektor«. 31 Direktorenposten schienen auch an damaligen Maßstäben gemessen übertrieben, doch Weinberg sah in seinen Pflichten in den Boards so etwas wie einen »halböffentlichen Dienst«. »Die Direktoren sollten diese Aufgabe so verstehen«, schrieb er, »oder sie sollten darauf verzichten.«[4] In seinen Augen war diese Rolle ein Mittelding zwischen den beiden anderen wichtigen Pflichten, die er in seiner Karriere übernahm – den Dienst an Goldman Sachs und den Dienst an der Nation. Und Weinberg hatte bemerkenswerten Erfolg in dem Bemühen, seine Board-Positionen und seine Reputation einzusetzen, um sowohl den einzelnen Unternehmen klug zu dienen als auch zur allgemeinen Reform der Unternehmensführung beizutragen.

Vor mehr als 50 Jahren drängte Weinberg darauf, die Mehrzahl der Sitze in den Lenkungs- und Aufsichtsgremien von Aktiengesellschaften Außenstehenden zu übertragen, und regte weitere revolutionäre Modernisierungsmaßnahmen an. Sein 1933 verfasstes »Memorandum über die Pflichten der Direktoren und einen Entwurf für das Programm für die Zusammenarbeit zwischen Managern und Direktoren einer Kapitalgesellschaft« hatte großen Einfluss und ist noch heute auf der Website von Goldman zugänglich. Und seine gründliche Vorbereitung von Board-Sitzungen mit Unterstützung junger Banker in seiner Firma war zu seiner Zeit beispiellos. Doch das schreckte die Unternehmensführungen nicht ab, im Gegenteil: »Viele Unternehmen waren stolz auf die Gegenwart Weinbergs in ihrem Board«, wie *Fortune* in den fünfziger Jahren feststellte.[5]

Allerdings war Weinberg mit seinen zahlreichen Aufgaben teilweise überfordert, wie der Skandal bei McKesson & Robbins im Jahr 1938 zeigte. Der Präsident des Unternehmens, F. D. Coster, wurde schließlich als Betrüger entlarvt, dessen wirklicher Name Philip Musica war und der mittels einer Scheinfirma Millionen an »Vermögenswerten« fabriziert hatte. Als der Board zusammentrat, um Musica offiziell zu stürzen, stellte sich heraus, dass er bereits Selbstmord begangen hatte.

Es wird berichtet, Weinberg habe die fassungslose Stille mit folgenden Worten durchbrochen: »Als gut, meine Herren, feuern wir ihn trotzdem für seine Vergehen.«[6]

Wie sich das Öffentliche und Private in Sidney Weinbergs sehr persönlicher Form des Relationship-Banking vermischten, illustriert der Börsengang der Ford Motor Company im Jahr 1956. Diese Transaktion trug entscheidend dazu bei, den Ruf Weinbergs und seiner Firma Goldman Sachs als unantastbarer Marktführer zu festigen. Im Jahr 1933 hatte Weinberg einen beratenden Ausschuss für Wirtschaftsfragen organisiert, der sich aus mehreren Industriekapitänen zusammensetzte und dem Handelsministerium helfen sollte, »die Dinge mit den Augen eines Geschäftsmanns zu sehen«.[7] Im Jahr 1947 schloss sich Henry Ford II. dieser Gruppe an. Im Oktober 1953 bat Ford Weinberg, ihm bei der Klärung der Frage zu helfen, wie ein Teil der von der Ford

Foundation gehaltenen Anteile am Automobilunternehmen verkauft werden konnte. Die Transaktion wurde durch die Tatsache erschwert, dass jene 10 Prozent, die der Familie gehörten, mit den gesamten Stimmrechten verbunden waren, obwohl 88 Prozent des Stammkapitals von der Stiftung gehalten wurden. In den folgenden zwei Jahren verbrachte Weinberg die Hälfte seiner Zeit damit, rund 50 verschiedene Reorganisationspläne auszuarbeiten, die sich mit den kniffligen rechtlichen und fiskalischen Fragen und den Regelungen für die Unternehmensführung befassten. Weinberg wurde nicht nur zu einem der Manager des Börsengangs im November 1965 bestellt, sondern auch in den Board von Ford aufgenommen.

Drei Merkmale dieser Transaktion zeigen, wie gut durchdacht die von Weinberg perfektionierte, wenn nicht sogar erfundene Methode des Investment-Banking war.

Erstens vertrat Weinberg beim Börsengang nicht die Stiftung, sondern die Familie. Der Finanzleiter der Ford Foundation versuchte, Weinberg für sich zu gewinnen, doch dieser arbeitete für die Familie. Da die Stiftung die Aktien verkaufen würde, wäre es möglicherweise lukrativer gewesen, ihre Vertretung zu übernehmen. Die Ford Foundation beauftragte schließlich Blythe & Co. mit der Leitung einer Gruppe von sieben Konsortialpartnern, von denen Goldman nur einer war. Als Ford Weinberg zu Beginn der Planungen fragte, was er für die Beratung berechnen würde, lehnte es Weinberg ab, eine Summe zu nennen, »mit dem Argument, er könne für einen Dollar im Jahr arbeiten und es der Familie Ford überlassen, schließlich zu entscheiden, was seine Bemühungen ihrer Meinung nach wert waren«.[8]

Zweitens war Weinbergs Methode, die öffentlichen und privaten Rollen miteinander zu verknüpfen, nicht einfach eine zynische und eigennützige Strategie zur Geschäftsentwicklung, wie man aus heutiger Sicht glauben könnte. Weinberg erbrachte eine hochwertige Dienstleistung und bewies ein Maß an Loyalität, auf das heutige Unternehmensleiter verzichten müssen. Wenn Sidney Weinberg im Board eines Unternehmens saß, bedeutete das nicht nur, dass Goldman keine Geschäfte mehr mit einem Konkurrenten dieses Unternehmens machen würde. Als Inhaber eines Platzes im Board von National Dairy Products übernahm er es persönlich, den Steward im Speisewagen eines Zuges zurechtzuweisen, weil er keine Käsescheiben von Kraft (eine Marke von National Dairy) anbot.[9] Heute gilt die Vorstellung, man könne auf Geschäfte mit Konkurrenten eines Klienten verzichten, als unpassend und unrealistisch. Stattdessen bekommen die Klienten Ausflüchte über »chinesische Mauern« und die strikte Trennung der Geschäfte zu hören. Und die Vorstellung, der Seniorpartner einer großen Firma könne zwei Jahre lang die Hälfte seiner Zeit einem einzigen Kunden widmen und die Festsetzung einer angemessenen Gebühr dem Klienten überlassen, ist mittlerweile vollkommen undenkbar.

Der Hinweis auf die potenziellen Interessenkonflikte von Board-Mitgliedern, die gleichzeitig Dienste für das Unternehmen erbringen, soll lediglich verdeutlichen, dass heute statt den Beziehungen die Transaktionen im Mittelpunkt stehen. Diese Konflikte wirken heute nur deshalb unüberwindlich, weil sie es sind, und sie sind nur deshalb unüberwindlich, weil sich die Natur der Firmen, für die diese Banker arbeiten, grundlegend gewandelt hat. Es wäre unfair, die Herabsetzung der Maßstäbe, mit dem ich mich in diesem Buch befassen werde, dem armen Sidney Weinberg in die Schuhe zu schieben.

Drittens spiegelten sich in der Transaktion, die Weinberg zu einer Ikone der Investmentberatung machte und Goldman den ersten Rang unter den jüdischen Bankhäusern sicherte, die Veränderungen in der Branche und in der Gesellschaft insgesamt wieder. Henry Ford hätte aufgrund seines tief verwurzelten und gut dokumentierten Antisemitismus wohl kaum einen Juden in das Familienheiligtum eingeladen. Henry Ford II. hingegen wollte das Vermächtnis seines bigotten Großvaters auslöschen. Dafür, dass er es ablehnte, sich dem arabischen Boykott gegen Israel anzuschließen, musste sein Unternehmen später einen hohen Preis bezahlen.[10]

Sidney Weinberg war nicht nur ein jüdischer Banker, sondern er sah auch so aus und hörte sich so an. Mit seiner Statur von nur 1,60 Meter hatte Weinberg »eher Ähnlichkeit mit einer pausbäckigen Puppe als mit einem ehrwürdigen Staatsmann«.[11]

Anders als viele angehende Banker vor und nach ihm konvertierte Weinberg nie zum Christentum. Er änderte seinen Namen nicht und behielt seinen Brooklyn-Akzent. Der einflussreichste Banker des 19. Jahrhunderts, August Schonberg, besserte sein Image auf, indem er sich in eine Art von europäischem Adligen mit Namen August Belmont verwandelte. Und Clarence Dillon, der Patriarch eines der vornehmsten Yankee-Bankhäuser des 20. Jahrhunderts (Dillon Read), war in Wahrheit als polnischer Jude namens Clarence Lapowski zur Welt gekommen.

Die Yankee-Banken hatten die Automobilindustrie anfangs verschmäht, weil sie diesem Wirtschaftszweig nur geringe Wachstumschancen zusprachen. Aus diesem Grund hatte sich J. P. Morgan überhaupt geweigert, mit Henry Ford zu sprechen, und die ersten Finanzierungstransaktionen von General Motors der ersten großen jüdischen Firma J. and W. Seligman and Company überlassen. Morgan Stanley bediente jene etablierten Firmen, die ihm von seiner Vorgängerfirma überlassen worden waren. Als sich die neuen Industrien durchsetzten, verlor Morgan Stanley seine Vormachtstellung bei den Fortune-500-Unternehmen, obwohl es die führende Yankee-Bank blieb. Und dass es Weinberg gelang, einen lukrativen Kunden wie Ford für Goldman zu gewinnen, kündigte einen umwälzenden Wandel der herrschenden Ordnung an.

Die Werte, für die Weinberg stand – Loyalität, Demut, Unabhängigkeit, Dienst an der Allgemeinheit und Humor –, werden auch heute oft verkündet, aber nur noch selten in die Tat umgesetzt. Einige der spezifischen Regeln, die diesen Werten entsprangen, schienen schon zu Zeiten, in denen sie noch galten, hoffnungslos veraltet. Die Konkurrenten erklärten, sowohl die Werte als auch die Regeln seien lediglich eine Fassade und dienten einfach dazu, der Marke Goldman neuen Glanz zu verleihen. Doch viele dieser Regeln konnten nur funktionieren, wenn die Firma wirklich daran und an die Verantwortung gegenüber dem Finanzsystem und der Allgemeinheit glaubte. Die Verteidigung dieser Werte kostete Goldman viele Millionen Dollar an entgangenen Einnahmen. Beispielsweise unterstützte die Firma keine spekulativen Unternehmen, weil sie ihnen den gesellschaftlichen Nutzen absprach. Auch verkaufte sie keine Aktien von Werbefirmen, da Weinberg der Meinung war, diese Gesellschaften sollten nicht an die Börse gehen. Er lehnte die Emission von Aktien ohne Stimmrechte ab, da er die Beteiligung der Aktionäre für notwendig hielt. Vor allem aber weigerte sich die Firma, als Händler und Berater an feindlichen Übernahmen teilzunehmen. An diesem Prinzip hielt sie bis Ende der achtziger Jahre fest, während sich alle anderen großen Investment-Banken mit mehr oder weniger Skrupeln gerne an diesem lukrativen Geschäft beteiligten.[12]

Der Tod Sidney Weinbergs im Jahr 1969 fiel etwa mit dem Ende der goldenen Ära des Relationship-Banking zusammen. Die zuvor genannten Werte werden bei Goldman immer noch hochgehalten, aber die darauf beruhenden Verhaltensweisen hat die Firma mittlerweile aufgegeben. Rückblickend lässt sich sagen, dass seither zwei neue Phänomene auftauchten (mit denen wir uns später genauer beschäftigen werden), die die Fundamente des Relationship-Banking untergruben: Da ist zum einen die Entstehung der börsennotierten Finanzsupermärkte, die jene privaten Partnerschaften verdrängt haben, die die Unternehmensfinanzierung im vergangenen Jahrhundert beherrschten. Dazu kommt der Aufstieg des reinen M&A-Experten, der die neue Ikone des Investment-Banking ist und an die Stelle des Relationship-Bankers getreten ist.

Und doch gelang es Goldman nach Weinbergs Tod noch ein Vierteljahrhundert, die meisten Fallen zu umgehen, die andere private Investment-Banken gezwungen hatten, an Konkurrenten zu verkaufen, zu schließen oder sich in Aktiengesellschaften zu verwandeln. Die Zwietracht zwischen dem Beratungs- und Handelsbereich hatte eine Reihe der alten Partnerschaften zerrissen. Doch Goldman war als Geschäftsbank groß geworden. Marcus Goldman hatte in seinen Anfängen in den Straßen von New York Schuldscheine von Händlern in seinen Hut gestopft, um sie am Ende des Tages an eine Bank zu verkaufen. So wurden die Spannungen zwischen Banking und Wertpapierhandel nie so groß wie in anderen Investment-Banken. Die Führung ging vom Banker (Sidney Weinberg) auf den Händler (Gus Levy) und auf Partnerschaften über, die üblicherweise beide Funktionen beinhalteten (Robert Rubin/Steve Friedman), was den Respekt der Institution für beide Bereiche ausdrückte. Dazu kommt, dass zumindest nach dem Ausscheiden von Catchings in den dreißiger Jahren die Stärke der Führung und die gründliche Nachfolgeplanung bei Goldman eine starke Kultur aufrechterhalten und Gegensätze ausgeglichen hatten. Und schließlich hatte die Firma in der modernen Ära nie einen ernst zu nehmenden »Sturm auf die Bank« erlebt – damit ist gemeint, dass ein beträchtlicher Teil der Partner auf einmal ausscheidet und sein wertvolles Kapital aus einer Firma abzieht.

Im Jahr 1994 lösten sich all die Faktoren, die Goldman scheinbar mühelos zusammengehalten hatten, in Luft auf. Hohe Verluste im Anleihenhandel – Goldman wurde schwerer getroffen als andere Banken – hatten zur Folge, dass trotz eines ausgezeichneten Jahres im Bankgeschäft nur ein sehr geringer Gewinn ausgewiesen werden konnte. Und zum ersten Mal seit mehr als 50 Jahren sank das Kapital der Partnerschaft um 10 Prozent. Seit Robert Rubin im Jahr 1992 ausgeschieden war, um sich der Regierung Clinton anzuschließen, führte der andere Chairman Steve Friedman die Firma allein. Doch im September

1994 gab Friedman mit dem Argument, er sei ausgebrannt, überraschend seinen Rückzug bekannt.

Der ehemalige Chairman John Weinberg war derart erbost, dass er bei einem Besuch in London die jüngeren Banker zu einer Sitzung einlud, um sich ihre Einschätzung der Lage anzuhören. Die verblüfften Vice Presidents hörten sich schweigend an, wie diese Ikone der Firma Goldman den scheidenden Chairman als »Memme« bezeichnete und Friedmans Verhalten sehr graphisch dem seiner Kameraden im Koreakrieg gegenüberstellte.

In dieser Situation wurde Jon Corzine, der Leiter der Anleihenabteilung, den viele für die Verluste im Wertpapierhandel verantwortlich machten, zum alleinigen Chairman ernannt, dem man den in Chicago stationierten Banker Hank Paulson als Stellvertreter zur Seite stellte. Eine ihrer ersten offiziellen Maßnahmen bestand darin, zum ersten Mal in der jüngeren Geschichte der Firma Personalkürzungen anzukündigen, und zwar knapp einen Monat, bevor die Banker Anspruch auf ihren Jahresbonus erhielten (der den Großteil ihres Jahreseinkommens ausmachte). Sie entschuldigten sich für die Wahl des Zeitpunkts und für das Vorgehen bei den Freisetzungen und versprachen, Derartiges nie wieder zu tun. Als sie im Januar 1995 eine weitere Kündigungswelle ankündigten, fühlten sich viele Mitarbeiter betrogen.

Noch beunruhigender war, dass im Jahr 1994 eine Reihe von Partnern, die nicht weniger als ein Drittel der Firmenkapitals repräsentierten, ihren Rückzug ankündigten und unverzüglich die nötigen Schritte unternahmen, um ihr Kapital abzuziehen. Und es war ein sehr schlechtes Zeichen, dass erstmals in der Geschichte der Firma ein Banker, dem eine Partnerschaft angeboten wurde, höflich ablehnte. Zu allem Überfluss entschlossen sich die Verwalter von Maxwells Pensionskassen, die Firma vor einem Bundesgericht zu verklagen (Goldman zahlte schließlich eine Viertelmilliarde Dollar, um die noch offenen Klagen beizulegen).

Obwohl sich die Märkte wieder erholten und die Krise des Jahres 1994 schließlich überwunden wurde, waren Risse in der bis dahin nahtlosen sozialen und finanziellen Struktur Goldmans sichtbar geworden. Obwohl ein Börsengang im Jahr 1996 wie schon zuvor in den Jahren 1986, 1991 und 1993 abgelehnt wurde, schien die Umwandlung in eine Aktiengesellschaft nicht länger eine prinzipielle Frage zu sein, sondern eher von der geeigneten Marktsituation abzuhängen. Und indem sich Corzine öffentlich auf die Seite der Befürworter eines

Börsengangs stellte, verstärkte er den Eindruck, seine schwache Führung sei zumindest teilweise dafür verantwortlich, dass die Firma nun die Notwendigkeit sah, sich Kapital an der Börse zu besorgen. So öffnete er Thornton eine Tür und bereitete seinen eigenen Sturz vor.

Je länger ich mit Thornton arbeitete, desto deutlicher sah ich, wie unethisch er verschiedene Aspekte der Goldman-Methode anwandte – und wie sehr ihn viele der etablierten Partner dafür verabscheuten. Vollkommen bewusst wurde mir das, als Thornton eingeladen wurde, bei der internen Investment-Banking-Konferenz, die alljährlich im Winter in New York stattfand, über seinen Zugang zum Bankgeschäft und über den Erfolg des Londoner Büros von Goldman zu sprechen. Thornton war bereits seit fast einem Jahrzehnt in London, weshalb ihn viele der jüngeren amerikanischen Banker nicht kannten. Als er sich erhob, um im Konferenzsaal des Grand Hyatt ans Rednerpult zu treten, konnte man die Spannung spüren, mit der 2.000 Banker den Vortrag eines Mannes erwarteten, von dem sie bisher nur gerüchteweise gehört hatten. Er stand in dem Ruf, ein maßloser Mensch zu sein, der ständig für sich selbst die Werbetrommel rührte und nur Spott für die Regeln und die Kultur von Goldman übrig hatte. Er wurde geduldet, weil er über ausgezeichnete Beziehungen verfügte und in Großbritannien ein erfolgreiches Geschäft aufgebaut hatte. Solange er sein Unwesen in sicherer Entfernung auf der anderen Seite des Ozeans trieb, konnte man Thornton wie den verrückten Vetter behandeln, der im Dachgeschoss wohnt und über den man möglichst nicht spricht. Doch nun war er in New York und schickte sich an, zur versammelten Truppe zu sprechen.

Normalerweise werden bei diesen Vorträgen PowerPoint-Präsentationen vorgeführt, die große Ähnlichkeit mit denen in den Pitch Books für die Klienten haben. Thornton hingegen verzichtete völlig auf Notizen, sondern stellte sich mit einem schwarzen Filzstift in der Hand vor eine leere weiße Tafel.

»Dies hier sind die wichtigen Leute in der Welt«, verkündete er und verteilte anscheinend zufällig schwarze Punkte über die Tafel. »Ich weiß nicht genau, wie viele es gibt, aber es sind nicht allzu viele.«

»Und das hier sind die Umlaufbahnen dieser Leute«, fuhr er fort, wobei er jeweils um etwa ein Dutzend Punkte große Kreise zog, die sich teilweise überschnitten. Hier entstand ein großes, verrücktes Venn-Diagramm mit Punkten.

»Innerhalb der Kreise befinden sich die Leute, mit denen diese Personen bekannt sind, ihre Transaktionen, ihre Ideen. So ziemlich alles Wichtige, was in der Welt geschieht, spielt sich in diesen Kreisen ab.« Dann deutete er auf den Punkt, an dem sich die meisten Kreise zu überschneiden schienen. »Und hier will ich sein. Das ist unsere Strategie. Ich danke Ihnen.«

Thornton setzte sich und wartete auf Fragen. Ich sah mich im Raum um und fragte mich, ob meinen Kollegen klar war, welchen Anschlag Thornton gerade auf die Philosophie von Goldman Sachs verübt hatte. Zwar war es an sich nicht subversiv, die Bedeutung der Beziehungen zu wichtigen Personen zu unterstreichen. Aber die Vorstellung, dass nur eine Handvoll dieser Beziehungen – und die Handvoll Banker, die dafür verantwortlich waren – wirkliche Bedeutung für die Firma hatten, war vollkommen subversiv. Der Ethos von Goldman beruhte auf der Vorstellung, dass niemand ein Star war, dass das Ganze größer als die Summe der Teile war und dass die Beiträge der anonymen Mitarbeiter genauso wichtig für den Erfolg der Firma waren wie jene der prominenten Partner. An jenem Tag waren 2.000 Banker im Saal versammelt. Man musste kein Genie sein, um zu wissen, dass die meisten von ihnen nie in die Nähe eines der Punkte auf jener weißen Tafel kommen würden. In Thorntons Welt nahmen diese Mitarbeiter lediglich Büroplatz weg. Vor kurzem musste ich an seinen Vortrag zurückdenken, als Hank Paulson, der gegenwärtige Leiter von Goldman, öffentlich erklärte, 15 bis 20 Prozent der Banker seien verantwortlich für 80 Prozent des Werts der Firma.[13] Obwohl Paulson später gezwungen wurde, sich für diese Bemerkung zu entschuldigen, wusste ich in diesem Augenblick, dass sich Thorntons Denkweise durchgesetzt hatte.

Thornton hielt sich für einen Vertreter der besten Tradition des Relationship-Banking. Als sein Verantwortungsbereich Ende der achtziger Jahre über die M&A-Betreuung hinaus erweitert wurde, verbreitete er sowohl das Profil von Sidney Weinberg, das E. J. Kahn 1956 im *New Yorker* veröffentlicht hatte, als auch die vom ehemaligen Chairman John Whitehead verfassten zehn Gebote der wirkungsvollen Klientenbetreuung in der Firma. Den meisten Goldman-Bankern war beides fremd. Tatsächlich konnte man viele seiner besonders umstrittenen Verstöße gegen die Firmenkultur – oder auch ein so geringfügiges Vergehen wie meine Beteiligung am Börsengang von BSkyB – mit ein wenig gutem Willen als Maßnahmen deuten, die dem Schutz der Klientenbeziehungen dienten.

Doch selbst wenn man diese Deutung akzeptiert, gab es einen feinen, aber wichtigen Unterschied zwischen Thorntons Vorstellung vom Relationship-Banking und dem traditionellen Zugang der Firma. Dieser Unterschied betraf Thorntons Wahl der Klienten und die Mühe, die er auf sich nahm, um die Beziehungen zu festigen. Im Jahr 1994 gelangte Thornton zu der Überzeugung, Richard Li sei einer jener Punkte auf der Tafel. Li hatte 525 Millionen Dollar mit dem Verkauf von Star TV an Rupert Murdoch eingenommen. Und als Sohn eines der reichsten Männer der Welt wollte er beweisen, dass er wie sein Vater in der Lage war, mit dem Geld etwas aufzubauen. Li bat Thornton, ihm zu helfen, mittels einer »privaten Aktienemission« Kapital für sein neuestes Vorhaben, ein Unternehmen mit Namen Pacific Century Telecom (PCT) zu beschaffen. Thornton wies mich an, nach Hongkong zu fliegen, mich mit Li zu treffen, ein Memorandum über eine Emission zu schreiben und das Geschäft über die Bühne zu bringen. Es schien ihn nicht wirklich zu kümmern, worum es bei dem Unternehmen ging. Er wollte nur in jenem Kreis sein.

Thornton hatte mir keine Details verraten, sondern mir lediglich gesagt, ich solle mich in Hongkong in der Niederlassung von Goldman Sachs melden und nach Mark Evans fragen (der Bruder des ECM-Managers in London war ebenfalls als Ruderer bei den Olympischen Spielen für Kanada gestartet), der mir ein Büro freimachen werde. Es schien etwas eigenartig, einen Londoner Banker loszuschicken, um in Hongkong eine private Platzierung durchzuführen, denn es gab dort zahlreiche Experten, die eigentlich dazu in der Lage sein sollten. Wie eigenartig der Auftrag war, wurde mir erst klar, als ich auf den Banker stieß, der für die alltägliche Betreuung von Richard Li verantwortlich war. Sein Name war Peter Wheeler. Thornton hatte nicht erwähnt, dass es ihn gab. Als ich meinem verblüfften Kollegen erklärte, weshalb ich in Hongkong sei, war er anfangs sprachlos. Dann sagte er: »Wir haben das Projekt schon vor einigen Wochen abgelehnt.«

Ich sagte ihm, ich habe meine Anweisungen, und fragte nach dem Weg zu Lis Büro.

Als ich bei PCT eintraf, wurde ich in einen großen kreisrunden Konferenzsaal geführt, in dem ein riesiger Bildschirm von der Decke hing. Zwei attraktive und sehr ernste Asiatinnen mittleren Alters stellten sich als Leiterin der Rechtsabteilung und als Finanzchefin vor.

»Richard bedauert, nicht persönlich an diesem Gespräch teilnehmen zu können«, sagte eine der Frauen. »Aber er wird in Kürze in Singapur per Videokonferenz zu uns stoßen.«

Und tatsächlich flackerte wenige Augenblicke später der Videoschirm auf, und es erschien die überlebensgroße Version eines sehr kleinen jungen Manns, der noch keine dreißig Jahre alt sein konnte. Nach einer höflichen Begrüßung ging Li zu einer etwas messianisch klingenden Beschreibung der Bestrebungen von PCT und des Potenzials einer Technologie über, die die Bezeichnung VSAT trug und China im Handumdrehen ins 21. Jahrhundert katapultieren würde. Ich kam mir vor wie ein Nebendarsteller in einem James-Bond-Film und versuchte, das Gespräch auf einige praktische Fragen zum Geschäftsplan und zu Lis Finanzierungsvorhaben zu lenken. Doch das war offenbar kein Thema für den Großen Führer, der ebenso plötzlich, wie er erschienen war, wieder vom Bildschirm verschwand.

Die folgenden Tage verbrachte ich mit Gesprächen mit den beiden Frauen sowie einem unglücklichen amerikanischen Telekommanager, der als nomineller Leiter des neuen Unternehmens eingestellt worden war, und einem verwirrten jungen Amerikaner, der anscheinend glaubte, Richards bester Freund in Stanford gewesen zu sein und irgendwie dazu verleitet worden war, den undankbaren Job seines Laufburschen zu übernehmen. Mein Ziel war es, das Geschäftskonzept zu verstehen.

Die VSAT-Technologie (das Akronym steht für Very Small Aperture Terminal) kann große Unternehmen theoretisch in die Lage versetzen, ineffiziente Telefonsysteme zu umgehen, indem sie Satellitenbandbreite mieten, um Signale zwischen VSAT-Empfangsschüsseln an verschiedenen Unternehmensstandorten zu übertragen. Nun war ich zwar kein Experte auf dem Gebiet der Telekommunikation, aber es schien mir einigermaßen klar, dass das Vorhaben, die Unternehmen Chinas zu vernetzen (der Großteil der projizierten Einnahmen sollten auf diesem Markt erzielt werden), indem man unter Verwendung von VSAT-Schüsseln das Staatsmonopol umging, zahllose rechtliche, technologische, wirtschaftliche und praktische Fragen aufwarf, von denen bisher keine einzige wirklich zufriedenstellend beantwortet worden war. Ich beschaffte mir die Informationen, die ich benötigte, um mein Verkaufsmemorandum zu erstellen, und kehrte nach London zurück, um Thornton Bericht zu erstatten.

Ich schilderte ihm meine Zweifel an der Durchführbarkeit des Projekts, doch Thornton wollte nichts davon hören. Er erklärte mir, dass unsere Aufgabe darin bestehe, Geld bei großen amerikanischen und europäischen Telefongesellschaften zu beschaffen. Wir würden einfach auf die Risiken hinweisen und die Entscheidung ihnen überlassen.

Schließlich versuchten wir nicht, Aktien an Witwen und Waisen zu verkaufen. Das hier waren schon große Jungs. Ich wandte ein, dass der Klient eine Bewertung mit dem Goldman-Siegel anstrebe, um die Aktien bei diesen Unternehmen zu platzieren, was in Anbetracht der Unsicherheit, die dieses Projekt umgab, dem Ansehen unserer Firma schaden werde. Nun wurde Thornton ungeduldig.

»Sie sollen lediglich ein Modell erstellen, das auf der Annahme einer behördlichen Bewilligung und einer Lösung aller möglichen technologischen Probleme und auf allen anderen Annamen beruht, die zum Teufel noch mal erforderlich sind. Die Investoren können dann alle Abstriche machen, die sie für richtig halten.«

Thornton befahl mir, mich mit Robert Morris zusammenzusetzen, dem Leiter der europäischen Forschungsabteilung, der ein ehemaliger Telekom-Analyst war. Wir sollten die Annahmen gemeinsam überprüfen und das Projekt über die Bühne bringen. Ich hatte eine Abfuhr erhalten, aber es gab noch eine weitere Frage, die wir klären mussten.

»Man hat mir gesagt, dass das Projekt vom Bewilligungsausschuss genehmigt werden muss, da es sich um eine private Aktienplatzierung handelt.»

»Blödsinn!«, erwiderte Thornton und winkte mich weg. »Ich bin in meinem Leben noch nie vor diesen Ausschuss getreten. Rufen Sie Kevin Kennedy in New York an und regeln Sie das.« Damit war das Gespräch beendet.

Das Commitments Committee hatte das letzte Wort dazu, mit welchen Personen und Unternehmen die Firma Geschäfte machen konnte. Man musste sich nicht an diesen Ausschuss wenden, wenn es um einen M&A-Auftrag ging, aber für Wertpapieremissionen war eine Genehmigung erforderlich. Und bei einer privaten Platzierung wurden theoretisch Wertpapiere angeboten, auch wenn es sich nicht um eine Aktienemission im eigentlichen Sinn handelte. Goldman nahm seine Reputation und die Rolle des Bewilligungsausschusses ernst. Der Ausschuss beschäftigte sogar einen Experten namens David Lawrence, der die Hintergrunddaten prüfte, bevor bestimmte Aufträge angenommen wurden. Ein Banker, der ein solches Vorhaben bewilligen lassen wollte, musste Lawrence anrufen, den Namen des potenziellen Klienten angeben und einige Tage warten, bis ein Urteil darüber fiel, ob die vorgeschlagene Transaktion die Kriterien der Firma erfüllte. In dem Ausschuss saßen nur sehr erfahrene Banker, Leute wie Dobkin und

Kevin Kennedy, der einer der Leiter der Abteilung Unternehmensfinanzierungen war.

»Sagen Sie John Thornton, dass er sich ins Knie ficken kann, wenn er sich zu schade ist, vor dem Commitments Committee zu erscheinen.« Das Gespräch mit Kennedy nahm keinen vorteilhaften Verlauf. Schließlich mäßigte er sich, als er von Morris' Beteiligung erfuhr, aber ich hatte zum ersten Mal erfahren, wie feindselig sie Thornton in New York gegenüberstanden.

Ich war glücklich, als ich das Projekt nach Abschluss meiner Bewertungsarbeit Anfang 1995 Kollegen übergeben konnte, die Verbindungen zu Telefongesellschaften hatten. Später in jenem Jahr las ich, dass Richard das Unternehmen zum Selbstkostenpreis an das väterliche Unternehmen Hutchinson Whampoa verkauft hatte, angeblich, um einen Interessenkonflikt zu vermeiden. Lis in Pacific Century Cyberworks (PCCW) umbenanntes Investmentvehikel kaufte das Unternehmen im Jahr 2001 im Tausch gegen Aktien seiner Firma vom Unternehmen seines Vaters zurück, nachdem der Kurs der PCCW-Aktie zusammen mit dem restlichen virtuellen Sektor abgestürzt war. Zu jener Zeit stellte die Economist Intelligence Unit fest, dass »der ›Verkauf‹ die triste Finanzsituation von PCCW zeigt ... Hutchinson hat keinen wirtschaftlichen Grund, PCCW-Aktien als Gegenleistung [für die Einheit] zu akzeptieren.« Im Jahr 2000 betrugen die Erträge des Unternehmens immer noch weniger als 40 Millionen Dollar.

Abgesehen von einem kurzen Urlaub im Februar, den ich für meine Hochzeit und die Flitterwochen nutzte, verbrachte ich die ersten Monate des Jahres 1995 überwiegend damit, zwischen London, Hongkong, Delhi und Bombay hin- und herzureisen. Wir versuchten vergeblich, den Erfolg mit dem Börsengang von BSkyB in Indien zu wiederholen. Zu jener Zeit betrieb Murdoch in Indien ein Gemeinschaftsunternehmen mit dem einheimischen Medienzar Sabash Chandra. Dieses Joint Venture mit Namen Zee umfasste eine Reihe beliebter Satelliten- und Pay-TV-Kanäle sowie das Kabelnetz CitiCable. Die Probleme, auf die wir in Indien mit der Offenlegung stießen, ließ alle Probleme mit Sky geringfügig erscheinen. Zee konnte mit Verträgen seine exklusiven Rechte an einer großen Zahl von Filmen nachweisen. Zu unserem Leidwesen mussten wir feststellen, dass es in Indien Tradition war, exklusive Senderechte mehrfach zu verkaufen. Die Zahl der Exklusivrechte, die von mehreren Konkurrenten in der Pay-TV-Sparte geltend gemacht wurden, belief sich auf ein Vielfaches der tatsächlich gedrehten

Filme. CitiCable hatte noch größere potenzielle Offenlegungsprobleme. Sagen wir nur so viel: Es wäre erheblich untertrieben zu sagen, dass die in Indien angewandten Methoden zur Abonnentenwerbung aggressiv waren. Letzten Endes zwangen uns Meinungsverschiedenheiten zwischen Murdoch und Chandra, von der Emission Abstand zu nehmen.

Einmal erzählte mir jemand im Flugzeug nach London (in den ersten fünf Monaten des Jahres 1995 legte ich mehr als 100.000 Flugmeilen zurück), dass Joe Zimmel, einer der Leiter der New Yorker Abteilung Kommunikation, Medien und Telekommunikation (CMT), daran interessiert sei, mich in die Vereinigten Staaten zurückzuholen. Meine Ehefrau, die ich bei United kennengelernt hatte, war bereit umzuziehen, aber wir konnten uns nicht zwischen New York und London entscheiden. Ich wusste, dass Joe und Pete Kiernan, sein Kollege an der Spitze des CMT-Bereichs, verärgert darüber waren, dass sich Thornton geweigert hatte, seine Beziehungen in der Medienbranche mit ihnen zu teilen. Thornton seinerseits hielt diese Leute einfach für nutzlos – sie waren nicht nah genug an den relevanten Kreisen dran. Insbesondere Joe schien ihm auf die Nerven zu gehen. Sie waren zusammen in der sehr verschlossenen M&A-Subkultur groß geworden, und Joe war in Johns Augen anscheinend der Prototyp des mechanischen, schwerfälligen Bankers, der bei Goldman Sachs herangezogen wurde. Die Fähigkeiten, die den Bankern vermittelt wurden, waren genau die richtigen für die spezifischen Aufgaben, die sie zu erfüllen hatten. Doch John hielt den Gedanken für lächerlich, dass Joe eine Gruppe leiten könnte, schon gar nicht die CMT-Gruppe.

Nun begannen Joe und ich, Anrufe auszutauschen. Als wir endlich miteinander verbunden wurden, begann er das Gespräch mit folgender Frage: »Rufe ich Sie an oder Sie mich?« Ich argwöhnte bald, dass Joe den Eindruck vermeiden wollte, Thornton Mitarbeiter abspenstig zu machen. So wenig er Thornton mochte, so sehr fürchtete er ihn.

Ich für meinen Teil hatte mir bereits überlegt, dass ich, sofern ich an einer Zukunft bei Goldman Sachs interessiert war, irgendwann beginnen müsste, andere Beziehungen zu knüpfen und vor allem zu lernen, wie die Dinge bei Goldman gemacht wurden (und sei es auch nur, um die Regeln anschließend wie Thornton zu missachten). Beides würde mir in Anbetracht der unablässigen Forderungen meines Vorgesetzten und der Tatsache, dass die anderen Partner mich verständlicherweise als Thorntons Mann betrachteten, in London schwerfallen.

Ich hatte mich an einem wichtigen Projekt für das britisch-niederländische Verlagshaus Reed Elsevier beteiligt, das nichts mit Thornton zu tun hatte, doch ich war wiederholt gezwungen, zu sehr ungünstigen Zeitpunkten nach Bombay zu reisen. Ich war Thornton sehr dankbar für die Bereitschaft, mir Aufgaben zu übertragen, für die ich eindeutig nicht qualifiziert war, denn dadurch hatte ich in weniger als einem Jahr mehr gelernt als auf jede andere Art. Allerdings fühlte ich mich bereits ein wenig ausgebrannt. Ich wusste nicht, wie viele Monate ich noch private Voicemails ertragen konnte, in denen ich auf mein lächerliches Flehen um Klarstellung oder Anleitung in irgendeiner Sache stets dieselbe Antwort erhielt: »Verflucht noch mal, tun Sie es einfach.«

Ich hatte das Gefühl, in Thornton einen großartigen Vorgesetzten zu haben. Ich war bereits auf die Geheimgesellschaft der ehemaligen Thornton-Gefolgsleute gestoßen, die im Allgemeinen gute Positionen bekleideten und respektiert wurden. Sie genossen alle Vorteile der Verbindung mit Thornton, ohne die tägliche Schinderei ertragen zu müssen, die in der direkten Zusammenarbeit mit ihm unvermeidlich war. Zum Glück hatte ich jetzt eine Ehefrau, die eine ausgezeichnete Ausrede war, weshalb die Gefahr geringer war, dass er mir einen Wechsel zu Zimmel übel nehmen würde.

Kevin Czinger, der immer noch mein einziger wirklicher Freund im Investment-Banking war, war bei Goldman ausgeschieden, um die zweithöchste Führungsposition im Musikbereich von Bertelsmann in New York zu übernehmen. Kurz vor seinem Ausscheiden hatte er Thornton in einem Memo darauf hingewiesen, dass das Management der CMT-Gruppe aufgrund der Konzentration auf die weitgehend regulierte Kommunikationsindustrie nicht geeignet sei, die Chancen in der Medienindustrie zu nutzen, in der mehr unternehmerisches Denken gefordert werde. Thornton teilte diese Einschätzung durchaus und leitete das Memo unverzüglich an Scott Mead (sowie an Zimmel und Kiernan) weiter und fragte sich dann, warum Kevin und Scott anscheinend nicht miteinander auskamen. Mein einziger anderer Freund in der Firma war Josh Bolten, ein früherer Rechtsberater der amerikanischen Handelsvertretung, der in der Rechtsabteilung als eine Art von »Kontrollstelle« für ein Netz ehemaliger (und teilweise gegenwärtiger) europäischer Regierungsvertreter fungierte, die Goldman im Bemühen um Aufträge in ihren Heimatländern unterstützten. Bolten war ein außergewöhnlich liebenswürdiger Mensch, konnte mir jedoch letzten Endes weder Schutz noch Orientierungshilfe geben.

Obwohl ich nicht glaube, dass diese Überlegung meine Entscheidung für eine Rückkehr in die Vereinigten Staaten beeinflusste, begann ich mich im Frühjahr 1995 zu fragen, wie lange Thornton bei Goldman überleben würde. Dass er den Machthabern in New York nicht gehorchte, war eine Sache, solange er sie nicht mit der Nase darauf stieß. Aber im April ließ sich Thornton von der *New York Times* mit den Worten zitieren, er würde einen Wechsel zum Konkurrenten Lazard Freres erwägen, allerdings nur, wenn ihm der »Job an der Spitze« angeboten würde. Bei Goldman galt die unausgesprochene Regel, dass Äußerungen gegenüber der Presse – auch wenn sie nicht die Verhandlungen über eine Beförderung, sondern ganz profane Dinge betrafen – ein Entlassungsgrund waren. Dies war Bestandteil der dem Starkult abgeneigten Kultur, die Goldman für sich in Anspruch nahm. Doch zu meiner Überraschung geschah anscheinend überhaupt nichts. Thorntons Fehltritt wurde in der Firma überhaupt nicht erwähnt. Während ich mich anschickte, ihn von meinem geplanten Wechsel nach New York in Kenntnis zu setzen, konnte ich mich des Gedankens nicht erwehren, dass hinter den Kulissen mehr geschah.

Das Gespräch, in dem ich John über meine Entscheidung informierte, war wie jedes Gespräch mit ihm kurz und sachlich. Die Ausrede, Rücksicht auf meine Frau nehmen zu müssen, funktionierte. Er ließ sich nicht auf Gefechte ein, die er nicht gewinnen konnte. Thornton warnte mich, dass ich weder von Zimmel noch von Kiernan etwas Wichtiges lernen könne, war jedoch der Meinung, dass ich in New York viel über die Kultur von Goldman und die grundlegenden Techniken des Investment-Banking lernen würde. Er dankte mir für meine Unterstützung, wünschte mir Glück und sagte, wir würden in Kontakt bleiben.

5

Was ein Investment-Banker wirklich tut

Es wird oft behauptet, der Boom in den Sektoren Telekommunikation und Technologie sei Ende der neunziger Jahre plötzlich über uns hereingebrochen und habe zu Beginn des neuen Jahrtausends ebenso plötzlich wieder geendet. Beides ist nicht richtig. Selbst jene, die die Geburtsstunde dieser euphorischen Ära im Börsengang von Netscape im August 1995 sehen, unterschätzen, dass das Fundament für den Boom zu jenem Zeitpunkt bereits gelegt war. Es hatte sich ein unausgesprochener Glaube an die Unvermeidlichkeit des Wachstums ausgebreitet. Als ich im Jahr 1995 zu Goldman in New York kam, hatten die Branche, die Wirtschaft und die Märkte ein robustes und überwiegend stetiges Wachstum hinter sich, das im Jahr 1991 nach der Rezession begonnen hatte. Obwohl Goldman im Jahr 1994 hohe Verluste im Wertpapierhandel erlitten hatte und der Aktienmarkt eine Atempause einzulegen schien, wuchs das Geschäft der Investment-Banken wie in den vorangegangenen Jahren deutlich.

Es hatte den Anschein, als sei das Wachstum unvermeidlich und als hätte alle Welt Anspruch auf stetige Einkommenszuwächse. Mein Gehalt für das Jahr 1994 war bereits vertraglich anteilsmäßig mit 225.000 Dollar festgesetzt worden. Nicht nur, dass das mehr als das Doppelte meines Grundgehalts bei United Airlines war, sondern das großzügige Vergütungspaket für die Auslandsentsendung kostete Goldman wahrscheinlich noch einmal doppelt so viel. Der Aufwand, der bei meinem Umzug von Chicago nach New York betrieben wurde, schien mir maßlos übertrieben. Meine Möbel waren überwiegend billig und stammten aus zweiter Hand – mit Ausnahme einer Couch, die ich einige Jahre früher in Washington für 199,99 Dollar bei einem Discounter namens Marlo's gekauft hatte. Beim Umzug nach Chicago hatte ich mich gefragt, ob es wirklich der Mühe wert war, das bereits vom Rost angegriffene Möbelstück in meinem Mietlaster quer durch das Land zu transportieren.

Goldmans internationale Möbelspedition behandelte das Sofa wie alle Gegenstände, die ihr anvertraut wurden – das heißt so, als wäre es gerade von Tiffany's geliefert worden. Als sich herausstellte, dass die sperrige Couch nicht durch die Tür meiner Mietwohnung in Soho passte, schlug ich vor, sie zu verbrennen. Doch die Spedition besorgte sich eine Genehmigung, um die Straße über das Wochenende abzusperren, ließ einen Kran herbeischaffen und brachte das Möbelstück über das Dach und durch einen Innenhof in die Wohnung. Eine solche Behandlung konnte einem Menschen zu Kopf steigen.

Ich hatte immer noch keine Ahnung, was für eine Bonuszahlung ich für das Jahr 1995 erwarten durfte. Bei United waren die Gehälter der nicht gewerkschaftlich organisierten Angestellten Anfang der neunziger Jahre zwischen 0 und 4 Prozent im Jahr gestiegen, und zwar ausgehend von einem sehr niedrigen Grundgehalt. Tatsächlich verdienten in diesem Unternehmen, das 80.000 Mitarbeiter hatte, abgesehen von einigen Tausend Piloten, die ein durchschnittliches Jahresgehalt von etwas mehr als 100.000 Dollar bezogen, nur 30 Angestellte (darunter der Geschäftsführer und die Spitzenmanager) mehr als diesen Betrag. Da mein Gehalt meine Erwartungen und meinen tatsächlichen Wert bereits deutlich überstieg, wäre ich über 250.000 Dollar begeistert gewesen. In meinen wildesten Träumen hätte ich mir ein Einkommen von 300.000 Dollar vorstellen können.

Kurz nach meiner Ankunft in New York fragte ich einen älteren Kollegen, was ich vom Gehaltsschema bei Goldman erwarten könne. Er erklärte mir sachlich, die Gehälter hingen vom »Jahrgang« ab (womit das Jahr gemeint war, in dem man die Business School abgeschlossen und bei Goldman angefangen hatte), wobei sich die Gehälter von 90 Prozent der Angehörigen eines Jahrgangs in einer sehr engen Bandbreite bewegten. Ich konnte erwarten, dass meine »Zahl« (damit war das bescheidene Jahresgehalt zuzüglich des jährlichen Bonus gemeint) jedes Jahr um etwa 100.000 Dollar steigen würde, wobei die Erhöhung in den Jahren, in denen ich befördert würde, etwas höher ausfallen sollte.

Abgesehen davon, dass ich mich bemühte, mein Entzücken und meinen Unglauben angesichts der Möglichkeit, in wenigen Jahren eine halbe Million Dollar zu verdienen, nicht allzu deutlich zu zeigen, wies diese Gehaltsskala ein Merkmal auf, dass ich sogar noch schockierender fand als die unfassbaren absoluten Zahlen. Die Persönlichkeit des Investment-Bankers oder angehenden Bankers war vollkommen unvereinbar mit dieser Gehaltsstruktur. Unterhielt man sich drei Minuten mit einem Investment-Banker, so konnte man sich des Eindrucks nicht erwehren, dass er einen aggressiven, unternehmerischen, risikofreudigen Zugang zum Leben und zum Beruf als Voraussetzung für seine Tätigkeit betrachtete. Aber jenes in sich geschlossene Gehaltsschema war offenkundig auf Personen zugeschnitten, die einer solchen Beschreibung überhaupt nicht entsprachen.

Der Schlüssel zur erfolgreichen Führung einer großen Zahl ehrgeiziger Personen mit einem ausgeprägten Konkurrenzdenken scheint darin zu liegen, bei ihnen ein vollkommen unrealistisches Selbstbild zu fördern. Und um sie an das Unternehmen zu binden, weckt man bei ihnen am besten die unterbewusste Überzeugung, dass diese Illusionen erschüttert werden dürften, sollten sie der äußeren Realität ausgesetzt werden. Ich erinnere mich an einen Schulungskurs für Führungskräfte, den ich gemeinsam mit einem Dutzend anderer junger Vice Presidents bei Goldman durchlief. Der Moderator forderte uns auf, den Kopf auf den Tisch zu legen, und bat uns anschließend, die Hand zu heben, wenn wir glaubten, zum besten Prozent in unserer Gruppe zu zählen. Anschließend wurde die Latte auf die besten 3 und später auf die besten 5 Prozent gesenkt. Als wir aufgefordert wurden, uns wieder aufzusetzen, stellte ich fest, dass ich als einziger in der Gruppe nicht die Hand gehoben hatte. Es bedarf beträchtlichen Geschicks, um mehr als 90 Prozent der Bankangestellten in dem Glauben zu halten, sie gehörten zu den besten 5 Prozent in ihrer Kategorie.

Alles an der New Yorker Zentrale von Goldman Sachs war Furcht einflößend. Das unauffällige, bräunliche Gebäude, das 30 Stockwerke hatte und einen ganzen Block zwischen Water and Pine und Broad Street einnimmt, wirkte auf mich wie ein Gefängnis. Mir wurde rasch klar, dass mir meine Erfahrung in London kaum helfen würde, die Abläufe und die Kultur von Goldman Sachs in New York zu verstehen.

In London war Goldman ein aggressiver, hungriger, junger Marktteilnehmer, der mit der Verpflanzung amerikanischer M&A-Taktiken tatsächlich einige Erfolge gefeiert hatte, im Alltagsgeschäft jedoch nur ein Zuschauer war. Diese Firma unterbreitete Vorschläge für Transaktionen, die noch in den Sternen standen, stattete möglichen Klienten unangemeldete Besuche ab und versuchte auf einem Markt, der weiterhin von den traditionellen britischen Bankhäusern beherrscht wurde, Beziehungen zu knüpfen.

In New York war Goldman das Establishment. Mitte der neunziger Jahre hatte die Firma ihre Ursprünge als Wertpapierhändler hinter sich gelassen und war der unangefochtene Marktführer in den beiden rentabelsten Geschäftsfeldern, das heißt bei den Börsengängen und bei Fusionen und Übernahmen. Und die Führungsposition in einem dieser Bereiche stabilisiert die Spitzenposition im anderen: Neu an die Börse gebrachte Unternehmen, deren Kriegskassen dank der Aktienemission gut gefüllt sind, wenden sich oft an den Führer ihres Emissionskonsortiums, wenn sie Unterstützung bei ihrer ersten großen Übernahme brauchen, und jene Bank, die ein Unternehmen bei dem letzten Geschäft beraten hat, mit dem es groß genug für einen Börsengang geworden ist, erhält oft den Zuschlag für die Emission der Aktien. Trotz der Turbulenzen im Jahr 1994 war Goldman im Vergleich zu seinen Konkurrenten an der Wall Street immer noch der Fels in der Brandung. Intern verfügte die Firma über unübertroffene Systeme, Prozesse und Datenbanken, ein Gerüst, das durch eine Kombination von starker, zentralisierter Führung und einer unerreichten Kultur gestützt wurde, deren tragende Elemente die Teamarbeit und die Kommunikation waren. Was ihr Verhältnis zur Außenwelt anbelangte, so war die Mitarbeiterfluktuation bei Goldberg im Vergleich zu anderen Investment-Banken extrem gering, und es war nichts Ungewöhnliches, dass ein Klientenbetreuungsteam seine Ursprünge bis zu den Tagen von Sidney Weinberg zurückverfolgen konnte.

Mein erstes CMT-Gruppenmeeting am Montagmorgen war ein kleiner Schock für mich. Als sich die Leute um den Konferenztisch versammelten, hatte ich das Gefühl, bei einer ausländischen Familie zum Abendessen eingeladen zu sein. Ich verstand das eine oder andere Wort oder konnte aus einer bestimmten Geste auf den Sinn einer Aussage schließen, doch im Großen und Ganzen hatte ich keine Ahnung, wovon sie sprachen. Einmal war es eine Technologie, von der ich noch nie gehört hatte. Ein anderes Mal war es ein Finanzinstrument, mit dem ich noch nie gearbeitet hatte. Dann sprachen sie über Unternehmen oder Personen, die mir unbekannt waren. Ich saß still da, schüttelte den Kopf und lächelte hin und wieder, um vorzutäuschen, dass ich wusste, worum es ging.

Es wurde mir rasch klar, dass meine Tätigkeit in London wenig mit der eines Investment-Bankers zu tun gehabt hatte. Dort war ich ein

»Sonderassistent« von Thornton gewesen. Und mein dortiger Erfolg hatte wahrscheinlich damit zu tun, dass ich bereits Erfahrungen als Sonderassistent anspruchsvoller Vorgesetzter wie Steve Wolf bei United und zuvor Stuart Eizenstat gesammelt hatte. Doch bei Goldman Sachs in New York gab es keinen derartigen Job. Dort erwartete man von mir, dass ich als vielseitiger Banker für jede mögliche Aufgabe im Universum von Medien und Kommunikationstechnologie bereitstünde. Mit einem Wort, ich steckte in Schwierigkeiten.

Obwohl ich beim Börsengang von BSkyB anscheinend meine Feuertaufe als Investment-Banker bestanden hatte, musste ich erneut feststellen, dass ich von meinen Kollegen misstrauisch beäugt wurde. Und Zimmel und Kiernan bemühten sich nicht besonders, mich in die Gruppe zu integrieren. Es sollte nicht das letzte Mal während meines Aufenthalts bei Goldman in New York sein, dass ich mir die Frage stellte, was Zimmel eigentlich bezweckt hatte, als er mich in seine Abteilung holte. Wozu hatte er mich abgeworben? Hatte er einfach Leute gebraucht und gehört, ich sei gut und möglicherweise verfügbar? Hoffte er, meine Beziehungen zu Murdochs Mannschaft in New York nutzen zu können? War er sich der Schwäche der Gruppe im Medienbereich bewusst und hoffte, dieses Manko mit meiner Hilfe zu beheben? Oder wollte er einfach nur Thornton eins auswischen? Ich verstand es nicht und verstehe es heute noch nicht.

Joe Zimmel und Pete Kiernan waren ein denkbar unpassendes Gespann. Zimmel war groß, leicht übergewichtig und sowohl körperlich als auch im Sozialverhalten ungelenk. Er trug dicke Brillen, sprach sehr bedächtig und ruhig und schien immer ein wenig zu bemüht, gelassen und unerschütterlich zu wirken. Seine Stärke war eine enzyklopädische Kenntnis der Methoden zur Durchführung von Fusionen und Übernahmen sowie der bei Goldman geltenden Normen und Verfahren für alles von Konflikten bis zu Gehältern. Seine Schwäche war ein völliger Mangel an Kreativität. Zimmel blühte in einem streng geregelten Umfeld auf, was sicherlich der Grund dafür war, dass ihn der strikt reglementierte Telekommunikationssektor angezogen hatte, während er im Medienumfeld anscheinend keinen Erfolg hatte. Jeder Versuch Zimmels, einen Witz zu erzählen oder eine ungewöhnliche Idee vorzuschlagen, löste zwangsläufig kollektive Betretenheit aus. Doch trotz seiner Grenzen war Zimmel in der Gruppe durchaus beliebt, denn er galt als fair und zugänglich. Und außerhalb stand er in dem Ruf, ein zuverlässiger Teamspieler zu sein.

Die Banker erzählten einander Geschichten über Zimmels Hilflosigkeit in den zwischenmenschlichen Beziehungen. Meine Lieblingsgeschichte stammte aus der Zeit, in der Zimmel erfuhr, dass es einem anderen Banker in der Gruppe schwerfiel, ein Kind zu zeugen. Zimmel teilte seine eigenen Bemühungen in diesem Bereich unbefangen mit jedermann, der zuzuhören bereit war, und seine Sekretärin beklagte sich über einen Telefonanruf ihres Chefs, in dem er ihr erklärt hatte, er halte sich gerade »in diesem Zimmerchen« auf, um seine Spermaprobe zu produzieren. Zimmel rief jenen Banker zu sich, brachte das Thema zur Sprache und fragte den Kollegen nach seiner Spermienzahl. Während diese Geschichten die Runde machten, wurden sie selbstverständlich ausgeschmückt. Als ich meine Lieblingsanekdote das letzte Mal hörte, hatte die Begegnung mit dem Banker angeblich in einem vollen Aufzug stattgefunden, und Zimmel hielt eine Papiertüte in der Hand, in der er seine Spermaprobe transportierte.

Trotz seiner Beliebtheit hegte ich stets gemischte Gefühle in Bezug auf Zimmel, was zum Teil auf seine schwierige Beziehung zu Thornton zurückzuführen sein mochte. Abgesehen davon konnte ich mich des Eindrucks nicht erwehren, dass seine Persönlichkeit eine dunkle Seite hatte. Zum Ausdruck kam dies in einer ausgeprägten passiven Aggressivität. Tatsächlich hatte ich den Eindruck, dass er sich von dieser Arbeit in erster Linie angezogen fühlte, weil er das Gefühl genoss, bei der Abwicklung von Fusionen und Übernahmen Macht über die beteiligten Parteien auszuüben.

Pete Kiernan, der andere Leiter der Gruppe, hätte ein Nachrichtenmoderator oder auch ein Fernsehprediger sein können. Er war stets makellos gekleidet und frisiert und hatte sich mit glänzenden und lustigen jährlichen Präsentationen im Rahmen der Orientierungssitzungen für die neuen Mitarbeiter den Status einer Ikone gesichert. Er war intelligent und verstand sich auf den Umgang mit den Klienten. Kiernan hätte eigentlich einer der Superstars von Goldman sein müssen. Aber er war es nicht.

Es ist schwer zu erklären, was er falsch machte. Innerhalb der Gruppe hielt er gerne Anfeuerungsreden über die vorteilhafte Entwicklung unserer Tätigkeit. Doch insbesondere jene Banker, die wie Kiernan die Aufgabe hatten, Aufträge von Unternehmen an Land zu ziehen (die so genannten »Coverage Officers«) betrachteten ihn bestenfalls mit Misstrauen. Kiernan ernannte sich zum »leitenden Coverage Officer« für fast jeden großen Medien- und Telekommunikationsklienten, doch das waren sehr viel mehr Unternehmen, als irgendjemand hätte »abdecken« können. Wer immer unter Kiernan für die tägliche Kontaktaufnahme zu potenziellen Kunden verantwortlich war, wusste, dass ihm eine Falle gestellt wurde: Ging ein Geschäft verloren, so würde Kiernan ihm die Schuld zuschieben, doch im Fall eines Erfolgs würde der Chef den Geschäftsabschluss an sich reißen und die Lorbeeren ernten.

All das wäre nicht ganz so schlimm gewesen, hätte sich Kiernan ernsthaft an der laufenden Betreuung der neu gewonnenen Klienten beteiligt. Es blieb eines seiner großen Geheimnisse, warum er es nicht tat. In Anbetracht seines angeborenen Talents als Banker lautete die allgemeine Einschätzung, dass Kiernan großen Erfolg hätte haben können, hätte er nur die Hälfte der Zeit, die er der internen Politik widmete, für Gespräche mit Unternehmensleitern erübrigt. Ich persönlich gelangte zu dem Schluss, dass sich hinter seinem selbstbewussten Auftreten beträchtliche Unsicherheit und Versagensangst verbargen. Er vermied es, mit einem bestimmten Kunden in Verbindung gebracht zu werden, weil er keinen öffentlichen Fehlschlag riskieren wollte.

Nachdem ich Kiernan einige Jahre lang beobachtet hatte, wurde mir klar, dass eines seiner Probleme darin bestand, dass er in Wahrheit nicht allzu viele Geschäfte abgeschlossen hatte. Obwohl er es meisterhaft verstand, sogar Erfahrungen, die kaum miteinander zu tun hatten, zu einer wirkungsvollen Verkaufspräsentation zu verflechten, musste er manchmal mit Material arbeiten, das nicht einmal entfernt verbunden war. In kurzen Sitzungen glänzte er immer. Für 15 Minuten reichte seine Blendkraft allemal. Zog sich ein Meeting jedoch in die Länge, so wurde die Situation unberechenbar. Zum Beispiel pflegte Kiernan scheinbar eine enge persönliche Beziehung zu dem Starmotivator Tony Robbins. Dauerte eine Sitzung länger als eine Stunde, so war es sehr wahrscheinlich, dass Kiernan diese Freundschaft zur Sprache bringen würde, gleichgültig mit welchem Unternehmen und welcher Situation er es zu tun hatte (»Sie sollten mit Tony über ein Video sprechen«, »Haben Sie schon einmal daran gedacht, mit Tony ein Magazin zu produzieren?«).

Mein Eindruck war, dass die Leute, die bei Goldman das Sagen hatten, Kiernan als Banker mit großem Potenzial betrachteten, der jedoch zu sehr auf seinen eigenen Vorteil bedacht war – und diese Eigenschaft war bei Goldman Sachs nicht gern gesehen. Dass er mit Zimmel zusammengespannt wurde, um ein Mediengeschäft aufzubauen, war seine Chance, der Firmenleitung zu beweisen, dass mehr in ihm steckte. Zu dem Zeitpunkt, da ich zu seiner Gruppe stieß, schien es allen Beteiligten mit Ausnahme von Kiernan klar zu sein, dass er den Herausforderungen nicht gewachsen war.

Mir selbst gelang es nie, eine ungezwungene Beziehung zu Kiernan und Zimmel aufzubauen. Kiernans kumpelhafte Art und seine Fixierung auf die äußere Erscheinung passten nicht zu meiner Gleichgültigkeit gegenüber sozialen Gepflogenheiten und Stilfragen. Ich interessierte mich nicht für Sport, nahm meine Kleidung aufs Geratewohl aus dem Schrank und war ein euphorischer Frischvermählter, was jene Art von »Männergesprächen«, die mich Kiernal hätten näher bringen können, weitgehend ausschloss. Zimmel seinerseits hatte sich aus irgendeinem Grund entschlossen, einen akzeptablen Goldman-Angehörigen aus mir zu machen. Ob er mich dafür rüffelte, dass ich am Wochenende im Overall ins Büro kam, ob er darauf hinwies, bestimmte Dekorationsobjekte an meiner Bürowand könnten die Gruppe in ein schlechtes Bild rücken (insbesondere ein Kostüm, das ich beim Karneval in Brasilien getragen hatte und das von einer Karikatur des damaligen sozialistischen Präsidentschaftskandidaten Lula da Silva geziert wurde) oder ob er mir geduldig die Vorzüge eines gut aufgeräumten Büros erklärte: Zimmel schien die Aussichtslosigkeit seines Unterfangens nie zu begreifen. Um gerecht zu sein, muss ich gestehen, dass mein Büro ein entsetzliches Chaos war, das sogar Schaulustige aus anderen Stockwerken anlockte. Bei einer Halloween-Party sammelte ein kreativer Kollege Abfall, der an meinem Arbeitsplatz verstreut war, und verkleidete sich mithilfe von etwas Klebstoff, Fäden und Gummibändern in Jonathans Büro.

Ich war noch jung und unbedarft genug, um zu glauben, dass ich mit harter Arbeit den fehlenden persönlichen Draht zu meinen Vorgesetzten wettmachen könnte. Um das zu bewerkstelligen, würde ich mir allerdings einen Bereich suchen müssen, der niemand anderen besonders interessierte und dennoch echte Geschäftschancen barg. Das war leichter gesagt als getan. Ich begann schon an der Durchführbarkeit dieser Strategie zu zweifeln, als mir ein Projekt, an dem ich in London gearbeitet hatte, durch reinen Zufall eine solche Chance eröffnete.

Reed Elsevier ist eines der größten Verlagsunternehmen der Welt. Zu jener Zeit brachte es verschiedenste Publikationen von populären Magazinen und Büchern bis zu rechtlichen und wissenschaftlichen Fachzeitschriften heraus. Nach einer eingehenden Prüfung des Portfolios hatten wir dem britischen CEO Ian Irvine geraten, sich von den

Publikumszeitschriften zu trennen und sich als globaler Marktführer im Bereich der Fachpublikationen zu positionieren. Irvine war einverstanden. Aber es gab ein Problem.

Reed Elsevier, das durch eine komplexe Fusion entstanden war, war eine Betriebsgesellschaft, deren Anteile von zwei getrennten börsennotierten Unternehmen in Großbritannien (Reed International Plc) und den Niederlanden (Elsevier NV) gehalten wurden. Diese beiden Unternehmen teilten sich die Sitze im Board der Betriebsgesellschaft. Und sie hassten einander. Was immer die eine Seite wollte, die andere lehnte es aus Prinzip ab. Bob Krakoff, der damals einzige amerikanische Angehörige des Board, beschrieb, wie das Gremium zu jener Zeit funktionierte: »Was immer die Niederländer für schwarz hielten, bezeichneten die Briten als weiß, und umgekehrt. Das Unternehmen war vollkommen handlungsunfähig.«

Unglücklicherweise hatte Irvine uns nicht richtig auf die Intensität der persönlichen Bösartigkeit und die Tiefe des Misstrauens aufgeklärt. In der Vorbereitungssitzung, in der wir unsere Präsentation für den Board mit ihm durchgingen, wirkte Irvine sehr zufrieden und verzichtete weitgehend auf Änderungsvorschläge. Doch die Board-Sitzung hatte kaum begonnen – die mürrischen niederländischen Direktoren saßen auf der einen, die mürrischen britischen Direktoren auf der anderen Seite des Tisches –, als Irvine zu brüllen begann. Er stellte unsere Grundannahmen infrage. Er hielt uns geringfügige technische Fehler vor. Andere Direktoren schlossen sich ihm an. Sie genossen es. Ich war am Boden zerstört. Erst später begriff ich, dass sich die Niederländer nie von der vorgeschlagenen Strategie hätten überzeugen lassen, wenn sie den Eindruck gewonnen hätten, dass Irvine damit einverstanden war.

Es sollte noch viele Monate dauern und viele weitere gehässige Board-Sitzungen erfordern, bevor es zu einer Einigung kam. Wir versuchten alles. An einem Punkt holten wir einen niederländischen Goldman-Banker namens David Meerschwam zu Hilfe, der früher an der Harvard Business School unterrichtet hatte. Meerschwam galt als technisch brillant, aber er war extrem arrogant und nicht unbedingt »klientenfreundlich«. Doch die Idee war, dass er möglicherweise dieselbe Sprache sprach wie jene anderen arroganten Niederländer. Es wurde ein Schlag ins Wasser. Die Niederländer fanden Meerschwam ebenso unerträglich wie wir alle. »Halten Sie den Mund und setzen Sie sich!«, fuhr ihn einer der Holländer an, als Meerschwam gerade mit seiner ausgesprochen technischen Präsentation begonnen hatte. Dies war das Ende seiner kurzzeitigen Mitgliedschaft im Reed-Team.

Als die endgültigen Entscheidungen darüber fielen, was verkauft und was gehalten werden sollte, war ich bereits seit mehreren Monaten in New York. Zu den Dingen, die zweifellos verkauft würden, zählten einige Zeitschriften, die das Unternehmen in den Vereinigten Staaten besaß. Die Gruppe hieß Cahners Consumer Magazines und brachte *American Baby, Modern Bride, Sail* sowie *Power and Motoryacht* heraus. Da ich die einzige Person in New York war, die etwas über diese Zeitschriften oder das Unternehmen wusste, drängte ich trotz meiner mangelnden Erfahrung im Verkauf darauf, die Transaktion zu übernehmen. Ich sah eine Chance, mein eigenes Spezialgebiet zu entwickeln – ich wollte der »König des Verlagswesens« werden. Ob mein Kalkül aufgehen würde, hing von der Transaktion und vom Sektor ab.

Gemessen an Goldman-Maßstäben handelte es sich um eine kleine Transaktion, und wäre sie nicht Teil des größeren Reed-Auftrags gewesen, so hätte die Firma ihn möglicherweise nicht der Mühe wert gefunden. Da der Gesamtwert von Cahners Consumer Magazines weniger als 200 Millionen Dollar betrug, bestand die Möglichkeit, dass die besten Angebote für die einzelnen Publikationen von unterschiedlichen Käufern kommen würden, womit der Verkaufsprozess eher komplex und zeitaufwendig zu werden versprach. Wir würden diese Assets sowohl als Gruppe als auch einzeln anbieten müssen, um für Konkurrenz unter den Käufern zu sorgen und einen guten Preis zu erzielen. Kein ernst zu nehmender Banker wollte sich in einen langwierigen Verkaufsprozess verwickeln lassen, in dem er unter Umständen am Ende zahlreiche verschiedene Vereinbarungen über winzige Assets aushandeln musste.

Eines der Axiome des Investment-Banking lautet: Je kleiner der Deal, desto mühseliger die Durchführung. Das klingt widersinnig, aber an kleinen Transaktionen sind üblicherweise weniger sachkundige Parteien und Berater beteiligt. Der Verkaufsprozess ist nicht auf die Verhandlungen beschränkt, sondern erfordert auch eine Schulung der Beteiligten. Zudem wird über Punkte, die sich auf einen Kaufpreis von wenigen Hunderttausend Dollar auswirken können, intensiv verhandelt, während ihre relative Bedeutungslosigkeit bei größeren Transaktionen umfassende Kompromisse zulässt.

Ebenso wichtig ist, dass der Banker an Ansehen in der Firma und in der Investment-Banking-Gemeinde gewinnt, wenn er mit großen, wichtigen Transaktionen in Verbindung gebracht wird. Man wird nicht zu einem »lang baumelnden Schwanz«, wie es in *Liar's Poker* so anschaulich heißt, indem man an schäbigen kleinen Deals arbeitet. Die Größe bezieht sich in diesem Zusammenhang sowohl auf den bezahlten Wert als auch auf die kassierte Gebühr. Der Wert wirkt sich auf die Position in den alles entscheidenden Ligatabellen und auf das Recht aus, mit stolzgeschwellter Brust durch die Gegend zu laufen. Die Gebühr wirkt sich offenkundig auf den Gewinn aus. Die meisten Investment-Banken (mit Ausnahme von Goldman, das die Gebühren auf der Grundlage seiner Gebührendatenbank zentral aushandelt) bedienen sich einer Variante der alten »Gebührenskala« von Lehman Brothers, um das angestrebte Beratungsentgelt zu bestimmen. So wird bei Transaktionen im Wert von 100 Millionen bis 200 Millionen Dollar eine Gebühr von etwa 1 Prozent gefordert (das bedeutet zwischen 1 und 2 Millionen Dollar). Dieser Prozentsatz sinkt bei einer Milliarde auf etwa ein halbes Prozent (womit sich eine Gebühr von 5 Millionen Dollar ergibt). Der Mindestprozentsatz liegt bei 0,2 Prozent, die für eine Transaktion mit einem Umfang von 10 Milliarden Dollar verrechnet werden (20 Millionen Dollar). Tatsächlich gibt es eine Vielzahl von Gebührenstrukturen, die von Flachraten für den Gebührenbetrag über Flachprozentsätze bis zu komplizierten Konstruktionen mit Anreizen ab einem bestimmten Preis reichen. Wie weit eine Investment-Bank den Gebührensatz in einer bestimmten Situation zu senken bereit ist, hängt davon ab, wie viele Ressourcen der Deal in Anspruch nehmen wird, wie ausgelastet die Bank ist, wie bedeutsam oder anderweitig strategisch relevant die Transaktion ist, ob sie für einen wichtigen Klienten abgewickelt werden soll und ob Anschlussaufträge zu erwarten sind. Auf einer eher persönlichen Ebene arbeiten »lang baumelnde Schwänze« nicht gerne an Deals, die weniger als 5 Millionen Dollar einbringen, sondern ziehen Transaktionen mit einem Gebührenvolumen ab 10 Millionen vor.

All diese Nuancen waren mir zu jener Zeit selbstverständlich nicht bekannt. Das Einzige, was mich interessierte, war mein eigenes Revier. Sie betrauten einen relativ hochrangigen M&A-Banker mit der »Überwachung« des Projekts, doch aus nahe liegenden Gründen wollte er möglichst wenig damit zu tun haben und gab sich damit zufrieden, mir per Voicemail allgemeine Ratschläge zu geben, während er sich lukrativeren Transaktionen widmete.

Was meine Position als König des Verlagswesens anbelangte – schließlich gab ich mich mit dem Titel eines Leiters des Verlagsbereichs zufrieden –, so amüsierten Kiernan und Zimmel sich zweifellos königlich, als ich um diesen Posten bat. Im Verlagssektor gab es zu jener Zeit kaum signifikante Fusionsaktivitäten, und auch große Finanzierungen waren selten. Die meisten Verlagshäuser waren entweder Bestandteile größerer Unternehmen oder einfach nicht groß genug. An den amerikanischen Börsen notierten vor allem Zeitungsverlage, bei denen es sich fast durchweg um ausgesprochen konservativ geführte mittelständische Familienunternehmen handelte. Die einzige Ausnahme war Gannett, ein großes, unabhängiges und übernahmefreudiges Unternehmen, das jedoch nie die Dienste einer Investment-Bank in Anspruch nahm. Auf der Finanzierungsseite war in diesem Sektor in Ermangelung strategischer Übernahmeaktivitäten wenig zu erwarten, da das Verlagswesen durch geringe Kapitalaufwendungen und einen hohen Cashflow gekennzeichnet war. Alle paar Jahre entschied sich ein Familienunternehmen, an die Börse zu gehen, doch wie alles in diesem Sektor waren auch diese Aktivitäten unregelmäßig und schwer vorhersehbar.

Eine Krönung zum König des Verlagswesens war daher so etwas wie eine Krönung zum König von Irgendwo, wo nie etwas Wichtiges geschieht. Niemand sah die beispiellose Konsolidierungswelle voraus, die dem Sektor bevorstand.

Der Verkauf von Cahners Consumer Magazines hatte große Ähnlichkeit mit Dutzenden ähnlichen Verkäufen von Unternehmen verschiedener Größe und Form, die ich in den folgenden Jahren durchführen sollte. Im ersten Gespräch mit dem Klienten geht es immer um die Art des Verkaufsprozesses. Die Möglichkeiten reichen von einem zwischen zwei Partnern ausgehandelten Verkauf bis zu einer umfassenden öffentlichen Auktion. Die Banker ziehen fast immer die zweite Variante vor. Dafür gibt es vier Gründe.

Erstens hat man so größere Chancen, den höchsten Preis und damit üblicherweise auch eine höhere Gebühr zu erzielen. Man weiß nie, welchen Interessenten man bei einer selektiveren Vorgehensweise übersehen könnte. Und wenn auch nur eine geringe Chance besteht, dass ein unerwarteter, eigenwilliger Käufer mit überschüssigem Geld auf der Bildfläche erscheinen wird, wird sich der Banker diese Möglichkeit offenhalten.

Zweitens nimmt eine Auktion zumeist weniger Zeit in Anspruch als Verhandlungen mit einzelnen Kaufinteressenten. Das einzige, was einen Käufer zur Eile antreibt, ist Konkurrenz. In den Verhandlungen mit einem einzigen potenziellen Käufer kann man bestenfalls damit drohen, das Verkaufsangebot zurückzuziehen oder Gespräche mit einem anderen Interessenten aufzunehmen, was jedoch nicht allzu überzeugend wirkt.

Drittens besteht das schlimmste Ergebnis für den Banker darin, dass überhaupt kein Geschäft zustande kommt, denn die Gebühren sind fast immer zur Gänze erfolgsabhängig. Und der Erfolg besteht darin, dass das Geld den Besitzer wechselt. Hat sich ein Klient einmal öffentlich zum Verkauf bereit erklärt, kann er kaum noch einen Rückzieher machen, wenn ein halbwegs seriöses Angebot vorgelegt wird.

Viertens sind die wichtigsten Klienten der Investment-Banken die auf Leveraged-Buy-outs (LBO) spezialisierten Firmen, die in der Branche auch als »Private-Equity-Firmen« oder »Finanzsponsoren« bezeichnet werden.[1] Diese Gesellschaften haben Milliarden Dollar von Rentenfonds, Versicherungsgesellschaften und ähnlichen Einrichtungen angehäuft und tun nichts anderes, als Unternehmen aufzukaufen, um einige Jahre später Geld mit einem Weiterverkauf, einem Börsengang oder einer Rekapitalisierung zu verdienen (das heißt, indem sie sich weiteres Geld borgen, um sich selbst herauszukaufen oder sich eine Dividende zu zahlen). Im Jahr 1990 gab es erst eine Handvoll derartiger Fonds, die mehr als eine Milliarde Dollar an Kapital aufgetrieben hatten. Sie trugen bekannte Namen wie KKR, Forstmann Little und Morgan Stanley. Heute gibt es mehr als 250 derartige Fonds, sodass selbst erfahrene Banker nicht alle Gesellschaften kennen. Diese Firmen sind Transaktionsmaschinen: Sie tun nichts anderes als zu kaufen, zu verkaufen und zu finanzieren, und mit diesen Aktivitäten verdienen die Investment-Banken ihr Geld.

Verständlicherweise ist es sehr wichtig für die Banken, die Finanzsponsoren zufriedenzustellen.

Sie verlangen und brauchen einen stetigen Strom von Transaktionen, in denen sie ihr Kapitel einsetzen können. Die Folge ist, dass die Banker, die für die Beziehungen zu den Private-Equity-Firmen zuständig sind, ständig auf der Suche nach Deals sind, die sie ihren Klienten vorschlagen können. Anschließend ermutigen sie die Fusionsexperten aktiv, ihre verkaufswilligen Klienten zu beschwatzen, das Geschäft einer möglichst großen Interessengruppe anzubieten.

Sofern nicht vollkommen klar ist, dass es nur einen »idealen« Käufer für ein Unternehmen gibt (oder besser zwei oder drei, damit es zumindest ein wenig Konkurrenz gibt), wird ein Banker daher zumeist zu einer Auktion raten.

Doch die Klienten finden oft keinen Gefallen an der Idee einer »offenen« Auktion. Sie machen sich Sorgen über die Auswirkungen der Publicity auf das Unternehmen und seine Belegschaft. Es gefällt ihnen nicht, dass jedermann, der angeblich genug Geld hat und sich ein wenig für sie interessiert, Gelegenheit erhalten soll, seine Nase in ihre Angelegenheiten zu stecken. Sie fürchten sich vor der Preisgabe von Informationen, die ihre Wettbewerbsposition schwächen könnten. Die Banker versuchen üblicherweise, den Klienten mit dem Hinweis auf eine »kontrollierte« oder »selektive« Auktion zu beruhigen, und schlagen einen Hybridprozess zwischen einem ausgehandelten Geschäft und einer offenen Auktion vor. Und dann leiten sie eine offene Auktion ein. Um alles leugnen zu können, weisen die Banker ihre Klienten auf die unvermeidlichen Angebote ungeeigneter Käufer hin, die sie sogar bei einer offenen Auktion abgelehnt hätten, um zu beweisen, dass durchaus aussortiert wird. Etwa so gingen wir auch im Fall von Cahners Consumer Magazines vor.

Sobald man sich mit dem Klienten auf ein Verfahren geeignet hat, wird ein »Buch« produziert, das heißt Marketingmaterial, das mit »Investment-Überlegungen« oder »Verkaufspunkten« beginnt und die grundlegenden Beschreibungen und Finanzmaterialien enthält, die potenzielle Käufer für die Berechnung des Kaufpreises brauchen werden. Hiermit verfolgt der Banker drei vorrangige Ziele.

Erstens versucht er dafür zu sorgen, dass die Zahlen so spektakulär wie möglich wirken und zugleich zumindest theoretisch untermauert werden können. Einmalige Berichtigungen, Gemeinkosten, Start-up-Kosten und dergleichen werden identifiziert und herausgerechnet, um den höchsten Cashflow-Wert zu erzielen, für den jemand zu bezahlen bereit sein wird (bei Verlagen wird der Cashflow üblicherweise annäherungsweise anhand des EBITDA-Indikators ermittelt, das heißt anhand des Gewinns vor Zinsen, Steuern, Abschreibungen auf Sachanlagen und Abschreibungen auf immaterielle Vermögensgegenstände). So wird der Leser zu einer Zahl geführt, deren Beschreibung ein echter Zungenbrecher ist, etwa »Berichtigte Pro-Forma-Run-at-Rate-EBITDA«. Der Banker hofft, einen Käufer, der den Cashflow multipliziert, um den angemessenen Kaufpreis zu ermitteln, davon überzeugen zu können, diese Zahl für seine Berechnung heranzuziehen.

Zweitens muss der Banker dafür sorgen, dass die Ertragszahlen des Unternehmens, insbesondere die kurzfristigen Projektionen, glaubwürdig sind. Werden sie zu hoch angesetzt (kurzsichtige Verkäufer halten das manchmal für eine kluge Taktik), so besteht die Gefahr, dass ein Geschäft kurz vor dem Abschluss platzt, weil der Käufer versucht, den Preis neu auszuhandeln, wenn die tatsächlichen Ergebnisse hereinkommen. Sind die Zahlen zu niedrig angesetzt (weil Manager, die im Unternehmen bleiben wollen, gezielt untertreiben, um gut dazustehen, wenn die tatsächlichen Ergebnisse ihre Projektionen übertreffen), so wird es nicht gelingen, den besten Preis zu erzielen.

Drittens will der Banker erreichen, dass das Unternehmen möglichst viele Teile des »Buchs« selbst schreibt.

Die Produktion des Buchs kann abhängig davon, wie kompliziert die Geschichte ist und wie viel Arbeit man dem Klienten aufladen kann (insbesondere, wenn für andere Zwecke erstelltes, jedoch brauchbares Marketing- oder Finanzmaterial vorhanden ist), zwei bis sechs Wochen dauern. In der Zwischenzeit werden mit potenziellen Adressaten des Buchs Vertraulichkeitsvereinbarungen ausgehandelt – dabei handelt es sich um Spielregeln wie jene, dass der Geschäftspartner die Informationen nicht zum Schaden des Klienten verwenden und diesem keine Mitarbeiter abspenstig machen darf. In Anbetracht der Tatsache, dass es in einer wirklich frei zugänglichen Auktion durchaus vorkommen kann, dass über 100 Parteien eingeladen werden, kann die Aushandlung der Vertraulichkeitsvereinbarungen ebenfalls einige Zeit in Anspruch nehmen – und hier bietet sich erneut eine Chance, die Arbeit auf den Klienten oder seinen Rechtsberater abzuwälzen. Ist diese Aufgabe bewältigt, so werden den Empfängern des Buchs zwei bis vier Wochen Zeit eingeräumt, um das Material zu studieren.

Als nächstes wird ein »vorläufiges Angebotsschreiben« an die potenziellen Käufer verschickt, in dem ihnen eine Frist für die Übermittlung unverbindlicher Preisvorstellungen gesetzt wird. In den Wochen bis zu diesem Zeitpunkt entwerfen die Banker gemeinsam mit dem Klienten eine Art von Präsentation, in der das Management die Substanz des Buchs in einer dramatischen Version vorführt. Diese Live-Vorführung wird – gemeinsam mit dem Zugang zu einem Datenraum und zum Management – jenen Unternehmen angeboten, deren vorläufige Angebote seriös genug erscheinen, um den zusätzlichen Zeitaufwand zu rechtfertigen. Um sicher zu gehen, wird der Banker wahrscheinlich mindestens drei potenzielle Käufer zu den

Managementpräsentationen einladen wollen, aber ich habe Transaktionen durchgeführt, an denen über ein Dutzend oder auch nur ein einziger Interessent teilnahm (im zweiten Fall wird alles getan, um bei diesem die Illusion zu erzeugen, er sei nur einer in einer langen Reihe von potenziellen Käufern). Abhängig von der Zahl der Interessenten dauert die Phase der Managementpräsentation weitere zwei bis vier Wochen. Sobald sie abgeschlossen ist, wird den potenziellen Käufern ein endgültiges Angebotsschreiben samt einem Vertrag vorgelegt, und sie erhalten etwa einen Monat Zeit, um ein verbindliches Angebot zu unterbreiten.

Der beschriebene Prozess wird üblicherweise als Zwei-Phasen-Auktion bezeichnet, wobei die erste Phase die vorläufigen und die zweite die endgültigen Angebote beinhaltet. Der gesamte Prozess dauert bis zur Unterzeichnung einer definitiven Verkaufsvereinbarung im Normalfall drei bis fünf Monate. Spannend wird es, wenn die endgültigen Angebote vorgelegt werden. Die Verkaufsvereinbarung kann 48 Stunden später unterzeichnet werden, aber der Geschäftsabschluss kann sich auch mehrere Wochen hinziehen. Jeder Fall liegt anders, doch all diese Transaktionen haben eines gemein: Der Schlüssel zu einem erfolgreichen Abschluss für den Verkäufer ist die Konkurrenz zwischen mehreren Interessenten oder, was ebenso wirksam ist, die Illusion der Konkurrenz.

Etwa einen Monat, nachdem ich mit der Arbeit an der Cahners-Transaktion begonnen hatte, erhielt Goldman Sachs einen Anruf, der meine Entscheidung für den Verlagssektor tatsächlich als Glückstreffer erscheinen ließ. Der Anruf kam von einer in St. Louis ansässigen Brokerfirma namens A. G. Edwards, zu der Goldman Sachs eine sehr gute Beziehung unterhielt. Da Goldman kein Einzelhandelsnetz für den Wertpapierhandel besaß, war die Firma teilweise auf die Zusammenarbeit mit unabhängigen Brokern angewiesen. Es stellte sich heraus, dass Edwards an der Westküste einen Broker hatte, dessen Vater der Gründer und Vorsitzende und dessen Bruder der Geschäftsführer eines in Minnesota ansässigen Verlags war. Als die Verlagsleitung Edwards um Hilfe beim Verkauf ihres Unternehmens bat, schien die Brokerfirma zu glauben, die Transaktion nicht allein bewältigen zu können, weshalb sie sich an Goldman wandte. Das Verlagshaus hieß West, und als wir es ein Jahr später für 3,4 Milliarden Dollar an Thomson verkauften, hatten wir die größte Transaktion in der Geschichte des amerikanischen Verlagswesens und einen der größten M&A-Deals überhaupt im Jahr 1996 abgewickelt.

Der Verlag war im Jahr 1872 von John B. West gegründet worden, aber seine moderne Gestalt hatte ihm der ebenso brillante wie verschlossene Chairman und CEO Dwight Opperman gegeben, der im Jahr 1951 als Lektor in die Firma eingetreten war. Opperman hatte ein auf den ersten Blick eher trockenes Geschäft – die Publikation von Gerichtsurteilen und Gesetzen für Leute, die beruflich auf diese Informationen angewiesen waren – in eine Tätigkeit verwandelt, die seinen Verlag beinahe so stark und unangreifbar wie BSkyB gemacht hatte. In Anbetracht der Tatsache, dass Gesetze und Urteile jeder interessierten Person gratis zugänglich waren, war es alles andere als leicht gewesen, für diesen Bereich ein funktionierendes Geschäftsmodell zu finden.

Doch Opperman war von einer vorteilhaften Situation ausgegangen. Das Unternehmen hatte im Jahr 1890 mit der Entwicklung eines Indexierungssystems für juristische Dokumente begonnen, das heute als das West Key Number System bekannt ist. In einem auf Präzedenzfällen beruhenden Rechtssystem wie dem amerikanischen war die Möglichkeit, mit der entsprechenden West-Key-Nummer sämtliche Dokumente zu diesem Thema zu finden, von großem Wert. Wenn der Verlag eine Gerichtsentscheidung veröffentlichte, beschränkte er sich nicht darauf, das Dokument auf Tippfehler und technische Mängel zu prüfen. West engagierte eine Legion von Rechtsexperten, um die Fälle zusammenzufassen und diese Zusammenfassungen in die einschlägigen Indexabschnitte aufzunehmen. So wurden verschiedene Aspekte ein und desselben Falls mit Dutzenden verschiedenen Unterabschnitten des Index verknüpft. Zudem fasste West für jede in einem Fall berührte rechtliche Frage die spezifischen rechtlichen Dokumente in praktische Paragrafen zusammen. Heute produzieren die Redakteure von West jedes Jahr rund eine halbe Million derartige Urteilszusammenfassungen. Und was die Rechtsvorschriften anbelangt, so schadete es nicht, dass die Bundesregierung den Verlag im Jahr aufgefordert hatte, die Gesetze der Nation zu organisieren und zu veröffentlichen. Der so entstandene United States Code enthält nützliche Anmerkungen, um die Bezugnahme auf Gerichtsentscheidungen zu erleichtern, in denen das betreffende Gesetz angewandt worden ist – per West Key Number, versteht sich.

Die Masse an geistigem Eigentum, das in Millionen von Fallzusammenfassungen aus mehr als einem Jahrhundert gebündelt ist, stellt eine große Einstiegsbarriere für potenzielle Konkurrenten dar. Heute umfasst allein der Katalog, der die Überschriften zu den verschiedenen Schlüsselnummereinträgen enthält, mehrere Bände. Die Entwicklung des digitalen Vertriebs stellte den Verlag vor einige Herausforderungen, eröffnete ihm jedoch auch zahlreiche neue Möglichkeiten.

Da West ein sehr rentables, von externem Kapital unabhängiges Privatunternehmen war, dessen Gründer obendrein eine geheimnistuerische Persönlichkeit gewesen war, wurde dem Verlag eine rechtsextreme Verschwörung angedichtet. Die Lokalzeitung, die *Minneapolis Star Tribune*, die im Besitz der liberalen Familie Cowles stand, brachte eine Reihe von Reportagen über extravagante Wochenendvergnügen, die West für Richter (darunter auch Höchstrichter) bezahlt hatte.[2] Die unausgesprochene Botschaft lautete, West betreibe unangemessenes Lobbying in der Judikative, um seine Klagen gegen Konkurrenten wegen Verletzungen des Urheberrechts zu fördern und obendrein rechtsextreme politische Ziele zu verfolgen. Nahrung erhielten diese Verschwörungstheorien durch die Tatsache, dass der Verlag in seiner Zentrale am Ufer des Mississippi in St. Paul mehrere Untergeschosse bauen ließ.

Als unser Flugzeug in Minneapolis gelandet war, nahm uns ein lebhafter, adretter älterer Libanese in Empfang, der einen weißen Maßanzug mit dazu passenden weißen Lederschuhen und ein leuchtend rotes Maßhemd trug. Zu jenem Zeitpunkt war West bereits in einen modernen Gebäudekomplex in Eagan umgezogen. Während der Fahrt dorthin stellte sich heraus, dass unser Fahrer ein leitender Manager von West war. Sein Name war John M. Nasseff, und er leitete den Bereich Anlagen und Entwicklung. Nun sind die Anlagen im Allgemeinen kein besonders wichtiger Teil eines Verlagsunternehmens. Doch ich sollte bald entdecken, dass Dwight Opperman die Anteile von West großzügig mit vielen Freunden aus der Frühzeit des Unternehmens geteilt hatte. Einer dieser Freunde war der 71-jährige Nasseff, der schon fünf Jahre vor Dwight zu West gekommen war. Tatsächlich besaßen die zehn Spitzenmanager (darunter Dwight und sein Sohn) etwa 50 Prozent des Unternehmens, während die übrigen Anteile unter der Belegschaft verteilt worden waren. Viele der Führungskräfte, die ähnlich hochtrabende Titel wie unser Fahrer trugen, leisteten seit geraumer Zeit keine sinnvollen Beiträge mehr zum Alltagsbetrieb des Unternehmens. Seit sie erfahren hatten, dass Dwight das Unternehmen verkaufen wollte, bestand Ihre größte Sorge darin, sich in einem Bundesstaat niederzulassen, in dem die Steuern niedriger waren als in

Minnesota. In Anbetracht der Summen, die auf dem Spiel standen, war diese Sorge verständlich.

Als wir am Firmensitz eintrafen, stellte ich zumindest fest, dass Nasseff als Verantwortlicher für die Anlagen nicht untätig gewesen war. West war ein großes Unternehmen, aber in dieser Anlage hätte ein sehr viel größerer Betrieb Platz gehabt. Neben Tausenden Quadratmetern von vollkommen ausgestatteten, aber nicht genutzten Büroräumen umfasste der Komplex eine moderne Mehrfarbendruckerei (mit Ausnahme der Zeitungsverlage, die ihre Produkte täglich drucken und vertreiben müssen, betreibt heute fast kein amerikanischer Verlag mehr eine eigene Druckerei), die für den kleinen Lehrbuchverlag genutzt wurde, und riesige Datensicherungseinrichtungen, die den meisten Naturkatastrophen standhalten konnten. Als ich fragte, warum sie in derartige Überkapazitäten investiert hätten, flüsterte mir Nasseff zu, das Unternehmen müsse legitime Verwendungszwecke für die gewaltigen Barüberschüsse finden, um übermäßig hohe Gewinnsteuern zu vermeiden.

Den Entschluss zu verkaufen hatte Dwight nach dem Tod seiner Frau gefasst. Er hatte in ihrer Residenz einen auf die Bedürfnisse von Rollstuhlfahrern zugeschnittenen Garten für sie anlegen lassen, um ihr den Kampf mit einer langwierigen Krankheit zu erleichtern, der sie schließlich erlegen war. Mit ihrem Tod schien Dwight die Energie verloren zu haben, auf der sein bemerkenswerter unternehmerischer Erfolg beruhte. Dwight hatte zwei Söhne. Neben jenem Sprössling, der als Broker bei A. G. Edwards arbeitete, war da noch Vance, der kurz zuvor zu einem der besten zehn Prozessanwälte der Nation gekürt worden war. Dwight übergab die Leitung des Unternehmens rasch an Vance, der zum CEO ernannt wurde, während sein Vater Chairman blieb.

Vance besaß dieselbe angeborene Großzügigkeit wie sein Vater, während er in anderer Hinsicht das genaue Gegenteil war. Während Dwight politisch sehr konservativ und persönlich sehr reserviert war, hatte sein Sohn eine liberale politische Einstellung und war im persönlichen Umgang sehr herzlich. Und während der Vater ein brillanter Unternehmer war, war der Sohn ein brillanter Jurist. Das Unternehmen hatte zugelassen, dass ein in Ohio ansässiger Zeitungsverlag namens Mead ihm mit einer Onlinerechtsinformation unter der Bezeichnung Lexis-Nexis zuvorkam, aber mittlerweile teilten sich die beiden Konkurrenten den Markt, da West sein eigenes Onlineprodukt Westlaw auf den

Markt gebracht hatte. Doch der Verlag musste eine Reihe wichtiger strategischer Probleme bewältigen und sich aus der Isolation lösen, die ihm lange Zeit so nützlich gewesen war. West würde zumindest Fremdkapital benötigen, und wahrscheinlich würde es verkauft werden müssen.

Es wäre untertrieben zu sagen, dass West einen Kulturschock erlitt, als wir versuchten, das Management auf die Präsentationen für potenzielle Investoren vorzubereiten. Die Geheimniskrämerei war in diesem Unternehmen so tief verwurzelt, dass viele Führungskräfte bei den Proben mit uns zum ersten Mal von grundlegenden Merkmalen ihres Unternehmens zu hören schienen. Ich werde nie das erste Gespräch mit dem Finanzleiter Grant Nelson über die Finanzdaten des Unternehmens vergessen. Er erhob sich mit dramatischer Würde von seinem Tisch und ging zu einem Safe, um ein großes, altmodisches Hauptbuch von der Art herauszuholen, wie man sie bei Ebenezer Scrooge erwarten würde. Die Finanzaufzeichnungen dieses Unternehmens wurden immer noch händisch geführt. Grant wurde unser Führer durch das Innenleben von West und half uns, die manchmal altmodische Arbeitsweise der Firma in eine Präsentation zu übersetzen, die für die Außenwelt verständlich sein würde.

Die Entscheidung für den Verkauf missfiel vielen Angehörigen des Unternehmens, und es war vor allem Grant zu verdanken, dass das Team nicht zerfiel. Grant war ein tief religiöser und anständiger Mensch und empfand sichtbare Abscheu für jene Führungskräfte, die nichts anderes zu tun hatten, als sich nach einem steuergünstigen Wohnort umzusehen und den zu erwartenden Verkaufserlös auszugeben. Vor allem aber war er der Ansicht, dass Dwight ein Recht habe zu entscheiden, was aus dem von ihm aufgebauten Unternehmen werden würde. Grant wollte West eine gute Zukunft sichern.

Obwohl Minneapolis von einem der kältesten je registrierten Winter heimgesucht wurde, lockte die Auktion zahlreiche ausgezeichnete Bieter an, darunter Henry Kravis und die Thomson Corporation. Während der Präsentation für Thomson wurde ich Zeuge, wie sich draußen ein Hundeschlitten einen Weg durch den Schnee bahnte. Thomson hatte ein Jahr zuvor Reed Elsevier den Vortritt lassen müssen, als Goldman im Auftrag von Mead Lexis-Nexis versteigert hatte. Zu jener Zeit wäre niemand auf den Gedanken gekommen, dass West je auf den Markt kommen würde. Die Konkurrenz hatte den Preis von Lexis-Nexis auf 1,5 Milliarden Dollar getrieben. West war sehr viel wertvoller, aber seine gewaltige Größe (das Unternehmen war mehr als doppelt so groß wie Lexis-Nexis) schränkte die Gruppe der ernst zu nehmenden Bieter ein. Thomson besaß ausreichende Finanzkraft und war mit Sicherheit in Kauflaune, aber es hatte noch nie eine derart große Übernahme durchgeführt. Zu jener Zeit war das Unternehmen weitgehend dezentralisiert, weshalb zur Präsentation Vertreter sämtlicher an der West-Transaktion beteiligten Thomson-Einheiten in Minneapolis eintrafen. Ich musste schließlich einen großen Reisebus mieten, um die Gruppe von mehr als 50 Personen aus ihrem Hotel in der Innenstadt zum Firmensitz von West hinauszubringen. So viel zur Geheimhaltung.

Im Lauf der Verhandlungen gelangte Dwight zu der Überzeugung, Thomson sei die richtige Heimat für West. Es war, als wäre die Anlage in Eagan in der Erwartung errichtet worden, dort eines Tages all die verstreuten Thomson-Unternehmensbereiche, die im Verlagssektor tätig waren, unter dem Banner von West als Tochtergesellschaft von Thomson zusammenzufassen. Zudem fasste Dwight Vertrauen zu dem Managementteam, das Thomson an die Spitze von West stellen wollte. Er hatte seine Wahl getroffen, bevor das erste Angebot eintraf.

Es gab jedoch ein Problem. In den meisten Privatunternehmen mit einer kleinen Eigentümergruppe kann diese nach Belieben schalten und walten. Die Arbeit für ein Privatunternehmen macht einem Investment-Banker vor allem deshalb Spaß, weil er hier einen maßgeschneiderten Prozess gestalten kann, um die sehr persönlichen Vorhaben des Eigentümers zu verwirklichen. In Dwights Fall kam die Regel zur Anwendung, dass jede gute Tat bestraft wird: Da er vielen Mitarbeitern Firmenanteile gegeben hatte, rieten ihm die Rechtsberater, so vorzugehen, als sei West eine Aktiengesellschaft. In einem berühmten Rechtsstreit, der unter dem Namen »Revlon« bekannt geworden ist, urteilte ein Gericht, dass die Aktionäre einer Aktiengesellschaft in dem Moment, da eine Auktion angesetzt sei, Anspruch auf den höchsten Preis hätten. Somit konnte Dwight seinen Willen nur bekommen, wenn Thomson den höchsten Preis bot.

An dem Tag, an dem die endgültigen Angebote vorzulegen waren, kreuzten wir die Finger und flehten darum, Thomson möge das Rennen machen. Es sollte anders kommen. Ein Unternehmen mit Namen Harcourt General bot 3,3 Milliarden Dollar, nur 50 Millionen mehr als Thomson. Harcourt, das der Familie Smith aus Boston gehörte, war Teil eines Firmenkonglomerats, zu dem auch Neiman Marcus gehörte. Der damalige Geschäftsführer Bob Tarr, ein ehemaliger U-Boot-Kommandant, war ein Mann, dem kein Lächeln über die Lippen kam. Die Präsentation für das Management von Harcourt war einigermaßen schrill und überdreht gewesen, da Vance die Reaktion des Publikums brauchte und verzweifelt versucht hatte, den Managern irgendeine Reaktion zu entlocken. Es hatte eisige Stille geherrscht. Am Ende des Tages nahm mich Vance beiseite und sagte: »Von denen werden wir nie wieder hören.« Anscheinend hatte er sich geirrt.

Wir einigten uns rasch mit den Rechtsanwälten darauf, Thomson zur Zahlung von 3,35 Milliarden Dollar zu bewegen, um rechtlich aus dem Schneider zu sein.

Thomson war einverstanden, und wir machten uns sofort daran, die Papiere vorzubereiten. Ich betreute die Transaktion gemeinsam mit dem Übernahmeexperten Ken Leet. Wir waren beide davon überzeugt, dass dies das Richtige war, und vermieden es, die zunehmend hysterischen Anrufe von Harcourt und seinem Bankhaus Lazard entgegenzunehmen. Wir befürchteten, sie könnten Kontakt zu Zimmel aufnehmen, der zwar nichts mit der Abwicklung des Geschäfts zu tun hatte, jedoch der offiziell für diese Transaktion zuständige Goldman-Partner war. Wir hinterließen Zimmel zahlreiche Nachrichten, in denen wir ihn aufforderten, keine Gespräche entgegenzunehmen und sich aus den Verhandlungen herauszuhalten.

Leider konnte sich Zimmel nicht beherrschen. Er behauptete, sich am Mobiltelefon »unabsichtlich« gemeldet zu haben. Innerhalb weniger Minuten traf bei der Rechtsanwaltsfirma Wachtell, Lipton, wo wir gerade die letzten Vertragsdetails klärten, ein Fax ein: Hartcourt hatte sein Angebot auf 3,4 Milliarden Dollar erhöht. Dwight war den Tränen nahe. Er hatte Thomson versprochen, dass es für 3,35 Milliarden den Zuschlag erhalten würde. Er musste sein Wort halten. Aber die Anwälte warnten ihn. Wir stellten den Vertrag fertig, und Dwight beharrte auf ein vertrauliches Gespräch mit dem Thomson-Team. Sie erklärten sich bereit, ihr Angebot rasch auf 3,45 Milliarden zu erhöhen.

Obwohl hier eigentlich niemandem »Schaden« zugefügt wurde – schließlich verkaufte Dwight das Unternehmen an den gewünschten Interessenten und erhielt mehr Geld –, ist diese Episode ein gutes Beispiel für einen gravierenden und unvermeidlichen Konflikt zwischen einer Investment-Bank und ihrem Klienten bei einem Unternehmensverkauf. Nach einer erfolgreichen Transaktion verschwindet der Klient, und zukünftige Aufträge kommen aus der Gruppe der Kaufinteressenten. Daher ist die Versuchung groß, jenen, von denen am ehesten eine spätere Gegenleistung zu erwarten ist, eine unauffällige Vorzugsbehandlung zu gewähren oder zumindest diesen Eindruck zu erwecken.

In diesem Fall erwies sich die Strategie als kontraproduktiv, da Thomson überzeugt war, wir hätten etwas getan, was sie zusätzliche 100 Millionen Dollar kostete. Und während Ken und ich nichts Derartiges getan hatten, konnte man das von Zimmel tatsächlich behaupten. Jedenfalls glaubte Thomson, an der Sache sei etwas faul, und weigerte sich einige Zeit, Geschäfte mit Goldman zu machen. Dabei war dies eine der seltenen Transaktionen, von denen alle Beteiligten profitierten, das heißt nicht nur Käufer und Verkäufer, sondern auch ihre Belegschaften und die Gesellschaft insgesamt. Für Thomson war der Kauf von West ein Wendepunkt und gab den Anstoß zur Umwandlung einer eher willkürlichen Sammlung von Konsumsparten und Fachdiensten in ein Unternehmen, das eine weltweite Führungsposition im Bereich der beruflich genutzten Informationsdienste einnimmt. Die Oppermans und die anderen Eigentümer von West verdienten nicht nur sehr viel Geld mit dem Geschäft, sondern die Transaktion ermöglichte es auch, West zu vergrößern und seine Zukunft zu sichern. Thomsons finanzielle Stärke und seine strategische Konzentration auf »integrierte Informationslösungen« ermöglichten es, die Reichweite von West beträchtlich zu erhöhen. Vance erhielt sogar einen Sitz im Board von Thomson. Die Mitarbeiter der anderen Tochtergesellschaften Thomsons, die im Bereich der juristischen Publikationen tätig waren, nahmen rasch die Bürogebäude in Betrieb, die Nasseff lange zuvor für sie hatte bauen lassen, womit Thomson zu einem der größten Arbeitgeber im Großraum von Minneapolis wurde.

Die Familie Smith, die mit ihrem Angebot gescheitert war, sollte ebenfalls eine wichtige Rolle im weiteren Leben der Oppermans spielen. Dwight heiratete schließlich die ehemalige persönliche Neiman-Marcus-Einkäuferin seiner verstorbenen Frau.

Für mich stellte die Transaktion aus einem ganz anderen Grund einen beruflichen Wendepunkt dar. Als der Verkauf von West unter Dach und Fach war, stieg ein vollkommen unerwartetes Gefühl in mir auf: Ich war stolz. Bestimmte Merkmale des Investment-Banking betrachtete ich weiterhin mit einem gewissen Zynismus, aber hier stellte ich erstmals fest, dass es etwas sehr Wertvolles war, einen Klienten ehrlich und objektiv zu beraten und eine Transaktion professionell und sorgfältig abzuwickeln. Die Eigentümer von West erreichten ihre ehrenwerten Ziele, aber das war kein selbstverständliches Ergebnis.

Eine Reihe anderer Vorgehensweisen, die zu verschiedenen Zeitpunkten von verschiedenen Parteien vorgeschlagen worden waren, hätten zu einem ganz anderen Ergebnis geführt.

Viele Konkurrenten von Goldman klagen, die Firma sichere sich allein dank ihrer etablierten Marke mehr als den »verdienten« Anteil am Geschäft. Und angesichts der West-Transaktion, die uns ohne Konkurrenz eher zufällig in den Schoß fiel, könnte man meinen, dass in diesem Vorwurf zumindest ein Körnchen Wahrheit steckt. Ein Blick auf die folgende Übernahmewelle im Verlagssektor zeigt jedoch ein komplexeres Bild, in dem Goldmans Erfolg auf einer Mischung von Glück, Können und dauerhaften Beziehungen beruhte, die über Jahrzehnte hinweg aufgebaut worden waren.

Beispielsweise wurde der Auftrag für den Verkauf des Kartenverlegers Rand McNally eindeutig in einer traditionellen Ausschreibung gegen mehrere Konkurrenten gewonnen, wobei einige große Hindernisse zu überwinden waren, da im Board von Rand McNally mit Barton Biggs ein Partner von Morgan Stanley saß. Und dass Bob Petersen überzeugt werden konnte, den Verkauf seines Zeitschriftenverlags Petersen Publishing unserer Gruppe zu übertragen, lag daran, dass Goldman einschlägige Erfahrung beim Verkauf von Cahners an Primedia gesammelt hatte. Hingegen erhielten wir den Zuschlag für den Verkauf des Verlags Cowles Media Company an McClatchy Newspapers dank der alten Freundschaft zwischen Sidney Weinbergs Sohn John und dem Oberhaupt der Familie Cowles. Weinberg und sein Nachfolger als Betreuer dieses Kunden standen dem Unternehmen und der Familie mehrere Jahrzehnte lang mit Rat und Tat zur Seite. Und ich hatte das Glück, dass die Entscheidung für den Verkauf zu diesem Zeitpunkt fiel. Ähnlich verhielt es sich im Fall von Knight Ridder, wo Weinberg seit 1969 im Board saß (aus dem er sich im Jahr 2003 im Alter von 78 Jahren zurückzog). Das Unternehmen gab nie einer anderen Investment-Bank einen nennenswerten Auftrag – bis zum Jahr 2005, als ein Teil der Aktionäre revoltierte und das Unternehmen zwang, sich einen Käufer zu suchen. Die Aktionäre waren der Meinung, angesichts der innigen Beziehung zwischen dem ungeliebten Management und Goldman werde für den Verkauf ein zweiter Berater benötigt. Als der Board Goldman den Auftrag gab, den Verkauf von Knight Ridder Financial abzuwickeln, konnte offenkundig nicht die Rede davon sein, dass Goldman lediglich seine »Marke« nutzte.

Dank dieser und anderer Transaktionen hatte ich Ende 1996 Erfahrung mit dem Verkauf verschiedenster Verlagsunternehmen gesammelt. Und der Verlagssektor hat eine Reihe sehr unterschiedlicher Segmente, die sich auf verschiedenen Tätigkeiten spezialisiert haben und jeweils für andere Käufergruppen interessant sind (die sich teilweise überschneiden). Neben den Publikumszeitschriften und juristischen Publikationen gibt es Finanzinformationen, Bildungspublikationen, wissenschaftliche und technische Literatur, Marktforschungsinformationen, Wirtschaftsmagazine und Präsentationen, Belletristik und Unterhaltungsliteratur sowie Zeitungen. Und jedes dieser Segmente hat normalerweise zahlreiche Teilsegmente mit ganz unterschiedlichen Merkmalen. So gibt es beispielsweise im Bildungssegment Schulbücher, Lehrbücher für Studenten, »Supplemente« (Material zur »Ergänzung« von Lehrbüchern) sowie Berufs- und Weiterbildungsmaterial. Dazu kommt eine Vielzahl von Unternehmen, die Bildungsdienste anbieten, anstatt nur Bildungsunterlagen zu publizieren.

Auf der »Verkaufsseite« einer Transaktion zu arbeiten, hat einige offenkundige und einige weniger nahe liegende Vorteile. Zunächst zu den offenkundigen: Einen von mehreren potenziellen Käufern zu vertreten, ist natürlich weniger verlockend als den einzigen Verkäufer zu betreuen, insbesondere, da die Erfolgsprovisionen auf der Käuferseite durchschnittlich niedriger sind als die Gebühren auf der Verkäuferseite. Das einzige, was für die Vertretung eines potenziellen Käufers spricht, ist die Tatsache, dass sich hier üblicherweise Möglichkeiten für ein Finanzierungsgeschäft bieten. Doch selbst wenn man die Finanzierungsgebühren dazurechnet, gibt es nur selten ausreichende Argumente dafür, den Auftrag eines Bieters dem des Verkäufers vorzuziehen.

Dennoch sollte ich später bei Morgan Stanley oft hören, dass die Finanzierungsseite eben diese Argumente vorbrachte. Allerdings muss man hier beide Augen zudrücken, um von »Argumenten« zu sprechen. Als ich bei Morgan erstmals die in meinen Augen kaum kontroverse Ansicht äußerte, die Verkaufsseite sei stets vorzuziehen, erklärte mir der Leiter der Junk-Bonds-Abteilung: »Jedes Mal, wenn ich das aus dem Mund eines Bankers höre, möchte ich ihm den Hals umdrehen.«

Bei Goldman hörte ich solche Bemerkungen nie. Die auf der Teamarbeit beruhende Kultur und das Gehaltssystem ermöglichten es der Bank, sich auf jene Transaktionen zu konzentrieren, die der Firma als Ganzer die höchsten Einnahmen versprachen. Tatsächlich gelangte ich dort zu der Überzeugung, dass es demjenigen, der für den Käufer arbeitete, einfach nicht gelungen war, sich den Auftrag des Verkäufers zu sichern. Als ich Goldman Sachs im Jahr 1998 verließ, war ich in Dutzenden Transaktionen nicht ein einziges Mal auf der Käuferseite tätig gewesen.

Der weniger offensichtliche Vorteil besteht darin, dass man beim Verkauf eines Unternehmens eine Ausrede dafür hat, mit Menschen zu sprechen. Obwohl die Banker das nur ungern zugeben – insbesondere bei Goldman, wo viele Banker glauben, das »Verkaufen« sei unter ihrer Würde –, handelt es sich beim Investment-Banking letzten Endes um eine Verkaufstätigkeit. Und der schwierigste Teil des Verkaufens besteht darin, den Telefonhörer abzuheben und einen potenziellen Kunden anzurufen, insbesondere wenn es sich um einen Unbekannten handelt. Hat man jedoch ein Kaufobjekt anzubieten, das nicht unbedingt von strategischem Interesse für den Gesprächspartner sein muss, hat man eine großartige Ausrede für den Anruf. Stellt man es richtig an, so kann man diesen Asset benutzen, um einiges über das angesprochene Unternehmen in Erfahrung zu bringen. Antwortet der Ansprechpartner, er sei nicht interessiert, so kann man einiges über die Denkweise seines Unternehmens herausfinden, indem man nach dem Grund für die Ablehnung fragt. »Vielleicht sollten wir uns einmal zum Mittagessen treffen, damit Sie uns mehr darüber erzählen können, in welche Richtung Sie Ihr Unternehmen lenken möchten?« Ist das Objekt von strategischem Wert, umso besser. Die Manager haben allen Grund, einen Anrufer anständig zu behandeln, wenn er ein für sie verlockendes Unternehmen anzubieten hat. Und wenn man den Klienten fair behandelt, ihn immer auf dem Laufenden hält und herausfindet, wer er ist, wird man sowohl sich selbst als auch ihm einen Gefallen tun. Ich begann die meisten meiner guten Kundenbeziehungen, indem ich – mit mehr oder weniger Erfolg – versuchte, jemandem etwas zu verkaufen. So bestand der wahre persönliche Nutzen, den ich daraus zog, dass ich innerhalb weniger Jahre praktisch jede Art von Verlagsunternehmen verkauft hatte, darin, dass es auf dem Planeten nur noch eine Handvoll Leute gab, die mehr Führungskräfte von Verlagshäusern mit dem Vornamen ansprachen als ich.

6

Die Kultur der M&A-Abteilung

Da mein beruflicher Alltag nunmehr hauptsächlich darin bestand, ein Verlagshaus nach dem anderen an den Mann zu bringen, nahm ich an, die New Yorker Investment-Banker hätten nie etwas anderes getan als Fusionen und Übernahmen abzuwickeln. In Wahrheit waren die Investment Banken erst nach jener Welle unbedachter Fusionen, die in den sechziger Jahren riesige Firmenkonglomerate hatten entstehen lassen, auf das geschäftliche Potenzial von Fusionen und Übernahmen aufmerksam geworden.

Was die Fusionen und Übernahmen wert waren, zeigte der Erfolg von Lazard Frères. Die Firma etablierte sich unter der Führung von Andre Meyer zu jener Zeit als erste reine »Fusionsbank«.[1] Auch Goldman war Ende der sechziger Jahre an mehr als 100 derartigen Transaktionen beteiligt, doch die Firma beharrte darauf, diese Aktivitäten lediglich als »Erweiterung ihrer Finanzierungsdienstleistungen« zu bezeichnen.[2] Wie ein Firmensprecher erklärte, konnte Goldman dank einer ausgezeichneten Kenntnis seiner Klienten einen nützlichen Beitrag zu diesen Geschäften leisten. So wie Goldman Sachs lehnte es auch Morgan Stanley ab, die M&A als »eigene, von der Beratungsbeziehung zu den Klienten unabhängige Dienstleistungen« zu vermarkten.[3]

Etwa bis zu dem Zeitpunkt von Sidney Weinbergs Tod betrachteten die Investment-Banken die Beratung bei Fusionen und Übernahmen als Unterstützungsservice, der dazu diente, die langfristigen Beziehungen zu ihren Klienten zu festigen. Ihr vorrangiges Ziel war weiterhin die Finanzierung des Unternehmenswachstums. Wie Bruce Wasserstein erklärte, neigten die etablierten Firmen dazu, »die M&A-Aktivität als Köder zu betrachten, dessen Zweck darin besteht, den Kunden an die Emissionsbank zu binden«.[4] Diese Einschätzung des Investment-Banking war derart tief verwurzelt, dass der entsprechende Bereich in vielen Firmen damals tatsächlich noch die Bezeichnung »Kaufabteilung« trug, da die Aufgabe der Kundenbetreuer in erster Linie darin bestand, von den Unternehmen begebene Wertpapiere zu »kaufen«, das heißt zu übernehmen, um sie anschließend bei den Investoren zu platzieren.

Doch Ende der siebziger Jahre wurde den Banken klar, dass mit diesen Tätigkeiten hohe Beratungsgebühren verdient werden konnten. Beschleunigt wurde ihr Sinneswandel dadurch, dass die Gewinnmargen in ihren traditionellen Tätigkeitsbereichen unter wachsenden Druck gerieten. Dies hier war ein reines Vermittlungsgeschäft ohne die Overhead-Kosten oder Kapitalerfordernisse der Wertpapieremission. Anders als für die Finanzierungen wurde für Fusionen und Übernahmen keine teure Trading-Infrastruktur benötigt, und die Firma musste nicht ihr eigenes Kapital riskieren. Man musste lediglich einen Klienten beim Kauf oder Verkauf von etwas beraten, und wenn das Geschäft zustande kam, wurde man bezahlt. Unter Umständen wurde man sogar bezahlt, wenn das Geschäft platzte, wenn auch nicht so gut. Im schlimmsten Fall deckte der Klient zumindest die Kosten.

Die M&A-Gruppe von Goldman bestand ursprünglich aus nur fünf Bankern, die sich auf den Verkauf von Familienbetrieben konzentrierten.[5] Bei Morgan Stanley war die Abteilung anfangs ähnlich klein. Die Verlagerung der Aufmerksamkeit auf die Transaktionen beschleunigte sich Mitte der siebziger Jahre, als Morgan Stanley erstmals einen Klienten bei einer großen »feindlichen Übernahme« beriet. Der Versuch, die Kontrollmehrheit der Anteile eines Unternehmens zu übernehmen, wird dann als »feindlich« bezeichnet, wenn das Angebot gegen den Wunsch der Führung des zu übernehmenden Unternehmens vorgelegt wird. Feindliche Übernahmen waren in der Raubritterära des 19. Jahrhunderts an der Tagesordnung, doch als erste derartige Transaktion der Neuzeit wird üblicherweise die Akquisition von United Gas durch Pennzoil im Jahr 1965 bezeichnet.

Als die feindlichen Übernahmen wieder in Mode kamen, versuchte sich Goldman Sachs natürlich als »Verteidigungsberater« für Unternehmen zu positionieren, die zum Ziel unerwünschter Avancen geworden waren. Die Firma lehnte es ab, Unternehmen zu vertreten, die eine feindliche Übernahme vornehmen wollten. Auf kurze Sicht bewegte dies die Klienten dazu, »in Goldman ein weniger geldgieriges und vertrauenswürdigeres Unternehmen als Morgan Stanley zu sehen«, wie ein Banker des Konkurrenten eingestand.[6] Doch auf lange Sicht war selbst Goldman nicht gegen die Söldnermentalität gefeit, die sich mit dem Wachstum des M&A-Geschäfts ausbreitete. Ende der achtziger Jahre gab Goldman seine bisherige Politik auf und begann, ausgewählte

Klienten zu beraten, die eine feindliche Übernahme vorhatten – obwohl die Firma weiterhin darauf beharrte, dies nur »in seltenen Fällen und widerstrebend« zu tun. Selbst nachdem Goldman in den ersten sechs Monaten des Jahrs 1999 ein halbes Dutzend Klienten bei feindlichen Übernahmeangeboten beraten und damit den höchsten Marktanteil bei derartigen Diensten erreicht hatte, behauptete die Firma noch, ihre Politik sei es, sich nur »widerstrebend, vorsichtig [und] selektiv« an derartigen Transaktionen zu beteiligen.[7]

Ende der siebziger Jahre bauten alle wichtigen Investment-Banken große M&A-Bereiche auf, und die enorme Rentabilität dieses Bereichs begünstigte in einer Branche, die ohnehin für ihre Arroganz berühmt war, die Entstehung einer besonders hochmütigen Kultur. In den achtziger Jahren gewann die Abwicklung von Fusionen und Übernahmen weiter rasant an Bedeutung für die Investment-Banken, da die Entwicklung der Finanzierung mit Junk Bonds und durch die großen Private-Equity-Firmen Transaktionen von bis dahin undenkbarer Größe möglich machte. Alle großen Investment-Banken bauten eigene Beteiligungsgesellschaften auf, die ihre internen M&A-Gruppen mit Finanzierungsaufträgen versorgten, gleichzeitig jedoch auch in Wettbewerb mit den Klienten traten. Im Jahr 1994, als ich zu Goldman Sachs stieß, beschäftigte die globale M&A-Abteilung der Firma weit mehr als hundert Fachleute, und Steve Friedman, der Gründer der Abteilung, war zum alleinigen Chairman der Firma aufgestiegen.

Der Aufstieg des reinen M&A-Experten zum Prototyp des Investment-Bankers – das heißt eines Söldners, der üblicherweise wenig vom betreffenden Wirtschaftszweig verstand und nur daran interessiert war, möglichst viele Unternehmen zu verkaufen – wirkte sich auf die gesamte Investment-Banking-Kultur an der Wall Street aus. Das »Relationship-Banking« geriet als langweilig und altmodisch in Verruf, und die M&A-Experten übernahmen immer mehr Führungsposition in den großen Firmen. In den meisten Häusern (auch bei Goldman Sachs und Morgan Stanley) waren die M&A-Banker sowohl bei Gehältern als auch bei Beförderungen die Ersten unter Gleichen.

Dieser kulturelle Wandel wirkte sich wahrscheinlich auch darauf aus, wie die Firmen auf den Internetboom Ende der neunziger Jahre reagierten. Zu jener Zeit war bereits die Saat für einen hemmungslosen Persönlichkeitskult ausgebracht. Wie Ron Chernow erklärt hat: »Das Transaction-Banking ging ebenso selbstverständlich mit der Publicity einher wie das Relationship-Banking mit der Geheimniskrämerei.«[8] Es war kein Zufall, dass der erste Leiter der M&A-Gruppe von Morgan Stanley, Bob Greenhill, einer der wenigen Banker des Hauses war, der »zu einer prominenten Figur wurde«.[9] Auch konnte es nicht überraschen, dass zwei der frühen Leiter von Morgans M&A-Aktivitäten, eben Greenhill sowie Eric Gleacher, schließlich eigene Firmen unter ihren prominenten »Markennamen« gründeten.

Nach der Rezession zu Beginn der neunziger Jahre war vom Heranwachsen einer »neuen Generation« von »unauffälligen« M&A-Bankern die Rede, die im Gegensatz zu Wasserstein, Greenhill und Gleacher »eher im Schatten« tätig waren.[10] Tatsächlich stimmten einige Auswüchse der achtziger Jahre und die Krise der Branche ihre Protagonisten zeitweilig etwas demütiger, aber diese geringfügigen kosmetischen Korrekturen dürfen nicht mit einem strukturellen Wandel verwechselt werden. Der Kult, der um die Stars des Investment-Banking getrieben wurde, war wie ein Krebsgeschwür, das kurze Zeit zu schrumpfen schien. Als die Krankheit mit dem nächsten Boom erneut ausbrach, griffen die Metastasen des Primärtumors im M&A-Bereich rasch auf sämtliche Organe des Investment-Banking über.

Während des Abschwungs zu Beginn des 21. Jahrhunderts lösten viele Firmen, darunter auch Goldman, ihre M&A-Bereiche auf und verteilten die Mitarbeiter auf verschiedene kundenorientierte Branchengruppen. Das war ein unausgesprochenes Eingeständnis, dass mit der Verherrlichung des M&A-Geschäfts etwas Wichtiges verloren gegangen war.

Doch diese symbolischen Gesten kamen bereits zu spät und waren unzureichend. Man hatte derart viele Dinge getan, die mit dem Ethos des von Sidney Weinberg geprägten Relationship-Banking unvereinbar waren, dass dramatische Einschnitte nötig gewesen wären, um die Glaubwürdigkeit sowohl bei den Mitarbeitern als auch bei den Klienten zurückzugewinnen. Doch solche Einschnitte wurden durch die strukturellen Veränderungen erschwert, die der Branche von Gesetzgebern, Konkurrenten und dem Markt aufgezwungen wurden.

Mir war zu jener Zeit nicht bewusst, was in der Branche vorging. Ich war einfach froh, dass ich ziemlich schnell herausgefunden hatte, wie man ein Unternehmen an den Mann brachte. Beim Verkauf eines Unternehmens an ein anderes werden viele der Werkzeuge eingesetzt, die auch beim Verkauf von Wertpapieren an Investoren Verwendung finden. Die Lobbying-Fähigkeiten, die man für eine wirksame Präsentation vor Investoren benötigt, erleichtern auch die Produktion eines wirksamen Verkaufsprospekts. Und der verhinderte Schauspieler, der in mir steckte, genoss es, die Managementpräsentationen zu inszenieren, mit denen potenzielle Käufer dazu bewegt werden sollten, einen möglichst hohen Preis zu bezahlen. Wahrscheinlich wäre es ziemlich bald langweilig geworden, ausschließlich Verlagshäuser zu verkaufen, aber ich hatte noch zwei weitere inoffizielle Funktionen in der Gruppe, die mein Interesse wachhielten.

Eine dieser Aufgaben bestand darin, sämtliche Medientransaktionen auf dem amerikanischen Markt durchzuführen, die John Thornton an Land zog. Da er mit Kiernan und Zimmel praktisch nicht sprach, rief Thornton einfach an und teilte mir Transaktionen zu, wobei er mich nur manchmal daran erinnerte, meine Vorgesetzten per Voicemail über die Entwicklung auf dem Laufenden zu halten. Der wichtigste derartige Auftrag war der Verkauf von All American Communications. Das Unternehmen wurde von dem ehemaligen B-Movie-Star Tony Scotti geleitet, der auch eine Plattenfirma besaß. All American war Inhaber der Rechte an der Fernsehserie *Baywatch*. Zu der Zeit, da ich mit der Transaktion beauftragt wurde, lag die Serie bereits in den letzten Zügen und war kein besonders wichtiger Teil des Geschäfts von All American mehr. Das Juwel des Unternehmens waren die Rechte an der alten Goodson-Todman-Bibliothek von Spielshow-Formaten. Wann immer ein Produzent irgendwo auf der Erde eine lokale Version von einer Show wie *The Price is Right* herausbringen wollte, musste er sich an All American wenden. Als wir das Unternehmen für 450 Millionen Dollar an Pearson verkauften (den Verleger der *Financial Times*), schickte David Hasselhoff der vornehmen Pearson-Chefin und früheren *Economist*-Herausgeberin Marjorie Scardino einen *Baywatch*-Bikini. Es wird berichtet, dass sie über dieses Präsent nicht besonders erfreut war.

Meine zweite inoffizielle Aufgabe bestand darin, mich um Leute zu kümmern, die nicht unbedingt nach Goldmans Geschmack waren. Leute wie Bob Sillerman. Ich lernte Bob beim Verkauf der Radiogruppe Liberty Broadcasting an eines der von ihm kontrollierten Rundfunkunternehmen kennen. Er war möglicherweise der intelligenteste Unternehmer, dem ich je begegnete, aber wie viele Führungskräfte in der rauen Welt des Rundfunks war er ein wenig ruppig. Beispielsweise besaß Bob ein Unternehmen mit dem harmlosen Namen Sillerman Communications Management Corporation, das langfristige Verträge über »Beratungsdienste« mit den drei von ihm kontrollierten Aktiengesellschaften besaß. Wann immer diese Unternehmen das Kapital erhöhen oder einen Radiosender kaufen oder verkaufen wollten – und sei es auch untereinander –, strich Bob eine Beratungsgebühr ein. Diese Regelung brachte offenkundige Interessenkonflikte mit sich. So sehr ich Bob mochte und seinen unternehmerischen Scharfsinn bewunderte, konnte Goldman Sachs ein solches Unternehmen unmöglich verkaufen.

Also fanden wir eine kreative Lösung: Wir verschmolzen die Unternehmen und banden jene Einheit, die die Beratungsgebühren kassierte, in die größere Gesellschaft ein, um Bobs Interessen mit denen der anderen Aktionäre in Einklang zu bringen. Ich war verantwortlich für die ein wenig surrealen Verhandlungen zwischen Bob und dem Sonderausschuss des Boards, in denen es um die Frage ging, wie viel das Unternehmen Bob für seinen Verzicht auf die Gebührenforderungen bezahlen müsste. Die erste Versammlung zur Frage der Fusion füllte einen riesigen Konferenzsaal, da sowohl die zu verschmelzenden Unternehmen als auch ihre Board-Ausschüsse eigene Rechts- und Finanzberater mitgebracht hatten. Nachdem er den Saal eine Zeit lang hatte warten lassen, trat Bob auf und übernahm die Leitung der Versammlung.

»Ich beginne Sitzungen gerne mit einem Scherz«, sagte er. Einige Gespräche wurden in gedämpftem Ton weitergeführt. Nur wenige Teilnehmer hatten schon mit Bob zusammengearbeitet und ahnten, was ihnen bevorstand. Viele waren neu eingestellte Mitarbeiter oder Analysten von Anwaltsfirmen oder Investment-Banken.

»Ein Mann geht zum Arzt und sagt: ›He-he-herr D-d-d-doktor, ich brauche Hilfe.‹ Der Arzt fragt: ›Was ist ihr Problem?‹ Der Mann sagt: ›Ich stot ... ich stot ... ich stottere.‹« Die Geschichte begann eher harmlos.

Doch der Witz ging weiter: Nachdem er den Patienten untersucht hat, erklärt der Arzt, dass er nichts gegen das Stottern tun könne. Warum nicht? Nun: »Ihr Schwanz ist so groß, dass er die Stimmbänder nach unten zieht. Wenn Sie nicht den ganzen Mittelteil entfernen lassen, werden Sie damit leben müssen.« An diesem Punkt wurden alle Nebengespräche abgebrochen.

Die verblüffte Versammlung hörte gebannt zu, wie Bob erklärte, dass sich der Patient für den radikalen Eingriff entschied, diesen Entschluss später jedoch bereute. Er kehrte in die Praxis des Arztes zurück und flehte ihn ein, den Eingriff rückgängig zu machen. Nachdem Bob eine sehr anschauliche Liste der Gründe angeführt hatte, die der Patient für seinen Wunsch ins Feld führte, erzählte er uns, dass der Arzt ungerührt blieb. Und die Pointe bestand in einer wichtigen geschäftlichen Lehre mit potenziell weiter reichenden Implikationen. Um es mit den Worten zu sagen, die der Arzt wählte: »Ge-ge-ge-schäft ist Ge-ge-ge-schäft.«

Auch wenn ich keine Übernahmen im Verlagssektor abzuwickeln, keine von Thornton weitergeleiteten Transaktionen zu übernehmen und keine Fälle zu lösen hatte, mit denen niemand anderer zu tun haben wollte, hatte ich in meinen ersten Jahren in New York einiges zu tun. Obwohl ich bei jedem Geschäft etwas dazulernte, bekam ich im Lauf der Zeit immer seltener etwas Neues zu sehen. Die Transaktionen hatten bald sehr viel mehr Gemeinsamkeiten als Eigenheiten, sodass ich den Job ziemlich gut beherrschte und mich dabei ziemlich zu langweilen begann. Ich begann darüber nachzudenken, was ich als Nächstes tun könnte, sofern ich im Investment-Banking bleiben wollte.

Goldman hatte seinen Investment-Banking-Bereich anders organisiert als die anderen Investment-Banken. In den meisten Firmen war das Investment-Banking in genau definierte Branchengruppen unterteilt, die jeweils für sämtliche Unternehmen in einem Sektor zuständig waren. Gemeinsam bildeten diese Gruppen die Abteilung Unternehmensfinanzierung, die für die Betreuung der Klienten und für die Durchführung von Finanzierungen oder Fusionen verantwortlich war. Bei der Abwicklung solcher Transaktionen waren die Corporate-Finance-Gruppen in unterschiedlichem Ausmaß auf die Ressourcen anderer Abteilungen angewiesen. Beispielsweise wurde in eine Schuldenfinanzierung Personal aus der Abteilung Debt Capital Markets eingebunden. Bei einem Firmenverkauf oder einer Übernahme wurden die Banker in der betreffenden Branchengruppe abhängig von der Struktur der Bank möglicherweise von allgemeinen M&A-Experten unterstützt. Obwohl es von der einzelnen Bank und von der speziellen Transaktion abhing, inwieweit die Branchengruppen auf ihre eigenen Produktspezialisten zurückgriffen oder die Generalisten zurate zogen, war dies das vorherrschende Modell.

Das Goldman-Modell unterschied sich grundlegend von dieser Organisationsform. Erstens hatte Goldman weniger Branchengruppen und stützte sich eher auf eine große Gruppe reiner »Abwicklungsgeneralisten«, die geeignet waren, jede Transaktion in einer beliebigen Branche zu bewältigen. Zweitens hatte Goldman eine separate Abteilung von »Überbankern« aufgebaut, die die Bezeichnung IBS trug, was für Investment-Banking Services stand und keine Entsprechung in irgendeiner anderen Investment-Bank hatte. Der Kader von IBS-Bankern war letzten Endes für sämtliche Klientenbeziehungen verantwortlich. Dieser Gruppe gehörten ausschließlich hochrangige Banker an, deren Aufgabe darin bestand, Aufträge an Land zu ziehen und sämtliche Ressourcen der Firma in den Dienst des Klienten zu stellen. Die IBS-Banker waren also sehr einflussreiche Verkaufsvertreter, deren Produkt die Firma Goldman war. Die IBS-Banker besaßen traditionell keine speziellen Branchenkenntnisse, sondern galten eher als geeignete Repräsentanten der Arbeitsweise von Goldman Sachs.

Das IBS-Modell war zweifellos brillant. Während andere Banken Gefahr liefen, Aufträge und Kundenbeziehungen einzubüßen, wann immer sich ein auf die Unternehmensfinanzierung spezialisierter Banker entschloss, den Arbeitgeber zu wechseln, konnte Goldman jeden Abwicklungsexperten problemlos durch einen anderen ersetzen. Der IBS-Manager bot dem Klienten die Dienste der Firma an, und diese war wertvoller als die Summe der Abwicklungsexperten, die das Team bildeten. Selbstverständlich konnte Goldman IBS-Banker verlieren, aber in der Praxis geschah das selten. Und da der IBS-Banker oft selbst nicht der Branchenexperte war, sondern eher ein erfahrener Mitarbeiter, der die von verschiedenen Abwicklungsexperten erbrachten Dienste koordinierte, konnte selbst ein solcher Banker (bei den IBS-Bankern handelte es sich fast ausschließlich um Männer, die, wie wir sehen werden, von einer ganz speziellen ethnischen Herkunft waren und einen ganz eigenen Stil hatten) nicht einfach seine Klienten mitnehmen, wenn er in eine andere Firma wechselte.

Das Konzept der IBS-Abteilung hatte John Whitehead im Jahr 1967 eingeführt, und zwar gegen den anfänglichen Widerstand von Sidney Weinberg, der den Gedanken, in einer Investment-Bank eine eigene Verkaufsabteilung einzurichten, für »verrückt« hielt. Doch Whitehead hatte erkannt, dass die Marketingfunktion institutionalisiert werden musste, insbesondere in Anbetracht der Tatsache, dass der herausragende Vermarktungsexperte der Firma bereits über 70 Jahre alt war. Wie Lisa Endlich in ihrer Geschichte Goldmans schreibt: »Goldman Sachs entlieh seine Firmenstruktur eher dem Fertigungs- als der Dienstleistungssektor und baute eine Verkaufsabteilung auf, die nichts anderes tat als zu verkaufen. Die Bank wählte einen vollkommen anderen Zugang als ihre Konkurrenten und ließ die Mitglieder der IBS-Abteilung ausschwärmen, um Geschäftsbeziehungen zu knüpfen, während die Durchführung der Transaktionen den Spezialisten überlassen wurde.«[11]

Whitehead hat in seiner kürzlich erschienenen Autobiografie die Bedeutung der IBS-Abteilung für Goldmans Erfolg in den folgenden Jahrzehnten hervorgehoben. Da die Firma das beste Vertriebssystem entwickelt hatte, musste sie deutlich weniger als die Konkurrenten in neue Finanzierungsprodukte investieren. Es genügte abzuwarten, bis andere die Investitionen vorgenommen hatten, um sie anschließend dank des überlegenen Goldman-Vertriebsnetzes mit ihren eigenen Waffen zu schlagen. Whitehead dazu: »Wenn eine Neuerung funktionierte und ein Markt dafür vorhanden war, hatten wir eine Marketingorganisation (IBS), die die Idee innerhalb einer Woche hundert Unternehmen vorschlagen konnte. War das Produkt gut, so würde sich rasch niemand mehr darin erinnern, wer es entwickelt hatte.«[12]

Im Lauf der Jahre baute Goldman mehr Branchengruppen auf, und einige – wenn auch bei weitem nicht alle – Mitglieder der IBS-Abteilung wurden diesen Branchengruppen zugeteilt. Aber das Grundkonzept von IBS hat noch heute Gültigkeit, wenn es auch ein wenig verwässert wurde.

Für mich als Abwicklungsexperten in der CMT-Gruppe bedeutete das, dass ich, obwohl ich der König des Verlagswesens war, offiziell nicht für die Betreuung der Unternehmen in dieser Branche zuständig war. Wurde für die Vorbereitung einer Sitzung oder für ein Verkaufsgespräch Branchenkenntnis benötigt, so rief man mich zu Hilfe. Dasselbe galt, wenn ein Abwicklungsexperte für eine Finanzierung oder eine M&A-Transaktion in diesem Sektor benötigt wurde. Doch für die »Beziehungen« war offiziell der IBS-Vertreter verantwortlich, dem das betreffende Unternehmen zugeteilt worden war.

Da die meisten Verlage eher kleine Unternehmen waren und zumindest zu jener Zeit nicht besonders aktiv auf dem Transaktionsmarkt waren, standen sie auf der Prioritätenliste eines IBS-Bankers üblicherweise ganz unten. In der Theorie hätte ich keines dieser Unternehmen anrufen sollen, ohne vorher mit dem zuständigen IBS-Banker Rücksprache zu halten, doch dieser hatte in den meisten Fällen überhaupt noch nie mit dem Unternehmen gesprochen. In meinen Augen bestand die beste Lösung für das Problem darin, die Verlage aus den Listen der IBS-Banker zu streichen und unter meine Fittiche zu nehmen, doch so sehr mir diese Lösung persönlich gefiel, musste ich erfahren, dass sie in der Praxis nicht anwendbar war.

Ich begriff, dass meine Tage bei Goldman Sachs gezählt waren, als ich die Verblüffung in Pete Kiernans Gesicht sah, nachdem ich ihm den Vorschlag gemacht hatte, mich in die IBS-Abteilung aufzunehmen. Am Anfang meiner jährlichen Leistungsbeurteilungen stand stets zähneknirschende Anerkennung für meine Leistungen im Verlagsbereich, für meine Arbeit in rentablen »speziellen Situationen« und mit Klienten, die nicht in das Schema von Goldman passten. Jedes dieser Beurteilungsgespräche endete mit einer Predigt Zimmels über die Notwendigkeit, mein Büro aufzuräumen und nicht gar so schonungslos offen zu sein. Irgendwie gelang es mir, den herablassenden Ton zu ignorieren, und ich klammerte mich an die naive Überzeugung, dass die Bank schließlich nicht um eine Beförderung herumkommen würde, wenn ich weiterhin bessere Leistungen als alle meine Kollegen brachte. Kiernan und Zimmel bezahlten mir genug, um diese Illusion zu pflegen – 400.000 Dollar in meinem ersten Jahr in New York (in dem ich vorzeitig zum Vice President befördert wurde) und etwa 600.000 im folgenden Jahr. Obwohl mir dieses Einkommen gemessen an den absoluten Zahlen geradezu obszön hoch vorkam, erfuhr ich, dass ich mit diesen Beträgen nie zum bestbezahlten Viertel der Banker in meiner Kategorie zählte.

Vermutlich hätte ich bereits zu jener Zeit begreifen müssen, dass ich nicht zuletzt deshalb mit der Betreuung von Klienten betraut wurde, die nicht nach Goldmans Geschmack waren, weil dasselbe auch für mich galt. Goldman Sachs stand aufgrund seiner Ursprünge sicherlich zu Recht in dem Ruf, eine »jüdische« Bank zu sein. Die Tatsache, dass der Politiker und Demagoge Pat Buchanan den Namen »Goldman Sachs« mit nicht allzu subtiler Demagogie verwendete, zeugte davon, dass sich der Name immer noch als Synonym für »jüdische Banker« eignete. Und natürlich arbeitete bei Goldman Sachs eine große Zahl von Juden. Es ist jedoch bemerkenswert, dass bis zum Börsengang der Firma fast keiner dieser Juden in der IBS-Abteilung tätig war. Es gab Ausnahmen von dieser Regel, vor allem den früheren IBS-Leiter Bob Hurst, aber das Image des blonden, blauäugigen Goldman-Bankers mit dem kantigen Kiefer gibt Aufschluss über die demografische Zusammensetzung dieser Verkaufsabteilung. Tatsächlich könnte man niemandem einen Vorwurf machen, der ein Foto der Teilnehmer an einem IBS-Wochenendseminar mit einem Gruppenbild der deutschen Schwimmmannschaft bei den Olympischen Spielen verwechselte.

Es mag schwer zu glauben sein, dass eine Firma, die über weite Strecken ihrer jüngeren Geschichte von den Weinbergs geführt wurde – und für deren IBS-Abteilung bis heute ein Weinberg verantwortlich ist –, einem Modell Vorschub leisten sollte, in dem die Pflege der Beziehungen zu den Klienten weißen angelsächsischen Protestanten vorbehalten ist, die dann den schlauen »Ethnics« im Büro die Durchführung des Geschäfts überlassen. Doch Sidney und die nach ihm kommenden Weinbergs, die bei Goldman Sachs arbeiteten, waren keine praktizierenden Juden, und ein Teil von ihnen konvertierte sogar zum Christentum und schloss sich der Episkopalkirche an. Es heißt, Sidney Weinberg sei bei seinem Begräbnis im Temple Emanuel praktisch zum ersten Mal in einer Synagoge gewesen. Die Tatsache, dass er seinen Erstgeborenen Sidney Weinberg Jr. nannte, ist ein Hinweis darauf, dass er sich, obwohl er nie zum Christentum konvertierte, kaum den jüdischen Traditionen verpflichtet fühlte. Bei den Juden ist es sehr unüblich, ein Kind nach einem lebenden Verwandten zu nennen, und den eigenen Namen geben sie ihm schon gar nicht. Sidney Junior, der sich nur »Jimmy« nennen ließ, erzog seine Kinder im christlichen Glauben.[13]

John Whitehead, der patrizische christliche Schützling Weinbergs, der die IBS ins Leben rief, gestand ein, bei der Auswahl der Mitarbeiter für die neue Verkaufsabteilung eher an sich selbst als an Sidney gedacht zu haben. »Wir wählten einen Typ von Vertreter aus, der einen guten Eindruck auf den potenziellen Klienten machen würde«, sagte Whitehead, der Weinberg verehrte, jedoch nicht glaubte, dass dessen einzigartiger Stil kopiert werden könne. »Es war unmöglich, erfolgreiche Verkäufer aus Leuten zu machen, die wie Sidney aussahen.«

Als sich das Jahr 1996 seinem Ende zuneigte, gelangte ich zu dem Schluss, dass ich bei Goldman Sachs keine besonders wertvollen Erfahrungen mehr sammeln konnte, obwohl ich angenehm überrascht war, wie lang ich es dort ausgehalten hatte und wie weit ich gekommen war. Obwohl es dort viele intelligente Menschen verschiedenster Herkunft gab, hatten die überwältigen beruflichen Anforderungen und die sehr ausgeprägte Unternehmenskultur einen homogenisierenden Einfluss auf die Mitarbeiter. Es hatte den Anschein, als wimmelte es bei Goldman Sachs von talentierten Menschen, die früher einmal interessant gewesen sein mussten. Und mein Status als ausgemachter Außenseiter machte mich zu einem Objekt der Neugierde, verbesserte jedoch nicht unbedingt meine Karrierechancen. Auch hatte ich kaum Aussichten, dort viele Freunde zu finden.

Allerdings hatte ich die Menschen und die Situationen, mit denen sich ein Investment-Banker auseinanderzusetzen hatte, sehr viel faszinierender gefunden als erwartet. Ich fand diese Branche faszinierend genug, um mit dem Gedanken zu spielen, dieser Tätigkeit noch einige weitere Jahre nachzugehen – sofern ich in einer anderen Firma einen Job finden konnte, in dem ich selbst der für die Betreuung der Klienten verantwortliche Mann sein und jene Beziehungen pflegen durfte, die ich bei Goldman geknüpft hatte.

In Wahrheit hatte ich eine gefährlich naive Vorstellung davon, was eine Tätigkeit als Relationship-Banker in einer anderen Firma wirklich bedeuten würde. Das lag zum einen daran, dass ich bei Goldman nur beschränkte Erfahrungen gesammelt hatte, und zum anderen daran, dass ich kaum in Kontakt mit anderen Investment-Banking-Kulturen gekommen war. Und angesichts der Veränderungen, die die Branche in den folgenden Jahren erschüttern sollten, würden sich meine naiven Vorstellungen als vollkommen unrealistisch erweisen.

Dennoch erhielt ich rasch ein Angebot von Donaldson, Lufkin and Jenrette (DLJ), wo ich genau das tun sollte, was mir vorschwebte. DLJ war nach Goldman wahrscheinlich das Unternehmen mit der ausgeprägtesten Kultur in der »Street«, doch es war in mancher Hinsicht ein Anti-Goldman. Während Goldman die Bank für die größten und solidesten Unternehmen der Welt sein wollte, konzentrierte sich DLJ auf junge Unternehmen und Branchen mit großem Wachstumspotenzial. So hatte die Firma eine sehr rentable, unternehmerische Kultur entwickelt und eine Führungsposition bei Junk Bonds, einen hohen Marktanteil bei Börsengängen und eine starke Stellung auf dem M&A-Markt für Unternehmen mittlerer Größe erobert. DLJ war bereit, mich ein weiteres Jahr hinaufzustufen und zum Managing Director mit entsprechendem Gehalt zu befördern.

Ein weiterer Vorteil für mich war, dass bei DLJ der beste Research-Analyst für den Verlagssektor arbeitete. Da ich bei Goldman die meiste Zeit mit Fusionen und Übernahmen verbracht und wenig mit Finanzierungen zu tun gehabt hatte, war mir erst vor relativ kurzer Zeit klar geworden, welche Möglichkeiten ein guter Analyst einem Banker mit Unternehmungsgeist eröffnen konnte. Theoretisch besteht die Funktion der Analysten darin, die Investoren objektiv zu beraten – und tatsächlich beruhen die wichtigsten Ranglisten der Analysten auf den Bewertungen institutioneller Investoren. Dennoch sind die Banker im Bemühen um Finanzierungstransaktionen auf sie angewiesen. Die

Unternehmen möchten von den Research-Analysten, die das Vertrauen der Investoren genießen, »gesponsert« werden, und so lange, bis der New Yorker Generalstaatsanwalt Elliot Spitzer seine aufsehenerregenden Untersuchungen einleitete, arbeiteten Analysten und Banker bei der Kundenwerbung Hand in Hand.

Goldman hatte seinen Analysten ein Jahr zuvor verloren, und ich hatte Kiernan und Zimmel nicht dazu bewegen können, ihn zu ersetzen. Im Verlagswesen war die Finanzierungsaktivität traditionell gering, weshalb sie ihr begrenztes Forschungsbudget lieber dem Telekommunikationssektor widmeten. Meiner Ansicht nach würde es in Anbetracht der Tatsache, dass viele der von mir verkauften Unternehmen von LBO-Firmen übernommen wurden, schließlich zu einer explosionsartigen Zunahme der Börsengänge in dem Sektor kommen, da die spekulativen Finanzanlagefirmen um Liquidität bemüht waren. Doch dieses Argument stieß bei meinen Vorgesetzen auf taube Ohren.

Ich informierte Thornton von meinen Abwanderungsplänen. John saß zu jener Zeit im Leitungsausschuss von Goldman, aber ich wusste, dass seine Möglichkeiten begrenzt waren. Es ging das Gerücht, Kiernan und Zimmel würden unter Druck gesetzt, in andere Positionen in der Firma zu wechseln – Zimmel sollte in die allgemeine M&A-Abteilung zurückkehren und Kiernan sollte in die Privatkundenbetreuung wechseln. Die Gerüchte klangen glaubwürdig, da alle Welt wusste, dass diese Funktionen den Fähigkeiten der beiden sehr viel eher entsprachen: Zimmel würde unermüdlich Fusionen abwickeln, und Kiernan könnte wohlhabenden Rentnern behutsam Wertpapiere unterjubeln. John bat mich, Geduld zu haben, und versicherte mir, die Dinge entwickelten sich in die richtige Richtung. Man werde Peter Weinberg an Bord holen, und obwohl Kiernan und Zimmel ihre Titel als gemeinsame Leiter des Bereichs CME (der Technologiebereich war derart gewachsen, dass es mittlerweile eine eigene Gruppe war, weshalb der Bereich CMT in Communications, Media and Entertainment – CME – umgetauft worden war) nominell behalten würden, würden sie in Zukunft dem »globalen« CME-Leiter Peter Weinberg unterstehen.

Die Vorstellung, die Probleme der Gruppe könnten gelöst werden, indem man eine weitere Bürokratieschicht einschob, überzeugte mich nicht. Aber dies war Goldman, und alles brauchte seine Zeit. In jeder Investment-Bank waren die »Partner« angestellte Managing Directors, und wer sich in einer Situation wie der von Kiernan und Zimmel befand, durfte sich glücklich schätzen, wenn er nicht vor die Tür gesetzt wurde.

Aber es gehörte zum altmodischen Charme von Goldman Sachs – und trug zur Anziehungskraft der höchsten Stufe der Mitgliedschaft in diesem letzten großen privaten Investment-Banking-Club bei –, dass mit der Partnerschaft praktisch ein lebenslanges Amt verbunden war, etwas, was anderswo undenkbar war. Natürlich konnten die Partner ein Mitglied zum Rücktritt zwingen, aber das geschah nur selten, und wenn es dazu kam, so ließ man ein Maß an diplomatischem Feingefühl walten, das nur im Kokon der Goldman-Kultur anzutreffen war.

Ich erklärte mich bereit, mich mit Peter Weinberg zu treffen. Sidneys Enkel leitete wie vor ihm sein Vater »Jimmy« Weinberg die IBS-Abteilung. Ich schilderte ihm meine frustrierenden Erfahrungen in der Gruppe – ich sprach über die Notwendigkeit der Forschung im Verlagssektor, über die unzureichende Auseinandersetzung mit den Medien, über den Mangel an Führung – und beschrieb das Angebot, das ich von DLJ erhalten hatte. Ich willigte ein, mich noch ein Jahr zu gedulden. Sollten sich meine hohen Erwartungen nicht erfüllen, so würden wir ohne Groll scheiden. Wir entschlossen uns, die Zusammenarbeit fortzusetzen.

Meine Situation wurde unter Weinberg tatsächlich besser, und ich arbeitete gern mit ihm zusammen. Doch die wichtigen Probleme wurden nicht gelöst. Im Herbst brachte Zimmel einen freundlichen jungen Mann in mein Büro, der wirkte, als wäre er noch keine zwanzig Jahre alt. Er war Assistent des Research-Analysten für die Lebensmittelindustrie gewesen. Ob ich ihn als Analysten für den Verlagssektor einschulen könne? Ich wusste, dass wir von Glück sagen könnten, wenn er den etablierten Experten nach einigen Jahren gewachsen sein würde. Und ich war bereits von einer weiteren Firma angesprochen worden: Morgan Stanley hatte mir genau die Funktion angeboten, die mich im Investment-Banking interessierte. Bei Goldman war es weiterhin undenkbar, dieses Ziel zu erreichen.

Ein Banker erhält ein Grundgehalt und wird jeweils am Ende des Geschäftsjahrs bezahlt, das sowohl bei Goldman Sachs als auch bei Morgan Stanley bis zum 30. November läuft. Jeder Banker erfährt sein gesamtes Bruttogehalt für das Jahr Mitte Dezember, aber das Geld wird erst Anfang Januar überwiesen. Wer kündigen will, wartet, bis das Geld auf dem Konto ist. Als Weinberg mir meine Zahl nannte – ich erhielt zum ersten Mal das höchste Gehalt in meiner Vergleichsgruppe –, hatte ich mich praktisch schon entschlossen, die Firma zu verlassen. Ich dankte ihm, erinnerte ihn jedoch an die weiterhin ungelösten strukturellen Probleme, über die wir vor einem Jahr gesprochen hatten. Ich sagte ihm, dass ich in den Ferien über meinen Verbleib in der Firma nachdenken müsse.

Es gibt eine Reihe von Gründen dafür, dass nur wenige Leute Goldman aus eigenen Stücken verlassen. Erstens gibt es insgesamt wahrscheinlich kein stärkeres Unternehmen, wenn man im Investment-Banking arbeiten will. Die meisten Leute denken, den Bankern gehe es ausschließlich ums Geld, doch die gesellschaftliche Anerkennung ist vielen von ihnen ebenso wichtig. Am Jahresende machen sie sich große Gedanken über ihr relatives Einkommen, nicht nur über den absoluten Verdienst. Es muss dazu gesagt werden, dass die außerordentlich lukrative Goldman-Partnerschaft eine unvergleichliche Goldgrube war. Doch viele Mitarbeiter der Firma wussten, dass sie nie Teilhaber werden würden. Zumindest ebenso wichtig wie das Geld war, dass man als Mitarbeiter von Goldman Sachs eine Glaubwürdigkeit genoss, mit der sich keine andere Investment-Bank messen konnte. Wer bei dieser Firma ausschied – und sei es, um vom Vice President bei Goldman zu einem sehr viel besser bezahlten Partner in einer anderen Bank aufzusteigen –, wurde in der gesellschaftlichen Hackordnung üblicherweise einen Rang zurückgestuft.

Dazu kommt, dass die Kultur von Goldman den Mitarbeitern gleichzeitig Hochmut und Unsicherheit einflößte, eine Mischung, die Abwanderungsgelüste unterdrückte. Auf der einen Seite waren die Goldman-Banker überzeugt, der herausragenden Firma in der Branche anzugehören, auf der anderen Seite wurde ihnen dort das Gefühl vermittelt, ihr beruflicher Wert beruhe einzig und allein auf ihrer Fähigkeit, das Gewicht dieser Institution in den Geschäften richtig einzusetzen. Ihr Selbstwertgefühl hing eher von ihren Beziehungen zu ihren Kollegen bei Goldman als von den Beziehungen zu den Klienten ab. Auch das war Teil des brillanten Geschäftsmodells von Goldman Sachs.

Da ich nicht in der Goldman-Kultur groß geworden war, ja nicht einmal von einer Karriere als Investment-Banker geträumt hatte, berührte mich all das nur wenig. Aber ich hatte gelernt, den Wert der Goldman-Marke zu schätzen. Mir war klar, dass ein junger Neunmalkluger wie ich, der in wenigen Dingen Erfahrung besaß, aber zu allem eine Meinung hatte, rasch als komischer Kauz abgestempelt worden wäre, hätte ich einer weniger angesehenen Institution angehört. Doch dank der Visitenkarte von Goldman genoss ich einigen Kredit bei den

Klienten. Wäre ich von einer Firma wie Bear Stearns gekommen, so hätte ein CEO, der einen meiner Auftritte erlitten hatte, möglicherweise gedacht, das müsse ein Scherz gewesen sein. Stattdessen sah ich eher ein nachdenkliches Gesicht, das zu sagen schien: »Na ja, er kommt von Goldman, also muss eigentlich etwas Vernünftiges dahinterstecken.«

Morgan Stanleys Markenimage kam dem von Goldman recht nahe. Und diese Firma bot mir die Chance, tatsächlich loszugehen und Beziehungen zu den Klienten zu knüpfen. Das war der letzte verbliebene Job im Investment-Banking, der mich interessierte. So fiel mir die Entscheidung nicht allzu schwer. Mir konnte nichts Schlimmeres passieren, als dass der Versuch fehlschlug.

Zu jener Zeit war mir das nicht bewusst, aber in dem Jahr, das verstrichen war, seit ich das Angebot von DLJ ausgeschlagen hatte, war die Branche von einem tief greifenden Wandel erfasst worden, der die Rolle des Coverage Officers im Investment-Banking letzten Endes vollkommen neu definieren würde. Die Federal Reserve hatte Ende 1996 erste Schritte unternommen, um das Trennbankensystem zu lockern. Der Kongress brachte die Arbeit im Jahr 1999 zu Ende, indem er wieder Institute legalisierte, die zugleich als Geschäftsbanken und als Investment-Banken tätig waren. Der erste Megadeal in Folge dieser Gesetzesänderung war der Kauf der in Baltimore ansässigen Firma Alex Brown durch meinen ehemaligen Arbeitgeber Bankers Trust im Februar 1997. Die Übernahme dieser mittelständischen Bank kostete Bankers Trust 2,1 Milliarden Dollar. Ende 2000 erreichte die Fusionswelle im Bankensektor ihren aberwitzigen Höhepunkt, als CSFB für 14 Milliarden Dollar meinen Beinahe-Arbeitgeber DLJ erwarb. In der Zwischenzeit wurde fast jede unabhängige Beratungsfirma und jedes Handelshaus von irgendeiner Bank geschluckt. Und sobald diese Übernahmewelle abgeschlossen war, begannen die neuen Riesenbanken miteinander zu fusionieren.

Das Resultat der Übernahme von Donaldson, Lufkin and Jenrette verdeutlicht die Gefahren, die mit derartigen Transaktionen verbunden sind. Zum Zeitpunkt der Übernahme zählte DLJ seit nicht ganz einem Jahrzehnt zu den wichtigen Akteuren an der »Street«. Die Eigentümer hatten die Jugend der Firma stets zu kaschieren versucht, indem sie die Büros im Kolonialstil möblierten und mit Antiquitäten füllten. Von den Firmengründern hieß es, sie hätten einen Großteil ihres Startkapitals in ein Ölgemälde investiert, um Besuchern den Eindruck zu vermitteln, es handle sich bei DLJ um eine alteingesessene Firma. Die Bank hatte bis

1994 nicht einmal eine richtige M&A-Abteilung, und die mit Fusionen und Übernahmen verdienten Honorare lagen zu diesem Zeitpunkt deutlich unter 100 Millionen Dollar. Im Jahr 1999 überstiegen die M&A-Gebühren der Firma die Grenze von einer Milliarde Dollar, und in dem von CSFB bezahlten Preis spiegelte sich der naive Glaube wider, der rasante Einnahmenzuwachs in den vorangegangenen fünf Jahren sei Beweis für ein solides, sicheres Geschäft, das weiter wachsen werde. Stattdessen machten sich die in einer unternehmerischen, auf die Transaktionen ausgerichteten Kultur von DLJ aufgewachsenen Mitarbeiter rasch aus dem Staub, sobald sie von dem schwerfälligen Schweizer Riesen ausgezahlt worden waren, und verstreuten sich in alle Winde, um nach neuen Chancen zu suchen.

Die ausländischen Käufer, die an diesem hysterischen Konsolidierungszirkus teilnahmen, konnten zu ihrer Entschuldigung ins Feld führen, dass man sie nicht über die praktischen Auswirkungen des 13. Verfassungszusatzes aufgeklärt hatte. Aber die meisten Käufer waren heimische Banken. Obwohl die ausländischen Institute als Gruppe noch absurdere Preise bezahlten, waren die Übernahmetransaktionen von BankAmerica, BankBoston, Nationsbank und Chase Manhattan fast ebenso schlecht geplant, und diese Banken hatten keine Ausrede. Es war kein Zufall, dass nur eine der amerikanischen Banken, die sich an jenen Transaktionen beteiligten, heute noch eine unabhängige Firma ist. All diese Möchtegernimperien mussten auf schmerzhafte Art lernen, dass das Verbot der Sklaverei die Möglichkeiten deutlich eingeschränkt hatte, das für diese Unternehmen unverzichtbare Humankapital nach dem Geschäftsabschluss an die Organisation zu fesseln.

Die Zeche zahlten fast ausnahmslos die Aktionäre der übernehmenden Banken, da die zu neuem Reichtum gelangten Angestellten der übernommenen Institute ihre Schecks einlösten und sich an den Meistbietenden verkauften. Zieht man die Zerstörung von Shareholder-Value im Verhältnis zum Kaufpreis als Kriterium heran, so übertraf Bruce Wasserstein nur einen Monat nach der Übernahme von DLJ den Schaden, den dieses Geschäft CSFB zugefügt hatte. Im Jahr 1993 hatte er bereits Joe Perella an Morgan Stanley verloren, und im folgenden Jahr hatten ihm viele seiner produktivsten Banker den Rücken gekehrt. Nun machte er das Geschäft seines Lebens, indem er das Wrack von Wasserstein Perella für 1,37 Milliarden an die Dresdner Bank verkaufte. Wie nicht anders zu erwarten, nahm Wasserstein selbst ein Jahr später seinen Hut und übernahm die Leitung von Lazard, wo er es im Jahr

2005 zuwege brachte, mit dem Börsengang der Bank erneut Unsummen zu verdienen. Diesmal kam das Geld von Publikumsinvestoren.[14]

Nun fragen Sie sich vielleicht, was all diese Deals, so unterhaltsam ihre Geschichte auch sein mag, mit der Tätigkeit eines Coverage Officers zu tun haben. Die Begründung für Fusionen, in diesem Fall für Fusionen von Investment-Banken und Geschäftsbanken, lautet, dass das durch die Verschmelzung von zwei Firmen entstehende Gebilde aufgrund der »Synergieeffekte« einen größeren Wert haben wird als die Summe der beiden Einzelteile. Das grundlegende Problem einer Tätigkeit als Verkäufer für einen Finanzsupermarkt besteht darin, dass eines der Produkte – und zwar das wichtigste Produkt, nämlich die unabhängige Beratung – nicht mit den anderen Produkten einer solchen Bank zu vereinbaren ist. Denn wenn man die Kunden wirklich unabhängig berät, sollte es keine »Synergie« zwischen dieser Dienstleistung und den anderen Produkten der Bank geben, da diese keine Vorzugsbehandlung gegenüber den Produkten der Konkurrenten genießen dürften.

Aber die Banken, die versuchten, durch teure Übernahmen glaubwürdige Investment-Banken aufzubauen, sahen sich gezwungen, beträchtlichen Druck auf ihre traditionellen Kreditkunden auszuüben, damit diese sie mit Investmentgeschäft versorgten. Da sie einst bereitwillig Kapital für sämtliche Bedürfnisse ihrer Klienten bereitgestellt hatten – von Auffangkrediten und Anleihen bis zu hohen Bankkrediten und langfristigen Schuldverschreibungen –, sollte man annehmen, dass diese Unterstützung nicht als selbstverständlich betrachtet werden sollte. Doch dieses fortgesetzte Sponsoring konnte implizit oder explizit in die Waagschale geworfen werden, wenn die Wahl eines Beratungspartners für eine Fusion oder Übernahme zur Debatte stand.

Die Kreditvergabe kann ein lohnendes Geschäft sein, aber sie ist kapitalaufwendiger und weniger rentabel als Fusionen, Übernahmen und Wertpapieremissionen. Das sogenannte »One-stop-Shopping« ist zum Codewort für die Praxis geworden, die uninteressantesten Aspekte des traditionellen Kreditgeschäfts einzusetzen, um sich lukrativere Investment-Banking-Aufträge zu sichern. Der Relationship-Banker ist zwischen beiden Polen gefangen, weshalb er möglicherweise versucht ist, ein Sortiment von Finanzprodukten zu verkaufen, die im besten Interesse des Kunden sein können oder auch nicht. Und es kann so weit kommen, dass der Banker droht, einem Klienten, der durch eine »Vertrauensbeziehung« an die Bank gebunden ist, einen dringend benötigten Kredit vorzuenthalten, wenn der Klient nicht zusätzliche Dienste in Anspruch nimmt.

Die von den kurzsichtigen Übernahmen im Bankensektor herbeigeführten Riesenfusionen verursachten Engpässe bei den Unternehmenskrediten, womit die Taktik, den Zugang zu Krediten als Druckmittel einzusetzen, um Investment-Banking-Aufträge zu erhalten, nur noch wirksamer wurde. Nach dem Crash im Jahr 2001 wurde die Kreditkrise durch eine beispiellose Zahl aufsehenerregender Konkurse verschärft. Das Ergebnis war, dass es in der Rezession sogar als vollkommen stabil geltenden Blue-Chip-Unternehmen schwerfallen konnte, sich eine Kreditlinie zu sichern. Und viele Unternehmen, die sich Gedanken über ihre zukünftige Liquidität machen, machen mittlerweile eine Beteiligung an ihrer Auffang-Kreditlinie – ein echter Lockvogel für Banken, die sich bereit erklären, diese Rolle zu übernehmen – zu einer notwendigen, jedoch nicht ausreichenden Bedingung für die Zuerkennung von Investment-Banking-Aufträgen.

Was den Einsatz ihrer Kapitalkraft anbelangt, so haben die reinen Investment-Banken (das heißt Morgan Stanley, Goldman Sachs, Merrill Lynch, Lehman Brothers und Bear Stearns) einen gewaltigen Nachteil gegenüber den großen Geschäftsbanken wie der Citigroup (die Salomon Smith Barney geschluckt hat), Credit Suisse (mittlerweile Besitzer von First Boston und DLJ), J. P. Morgan (das die ehemalige BankOne, Chase, Hambrecht und Beacon beinhaltet), UBS (die sich Warburg, Dillon Read und PaineWebber einverleibt hat) und der Deutschen Bank (die Bankers Trust, Alex Brown und Wolfensen übernommen hat). Zum einen fehlt den reinen Investment-Banken eine den traditionellen Banken vergleichbare Streuung des Kreditrisikos. Noch wichtiger ist jedoch, dass eine Investmentfirma anders als eine Geschäftsbank einen Kredit nicht zu seinen Kosten in den Büchern führen kann (solange Grund zu der Annahme besteht, dass der Kredit zurückgezahlt werden wird), sondern gezwungen ist, in ihren Büchern den aktuellen »Marktwert« der Position auszuweisen, und dieser ist wachsenden Schwankungen unterworfen. Die Folge ist, dass eine reine Investment-Bank gezwungen sein könnte, aufgrund einer relativ geringfügigen Veränderung der Zinsen oder einer zeitweiligen Marktanomalie einen Millionenverlust zu melden.

Diese »Mark-to-market«-Verpflichtung hat zur Folge, dass reine Investment-Banken ihre Anleihenbestände üblicherweise besichern oder sofort abstoßen müssen, und beide Lösungen sind ausgesprochen kostspielig. Abgesehen von den Kosten finden die Klienten wenig Gefallen daran, dass ihr Finanzierungspartner den Marktwert ihrer Anleihen in den Keller treibt, da dies die Kreditaufnahme ihres eigentlichen Sinns beraubt.

Die Beteiligung am Wettbewerb im herkömmlichen Kreditgeschäft ist für die Investment-Banken nicht nur ein kostspieliges Ärgernis, sondern wirft ein Licht auf grundlegendere Probleme. Das mag der Grund dafür sein, dass sämtliche Investment-Banken wiederholt ihre Position in Bezug auf die Frage geändert haben, ob und inwieweit sie in diesem Geschäft tätig sind. Die zunehmende Häufigkeit und Nachdrücklichkeit dieser Forderungen bedingen eine geradezu schizophrene Einstellung zu der Frage, ob das Kernprodukt der Investment-Banken ihr finanzielles oder ihr geistiges Kapital ist. In einer Investment-Bank löst schon die Forderung eines Klienten, die Bank solle sich nominal an seiner Auffang-Kreditlinie beteiligen, endlose interne Diskussionen aus. Die Frage lautet, ob die Kosten einer Erfüllung dieser Forderung höher oder geringer sind als der zu erwartende Wert der potenziellen Aufträge, die der Bank entgehen werden, wenn sie ablehnt.

Die Investment-Banken und ihre Angestellten betrachteten sich stets als Anbieter einer Dienstleistung mit hoher Wertschöpfung – der hochwertigen strategischen Beratung. Diese war das Gegenteil des Kreditgeschäfts, denn die Investment-Banker hielten Kredite für eine Art von finanzieller Massenware, die ausschließlich aufgrund des Preises ausgewählt wurde. Doch heute neigen die Klienten zunehmend dazu, die Wahl ihrer strategischen Berater von der Bereitschaft der Investment-Banken abhängig zu machen, ihnen auch Kredit zu geben. Die Entwicklung untergräbt sowohl das Selbstwertgefühl dieser Banken als auch den Glauben der Klienten an den Wert der Beratungsdienste und trägt zum allgemeinen Niedergang des Ansehens der Investment-Banken bei.

Im Jahr 1997 war dieses Phänomen noch nicht klar erkennbar. Es trat erst zutage, als die Auswirkungen der Bankenfusionen mit denen des Crashs verschmolzen. Und da ich ausschließlich auf der Verkäuferseite an Übernahmen teilgenommen hatte, war meine Auseinandersetzung mit Finanzierungsfragen eigentlich darauf beschränkt gewesen, sicherzugehen, dass der Käufer genug Geld hatte. Als ich also aus dem Urlaub zurückkehrte (nicht zufällig am Tag nach der Überweisung meines Gehalts), hinterließ ich Thornton eine Nachricht, in der ich ihm mitteilte, wozu ich mich entschlossen hatte.

Thornton war zufällig gerade in New York, und ich erklärte mich bereit, mich um 7 Uhr morgens mit ihm in seinem Hotel zu treffen, bevor ich die Firma über meine Entscheidung informierte. Thornton war in das Executive Committee aufgenommen worden, offiziell jedoch weiterhin nur für Asien zuständig. Er bat mich, so lange zu bleiben, bis er die geplante globale Umstrukturierung der CME-Gruppe abgeschlossen hätte. Ich dankte ihm für seine Hilfe und Unterstützung, machte jedoch klar, dass es an der Zeit sei, dass ich anderswo nach Entwicklungschancen suchte. Sollte er die Leitung der Firma übernehmen, könne er mich immer noch zurückholen. Er erinnerte mich daran, dass die Rückkehr eines ehemaligen Mitarbeiters bei Goldman tabu sei. Ich erwiderte, unter seiner Führung würden wahrscheinlich wichtigere Tabus gebrochen werden. Er versprach mir, niemandem etwas von meiner Entscheidung zu verraten, bis ich meine Kündigung nicht eingereicht hätte, bat mich jedoch, ihm am Abend genau zu berichten, wie alle Beteiligten und insbesondere Peter Weinberg reagiert hatten.

Ich verließ das Hotel Carlyle und machte mich auf den Weg zum Sitz von Morgan Stanley, der sich unweit des Times Square befand. Meine neuen Arbeitgeber machten sich Sorgen, Goldman könne mich »umdrehen« und einen Weg finden, um mich von der Kündigung abzuhalten. Morgan bestand darauf, dass ich bei ihnen eine Coaching-Sitzung mit einer Headhunterin namens Laura Lafaro absolvierte, bevor ich meine Vorgesetzten bei Goldman Sachs über meine Kündigung informierte. Da Laura fest angestellt war und ohnehin für meine Rekrutierung bezahlt werden würde, waren sie der Meinung, wir könnten zumindest ein wenig von ihrer Sachkenntnis profitieren. Lauras Botschaft lautete: Bleiben Sie standhaft, lassen Sie kein Hintertürchen offen, und kommen Sie so schnell wie möglich wieder dort heraus. Doch das war schwieriger, als es klang. Wenn man versucht, eine ernsthafte Antwort auf Fragen wie »Warum wollen Sie zur Konkurrenz wechseln?« oder »Was hätten wir besser machen sollen?« zu geben, gerät man rasch in eine nicht wünschenswerte Verhandlung. Ich durchforstete mein Gehirn nach unwiderlegbaren, aber höflichen Antworten. Mir fiel nichts Besseres ein als »Sie haben dort ein Fitnesscenter« oder »Ich kann von zu Hause zu Fuß zur Arbeit gehen«. Ich entschloss mich, auf derartige Antworten zu verzichten, denn sie hätten möglicherweise höhnisch geklungen. Stattdessen fiel meine Wahl auf vage Phrasen wie »Die Zeit ist reif« und »Das ist etwas, was ich ausprobieren möchte«.

Obwohl ich mir nicht vorstellen konnte, dass sie mich bei Goldman zum Bleiben überreden könnten, war Morgan Stanleys Sorge, ich könnte von meinem Kündigungsgespräch nicht zurückkehren, durchaus nachvollziehbar. Etwa die Hälfte der Banker, die einen Job bei der Konkurrenz annehmen, schaffen es entweder nie dorthin oder kehren nach wenigen Wochen an ihren früheren Arbeitsplatz zurück. Der Grund dafür ist, dass viele dieser Leute eigentlich nie weggehen wollten, sondern sich lediglich ein Zeichen der Anerkennung oder eine Verbesserung der Arbeitsbedingungen wünschten. Bei Morgan setzten sie ein Mittagessen mit dem Chef Joe Perella an, um mich rasch wieder von Goldman loszueisen. Und Laura begleitete mich bis zur Broad Street Nr. 85, wo sie im Auto auf mich wartete.

Peter Weinberg war nicht erfreut. Er hatte mich gut behandelt, er hatte mir ein Spitzengehalt in meiner Peer-Gruppe gezahlt, und jetzt kehrte ich ihm den Rücken. Zweifellos würden ähnlich ehrgeizige Kollegen meine Kündigung benutzen, um Zweifel an Peters Führungsqualitäten zu äußern. Er erklärte, etwas Ähnliches vermutet zu haben, als ich es höflich abgelehnt hatte, vorzeitig aus den Weihnachtsferien zurückzukehren, um ein Verkaufsgespräch bei der *New York Times* zu leiten.

»Besteht irgendeine Möglichkeit, Sie umzustimmen?«, fragte er halbherzig. Er wusste die Antwort.

»Das ist etwas, was ich ausprobieren möchte«, antwortete ich.

Ich dankte ihm und der Firma überschwänglich dafür, dass sie einen Banker aus mir gemacht hatten, aber er hörte mir überhaupt nicht zu. Als ich fertig war, warf er mir einen kalten Blick zu und überraschte mich mit einem Vortrag im Stil von Michael Corleone: »Für mich bist du gestorben, Fredo.« Er sagte, ich sei es Kiernan und Zimmel schuldig, sie persönlich zu informieren. Zudem müsse ich Bob Hurst, den Leiter der Investment-Banking-Abteilung, von meinem Entschluss in Kenntnis setzen. Er fragte mich, ob Thornton schon Bescheid wisse. Als ich das bestätigte, zog er eine Grimasse, aus der ich schloss, dass er der Meinung war, Thornton werde meine Kündigung gegen ihn verwenden. Er war fertig mit mir.

Dass die Reaktion Peters und der Firma derart heftig ausfiel, lag zum Teil daran, dass ich zu Morgan Stanley wechselte, das allgemein als härtester Konkurrent von Goldman Sachs galt. Aber diese Tatsache ließ Peters Vortrag über Loyalität auch in einem eigenartigen Licht erscheinen, denn er selbst hatte seine Karriere bei Morgan Stanley begonnen.

Dort hatten sich viele gegen seine Aufnahme gesträubt, da sie einen potenziellen Doppelagenten in ihm sahen, der irgendwann in die Firma seiner Familie zurückkehren würde. Als er einige Jahre später genau das tat, war Morgan derart wütend, dass der damalige Leiter des Investment-Banking, Joseph Fogg III., einer der späteren »missmutigen alten Männer«, der gesamten Firma ein kurzes internes Memo von beispielloser Bitterkeit zukommen ließ: »Peter Weinberg hat mit sofortiger Wirkung sein Ausscheiden aus der Firma bekannt gegeben, um sich Goldman Sachs anzuschließen, einer Firma, mit der seine Familie seit vielen Jahren verbunden ist.«

Peters Reaktion fiel heftig aus, doch unser Gespräch war glücklicherweise kurz. Aber aus dem Gebäude herauszukommen, würde mir nicht ganz so leicht fallen. Ich hatte erklärt, dass ich zu Mittag wieder im Zentrum sein müsste, um mich mit Perella zu treffen. Aber sie bestanden darauf, dass ich am Nachmittag zurückkehrte, um mit Hurst zu sprechen und ein förmliches Kündigungsgespräch in der Personalabteilung zu absolvieren. Also fuhr mich Laura zurück zu meinem Treffen mit Perella und anschließend erneut zu Goldman.

Das Gespräch mit Hurst, für den ich im Lauf der Zusammenarbeit bei einigen Transaktionen großen Respekt entwickelt hatte, verlief verhältnismäßig schmerzlos. Er begann mit den Worten »Es wurde mir bereits gesagt, dass diese Unterhaltung Zeitverschwendung ist« und endete mit einer aufrichtig klingenden Warnung: »Das dort drüben ist ein Dschungel, es ist nicht wie hier. Die sind brutal.«

»Es ist etwas, was ich ausprobieren möchte«, sagte ich.

Das Kündigungsgespräch in der Personalabteilung nahm komische Züge an. Nachdem der Manager mir einige Pro-forma-Fragen zu den Gründen für meine Kündigung gestellt hatte, überreichte er mir ein Blatt mit der Überschrift »Anhaltende Vertraulichkeitsverpflichtungen ausscheidender Mitarbeiter«, das ich unterschreiben sollte. Goldman Sachs, das zu jener Zeit noch eine Privatfirma war, bezahlte seine Angestellten bar und ohne irgendwelche nachträglichen Vergütungen. Und da mir das Geräusch der in meinem Bankkonto einschlagenden Bonuszahlung noch immer in den Ohren klang, wusste ich, dass die Firma keine Möglichkeit hatte, mich zur Unterzeichnung irgendeines Dokuments zu zwingen.

»Warum sollte ich das unterschreiben?«, fragte ich.

Der Manager sah mich fassungslos an. »Das tun alle«, sagte er, als handle es sich um etwas Selbstverständliches. Daran mochte etwas

Wahres sein. Später rief ich Alan Mnuchin an, einen anderen früheren Goldman-Banker, der mittlerweile bei Bear Stearns tätig war, um mich darüber lustig zu machen, dass sie anscheinend wirklich geglaubt hatten, ich würde dieser Verpflichtungserklärung einfach so zustimmen. »Unterschreib es einfach«, sagte Mnuchin, »es ist nicht in deinem Interesse, dir diese Leute zu Feinden zu machen.«

Ich sah mir das Blatt genauer an. In dem Dokument wimmelte es von Kleingedrucktem und rechtlichem Fachchinesisch. Die Verpflichtungserklärung war nicht auf vertrauliche Klienteninformationen, ja nicht einmal auf vertrauliche Informationen über die Tätigkeit von Goldman Sachs beschränkt. Die Verpflichtung erstreckte sich auf alle Äußerungen des scheidenden Mitarbeiters, die möglicherweise für die Firma oder einen ihrer Partner unangenehm sein konnten. Die zentrale Botschaft schien zu lauten: Um keinerlei Risiko einzugehen, sollten Sie für sich behalten, dass Sie je für Goldman Sachs gearbeitet haben.

»Ich werde es meinem Anwalt vorlegen und mich bei Ihnen melden«, sagte ich und erhob mich.

Das schwierigste Gespräch sollte das mit meinem engsten Freund in der Firma werden. Adrian Kingshot war ein sardonischer Brite, der für die Emission von Junk Bonds zuständig war. Die unternehmerischen Figuren, die sich von diesen hochspekulativen Anleihen angezogen fühlten, passten im Allgemeinen nicht besonders gut in die Goldman-Kultur. Doch Adrians schräger Humor und seine Vorliebe für einen Martini am Mittag fanden beträchtlichen Anklang bei seinen Klienten. Er brachte mir bei, sowohl die Martinis als auch die Mittagspause schätzen zu lernen.

Adrian hatte ein gutes Auge für die Schwächen der Mitarbeiter und der Firma. Obwohl er von seinen Kollegen geschätzt wurde und die Unterstützung einiger einflussreicher Personen in der Firma genoss, hinderte ihn seine Respektlosigkeit daran, in das Machtzentrum von Goldman vorzudringen. Wie die meisten meiner Kollegen hatte Adrian nie in einer anderen Firma gearbeitet und konnte sich nicht vorstellen, Goldman Sachs freiwillig zu verlassen. Und obwohl ich ihm bei einem unserer gelegentlichen Ausflüge in eine schäbige Bar unweit des Büros bereits von meinem Vorhaben erzählt hatte, hatte er es anscheinend nicht für möglich gehalten, dass ich tatsächlich kündigen würde. Er war der erste, den ich am Morgen anrief, und reagierte mit Verblüffung. Ich versprach ihm, zum Abschied noch einen Drink in unserer Lieblingsbar mit ihm zu nehmen. Wir tranken unsere traditionellen zwei oder drei

Martinis, und er begleitete mich zurück zum Auto, wo Laura nach Sonnenuntergang immer noch geduldig wartete. Ich hatte meinem Freund erklärt, welche Rolle Laura spielte. Als wir beim Wagen ankamen, begann Adrian, heftig gegen die Scheibe zu schlagen.

»Hauen Sie ab!«, schrie er. »Lassen Sie uns in Ruhe!«

Laura war betroffen und lächelte uns durch die Scheibe verkrampft an. Ich deutete sein Verhalten als typischen Scherz eines leicht angetrunkenen Kingshot, aber dann bemerkte ich, dass er weinte. Goldman erfüllte diejenigen seiner Angehörigen, die sich der Firma zugehörig fühlten, mit großem Stolz und einem Gefühl der Geborgenheit, aber es konnte ein sehr einsamer Ort für Personen sein, die nicht richtig in die Organisation hineinpassten. Bei Adrian mischten sich beide Gefühle. Ich empfand Ehrfurcht angesichts der Macht, Effizienz und Professionalität der Firma, und ich war dankbar dafür, dass sie mir Gelegenheit gegeben hatte, in so kurzer Zeit derart viel zu lernen. Aber ich wusste, dass die Sache schlecht enden würde, wenn ich sehr viel länger dort blieb. Meine Frustration über die Weigerung der Firma, mir eine wichtigere Rolle zuzugestehen, würde wachsen, und Goldman würde an meiner mangelnden Bereitschaft verzweifeln, die mir ihrer Meinung nach in der Maschinerie der Bank zustand.

Hursts Warnung kam mir in den Sinn, und ich musste daran denken, wie wenig ich eigentlich über die Welt des Investment-Banking außerhalb von Goldman wusste. Ich umarmte Adrian und stieg ins Auto. So nahm ich von Goldman Sachs die Erinnerung an Adrians Silhouette mit, die in der Dunkelheit wütend gestikulierte, als unsere Limousine anfuhr und das Gebäude in der Broad Street Nr. 85 aus meinem Gesichtsfeld verschwand.

7

Der Aufstieg John Thorntons

Als ich Goldman Sachs Anfang des Jahres 1998 verließ, hielt ich es ebenso wenig wie meine Kollegen für möglich, dass die Firma in absehbarer Zukunft an die Börse gehen würde.[1] Natürlich wusste ich, dass diese Frage in der Firma alle paar Jahre zur Sprache kam. Aber es war nicht allzu lange her, dass man wieder einmal darüber nachgedacht hatte, und bei jener Gelegenheit – im Jahr 1996 – war ein Börsengang mit derart klarer Mehrheit abgelehnt worden, dass trotz Corzines Unterstützung nicht so bald mit einem weiteren Vorstoß zu rechnen war. Einer der Partner wurde vom Wall Street Journal mit der Aussage zitiert, ungeachtet von Corzines persönlicher Einschätzung gehe es diesem wie jedermann in einer solchen Position darum, »seinen Job zu behalten«.[2]

Am Ende behielt Jon Corzine seinen Job nicht. Es ist viel über sein Ausscheiden kurz nach dem Börsengang im Jahr 1999 geschrieben worden. Weniger Beachtung haben der außergewöhnliche Aufstieg und der Sturz John Thorntons gefunden. Thornton verwandelte sich mit verblüffender Geschwindigkeit von einem Paria im Leitungsausschuss in dessen Vorsitzenden, und als Corzine aufs Abstellgleis gestellt worden war, hatte es allen Anschein, dass Thornton Hank Paulson als CEO beerben würde. Doch schließlich wurde er von denselben Personen aus der Firma gedrängt, die wenige Jahre zuvor gemeinsam mit ihm Corzines Sturz vorbereitet hatten. Im Aufstieg und Fall John Thorntons spiegeln sich der Boom und der folgende Crash wider, die nicht nur dieser Firma, sondern dem Investment-Banking insgesamt eine neue Gestalt gaben.

Thorntons frühe Jahre bei Goldman Sachs waren in mancher Hinsicht ebenso unkonventionell und umstritten wie seine letzten Jahre in der Firma. Er stieß im Jahr 1980 mit einem frischen Diplom der neuen School of Organizational Management (SOM) der Universität Yale zu Goldman. An dieser Hochschule wurde kein traditioneller MBA-Kurs, sondern eine Ausbildung zum Master in Public and Private

Management (MPPM) angeboten. Die Studenten im Grundstudium in Yale kannten die SOM in erster Linie als einen Ort, an dem man in einfachen Kursen leicht gute Noten sammeln konnte. Ursprünglich wollte die Schule einen innovativen Zugang zum Betriebswirtschaftsstudium wählen und sowohl den öffentlichen als auch den Privatsektor abdecken, doch sie verwandelte sich rasch in ein Auffangbecken für desillusionierte Angehörige des öffentlichen Dienstes, die sich nach einem Wechsel in die Privatwirtschaft sehnten. Aufgrund ihrer unzureichenden mathematischen und wirtschaftlichen Kenntnisse hatten es diese wieder zu Studenten gewordenen Arbeitskräfte schwer, Aufnahme in die traditionelleren MBA-Programme zu finden. So wurde ein Angebot, das ursprünglich etwas Neues und Andersartiges sein sollte, von den potenziellen Arbeitgebern bald als etwas durchaus Vertrautes betrachtet – als zweitrangiges MBA-Programm. Das prädestinierte die SOM kaum zur Talentschmiede für Goldman Sachs.

Thornton war einer jener seltenen SOM-Studenten, die tatsächlich vorgehabt hatten, in den Staatsdienst zu gehen. Er hatte sich dieses Ziel in den zwei Jahren gesetzt, die er nach seinem Abschluss in Harvard mit einem Jurastudium in Oxford verbracht hatte. Doch nachdem er in seiner Studienzeit an der SOM einen Sommerjob bei Goldman hinter sich gebracht hatte, änderte er seine Meinung. Nachdem er eine feste Anstellung in der Firma gefunden hatte, erwarb er sich rasch den Ruf, ein Bilderstürmer zu sein. Er war in jeder Hinsicht ein Außenseiter, und gemessen an den strikten Maßstäben von Goldman war er eindeutig inakzeptabel. Schon als Associate war er berüchtigt dafür, dass er sich wie ein Seniorpartner benahm, und zwar nicht nur gegenüber Kollegen und Klienten, sondern auch gegenüber den echten Seniorpartnern.

Nun stellt sich die Frage, wie Thornton überhaupt bei Goldman Sachs überleben konnte, wenn die Kultur der Firma so monolithisch war, wie ich sie beschrieben habe. Ein Teil der Erklärung ist wohl darin zu suchen, dass Thornton fast seine gesamte Laufbahn bei Goldman in verschiedenen internationalen Außenstellen verbrachte, was anfangs reiner Zufall war. Als junger Associate hatte er versucht, den fehlgeschlagenen Verkauf eines kleinen Industrieunternehmens namens Alpha Metals erneut aufs Tapet zu bringen, indem er das Interesse mehrerer internationaler Unternehmen auf das Objekt lenkte. Als der Käufer von Alpha, ein britisches Unternehmen namens Thomas Tilling, im Jahr darauf Ziel eines feindlichen Übernahmeangebots wurde, stattete Thornton Tilling einen mehrtägigen Besuch ab und sicherte

Goldman einen Auftrag als einer von mehreren Beratern. Zu diesem Zeitpunkt, das heißt im Jahr 1983, war Thornton seit drei Jahren in der Firma und noch keine 30 Jahre alt.

Sein nächster Coup bestand darin, die Führung der M&A-Gruppe, die damals nur ein Dutzend Mitarbeiter hatte, dazu zu bewegen, ihn zum »führenden« M&A-Berater in London zu machen. Obwohl er erst 1985 offiziell in die britische Hauptstadt umzog, verbrachte er ab 1983 den Großteil seiner Zeit dort. Wahrscheinlich ließ die Firmenleitung Thornton derart weit von der New Yorker Zentrale entfernt Wurzeln schlagen, weil sie glaubte, damit nur gewinnen zu können.

Auf der einen Seite war zu erwarten, dass Thorntons forsche Art des M&A-Bankings zumindest einen Rhythmuswechsel auf einem Markt bewirken würde, auf dem Goldman bis dahin kaum eine Rolle spielte. Auf der anderen Seite konnte man ihn leicht und unauffällig abservieren, sollte sein anspruchsvolles Vorhaben fehlschlagen.

Thornton scheiterte nicht. Innerhalb kurzer Zeit sicherte er Goldman eine Reihe wichtiger Aufträge, als Großbritannien von einer Welle feindlicher Übernahmen amerikanischen Stils erfasst wurde. Thornton etablierte Goldmans angesehene Beratungsdienste für potenzielle Übernahmeziele »auf der anderen Seite des großen Teichs«, wobei er zur Verteidigung wichtiger britischer Unternehmen wie ICI und Storehouse aggressive Taktiken anwandte, die in der »City« bis dahin unbekannt gewesen waren. Er nahm sogar die Dienste des umstrittenen Privatdetektivs Terry Lenzner in Anspruch, um schmutzige Details aus dem Leben jedes erpresserischen »Übernahmegeiers« in Erfahrung zu bringen, der in Sichtweite kam. Lenzner, der in den siebziger Jahren für den Watergate-Untersuchungsausschuss des amerikanischen Senats gearbeitet hatte, krönte sich in den achtziger und neunziger Jahren zum König der »Oppositionsnachforschungen«, indem er für den Tabakhersteller Brown and Williamson dem Denunzianten Jefferey Wigand nachschnüffelte und im Auftrag von Oracle in den Abfällen von Microsoft wühlte.[3]

Thorntons Methoden wirkten auf die vornehmen britischen Banker ebenso abstoßend wie auf die alte Garde von Goldman Sachs, aber er sicherte der Firma derart viele Aufträge, dass ihn bald keine der beiden Gruppen mehr ignorieren konnte. Und er hatte ein weiteres für ihn typisches Erfolgsrezept: er behauptete, seine nicht herkömmlichen Mittel anzuwenden, um traditionelle Werte zu verteidigen, und nutzte dieses Argument, um jede Kritik an seinen Methoden im Keim zu ersticken. In diesem Fall tat er schließlich nichts anderes, als in der besten Tradition von Goldman auf der Seite der von einer feindlichen Übernahme bedrohten Unternehmen zu kämpfen. Im Jahr 1988 wurde sein Erfolg in London mit der Aufnahme in die Partnerschaft belohnt.

Thornton bediente sich auch der Medien, und zwar nicht nur, um seinen Klienten unerwünschte Freier fernzuhalten, sondern auch, um für sich selbst zu werben – ein Verhalten, das bei Goldman sehr verpönt war. Der *Independent* schrieb: »Seine Kollegen erklären, dass sich Mr. Thornton ab dem Tag seiner Ankunft in London im Jahr 1985 darauf konzentriert hat, persönlich die Lorbeeren für gelungene Transaktionen zu ernten.«[4]

Weiter hieß es in der Zeitung: »Die Tatsache, dass er nicht nur mit Journalisten sprach, sondern ihre Gesellschaft sogar zu genießen schien, kam in einer Firma, die sich vor nicht allzu langer Zeit noch grundsätzlich weigerte, Journalisten Zutritt zu ihren Büros zu geben, einer Todsünde gleich.«

Als Thornton im Jahr 1995 gegenüber der *New York Times* erklärte, er sei zu einem Wechsel zu Lazard Frères bereit, sofern diese Firma ihm den »Spitzenjob« anbiete, nahmen viele von uns an, dass seine Tage bei Goldman gezählt seien. Ich erinnere mich an meine Verwunderung darüber, dass Bob Hearst, Leiter des Investment-Banking und Mitglied des Leitungsausschusses, in einer Fragestunde für Summer Associates auf die Frage eines Teilnehmers, wie die Firma in Anbetracht ihrer Abscheu gegenüber der Presse zulassen könne, dass Thornton die Verhandlungen über eine Beförderung in die Medien trage, mit einem etwas hölzernen Lachen erklärte: »Na ja, so ist John nun einmal.«

Tatsächlich gelang es Thornton, seinen Aufstieg in der Unternehmenshierarchie mithilfe der Medien zu beschleunigen. Wenige Monate nach seiner infamen Erklärung gegenüber der *New York Times* ordnete die Firma ihre Führungsstruktur neu und richtete zwei neue Entscheidungsgremien mit jeweils 18 Mitgliedern ein: einen Partnerschaftsausschuss und einen Betriebsausschuss. Thornton erhielt einen Sitz in beiden Gremien. Noch wichtiger war, dass er im September des folgenden Jahres zum neuen sechsten Mitglied des Leitungsausschusses ernannt wurde – das höchste Entscheidungsgremium der Firma war verkleinert worden, und seine alte Bezeichnung als Management Committee war in Zusammenhang mit Thorntons Ernennung zum Leiter der asiatischen Aktivitäten von Goldman geändert worden. Thornton ging nie wirklich nach Asien, nutzte die Position jedoch, um seinen

Gefolgsleuten wichtige Posten überall in der Region zu sichern. (Ich war zu dem Zeitpunkt bereits in New York, und meine Frau bestand darauf, dass ich das Angebot, in Hongkong den asiatischen Medienbereich zu leiten, höflich ablehnte.)

Entscheidenden Einfluss auf diese ungewöhnliche Verkettung von Ereignissen hatte die Ankunft John Thains in London. Thain wurde 1995 an Thorntons Seite zum Leiter der europäischen Aktivitäten von Goldman Sachs ernannt. Das explosionsartige Wachstum in Europa und die hochgradige Identifizierung des dortigen Goldman-Bereichs mit der Person Thorntons weckten wachsendes Unbehagen beim Management. Das Executive Committee konnte offenkundig nicht länger so tun, als sei Thornton ein unbedeutender kultureller Abweichler. Corzine muss es für einen klugen Schachzug gehalten haben, seinen Schützling Thain, der das jüngste Mitglied des Leitungsausschusses war, nach Europa zu schicken, um ein Auge auf Thornton zu haben.

Thain war das genaue Gegenteil von Thornton. Während dieser ein charismatischer Verkäufer war, der nicht nur eine bei Goldman verpönte Vorliebe für Publicity hatte, sondern auch in jeder Situation ein ausgezeichnetes Auge für den strategischen Druckpunkt besaß, war Thain ein schüchterner, detailverliebter Finanzexperte und »der Inbegriff des unauffälligen Goldman-Managers, der das Rampenlicht nach Möglichkeit mied«.[5] Obwohl Thain ursprünglich Banker war, hatte er auch im Verkauf und Handel von hypothekarisch gesicherten Wertpapieren gearbeitet, was ihm beträchtliche Glaubwürdigkeit in der immer mächtigeren Anleihenabteilung sicherte. Thornton hingegen galt als jemand, der die Leute aus Verkauf und Handel mit einer gewissen Geringschätzung betrachtete, da sie kaum Einfluss auf die wichtigsten Entscheidungsträger hatten, die in seinen Augen unerlässlich für den geschäftlichen Erfolg waren. Die Abneigung beruhte auf Gegenseitigkeit.

Wenn Corzine gehofft hatte, in London ein Machtgleichgewicht herstellen zu können, indem er diese gegensätzlichen Persönlichkeiten zusammenspannte, so wurde er bitter enttäuscht. Das Resultat seiner Maßnahme war, dass dort eine mächtige Allianz entstand, die die Firma in eine andere Richtung lenken und ihn schließlich den Job kosten sollte.

Thornton und Thain kombinierten rasch ihre einander ergänzenden Fähigkeiten und bauten ein Machtzentrum auf, mit dem gerechnet werden musste. Nur wenige Monate nach Thains Ankunft in London versuchte Corzine, die Partner zu einem Börsengang zu bewegen. Nach den Wirren des Jahres 1994 war er besonders bemüht, vor einem erneuten Absturz des Marktes die Kapitalbasis der Firma zu festigen. Nun übernahm Thain, der zu jener Zeit das jüngste Mitglied des Leitungsausschusses war, widerstrebend die Führung der Opposition gegen den Börsengang. Es wurde viel über Thorntons Einfluss auf Thain spekuliert, dessen Position Corzine zu überraschen schien. Außer Zweifel steht, dass der mangelnde Konsens im Executive Committee eine Zustimmung zum Börsengang fast unmöglich machte. Als einziges Mitglied des Leitungsausschusses, das diesen Schritt wie die meisten Partner ablehnte, wurde der zurückhaltende Thain zu einer echten Macht im Führungsgremium. Dazu kommt, dass Thornton ohne Thains Unterstützung kaum im selben Jahr in den Ausschuss berufen worden wäre. Es ist eine Ironie, dass Corzine nicht zuletzt deshalb ein Faible für Thornton hatte, weil dieser bei seinen Kollegen im Investment-Banking derart umstritten war, dass es eigentlich wenig wahrscheinlich war, dass er sich mit diesen gegen die Anleihenabteilung verbünden würde.

Thornton war sich der Bedeutung einer Aufnahme in den Leitungsausschuss vollkommen bewusst. In der Struktur der Partnerschaft hatten diese sechs Personen fast unbegrenzte Entscheidungsbefugnisse und konnten sogar die Firmenleitung austauschen. In der Pressemitteilung über die Bildung der beiden neuen »Entscheidungsgremien« hatte es im Vorjahr geheißen, das Executive Committee trage die »endgültige Verantwortung für die Entscheidungen« der Firma. Ausgenommen davon waren nur »Angelegenheiten, die eine Abstimmung der Partner oder die Zustimmung eines individuell betroffenen Partners erfordern«. Da Thain und Thornton verlässliche Verbündete waren, brauchten die beiden nur noch eine Stimme auf ihre Seite zu ziehen, um jede Maßnahme zu verhindern, die nicht in ihrem Sinn war.

Als die Frage eines Börsengangs im Jahr 1998 erneut auf die Tagesordnung kam, waren Thain und Thornton im Leitungsausschuss stark genug, um Corzine einen Strich durch die Rechnung zu machen. Es war eine ausgesprochen ironische Fügung, dass sich ausgerechnet Thornton als Hüter der Traditionen von Goldman Sachs gebärdete. Zweifellos knirschten viele Partner in New York mit den Zähnen, als sie zusehen mussten, wie Thornton sich den Mantel der früheren Chefs John Weinberg und John Whitehead umhängte. Und obwohl er zweifellos aufrichtig davon überzeugt war, das Goldman Sachs eine Privatfirma bleiben musste – schließlich war kein externes Kapital erforderlich, um seine Vision von der weltweit führenden strategischen Beratungsfirma zu verwirklichen –, war es auch ein brillanter politischer Schachzug, gegen den Börsengang Position zu beziehen. Wenn er die Oberhand behielt, würde Thornton de facto die Führung der Firma übernehmen, wenn nicht formell, so doch zumindest moralisch. Wenn er unterlag, würde ihm Corzine rasch eine Führungsposition anbieten müssen, um gegenüber der Außenwelt den Anschein der Geschlossenheit zu wahren.

Um sich in der folgenden Schlacht die Zustimmung der Partner zum Börsengang zu sichern, sah sich Corzine gezwungen, zwei Dingen zuzustimmen, die seinen Sturz beschleunigen sollten.

Erstens schloss er einen Handel mit den »beschränkten Partnern«. Wenn ein Goldman-Partner in den Ruhestand ging, erhielt er den »beschränkten« Status und zog langsam sein Kapital aus der Firma ab, wobei die Mengen anhand einer im Voraus vereinbarten Formel berechnet wurden, die auf dem durchschnittlichen Buchwert seiner Geldanlagen über eine Reihe von Jahren hinweg beruhte. Die Beziehungen zu diesen altgedienten Mitgliedern, die sich offiziell aus der Partnerschaft zurückgezogen hatten, jedoch immer noch beträchtliches Kapital in der Firma gebunden hatten, waren seit jeher ein heikles Thema. Viele der früheren privaten Bankpartnerschaften waren an ihrer Unfähigkeit gescheitert, einen solchen Mechanismus für den graduellen Kapitalabzug festzulegen. Als es zu einem »Sturm auf die Bank« kam, weil sich zu viele Partner gleichzeitig zurückzogen, brachen diese Banken unter dem finanziellen Druck zusammen.

Ein Börsengang von Goldman Sachs versprach den Inhabern des Firmenkapitals nicht weniger als das Fünffache des Buchwerts ihrer Anteile. Die beschränkten Partner wussten, dass ihre Anteile nicht genauso hoch wie die der verbleibenden Partner sein würden, doch sie wollten irgendein finanzielles »Trostpflaster« für ihre vergangenen Beiträge zu dem hohen Emissionspreis, der anscheinend mit den Aktien der Firma erzielt werden konnte. Und die gegenwärtigen Partner fürchteten sich davor, dass die legendären Goldman-Banker am Tag der ersten Notierung vor der New Yorker Börse mit Schildern auf und ab gehen könnten, auf denen »Goldman misshandelt seine alten Partner« zu lesen stünde.[6] Um derartige Unannehmlichkeiten zu vermeiden, willigte Corzine nach zähen Verhandlungen ein, den beschränkten

Partnern zu garantieren, ihre Anteile zum doppelten Buchwert abzulösen.

Zweitens gab Corzine kurz vor der Abstimmung über den Börsengang in einer peinlichen öffentlichen Zurschaustellung nach dem Motto »Eine Hand wäscht die andere« bekannt, dass sich die bisherige Nummer zwei Hank Paulson in Zukunft die Geschäftsführung mit ihm teilen werde. Paulson hatte den geplanten Börsengang im Jahr 1996 unterstützt, aber bei dieser Gelegenheit wollte er keine Stellung beziehen. Nach der Beförderung schlug er sich auf die Seite der Befürworter des Börsengangs. So sicherte sich Corzine eine knappe Mehrheit im Leitungsausschuss.

Obwohl Thornton und Thain weiterhin die Unterstützung wichtiger »beschränkter Partner« wie Weinberg und Whitehead genossen und zudem auf einige jüngere Partner zählen konnten, die noch keinen wesentlichen Anteil am Firmenkapital hatten aufbauen können, waren diese Gruppen per definitionem zahlenmäßig beschränkt. Corzine wusste, dass er die nötigen Stimmen sicher hatte, als der Leitungsausschuss im Juni öffentlich ankündigte, den Börsengang voranzutreiben.

Doch dann geschah etwas, vor dem jede Emissionsbank ihre Klienten warnt: Die Märkte kippten. Geraume Zeit vor dem angepeilten Emissionsdatum wurde klar, dass der angestrebte fünffache Buchwert außer Reichweite war. Bald wirkte auch der vierfache Buchwert unrealistisch. Dann mussten sich die Partner vom dreifachen Buchwert verabschieden. Und schließlich stellte sich heraus, dass die beschränkten Partner mit dem garantierten doppelten Buchwert möglicherweise mehr verdienen würden als die Partner, die in der Firma blieben. Im September 1998 wurde der Börsengang für unbestimmte Zeit auf Eis gelegt.

Corzine war schwer angeschlagen. Wie war es möglich gewesen, dass der Leiter von Goldman Sachs eingewilligt hatte, den beschränkten Partnern einen festen Preis zu bezahlen, während alle anderen Beteiligten das Risiko von Marktschwankungen tragen mussten? Und nun hatte er sich mit Paulson einen ständigen zweiten CEO an die Seite gesetzt, der bereits bewiesen hatte, dass seine Loyalität, wenn nicht ausdrücklich käuflich, so doch zumindest verhandelbar war. Kurz nach dem Verzicht auf den Börsengang trat Corzines Verbündeter Roy Zuckerberg zurück, womit der Leitungsausschuss nur noch fünf Mitglieder hatte. Thornton und Thain begriffen, dass der Weg frei war, um Corzine die Kontrolle über die Firma zu entreißen, und schlossen rasch ein Bündnis mit

Paulson. Dieser wurde alleiniger CEO, und Thornton und Thain übernahmen gemeinsam die Geschäftsführung. Als sich im Januar 1999 der Staub gelegt hatte, wurden Corzines Dienste nicht länger benötigt. Da sich die Märkte wieder erholten, gab die neue Führung grünes Licht für den Börsengang, der schließlich und endlich von einer Mehrheit der Partner befürwortet worden war. Corzine durfte in der Firma bleiben, um an der Abwicklung des Börsengangs teilzunehmen, schied jedoch aus, sobald die Emission abgeschlossen war.

Viele Partner waren fassungslos angesichts der Brutalität des Putsches. So behandelten Partner einander nicht, vor allem nicht in der Öffentlichkeit. Die Promotionkampagne für Lisa Endlichs über weite Strecken unkritische Geschichte der Firma, in der sie nicht mit überschwänglichem Lob spart (»Goldman Sachs wird von außergewöhnlich visionären Männern geführt«), fiel unglücklicherweise genau mit dem Zeitpunkt zusammen, als Corzine aus der Firma gedrängt wurde. In einem ergänzenden Kapitel, das Endlich für spätere Auflagen verfasste, schien sie ein ganz anderes Unternehmen zu beschreiben. Sie begann die Schilderung der Grabenkämpfe im Vorfeld des Börsengangs mit der offenherzigen Feststellung: »Man kann meinen Namen in die Liste der Beobachter aufnehmen, die die Entwicklung mit Erstaunen verfolgen.«[7]

Weniger Erstaunen löste die Entwicklung bei den Mitgliedern des Leitungsausschusses aus, in dem es seit geraumer Zeit brodelte. Corzines Stil widersprach der bei Goldman üblichen Methode der Konsensentscheidung. Beispielsweise hatte er sich selbst den bis dahin bei Goldman nicht verwendeten Titel eines CEO verliehen und den bis dahin aus zwölf Mitgliedern bestehenden Managementausschuss durch einen am Gängelband geführten sechsköpfigen Leitungsausschuss ersetzt. Ironischerweise ermöglichte genau diese zentralisierte Führungsstruktur seinen Gegnern Paulson, Thornton und Thain ihren unblutigen Putsch.[8]

Schon bevor Corzine zum Rücktritt gezwungen wurde, war ein tief greifender Wandel der Unternehmenskultur offenbar geworden. Und nach Corzines Ausscheiden machte sich der Leitungsausschuss daran, eine noch rauere Version der Partnerschaftskultur einzuführen. Bei Goldman werden alle zwei Jahre neue Partner gewählt, und es wird eine neue Partnerschaftsvereinbarung unterzeichnet. Auch im Jahr 1998 stand die Wahl neuer Partner auf dem Programm. In der Vergangenheit war es so gewesen, dass der Managementausschuss höflich vorschlug, einen bestimmten Partner in einen neuen Bereich zu versetzen und

Platz für frisches Blut zu schaffen, doch die Verhandlungen konnten sich sehr lange hinziehen, bevor der Ausschuss eine Entscheidung erzwang. Doch nun, da der Börsengang bis zur Unterzeichnung einer neuen Partnerschaftsvereinbarung aufgeschoben war, hatte der Leitungsausschuss ein wirkungsvolles Druckmittel in der Hand, das er mit einer bis dahin nicht gekannten Härte einsetzte. Den Partnern wurde eine Frist gesetzt, innerhalb deren sie die neue Vereinbarung zu unterzeichnen hatten, wenn sie nicht in die Frühpension gezwungen werden wollten – womit sie viele Millionen Dollar verlieren würden, die ihnen beim Börsengang zustanden. Beispielsweise ließ man Pete Kiernan keine Möglichkeit, auf seinem Posten zu bleiben. Er konnte entweder in den Bereich Privatvermögensbildung wechseln oder in den Ruhestand gehen. In Anbetracht des finanziellen Einsatzes, der auf dem Spiel stand, konnte es kaum überraschen, dass er sich bereit erklärte, sich in der Spätphase seiner Karriere in einen besseren Aktienbroker zu verwandeln.[9]

Im Mai 1999 ging Goldman Sachs schließlich an die Börse. Thornton saß als Präsident und einer von zwei Geschäftsführern fest im Sattel und schien neben Thain der aussichtsreichste Kandidat für den Thron zu sein. Nur fünf Jahre früher, zum Zeitpunkt meines Eintritts in die Firma, war das vollkommen undenkbar gewesen. Thornton empfand sowohl Vergnügen als auch Zufriedenheit darüber, dass ihm jene Partner, die ihn vor Kurzem noch verflucht hatten, nun mit Hochachtung begegneten. Erstaunlich war, dass Personen, die unverhohlene Abscheu für Thornton und die von ihm verkörperte Methode des Investment-Banking empfunden hatten, nun sogar im privaten Kreis in den höchsten Tönen von seiner visionären Führung schwärmten. Selbst seine einst häretischen Ansichten über die Kundenbetreuung fanden plötzlich allgemeine Anerkennung. *Business Week* veröffentlichte kurz nach dem Putsch ein Managerprofil, in dem Thornton über den grünen Klee gelobt wurde: »Seine Mitarbeiter erklären, eines der Geheimnisse seines Erfolg sei seine Konzentration auf die Reichen und Mächtigen. Thornton predigt seinen Gefolgsleuten, dass es weltweit nur ein paar Hundert Unternehmensleiter und Entscheidungsträger gibt, die Goldmans Mühe wert sind.«[10]

Die Banker in der Firma waren sehr kreativ bei der Suche nach Begründungen für ihren radikalen Sinneswandel in Bezug auf Thornton. Eine der üblichen Rechtfertigungen lautete, das Problem sei gewesen, dass Thorntons Aggressivität bei oberflächlicher Betrachtung seinem persönlichen Ehrgeiz zugeschrieben worden sei. Doch nun, da seine persönlichen Ambitionen mit den Zielen der Firma in Einklang stünden, profitiere die gesamte Organisation von dieser Aggressivität!

Die Wahrheit war wie üblich sehr viel komplexer. Nicht Thornton hatte sich geändert, sondern das Ethos von Goldman hatte sich den von ihm vertretenen Wertvorstellungen angenähert. In Kapitel 8 werde ich die Auswirkungen des Booms im Technologie- und Telekommunikationssektor auf die Kultur der Investment-Banken genauer untersuchen. An dieser Stelle genügt es zu sagen, dass die explosionsartige Zunahme der Fusionen und Übernahmen im Jahr 1999 offenkundig die Ressourcen, Systeme und ethischen Korsetts der Investment-Banken sprengte. Die Partner von Goldman begriffen, dass sie die traditionelle, auf dem Konsens beruhende Entscheidungsfindung aufgeben mussten, wenn sie in dieser neuen Umgebung ihre Führungsposition bewahren wollten. Ob es um das Vorgehen bei der Ersetzung eines altgedienten Partners, um die Frage, ob jemandem aus einer Konkurrenzfirma eine Partnerschaft bei Goldman Sachs angeboten werden sollte, oder um die Wahl der Unternehmen ging, mit denen die Firma Geschäfte machen sollte: den Partnern war klar, dass eine aggressivere und, um es deutlich zu sagen, brutalere Führung gefordert war.

Die Investment-Banker bezeichnen einen Kollegen, der während eines massiven Konjunkturaufschwungs eingestellt wird, um den erhöhten Personalbedarf zu decken, obwohl seine Qualifikation unter normalen Umständen nie den Ansprüchen genügt hätte, abfällig als »Boom Hire«. Thornton war das Gegenteil eines Boom Hire. Er hatte sich längst in der Firma etabliert, konnte beneidenswerte Erfolge vorweisen und war der brillanteste und vielleicht kreativste Banker seiner Generation. Doch wenn man die politischen Ränke beiseitelässt, könnte Thorntons Aufstieg in der Machtstruktur von Goldman Sachs in mancher Hinsicht durchaus als Boom-Phänomen bezeichnet werden. Bis vor Kurzem intern als kultureller Anachronismus verhöhnt, schien Thorntons unbarmherziger, unsentimentaler Führungsstil plötzlich genau den neuen Bedürfnissen der Firma zu entsprechen.

Der bevorstehende Börsengang wurde nicht nur eingesetzt, um den Willen unproduktiver Partner zu brechen, sondern diente auch als Argument für die Infusion frischen Bluts. Ähnlich wie viele der neu gegründeten Technologieunternehmen jener Zeit setzte Goldman die potenziellen Emissionserträge ein, um die talentiertesten Leute von seinen Konkurrenten wegzulocken. Aber Goldman war alles andere als ein Start-up, und sein Wert war alles andere als spekulativ. So konnte es nicht überraschen, dass Leute wie Jack Levy von Merrill Lynch oder Michael Carr von Salomon Brothers zu Goldman Sachs wechselten. Hingegen war es sehr wohl eine Überraschung, dass die Firma diesen Leuten eifersüchtig gehütete Partnerschaftsanteile anbot und ihnen sogar Führungsfunktionen übertrug. Dies war ein weiterer Hinweis darauf, dass bei Goldman Sachs umwälzende Veränderungen stattfanden.

In einem Transaktionsumfeld, in dem auf dem Höhepunkt der frenetischen Aktivität jeden Monat weltweit mehr als 100 Börsengänge sowie 3.000 Fusionen und Übernahmen stattfanden, musste Goldman die Maßstäbe lockern, wenn die Firma Marktanteil bei diesen Transaktionen halten wollte. Und da ihr eigener Börsengang unmittelbar bevorstand, schien der Zeitpunkt besonders ungeeignet, ihre Spitzenposition auf diesem Markt aufzugeben. Dennoch reagierten viele frühere Goldman-Partner schockiert auf die Erkenntnisse, die der New Yorker Generalstaatsanwalt Elliot Spitzer bei seinen Untersuchungen über die in jener Zeit üblichen Praktiken gewann. Unter anderem war die Firma so weit gegangen, Unternehmensleitern als Gegenleistung für die Erteilung von Aufträgen »heiße« Emissionskontingente anzubieten, das heißt Aktien von Internetunternehmen, deren Wert beim Börsengang mit Sicherheit sofort in die Höhe schießen würde.

Sidney Weinbergs Nachfolger Gus Levy hatte die Maxime ausgegeben, Goldman unterscheide sich dadurch von seinen Konkurrenten, dass es nicht der kurzfristigen, sondern der langfristigen Gier gehorche. Der einfache und durchaus ehrbare Gedanke lautete, dass die Investition in langfristige Beziehungen auf Kosten kurzfristiger Geschäftschancen ein überlegenes Geschäftsmodell darstellte. Doch während des Booms war wenig von diesem Unterschied zwischen Goldman und der übrigen Branche zu sehen.

Für die Deutung, Thorntons Aufstieg sei nur aufgrund des unkontrollierten Wachstums der Firma Ende der neunziger Jahre möglich gewesen, spricht zumindest das Schicksal, das er nach der Expansion Goldmans erlitt. Der unvermeidliche »Crash«, der auf den »Boom« folgte, zeichnete sich gegen Ende des Jahres 2000 ab, und Thorntons Beziehung zu Paulson wurde schlechter, da Paulson den eingeschlagenen Weg offensichtlich nicht weitergehen wollte. Im März 2003 gab Thornton bekannt, dass er Goldman verlassen werde.

Die Art, wie Thornton aus der Firma gedrängt wurde, lässt den Schluss zu, dass Paulson nur allzu gut von ihm gelernt hatte, wie die Machtpolitik funktionierte. Es war ein schlecht gehütetes Geheimnis, dass Thornton keinen übermäßigen Respekt für Paulsons strategisches Denken hegte. Doch Paulson war der alleinige CEO. Und wie wir im Fall von Morgan Stanley erneut sehen werden, hing die Kontrolle über den Board nicht unbedingt von der Fähigkeit zum strategischen Denken oder von der Erfahrung im Investment-Banking ab.

Als Paulson befördert worden war, hatte er die Absicht angedeutet, die Leitung der Alltagsgeschäfte unverzüglich Thornton zu übertragen und sich nach einigen Jahren vollkommen aus der Firma zurückzuziehen. Bald stellte sich heraus, dass dieser inoffizielle Termin immer weiter hinausgeschoben wurde, was bissige Scherze zwischen Thornton und Thain auslöste. Als Thornton im Jahr 2002 in die Vereinigten Staaten zurückkehrte, begann er Paulson zu drängen, einen Zeitplan für die Nachfolge festzulegen, wobei er de facto mit seiner Kündigung drohte, sollte sich Paulson nicht zum Rückzug verpflichten. Doch Anfang 2003 war Paulson klar geworden, dass ihm die Firmenleitung gefiel. So erklärte er Thornton, dass er sich zum Bleiben entschlossen habe. Er hatte sich bereits die Unterstützung externer Board-Mitglieder gesichert und ließ Thornton kaum eine andere Wahl, als seine Zusage zu halten (oder seine Drohung wahr zu machen, wenn man es mit Thorntons Augen betrachtete).

In der Firma wurde intensiv darüber debattiert, inwieweit Paulson Thorntons Ansehen bei den anderen Board-Mitgliedern absichtlich untergraben hatte. Wenn Paulson tatsächlich planmäßig vorging, so erleichterte Thornton ihm mit seiner Bilderstürmerei zweifellos die Aufgabe. Es dürfte Paulson kaum schwergefallen sein, all die kühnen Initiativen seines Nebenbuhlers auf einem Bullenmarkt nun als Exzesse darzustellen, die dem gegenwärtigen schwierigen Umfeld nicht angemessen waren. Selbst jene Projekte, die zeigten, dass Thornton ein visionärer Manager war – etwa die Rekrutierung des Leiters des weltberühmten Managerschulungszentrums von General Electric in Crotonville, der eine Führungsakademie bei Goldman aufbauen sollte –, konnten in einer Situation, in der eine Kündigungswelle nach der anderen angekündigt wurde, leicht lächerlich wirken. Da der Anteil des Investment-Bankings an den Gewinnen der Firma stetig schrumpfte, wurde auch Thorntons seit jeher schlechte Beziehung zu der plötzlich an Bedeutung gewinnenden Anleihenabteilung zu einer gefährlichen

Schwachstelle. Paulson beförderte den Leiter dieser Abteilung, Lloyd C. Blankfein, schließlich als Ersatz für den scheidenden Bob Hurst in den Board und festigte damit seine Machtbasis weiter. Nur einen Monat nach Blankfeins Aufnahme in den Board trat Thornton zurück.

Sein Ausscheiden war jedoch kein Signal für eine Rückbesinnung auf die traditionelle Arbeitsweise von Goldman Sachs. Der ursprüngliche Gesellschaftsvertrag der Partnerschaft war gebrochen worden, und es waren nicht mehr genug der früheren Partner in der Firma, um alte Werte wiederzubeleben. Paulson fuhr fort, seine Macht zu festigen, und nach weniger als einem Jahr schied auch Thain aus, um die Leitung der New Yorker Börse zu übernehmen. Lloyd C. Blankfein wurde zum Präsidenten und Geschäftsführer von Goldman befördert. Damit gab es für die Firmenleitung keine ernst zu nehmende Konkurrenz mehr.

Goldman Sachs ist weiterhin die beste der frühen Emissionsbanken, sei es gemessen am Marktanteil bei den Produkten mit der höchsten Wertschöpfung, am Ansehen bei den Entscheidungsträgern in den Unternehmen oder an der Rentabilität. Aber der Unterschied beruht nicht länger auf der Andersartigkeit dieser Firma, sondern auf dem Maß der Anerkennung. Der in der Unternehmenskultur wurzelnde Wettbewerbsvorteil ist weitgehend geschwunden. Heute erzielt Goldman Sachs weniger als 10 Prozent seiner Gewinne im Investment-Banking, und mit den einträglicheren Unternehmensbeteiligungen auf eigene Rechnung konkurriert die Firma zunehmend mit den Investment-Banking-Klienten. So dürfte sich die Situation eher weiter verschlechtern.

Das einzigartige Modell der »langfristigen Gier« zählt zu den bedauerlichen Opfern des Booms und des anschließenden Crashs. Zum Teil ist der Verlust dieses alten Geschäftsmodells auf die Entscheidungen der Führungskräfte von Goldman Sachs zurückzuführen, angefangen mit Steve Friedmans abrupter Entscheidung, die Bank ausgerechnet zu Beginn des Booms zu verlassen. Dazu kamen bleibende Veränderungen im rechtlichen und wirtschaftlichen Umfeld, die die traditionelle Arbeitsweise von Goldman behindern – beispielsweise die neuen Beschränkungen für Banker, die Geschäfte mit Unternehmen machen möchten, in deren Board sie sitzen. Und in Anbetracht der kurzfristigen Ertragserwartungen der Aktionäre und der umfassenderen Offenlegungspflichten ist zumindest fraglich, ob eine Aktiengesellschaft am Konzept der langfristigen Gier festhalten kann.

Kann eine andersartige Einrichtung – eine Beratungsfirma mit breit gestreuten Aktivitäten, eine andere Art von Dienstleistungsfirma oder

Goldman Sachs selbst – Elemente der einzigartigen Dienstleistungen aufgreifen, die Sidney Weinbergs Firma für Unternehmensleiter und Investoren erbrachte? Um die Öffentlichkeit oder die Unternehmensführungen davon zu überzeugen, wäre eine weitere Erschütterung erforderlich, welche die Integrität einer solchen Institution auf die Probe stellen würde. Die Hoffnung besteht. Doch wie wir auf den folgenden Seiten sehen werden, hat keine der Einrichtungen, die diese Rolle übernehmen könnten, mit ihrem Verhalten während des letzten Marktschocks Anlass zur Zuversicht gegeben.

8

Morgans Haus

Ursprünglich hatte es den Anschein gehabt, als wäre Morgan Stanley die am wenigsten geeignete Firma für mich. Wenn ich nur mit Mühe in die Goldman-Kultur passte, kam Morgan überhaupt nicht infrage. Wenn ich an diese Firma dachte, so kamen mir mit Holz getäfelte Sitzungsräume, Privatklubs, eine Initiale statt des Vornamens und eine III oder IV nach dem Familiennamen (so wie in T. Bartholomew Blowhard IV.) in den Sinn. Und selbst wenn sie nicht unbedingt die »homogene, geldgierige Bande in weißen Schuhen« waren, für die sie von der Öffentlichkeit gehalten wurden, kamen die Banker von Morgan Stanley diesem Stereotyp zumindest am nächsten, wie Cary Reich es ausdrückte. »Morgan Stanley war so wie vor ihm J. P. Morgan & Company der Gottvater der Wertpapieremission und hatte die uneingeschränkte Kontrolle über die solidesten unter den Blue-Chip-Emittenten. Und die Männer, die diese Firma führten, waren in der besten Tradition von Pierpont Morgan starrköpfig und herrisch. Sie waren an die Führungsposition gewöhnt und duldeten keine Zweifel daran.«[1]

Als J. P. Morgan durch den Glass-Steagall Act in den dreißiger Jahren gezwungen worden war, sich zu entscheiden, ob es eine Investment-Bank oder eine Handelsbank sein wollte, hatte die Firma die Wertpapieremission als unzuverlässiges »Nebenprodukt« des Hauptgeschäfts der Handelsbank betrachtet,[2] ganz ähnlich wie die spätere Führung in den fünfziger und sechziger Jahren die Fusionen und Übernahmens ein nebensächliches Köderprodukt für die Wertpapieremission sah. Zudem machten sich die Partner Sorgen über mögliche Haftungsverpflichtungen, die sich aus den neuen Rechtsvorschriften ergeben könnten. Doch vor allem träumten sie davon, eines Tages in der Lage zu sein, Humpty Dumpty wieder zusammenzusetzen. Und da praktisch alle wertvollen Assets in der Geschäftsbank steckten, würde dies nur möglich sein, wenn man das Investment-Banking ausgliederte. Die Firma wartete nach dem Inkrafttreten des Trennbankengesetzes ein Jahr ab und ließ sich in dieser Zeit sämtliche potenziellen Emissionsaufträge entgehen, da sie die vergebliche Hoffnung hegte, die Regierung werde einlenken und der glücklichen Familie erlauben, zusammenzubleiben. Am 16. September 1935 nahm Morgan Stanley offiziell den Betrieb auf und bezog nur einen Block von J. P. Morgan entfernt seine neuen Büros.

Allgemeine Zweifel bezüglich der Robustheit des Wertpapiergeschäfts und die Sorgen bezüglich der Fähigkeit eines unabhängigen Morgan Stanley, sich ohne Rückendeckung einer Geschäftsbank in diesem Tätigkeitsbereich zu behaupten, wurden rasch zerstreut, da es der neuen Firma gelang, in ihrem ersten Geschäftsjahr Papiere im Wert von einer Milliarde Dollar zu begeben, was einem Viertel des Markts entsprach. Im abgeschotteten und hochrentablen Bankwesen der fünfziger Jahre etablierte sich Morgan Stanley als »Trendsetter und sozialer Schiedsrichter«.[3]

In den glorreichen Tagen des Relationship-Banking erwies es sich als sehr vorteilhaft, dass die Firma die Beziehungen von J. P. Morgan erbte. Möglicherweise bedurfte es keiner außergewöhnlichen Fähigkeiten, um in einer von geringer Volatilität und hohen Margen gekennzeichneten Zeit der »Hüter der angehäuften Kronjuwelen« zu sein, doch der damalige Firmenchef Perry Hall verstand es, die gute Ausgangslage optimal zu nutzen.[4] Obwohl sein Stil und der Sidney Weinbergs nicht unterschiedlicher hätten sein können, spielte dieser Mann von beeindruckender Statur, der ein typischer Absolvent einer Eliteuniversität war, bei Morgan Stanley eine ganz ähnliche Rolle wie Weinberg bei Goldman Sachs. Nachdem die Firma dank ihrer Beziehungen zur Familie du Pont den Riesen General Motors als Klienten gewonnen hatte (die du Ponts hatten einen großen Anteil an GM erworben und kontrollierten seinen Finanzausschuss), war Hall der Meinung, seine Rolle als Relationship-Banker erstrecke sich auch darauf, die Tochter des Chairman persönlich davon abzubringen, sich mit einem Pakistaner zu verheiraten.

Als Morgan Stanley im Jahr 1986 an die Börse ging, hatte die Firma nur noch geringe Ähnlichkeit mit der Bank, die Hall bei seinem Ausscheiden im Jahr 1961 hinterlassen hatte. In dem Vierteljahrhundert, das seit seiner Pensionierung verstrichen war, war die Firma über weite Strecken von dem sprunghaften, aber visionären Robert H. B. Baldwin geführt worden. Baldwins Herrschaft war derart revolutionär, dass Ron Chernow zu dem etwas übertriebenen Schluss gelangte, er habe wahrscheinlich »die Firma gerettet und ihre Seele zerstört«.[5]

Baldwin hielt es angesichts der volatileren und von wachsendem Wettbewerb geprägten Märkte der sechziger und siebziger Jahre für notwendig, Morgan Stanley aus seiner Selbstzufriedenheit zu wecken.

In dieser Zeit begannen die historischen Unterschiede zwischen Goldman Sachs und Morgan Stanley, zwischen der führenden jüdischen und der führenden Yankee-Bank, langsam zu verschwimmen. In der Vergangenheit hatte das, was Ron Chernow als Kodex der Gentleman-Banker bezeichnet, dafür gesorgt, dass die Klientenbasis der einen Firma von der anderen nicht angetastet wurde, doch nun wurde dieser Grundsatz aufgeweicht.[6] Im Jahr 1979 begannen Morgans Klienten aus der Gruppe der Fortune 500 erstmals, den Exklusivitätsanspruch der Bank infrage zu stellen. Viele der ehemals kleinen Klienten von Goldman, darunter beispielsweise Sears, hatten mittlerweile Aufnahme unter den Fortune 500 gefunden. Nun begann Goldman, aggressiv und teilweise mit Erfolg um Klienten von Morgan zu werben (beispielsweise gelang es Goldman, dem Konkurrenten AT&T abspenstig zu machen). Morgan seinerseits hatte nicht nur die Handelstätigkeit aufgenommen, sondern griff entschlossen Goldmans Führungsposition bei den Börsengängen jüngerer Unternehmen an. Die beiden Firmen wurden zu direkten Konkurrenten auf den gerade erst entstehenden Märkten für Fusionen und Übernahmen sowie im Geschäft mit Junk Bonds. In der Zeitschrift *Institutional Investor* hieß es zu Beginn der achtziger Jahre: »Das neue Wettbewerbsumfeld, in dem alles um die Transaktionen kreist, hat das Übereinkommen zwischen diesen Instituten und ihren Klienten verändert. Die Kunden wurden in die Freiheit entlassen, und es treten interne Spannungen zutage, da die Bereiche Unternehmensfinanzierung, Kapitalmärkte sowie Fusionen und Übernahmen um Marktanteile kämpfen.«[7]

Den entscheidenden Beitrag zum kulturellen Wandel und zum anschließenden Wachstum der Firma leistete Baldwin im Jahr 1971 vermutlich mit der Entscheidung, eine eigene Handelsabteilung bei Morgan einzurichten, anstatt die Aktien und Anleihen seiner Klienten wie bisher über andere Firmen zu platzieren. Was die Firmenkultur anbelangte, so wirkte die Öffnung für die ungeschliffenen Einwandererabkömmlinge, die üblicherweise den Tradingsaal bevölkern, wie ein Schock. Die Firma hatte erst im Jahr 1963 ihren ersten jüdischen Mitarbeiter eingestellt, und Baldwin hatte mit Sidney Weinberg über dieses umwälzende Ereignis in Morgans Geschichte gesprochen.

»Das ist doch gar nichts«, sagte Weinberg lakonisch, nachdem er sich geduldig angehört hatte, wie Baldwin die Kultur von Morgan veränderte, indem er mit der Einstellung von Juden ein Tabu brach. »In unserer Firma wimmelt es seit Jahren von denen.«[8]

In geschäftlicher Hinsicht stärkte die Handelsaktivität Morgans Emissionsgeschäft zu einem Zeitpunkt, da der Wettbewerbsdruck ein beispielsloses Niveau erreichte. Als IBM der Firma im Jahr 1979 das Recht verweigerte, seine historische Anleihenemission in Höhe von einer Milliarde Dollar exklusiv abzuwickeln, befand sich Morgan in einer sehr viel besseren Position, um den nun beginnenden aggressiveren Attacken auf seine »Hauskunden« standzuhalten. Zudem gab das Trading der Firma genug Selbstvertrauen, um das Wagnis einzugehen, auf eigene Rechnung Unternehmensbeteiligungen zu erwerben, was später ihren Erfolg im »Merchant Banking« begründen sollte. Die hübsche Bezeichnung Merchant Banking wurde für die Kapitalbeteiligung an Unternehmen geprägt, die üblicherweise mit einer großen Menge an Schuldtiteln einherging, die natürlich von Morgan Stanley übernommen wurden.

Morgan Stanley hatte sich von seiner patrizischen Herkunft gelöst, aber die Firma warf ihr Vermächtnis weiterhin in die Waagschale. Als ich in den neunziger Jahren auf der Seite von Goldman Sachs mit Vertretern von Morgan am Verhandlungstisch saß, gewann ich den Eindruck, dass sich der weiße, angelsächsische, protestantische Snobismus zumindest in Teilen der Firma gehalten hatte. Dabei war für meinen Geschmack bereits Goldman versnobt genug, weshalb Morgan Stanley anfangs nicht als Arbeitsplatz für mich infrage kam. Doch abgesehen davon, dass Morgan gemessen an der Stärke im allgemeinen Bankgeschäft nach Goldman eindeutig den zweiten Rang in der Branche einnahm, waren dort führende Research-Analysten für die wichtigsten Mediensektoren beheimatet, das heißt für Fernsehen, Unterhaltung und – was für mich besonders wertvoll war – für das Verlagswesen. Daher hatte ich mich zu der Zeit, als ich mit DLJ verhandelte, unangemeldet bei Jeff Sine gemeldet, dem Leiter von Morgans Mediengruppe. Ich war ihm nie begegnet. Sine war gerade auf Reisen, rief mich jedoch aus Asien zurück und schlug mir vor, mich mit seiner Partnerin Beatrice Cassou zu treffen.

Obwohl es mir zu jenem Zeitpunkt nicht bewusst war, hatte sich die Kultur von Morgan Stanley im Jahr 1997, als ich mit der Firma zu sprechen begann, grundlegend gewandelt. Abgesehen von den geschilderten Ereignissen, die zehn Jahre zuvor in den Börsengang der Firma gemündet hatten, hatte Morgan Stanley erst vor einem Jahr einer Übernahme durch Dean Witter Discover zugestimmt (obwohl sie immer noch leugneten, dass es sich dabei um eine Übernahme gehandelt hatte, sondern lieber von einer »Fusion von Gleichen« sprachen). Es gab in der Welt des Banking, der Broker und des Kreditkartengeschäfts keine vergleichbar plebejische Firma wie Dean Witter.

Die Begegnung mit Bea erschütterte meine Vorurteile über Morgan Stanley. Da war zunächst die Tatsache, dass es bei Morgan einen weiblichen Coverage Officer gab. Bei Goldman gab es im gesamten Medien- und Kommunikationsbereich keine einzige hochrangige Klientenbetreuerin, ja in der gesamten IBS-Verkaufsabteilung gab es keine Frau, die wesentlichen Einfluss gehabt hatte. Bea stammte nicht aus einer reichen Familie (vielmehr war sie einfacher Herkunft) und lebte auch nicht in Greenwich (sondern hatte ein Appartment in Manhattan). Sie hatte keine der Eliteuniversitäten der Ivy League besucht (sondern die University of Colorado, wo anscheinend viel Ski gefahren wurde und gute Partys stiegen) und besaß keinen MBA-Titel von Harvard, Wharton oder Stanford (stattdessen hatte sie in den zwei Jahren an der Haas School of Business in Berkeley viel Spaß gehabt). Sie war kenntnisreich, lustig und völlig unprätentiös und fühlte sich offensichtlich wohl in ihrer Haut. Als sie mich nach unserem Gespräch zum Aufzug begleitete, stellte sie mich der afroamerikanischen Kollegin vor, die die Einzelhandelsgruppe im Investment-Banking leitete. Es war unübersehbar, dass sich Morgan Stanley verändert hatte.

Zu jener Zeit sprach ich mit verschiedenen Leuten bei Morgan, aber unsere Gespräche verliefen im Sand, da ich mich auf DLJ konzentrierte und anschließend beschloss, bei Goldman zu bleiben. Gleichzeitig nahm Morgan Verhandlungen mit einem erfahrenen Banker auf. Doch als mich die Firma Ende 1997 erneut ansprach, war ich zum Wechsel bereit. Ich setzte mich mit Jeff und Bea zusammen, und wir gingen eine Liste von etwa hundert Unternehmen durch, in denen ich einen Spitzenmanager oder andere Personen kannte, da ich etwas an oder für sie verkauft hatte. Die meisten dieser Unternehmen waren im Verlagswesen tätig. Fast die Hälfte der Unternehmen auf dieser Liste hatte Morgan noch nie angesprochen, da viele von ihnen eher klein waren. Von den übrigen war die Hälfte kontaktiert worden, doch sie hatten Morgan nie einen Auftrag erteilt. Dies war die Liste der Klienten, die ich betreuen würde. Meine Aufgabe würde darin bestehen, loszugehen und

Aufträge dieser Unternehmen an Land zu ziehen. So einfach und zugleich so schwierig war das. Der Aussicht, mit zwei gleich gesinnten Bankern, deren Spezialgebiet ebenfalls die Medien waren, und mit der Unterstützung einer Institution wie Morgan Stanley einen Geschäftsbereich aufzubauen, konnte ich nicht widerstehen.

Obwohl ich auch mit anderen Managern Bewerbungsgespräche führen musste, war klar, dass die Pläne von Jeff und Bea Vorrang hatten. Es lag letzten Endes an ihnen, wen sie einstellten. (Im Gegensatz dazu bestand das übliche Verfahren bei Goldman Sachs darin, dass ein Kandidat Dutzende Bewerbungsgespräche führen musste, und Voraussetzung für ein Angebot war ein Konsens aller Beteiligten. Dies galt ungeachtet meiner völlig anormalen Erfahrung insbesondere für einen Quereinsteiger.)

Wie unterschiedlich die Stile und Kulturen der beiden Firmen waren, zeigte sich nirgendwo deutlicher als am Aufstieg Joe Perellas zum Leiter des Investment-Banking bei Morgan Stanley. Perella war eine legendäre Figur in der Branche. Er hatte Anfang der siebziger Jahre die M&A-Abteilung der First Boston ins Leben gerufen und im Jahr 1978 einen jungen Rechtsanwalt namens Bruce Wasserstein engagiert, der ihm beim Aufbau eines Tätigkeitsbereichs helfen sollte, der zu einem Vorbild für die Wall Street werden würde. Im Jahr 1988 waren die beiden bei der First Boston ausgeschieden, um ihre eigene Firma – Wasserstein Perella – zu gründen.

Perella war ein explosiver, lustiger, vollkommen unvorhersehbarer Charakter und trug klassische Hüte und gelegentlich ein Cape. Mit seinem raschen Aufstieg in der Managementhierarchie von Morgan Stanley überraschte er alle Skeptiker.[9] Im Jahr 1993 war er als einer von vielen Bankern in die Firma eingetreten, um zwei Jahre später zum Leiter des Bereichs Unternehmensfinanzierung aufzusteigen und im Jahr 1997 die Führung des Investment-Banking zu übernehmen. All das wäre bei Goldman undenkbar gewesen, denn die Nachfolge für Schlüsselpositionen im Management war dort strikt festgelegt, und zu jener Zeit wäre es undenkbar gewesen, einen besser qualifizierten Kandidaten von außen zu holen. Als sich Perella mit Wasserstein überwarf und begann, sich nach einem Posten in einer der etablierten Investment-Banken umzusehen, lehnte es Goldman als einzige Firma ab, überhaupt mit ihm zu sprechen.

Eine Sitzung in Perellas Büro konnte Stunden dauern, in denen er immer wieder nach seiner langjährigen Assistentin Barbara schrie, emotionale Telefongespräche mit Freunden, Verwandten, Klienten oder Bankern einschob, zwischendurch einnickte und hin und wieder einen fahren ließ. Wenn man Joes Büro betrat, musste man stets damit rechnen, in die persönliche oder berufliche Krise verwickelt zu werden, mit der er gerade rang. Joe war berühmt dafür, dass er seine Gesprächspartner einfach zu seinen Terminen mitnahm, gleichgültig, ob es sich dabei um ein Geschäftsessen oder um eine Board-Sitzung handelte. In einem meiner ersten Gespräche mit ihm lernte ich diese Gewohnheit kennen, wenn auch in einem alles andere als glamourösen Rahmen. Joe sprang mitten in einem Satz plötzlich auf und bedeutete mir, ich solle ihm folgen. Er verließ das Büro, ohne seine Ausführungen zu unterbrechen. Unglücklicherweise hatte er sich bereits mit der Zeitung auf der Toilette niedergelassen, als ich begriff, dass er von mir erwartete, das Gespräch vom Waschbecken aus fortzusetzen. Einige Minuten später nahm seine Nummer zwei Terry Meguid die benachbarte Kabine ein und schaltete sich in das Gespräch ein. Von da an weigerte ich mich, Joe zu begleiten, wenn er während eines Gesprächs das Büro verließ.

Seine Sporen hatte sich Perella als M&A-Berater verdient, doch zum Star wurde er als leitender Coverage Officer. Eine eindrucksvolle Reihe spektakulärer Erfolge in vielen Branchen – von der Vermählung der Pharmakonzerne Sandoz und Ciba-Geigy bis zur Fusion von AOL und Time Warner – trug seinen Stempel. Doch trotz seiner spektakulären Referenzen und seiner Bereitschaft, an jeder Sitzung teilzunehmen, überlegten es sich viele Banker zweimal, bevor sie bei einem Geschäft Perellas »Luftunterstützung« anforderten. Denn Perella lehnte es ab, sich lediglich als Verkaufsargument in Gesprächen mit potenziellen Klienten zur Verfügung zu stellen. Wenn man ihn herbeirief, würde er auf Dauer im Klientenbetreuungsteam bleiben. Setzte man die Sache in den Sand oder beging den noch gefährlicheren Fehler, Joe nicht über die Fortschritte der Gespräche auf dem Laufenden zu halten, wurde man zum Ziel für sein berüchtigt sprunghaftes Temperament. Ärgerte er sich über einen Banker, so brauchte er Tage, um sich wieder zu beruhigen, und seine Schmähungen konnten in internen Meetings, die nichts mit der Sache zu tun hatten, mehrere Stunden füllen.

Der zweite Grund dafür, dass die Banker Perellas Unterstützung nur ungern in Anspruch nahmen, war die Unberechenbarkeit seiner Leistungen. War er »in Form«, so gab es niemanden, der in einem Verkaufsgespräch überzeugender hätte wirken können. Doch war er

»außer Form«, so konnten die Resultate verheerend und manchmal geradezu bizarr sein.

Zum Teil waren diese Probleme beherrschbar. Unternehmen oder Situationen, die nicht geeignet schienen, Joes Aufmerksamkeit auf Dauer zu fesseln, waren stets eine schlechte Idee. Ich bat ihn einmal, mich zu einem Arbeitsessen mit einem Anbieter von Unternehmensinformationen zu begleiten, der einen Börsengang vorbereitete. Irgendwann im Verlauf des Gesprächs gelangte Joe zu der Überzeugung, dass das Silberbesteck interessanter sei als die Präsentation seines Kollegen über die Lage auf den Kapitalmärkten. Solange er sich auf eine sorgfältige Untersuchung sämtlicher Bestandteile seines Bestecks beschränkte, konnten wir vorschützen, es sei alles in Ordnung. Doch als er aufstand, um die Essutensilien der anderen Anwesenden zu inspizieren, wurde mir klar, dass mir anschließend ein interessantes Gespräch mit dem Leiter des Kundenunternehmens bevorstand.

Selbst wenn ein Banker die Situationen sehr bedacht auswählte und die Präsentation sorgfältig mit Joe und dem Team durchging, bestand stets die Gefahr, dass dieser plötzlich den Drang verspürte, seine Sorgen mit allen Beteiligten zu teilen. Und das bedeutete, dass die gesamte Zeit, die dem Team für die Präsentation zur Verfügung stand, dem Thema gewidmet werden musste, das Joe gerade in den Sinn kam – das konnte etwas sein, das ihm kürzlich widerfahren war, etwas, das er gelesen hatte, oder auch eine Jahre zurückliegende Verbindung mit dem Klientenunternehmen, an die er sich plötzlich erinnerte.

Dennoch liebte ich es, mit Joe zusammenzuarbeiten. Denn es gab niemanden, der intelligenter, scharfsinniger oder großzügiger mit seiner Zeit gewesen wäre als er, und niemand bemühte sich hartnäckiger um die richtige Lösung für ein Problem. Selbst wenn Perella – der den Spitznamen Joey Pa trug – »außer Form« war, gelang es ihm irgendwie, dem potenziellen Klienten seinen unprätentiösen gesunden Menschenverstand und seine Anständigkeit zu vermitteln. Und diese beiden Eigenschaften waren an der Wall Street nicht oft zu finden. Ich persönlich lernte von niemandem mehr und arbeitete mit niemandem besser zusammen als mit Joe Perella.

Trotz seines eigenwilligen Stils war Perella auch eine bemerkenswert effektive Führungspersönlichkeit. Ähnlich wie Ronald Reagan, einer seiner Helden, hielt Perella an einigen Grundprinzipien fest und machte aller Welt klar, worin diese Prinzipien bestanden und welches die Strafe für Verstöße gegen diese Werte waren. Jedermann wusste, was er unter einer wirkungsvollen Klientenbetreuung verstand und welches Revierverhalten er für schädlich hielt. Auch hatte er ein unfehlbares Gespür dafür, wann jemand leere Phrasen drosch, und konnte im Allgemeinen gut zwischen vertrauenswürdigen und zweifelhaften Charakteren unterscheiden. Und er hatte sich mit Meguid einen starken Stellvertreter gesucht, der dafür sorgte, dass sich Perellas Prinzipien in den Gehältern und Personalentscheidungen niederschlugen.

Schließlich sorgte Perella dafür, dass er in die alltäglichen Verkaufsaktivitäten eingebunden wurde. Studien haben gezeigt, dass man Mitarbeiter, deren Wert aufgrund ihrer Fähigkeit zur Beschaffung von Aufträgen bestimmt wird, nur wirkungsvoll führen kann, wenn man diese Fähigkeit selbst unter Beweis gestellt hat.[10] Insbesondere im Investment-Banking, wo das Geld ohne jeden Zweifel das Maß aller Dinge ist, verliert eine Führungskraft, die nicht bewiesen hat, dass sie selbst »die Kasse zum Klingeln bringen kann«, rasch den Respekt ihrer Gefolgsleute. Ein solcher Manager wird zu einem Overhead-Posten, zu einem bloßen Bürokraten. Seine Entscheidungen werden unentwegt in Zweifel gezogen, und je mehr er isoliert wird, desto größer wird die Feindseligkeit ihm gegenüber. Zudem sammelt eine Führungskraft, die sich an den Coverage-Teams für Schlüsselklienten in sämtlichen Wirtschaftssektoren beteiligt, wertvolle Informationen für glaubwürdige Personal- und Gehaltsentscheidungen. Und obwohl es zumindest im Investment-Banking praktisch als Gesetz gilt, dass Personen, die sich auf die Auftragsbeschaffung verstehen, selten gute Manager sind, ist eine anhaltende, greifbare Produktivität eine notwendige, wenn auch nicht ausreichende Voraussetzung für eine wirksame Führung. Obwohl alle Welt eine Geschichte über ein Treffen mit Klienten zu erzählen hatte, das dank Joey Pas Teilnahme einen eigenartigen Verlauf genommen hatte, konnte niemand ernsthaft bestreiten, dass er alles in allem der beste »Regenmacher« bei Morgan Stanley war.

Dass die Organisation von Morgan Stanley nicht außer Kontrolle geriet, war in meinen Augen nicht zuletzt der Tatsache zu verdanken, dass eine urteilsfähige und glaubwürdige Person wie Perella an der Spitze dieses Sammelsuriums von Branchengruppen und Abteilungen stand. Und wir schienen uns von Anfang an zu verstehen, denn in unserem ersten Gespräch versicherte mir Perella, dass er alles tun werde, um mir zum Erfolg zu verhelfen, sollte ich mich seiner Firma anschließen.

Obwohl die eher »unternehmerische« Kultur von Morgan Stanley genau das war, was ich brauchte, um beruflich erfolgreich zu sein, hatte dieser Vorzug auch seinen Preis. Vor allem waren die Kommunikation zwischen den verschiedenen Gruppen und die Zuteilung der Ressourcen sehr viel schwieriger als bei Goldman, wo die Teamarbeit fester in der Kultur verankert war als in jedem anderen Unternehmen der Branche. In meiner ersten Woche bei Morgan Stanley glaubte ich tatsächlich, dass meine Voicemail nicht funktionierte. Ausgehend von verschiedenen Hinweisen, die ich von Jeff und Bea erhalten hatte, verschickte ich Botschaften, in denen ich mich vorstellte und versuchte, die Geschichte der Beziehungen zu einigen Kunden zurückzuverfolgen, die mir zugeteilt worden waren. Da ich bei null anfangen musste, wollte ich jeden bestehenden Kontakt zwischen Morgan und diesen Unternehmen nutzen. Doch meine Mailbox blieb verdächtig leer. Bei Goldman hätte kein um Information bemühter Banker (und sei er noch so jung) einen Augenblick gezögert, sich an irgendeinen anderen Banker zu wenden (und sei dieser noch so hochrangig). Und er hätte unverzüglich eine präzise Antwort erhalten. Im eher »balkanischen« Umfeld von Morgan waren die Banker nur zum Informationsaustausch über die Gruppen hinweg bereit, wenn zuvor ausdrücklich symbiotische Beziehungen zwischen den beteiligten Akteuren hergestellt worden waren. Wenn ich also Antworten auf meine Voicemails erhalten wollte, musste ich die Runde machen, persönlichen Kontakt zu den Kollegen in den verschiedenen Gruppen aufnehmen und ihnen zeigen, dass ich bei bestimmten Aufgaben auch eine Hilfe für sie sein konnte.

Die Fähigkeit, das gespeicherte geistige Kapital zu erschließen und einzusetzen, ist der Hauptgrund dafür, dass Goldman viele Jahre die beste Investment-Bank an der Wall Street war – und in bestimmten Bereichen noch heute ist. Doch ich tauschte diese perfekte Teamarbeit gerne gegen die Möglichkeit ein, mir nach meinem Gutdünken einen eigenen Kundenstamm und ein eigenes Geschäft aufzubauen. Ich fand eine Gruppe engagierter Medienexperten mit ergänzenden Fähigkeiten und Beziehungen vor, ich konnte mich auf ausgezeichnete Analysten stützen, und ich hatte »Luftunterstützung« durch Joe Perella und andere hochrangige Banker, die an meinem Wechsel beteiligt gewesen waren. Ich hätte kaum günstigere Bedingungen vorfinden können, um eine im Grunde vollkommen neue Aufgabe in Angriff zu nehmen.

Ein weiterer Vorteil war, dass mich als hochrangiger Coverage Officer bei Morgan Stanley eine gewisse »Goldman-Aura« umgab, die es mir zumindest für eine Weile erlaubte, zu tun, wonach mir der Sinn stand. Die Firma, in die ich eingetreten war, war von Goldman Sachs besessen. Morgan Stanley betrachtete sich gerne als eine der beiden besten Investment-Banken, die schlimmstenfalls einen kleinen Rückstand auf Goldman hatte. Und obwohl es vermutlich stimmte, dass Morgan eine der beiden führenden Firmen war, gab es keinerlei Hinweis darauf, dass diese Firma Goldman in irgendeiner Beziehung nahekam. Beispielsweise war der erste Platz in den M&A-Rankings seit 1990 stets für Goldman oder Morgan reserviert, doch Goldman nahm den Platz an der Sonne dreizehnmal ein, während das Morgan nur dreimal gelang. Und man musste bis ins Jahr 1996 zurückgehen, um Morgan auf der Spitzenposition zu finden. Was die Global Equities betrifft, so hinkte Morgan üblicherweise nicht nur hinter Goldman, sondern auch hinter Merrill Lynch zurück – und musste in manchen Jahren noch anderen Banken den Vortritt lassen. Der Widerspruch zwischen Selbsteinschätzung und Wirklichkeit erzeugte in der Firma eine Art von kognitiver Dissonanz in Bezug auf alles, was Goldman betraf, und ein tief empfundenes Minderwertigkeitsgefühl in Bezug auf die eigene Position in der Welt.

Das Konkurrenzdenken war derart ausgeprägt, dass es gelegentlich in geradezu kindischen Verhaltensweisen zum Ausdruck kam. Einige Monate nach meiner Ankunft rief mich Jeff Sine, der Leiter der Mediengruppe, in sein Büro und erzählte mir übermütig, ein Freund habe bei einer Pferdeschau in Greenwich beobachtet, dass sich Pete Kiernan wie ein Rüpel aufgeführt und eine Schlägerei angefangen habe. Es wurde erzählt, der Anlass für die Rauferei sei gewesen, dass Pete die Bitte einer Dame, seine Zigarre auszudrücken, rüde abgelehnt habe. Wie sich herausstellte, war diese Dame die Gastgeberin der Veranstaltung. Die Geschichte war tatsächlich amüsant. Doch Sine hielt es für eine gute Idee, die *New York Post* anzurufen, um den Vorfall publik zu machen. Als die *Post* die Geschichte auf der Seite 6 unter der Schlagzeile »Zigarre löst tierisches Rowdytum aus« brachte, war klar, dass Petes Position in den Verhandlungen über seinen Verbleib bei Goldman nach dem Börsengang nicht besser geworden war.[11] Ich weiß nicht, welchen Nutzen die Veröffentlichung des Vorfalls Sines Meinung nach für Morgan Stanley hatte.

Dieses unterbewusste Gefühl der Unzulänglichkeit wurde durch die Tatsache verschlimmert, dass bei Morgan niemand viel über Goldman zu wissen schien. Da kaum ein Mitarbeiter Goldman verließ, stammten die meisten Aufklärungsdaten aus Indiskretionen der wenigen ehemaligen Mitarbeiter von Morgan Stanley, die auf die andere Seite gewechselt waren. Wahrscheinlich um mich zu beruhigen, dass ich nicht der Erste sei, der diesen Schritt wagen würde, kramte Morgan in meinen Bewerbungsgesprächen Walter Bopp hervor, einen ausgezeichneten ehemaligen Goldman-Banker aus der Anleihenabteilung, der die Firma im Jahr 1985 verlassen hatte. Die Informationen über den großen Konkurrenten waren sehr veraltet und wurden erheblich verzerrt, um Morgans Gefühl der Unzulänglichkeit zu mildern. Da ich nun die einzige Person war, die glaubwürdige Angaben zu dem Thema machen konnte, wurde ich regelmäßig zur Hilfe gerufen, um Banker »umzudrehen«, die über einen Wechsel zu Goldman nachdachten, oder um Kandidaten zu beeinflussen, die die Wahl zwischen beiden Firmen hatten.

Aufgrund meiner Vergangenheit bei Goldman gestand man mir das Recht zu, meine Ansicht zu verschiedensten Themen zu äußern, zu denen man mich ansonsten kaum befragt hätte. Gelegentlich nahm mich jemand aus dem Management des Investment-Banking zur Seite, um sich mit gedämpfter Stimme zu erkundigen, wie dieses oder jenes Problem bei Goldman in Angriff genommen wurde – als gäbe es irgendeine narrensichere Methode, die den Leuten bei Morgan Stanley entgangen war. Ich war mir auch nicht zu schade, meine Goldman-Aura für trivialere Zwecke zu nutzen. Als mich das erste Mal ein hochrangiger Kollege in meinem Büro besuchte und sich über die Unordnung wunderte, pries ich in den höchsten Tönen die im Gegensatz zu Goldman Sachs ausgesprochen unternehmerische Kultur von Morgan, die ihren Ausdruck darin finde, dass ich in dieser sehr viel weniger »aufgeräumten« Firma mit meinem Büro machen könne, was mir gefiel. Diese Erklärung sicherte mir für fast zwei Jahre relativen Frieden an dieser Front.

Die ersten beiden Jahre bei Morgan Stanley waren wunderbar. Im ersten Jahr sicherte ich der Firma nicht viele Aufträge, sondern war eher damit beschäftigt, die Medienunternehmen abzuklappern und mich als neuer Coverage Officer von Morgan Stanley vorzustellen. Daneben hatte ich jedoch Gelegenheit, an einigen großen Transaktionen teilzunehmen, sodass ich durchaus produktiv wirkte, während ich versuchte, meinen Geschäftsbereich zu erweitern. Unmittelbar vor meinem Eintritt in die Firma war sie von Viacom mit dem Verkauf von Simon und Schuster betraut worden. Ich kannte den CEO von S&S, Jonathan Newcomb, der mich in den Verkauf des Unternehmens an Pearson einbinden wollte. Und ich nutzte den Kontakt zu Reed Elsevier, um meinen früheren Klienten für Morgan Stanley zu gewinnen. Das Unternehmen war sehr an einem Kauf des juristischen Verlags von Times Mirror interessiert, der zu jener Zeit von Goldman angeboten wurde.

Als das Jahresende näher rückte, fühlte ich mich ein wenig unbehaglich, da meine aggressiven Bemühungen um neue Klienten bisher kaum greifbare Ergebnisse gezeitigt hatten. Ich hatte lediglich ausgehandelt, dass man am Ende des Jahres meine Beförderung zum Managing Director in Erwägung ziehen würde (einige Jahre früher, als ich bei Goldman für eine Partnerschaft infrage gekommen wäre) und dass ich zu den bestbezahlten 25 Prozent in meiner Kategorie zählen würde. Es überraschte mich nicht, dass die Beförderung zum Managing Director ausblieb. Hingegen stellte ich zu meiner großen Überraschung fest, dass man mir deutlich mehr bezahlte, als gemäß unserer Vereinbarung erforderlich gewesen wäre.

Ab dem zweiten Jahr begann sich meine Investition ebenso wie die der Firma zu rentieren, denn ich war in den folgenden Jahren jeweils für Honorareinnahmen von 60 bis 80 Millionen Dollar verantwortlich oder zumindest daran beteiligt. Ein derartiges Auftragsvolumen war sogar in einem insgesamt ausgezeichneten Jahr für die Firma und die Branche mehr als respektabel, und in einem normalen oder schlechten Jahr war es außergewöhnlich. Dazu kam, dass dieser stetige Einnahmenfluss in einem Geschäftsbereich mit inhärent schwachen Resultaten noch wertvoller war.

Die Methode, anhand deren die Beratungsgebühren den »Ertragsverzeichnissen« der Banker zugerechnet und anschließend die Gehälter ermittelt werden, hat mehr mit einer Kunst als mit einer Wissenschaft zu tun, und die Resultate dieser Berechnungen sind sehr umstritten. Es gibt nicht einmal eine theoretische Beschränkung für die Zahl der Banker, die einen Geschäftsabschluss für sich in Anspruch nehmen können, da jede Alternative zu Boxkämpfen auf den Fluren führen würde. Es wird zwischen einer »primären« und einer »sekundären« Verantwortung für eine Transaktion unterschieden, und es ist ein offenes Geheimnis, dass selbst eine eher schwer nachweisbare Verbindung zu einer bestimmten Transaktion einem Banker einen »sekundären« Anspruch sichern kann. Der Grund dafür, dass an diesem System festgehalten wird, ist darin zu suchen, dass die Alternative erschreckend ist: endlose Streitigkeiten über den Umfang der Beiträge der einzelnen

Banker zu jedem einzelnen Geschäft. Am Ende besteht nur ein eher loser Zusammenhang zwischen dem Ertragsverzeichnis und dem Jahresgehalt, und die Entscheidungsträger können das Einkommen eines Bankers jederzeit ausgehend von ihrer persönlichen Einschätzung des Werts seiner Beiträge korrigieren. Und da es ohnehin immer zu Meinungsverschiedenheiten über die jährlichen Bonuszahlungen kommt, verursacht es kaum zusätzliche Kosten, diese Diskussionen auf denselben Zeitpunkt zu verschieben.

Manche Banker sind berühmt dafür, dass es ihnen immer wieder gelingt, Ansprüche auf eine Beteiligung an einer Vielzahl von Transaktionen geltend zu machen, obwohl ihre Beiträge zumindest fragwürdig sind. Bei Morgan Stanley wurden diese Leute intern als »Klettenbanker« bezeichnet, da sie das Talent hatten, ihren Namen an jedes Geschäft zu heften, mit dem sie irgendwann in Berührung gekommen waren. Diese Banker schafften es regelmäßig, sich Einnahmen zuschreiben zu lassen, selbst wenn sie meinen persönlichen »Gegenüberstellungstest« für die Zuteilung sekundärer Erträge nicht bestanden. Der Test funktionierte folgendermaßen: Würde der Klient den Banker bei einer polizeilichen Gegenüberstellung erkennen, so hatte dieser Kollege tatsächlich einen sekundären Anspruch.

Dass die Banker derart großzügig waren, wenn es darum ging, anderen Einnahmenansprüche zuzugestehen, hatte folgenden Grund: Diese Großzügigkeit kostete sie nichts (sie schmälerte ihren eigenen Beitrag nicht), hatte jedoch einen wesentlichen Vorteil: Sie konnten sicher sein, dass der dankbare Empfänger des unverdienten sekundären Anspruchs auf Beteiligung an ihren Transaktionen umgekehrt dasselbe für sie tun würde. So verwandelten sich die Ertragsverzeichnisse, die eigentlich das wichtigste Managementwerkzeug in jeder Dienstleistungsfirma sein sollten, in ein gewaltiges Pyramidenschema, das am Ende jedes Jahres einer umfassenden metaphysischen Dekonstruktion unterzogen werden musste. Doch da es bei Morgan keine echte Teamkultur gab, war dieses Pyramidenschema eine praktische Notwendigkeit, denn die Banker konnten nur so zur Zusammenarbeit bewegt werden.

Auch bei der eigentlichen Leistungsbeurteilung wurde fleißig betrogen. In der Theorie hingen die Evaluierungen nicht mit den Ertragsverzeichnissen zusammen, sondern beruhten ausschließlich auf dem gesammelten Feedback. Der Beurteilungsprozess wurde als Rundum-Feedback bezeichnet, da die Bewertungen von Personen auf allen

Ebenen stammten. Allerdings suchten sich die Banker bei Morgan Stanley selbst aus, von wem sie beurteilt werden wollten. Folglich waren die Ergebnisse keineswegs so objektiv, wie gerne behauptet wurde. Selbst die Vorgesetzten versuchten Einfluss darauf zu nehmen, da eine gute Beurteilung ihrer direkten Untergebenen auch ein vorteilhaftes Licht auf sie selbst warf und es erleichterte, ihrer Gefolgschaft ein gutes Einkommen zu sichern. Mancher Vorgesetzte gab seinen Leuten Anregungen dazu, welche Kollegen in den Beurteilungsformularen hart oder wohlwollend behandelt werden sollten, oder wies sogar darauf hin, dass ein bestimmter Kollege angesichts seiner früheren Beurteilungen möglicherweise kein so besonders guter Freund war. Ich gewöhnte mich auch an Anrufe von Bankern, die sich vorsichtig erkundigten, ob sie mich als Beurteiler angeben sollten. Dies war eine nicht allzu subtile Art zu fragen: »Werden Sie sich denn vorteilhaft über mich äußern?«

Um einer derartigen Verfälschung der Resultate entgegenzuwirken, stellte es die Firma jedermann, der nicht zur Beurteilung eingeladen worden war, frei, dennoch freiwillige Bewertungen seiner Kollegen abzugeben. In der Praxis waren solche freiwilligen Beurteilungen selten. Einmal hatte sich ein Banker, mit dem ich intensiv an einem Projekt einer anderen Gruppe gearbeitet hatte, geweigert, mich als Beurteiler zu nominieren. Das überraschte mich nicht, denn er strebte einen Posten als Managing Director an, und ich hatte kein Geheimnis aus meiner Enttäuschung über seine Leistungen gemacht. Ich informierte seinen Vorgesetzten über meine Einschätzung dieses Bankers und fragte ihn, ob ich ein Formular für eine freiwillige Beurteilung ausfüllen solle. Es stellte sich heraus, dass der Vorgesetzte eine Beförderung dieses Bankers wünschte, weshalb er es vorzog, dass ich meine Meinung für mich behielt. Da die Rankings und die Gehälter in einem Prozess festgelegt wurden, in dem dieser Manager eine Rolle spielen würde, hätte es mich oder einen meiner Mitarbeiter Geld gekostet, wenn ich trotzdem eine freiwillige Beurteilung abgegeben hätte. So funktionierte dieses Spiel nun einmal.

Da die Liste der von mir betreuten Klienten und meine Einnahmen überwiegend auf Unternehmen entfielen, mit denen Morgan nie zuvor Geschäfte gemacht hatte – in den Ertragsverzeichnissen der Firma wurden die »Erstaufträge« zu jener Zeit tatsächlich separat angeführt –, schnitt ich im Allgemeinen durchaus gut ab. In den Leistungsbeurteilungen wird naturgemäß zwischen »Stärken« und »Entwicklungsbedürfnissen« unterschieden. Solange man die Gunst der Leute genoss, wurden die Stärken hervorgehoben, fiel man in Ungnade, so rückten die Entwicklungsbedürfnisse in den Vordergrund.

Ich stellte fest, dass die Leistungsbeurteilungen kaum etwas bewirkten. Mit Sicherheit änderten sie in meinem Fall nichts. Ich wurde in den Beurteilungen für meine »Branchenkenntnisse«, für meine »Wirkung auf die Unternehmensleiter«, für meinen »geschäftlichen Instinkt« und für meine »unermüdliche Bemühung um Aufträge« gelobt. Es hieß, meine »bunte/unorthodoxe Persönlichkeit« trage zu einem »ausgezeichneten Arbeitsumfeld« bei, weshalb ich ein »wichtiger Führer und Mentor jüngerer Mitarbeiter« sei. Auf der anderen Seite wurde ich auf die Notwendigkeit hingewiesen, mein »manchmal respektloses Verhalten zu mäßigen«, das »gelegentlich zu ungeschliffen ist und die Kollegen vor den Kopf stößt«. Da mein »direkter, stets auf das Wesentliche zielende Stil« leicht auf Widerstand stoße, müsse ich mich um »größere Diskretion bei der Äußerung von Ansichten« bemühen und mein »übermäßig aggressives Auftreten mäßigen«. Und obwohl ich in der ersten Beurteilung ohne eine Erwähnung dieses altbekannten Ärgernisses davonkam, wurde ich ab 1999 jedes Jahr darauf hingewiesen, wie wichtig es sei, dass ich jeden Tag mein Büro aufräume.

Solange der Boom anhielt, wurden meine »stilistischen« Mängel eher als charmante Eigenarten betrachtet. Abgesehen davon, dass ich außerordentlich gut bezahlt wurde, belohnte man mich Ende 1999 trotz meines chaotischen Büros mit einem Paket von Aktienoptionen. Doch wie vieles andere änderte sich das dramatisch, als der Crash unsere Welt auf den Kopf stellte.

9

Risse in der Fassade

Obwohl der Beginn der Internetära normalerweise mit dem Börsengang von Netscape im Jahr 1995 angesetzt wird, wurde das übrige Investment-Banking erst 1999 von der Hysterie erfasst. Selbstverständlich war das Phänomen unübersehbar geworden, nachdem im April 1996 Yahoo, im Mai 1997 Amazon.com und im September 1998 eBay an die Börse gegangen waren. Und die anscheinend endlose Werbekampagne der Technologiegruppe von Morgan Stanley in den Fachzeitschriften konnte kaum jemandem entgehen. Es machte sich Unmut darüber breit, dass die Gruppe einen hochrangigen Banker ohne jede Klientenverantwortung für die Öffentlichkeitsarbeit abstellte. Natürlich waren derartige böse Kommentare nichts Ungewöhnliches in einer dezentralisierten Organisation, in der die Eifersucht zwischen den Gruppen wilde Blüten trieb.

Ende des Jahres 1998 wurden die Schleusen geöffnet. Junge Technologieunternehmen, deren Mangel an Betriebsergebnissen noch wenige Jahre zuvor eine Aufnahme an der Börse vollkommen undenkbar gemacht hätte, stürmten nun in Scharen auf den Markt. Und der Geldregen, der dank des Verkaufs ihrer überbewerteten Aktien in ihre Kassen prasselte, löste eine beispiellose Fusionswelle aus.

Im Jahr 1999 wurde klar, welche Auswirkungen diese Kauforgie im Technologiesektor nicht nur auf das Auftragsvolumen, sondern auch auf die Zusammensetzung der Geschäftsbereiche der Investment-Banken hatte. In diesem Jahr gingen fast 400 amerikanische Technologieunternehmen an die Börse, das waren mehr als doppelt so viele wie ein Jahr zuvor. In M&A-Kreisen waren die achtziger Jahre als die moderne Blütezeit in Erinnerung geblieben. Aber im Jahr 1999 wickelten Goldman Sachs, Morgan Stanley und Merrill Lynch jeweils Fusionen und Übernahmen im Wert von mehr als einer Billion Dollar ab, das heißt mehr als das Gesamtvolumen an Fusionen in jedem Jahr zwischen 1980 und 1990.[1]

An diesem Punkt konnten die Banker in anderen Bereichen den Boom im Technologiebereich nicht länger ignorieren. Das lag nicht nur daran, dass das Bankgeschäft im Technologiesektor so viel schneller wuchs als in anderen Sektoren. Das Problem war, dass die Bewertungen der Internetaktien nicht nur astronomische Höhen erreichten, mit denen sich keine andere Branche messen konnte, sondern anscheinend auf vollkommen neuen Berechnungsmethoden beruhten. Obwohl sie von den herkömmlichen Methoden abgeleitet waren, waren die genauen Bestandteile dieser geheimnisvollen Bewertungstechniken nur einer kleinen Gruppe von Technologiebankern bekannt, die sich vollkommen auf diese unergründliche Kunst spezialisiert hatten.

Die Bewertung von Unternehmen beruht traditionell auf einer Analyse der gegenwärtigen Erträge oder des Cashflows und der in der Zukunft zu erwartenden Erträge. Die gegenwärtigen Erträge können naturgemäß mit größerer Sicherheit beurteilt werden als die zukünftigen, womit die auf der ersten Ertragskategorie beruhenden Methoden weniger spekulativ sind. Aus diesem Grund ist die am wenigsten präzise der herkömmlichen Bewertungsmethoden die dynamische Investitionsrechnung anhand des »diskontierten Einnahmenüberschusses« (Discounted Cash Flow, DCF), der eine Hochrechnung des gegenwärtigen Bargeldflusses auf einen Zeitraum von fünf oder zehn Jahren darstellt. Relativ geringfügige Änderungen an den Annahmen in Bezug auf Wachstum und Zinsen können zu beträchtlichen Schwankungen der DCF-Bewertungen führen. Üblicherweise findet man den Großteil des DCF-Werts im »Residualwert« – das ist jener Wert, der dem letzten und damit spekulativsten Jahr des Prognosehorizonts zugewiesen wird. Dieser Wert wird berechnet, indem der für dieses Jahr prognostizierte Cashflow mit einem Faktor multipliziert wird, der die Einschätzung impliziert, dass die Zahlungsflüsse unendlich mit einer bestimmten Rate wachsen können.

Die Anwendung dieser Bewertungsmethode auf Internetunternehmen, die in der Gegenwart noch keine Gewinne erzielten und deren endgültiges Geschäftsmodell bestenfalls ungewiss war, trieb alle Schwächen des DCF-Modells auf die Spitze. Es kam nicht selten vor, dass mehr als 90 Prozent des geschätzten Gesamtwerts auf den Residualwert entfielen, der nur auf einer weit hergeholten Vermutung darüber beruhen konnte, wie diese jungen Unternehmen, die in der Gegenwart ausschließlich rote Zahlen schrieben, in einem Jahrzehnt aussehen könnten. Obendrein bogen sich die Internetbanker die traditionelle

DCF-Methode zurecht und entwickelten neue Techniken mit hübschen Akronymen wie DEVA (»discounted equity valuation analysis«), die es ermöglichten, den Residualwert noch weiter aufzublasen.

Sofern sie sich nicht auf fantasievolle Prognosen stützten, zogen die Internetbanker andere Betriebsstatistiken dieser Unternehmen heran. Es ist richtig, dass in bestimmten Branchen zur Schätzung des Unternehmenswerts nicht die Erträge oder die Zahlungsströme, sondern finanzielle oder sogar betriebliche Maßstäbe herangezogen werden. Aber das ist nur dort möglich, wo nachweislich ein Zusammenhang zwischen diesen Daten und den Erträgen besteht. In der Welt des Internets bestand keine bekannte Beziehung zwischen den herangezogenen Maßstäben – etwa der Zahl der »Besuche auf einer Website« oder der »Attraktivität« einer Seite – und den Erträgen.

Der Aufstieg des Technologiesektors hatte vor allem drei Auswirkungen.

Erstens gelangten die Klienten in sämtlichen Branchen von den Medien bis zur Papierproduktion zu der Überzeugung, dass das kleine, defizitäre Technologieinvestment der Vergangenheit das noch nicht entdeckte Milliardenjuwel der Zukunft (oder der Gegenwart) sei, das verkauft, an die Börse gebracht, abgestoßen oder auf andere Art zu Geld gemacht werden müsse. So sehr die Banker auch versuchten, die Euphorie ihrer von fantastischen Reichtümern träumenden Klienten zu dämpfen: die Aussicht auf einen Geldregen, mit dem beispielsweise ein Manager eines Papierunternehmens normalerweise nicht rechnen durfte, übte eine geradezu hypnotische Wirkung aus. Wenn Unternehmen, die nie einen Gewinn erzielt hatten – oder in vielen Fällen noch kein einziges Produkt verkauft hatten –, Millionen wert waren, warum sollte dann der Traum des Managements einer Papiermühle weltfremd sein?

Zweitens strapazierte die plötzliche Expansion des Technologiesektors die Kapazitäten der Investment-Banken, die nun von jenen ungeliebten Leuten abhingen, die die »Internet-DNA« besaßen. Ähnlich wie im Fall der »Energie- und Signaltherapie«, die sich in den siebziger Jahren wie ein Flächenbrand ausbreitete, führten die irrationalen Bewertungskriterien zur Bildung von zwei Gruppen: da gab es jene, die »es drauf hatten«, und jene, die es eben nicht drauf hatten. Es zählten nur noch die Ansichten derer, die es drauf hatten. Und wie der Ausdruck »Internet-DNA« nahelegt, lautete die allgemeine Annahme, dass es nicht möglich sei, jemanden in der geheimnisvollen Kunst der Bewertung von Internetunternehmen zu schulen: Wem diese Kunst nicht in die Wiege gelegt war, der würde sie nie erlernen. Es genügte nicht, den Internetjargon der Kollegen in der Technologiegruppe nachzuplappern oder die Feinheiten der DEVA-Kalkulation zu durchschauen. Noch schlimmer war, dass es die Technologiebanker nicht nur ablehnten, die Einschätzung der Banker aus anderen Bereichen ernst zu nehmen, sondern dass auch die Klienten darauf bestanden, von den »echten« Internetbankern beraten zu werden.

Die Banker der alten Schule waren nun der Gnade der Internetexperten ausgeliefert, wenn sie ihren Klienten die gewünschte Beratung anbieten wollten. Um eine weitere Analogie zu verwenden: Es war so, als wachte der prototypische »Mann der Organisation« eines Morgens auf und stellte fest, dass die Unternehmen in der Gruppe der Fortune 500 allesamt von Hippies geleitet wurden. Abgesehen von den Kapazitätsbeschränkungen wurden die Spannungen dadurch verschärft, dass die Internetbanker von ihren Kollegen kurz zuvor noch mit Geringschätzung behandelt worden waren.

Zu den Kapazitätsengpässen und den internen Spannungen kam die Tatsache, dass das Investment-Banking in der Außenwelt nicht länger als »heiße« Aktivität galt. Intern mochten sich die Banker als Bestandteil der New Economy betrachten, doch in den Augen der Hochschulabsolventen, die ins Berufsleben eintraten, schien diese Tätigkeit ein Stück von der wirklichen Action entfernt zu sein. Wer im Zentrum des Geschehens stehen wollte, der musste in einem Internetunternehmen arbeiten oder in solche Unternehmen investieren. Die Folge war, dass die Investment-Banken nicht länger zu den begehrtesten Arbeitgebern für die besten Absolventen der Spitzenuniversitäten zählten. Jene Berufseinsteiger, die doch in einer Investmentfirma landeten, waren nicht nur von geringerer Qualität, sondern nahmen ihre Arbeit auch nicht mehr in dem Bewusstsein in Angriff, die Kollegen ihrer Altersgruppe im Wettrennen um jenen begehrten Posten in einer Investment-Bank ausgestochen zu haben. Stattdessen waren dies Leute, die sich mit dem zweitbesten Job abfinden mussten. Noch unglaublicher war, dass die etablierten Banker in Scharen abwanderten, um Posten in der New Economy zu übernehmen. Um auf diese Umwälzungen zu reagieren, übernahmen die führenden Investment-Banken zwei Praktiken, die lange Zeit tabu gewesen waren: Sie boten den Internetbankern auf allen Ebenen spezielle finanzielle Vereinbarungen an, damit sie nicht auf Abwanderungsgedanken kamen, und warben mittelmäßige Internetbanker von kleineren Firmen ab. Tatsächlich wurden

Banker, die sich ursprünglich vergeblich bei den besten Investment-Banken beworben hatten, nun als Quereinsteiger auf Ebenen eingestellt, die sie kaum erreicht hätten, hätten sie ihre Laufbahn direkt in einer der besten Banken begonnen. Und das Einzige, was sie mitbrachten, war die »Internet-DNA«. Dieselbe Vorgehensweise wurde bald auch auf andere Branchengruppen ausgeweitet.

Das Zugeständnis individueller finanzieller Vereinbarungen, insbesondere, wenn sie Mitarbeitern unterhalb der Ebene des Managing Director zugute kamen, untergrub die Kultur der großen Investment-Banken. Wie zuvor erläutert, halten diese Firmen ihre aus lauter »Superstars« bestehenden Truppen nicht zuletzt dadurch unter Kontrolle, dass sie sämtlichen Mitarbeitern den Eindruck vermitteln, sie gehörten zum besten Viertel der Belegschaft. Wenn man versucht, statt einer »Starkultur« eine »Teamkultur« aufzubauen, kann diese Schwindelei als harmlos oder sogar nützlich betrachtet werden. Tatsächlich sollten jene, die beschwindelt werden, in Anbetracht ihrer Intelligenz im Grunde wissen, dass es sich um eine Flunkerei handelt, und diesen Gedanken lediglich verdrängen, da das sowohl für die Firma als auch für sie selbst das Beste ist. In den Investment-Banken ist das Einkommen noch mehr als in anderen Unternehmen ein Synonym für die Leistung: Die Position im Unternehmen hängt eng mit dem relativen Umfang der Bonuszahlung am Jahresende ab. Die Folge ist, dass sich die Einkommen der meisten Banker abhängig vom Jahr ihres Hochschulabschlusses und des Eintritts in die Firma in einer sehr engen Bandbreite bewegen. Das ändert sich erst relativ spät in der Karriere eines Bankers. Die Methode schafft eine Grundlage für die harmlose Lüge, dass 100 Prozent der Angestellten zu den besten 25 Prozent gehören. Beginnt das Management jedoch, einzelnen Bankern eine finanzielle Vorzugsbehandlung angedeihen zu lassen – insbesondere wenn es sich dabei um Leute handelt, deren Qualität im Allgemeinen als geringer eingeschätzt wird –, so erschüttert es das Fundament der »Teamkultur«.

In den siebziger Jahren entbrannte eine Kontroverse über die Einrichtung der M&A-Abteilungen in den großen Investmentfirmen, da Konflikte mit den bestehenden Klienten der »Relationship-Banker« befürchtet wurden. Um in den neuen Geschäftsbereich der Fusionen und Übernahmen vorzustoßen, wandten sich die Firmen Klienten zu, die ansonsten inakzeptabel gewesen wären und deren Interessen in den Augen eines langjährigen Kunden unethisch wirken konnten. Morgan Stanley, bei dem aufgrund seiner Herkunft und seiner Traditionen höhere Maßstäbe angelegt wurden, wurde besonders genau unter die Lupe genommen. Aufgrund des raschen Wachstums der Firma in dieser Zeit fiel es dem Management schwerer, »die Leute zu prüfen oder ihnen die alte Kultur zu vermitteln«,[2] obwohl das gar nichts war im Vergleich zu dem, was der Firma während des Internetbooms widerfahren sollte. Um eine Rückbesinnung auf die traditionellen Werte von Morgan Stanley zu fördern, kramte Bob Baldwin zu jener Zeit Jack Morgans Slogan über die Firma hervor, die ausschließlich »erstklassige Geschäfte auf erstklassige Art und Weise« machte. Dreißig Jahre später fand dieses Motto in einer noch problematischeren Zeit erneut seinen Weg in die Mundart der Firma. Nur war es bei dieser Gelegenheit für den internen Gebrauch bestimmt und wurde mit einiger Ironie verwendet, üblicherweise mit rollenden Augen, um den ethischen Verfall der Firma zu kommentieren.

Die allgemeine Senkung der Standards für Neueinstellungen, sei es für Berufsanfänger oder Banker in der Karrieremitte, löste einen Schneeballeffekt aus. Einige Folgen waren vorhersehbar, etwa die nachlassende Qualität der Arbeitsergebnisse. Abgesehen von den Auswirkungen der neuen Rekrutierungspraktiken erschwerte das gewaltige Geschäftsaufkommen die Überprüfung der Arbeit und erhöhte die Wahrscheinlichkeit, dass die Klienten mit Material versorgt wurden, das von weniger erfahrenen Bankern erstellt worden war. Aber das Element, das diese schon an sich gefährliche Mischung zur Explosion brachte, war die Aushöhlung der Teamarbeit, die bis dahin bei allen besseren Investment-Banken mehr oder weniger gut funktioniert hatte. An ihre Stelle traten eine individualistische Kultur und der Persönlichkeitskult. Die Banken förderten diese Entwicklung mit ihrer Bereitschaft, die Banker zunehmend individuell zu bezahlen, anstatt sie allgemeinen Kategorien zuzuordnen. Zudem hatte ein wachsender Anteil der Mitarbeiter kaum noch eine Beziehung zur Kultur der Firma, weil die Mitarbeiterfluktuation infolge des steigenden Bedarfs an Bankern zunahm. Und schließlich wurden die Investment-Banken von einem allgemeinen kulturellen Wandel erfasst: Die Gesellschaft feierte die individuellen Internetmillionäre, anstatt sich auf den Wert der von ihnen gegründeten Unternehmen zu konzentrieren.

Das Ansehen einer Investment-Bank hat entscheidenden Einfluss auf den langfristigen Wert ihres Geschäfts und hängt direkt mit der wahrgenommenen Qualität ihrer Mitarbeiter zusammen. Die Gefahr für das Ansehen einer solchen Einrichtung ist umso größer, je höher ein

Banker, der sich als Niete erweist, in der Hierarchie angesiedelt ist. Doch bei Morgan Stanley trat das Potenzial für Schwierigkeiten ironischerweise am deutlichsten in einer Situation zutage, die einen Bankexperten auf der untersten Ebene der Hierarchie betraf – einen Analysten. Im eigenartigen Fall von Christian Curry, der in der Öffentlichkeit einige Missverständnisse auslöste, vermengte sich das Problem der sinkenden Standards mit dem der Besessenheit von der Prominenz. Der ungeschickte Umgang der Firma mit dem problematischen jungen Analysten wirkte sich schließlich sogar auf den Machtkampf im Management aus, und die Anhänger des damaligen Präsidenten John Mack nutzten den Vorfall, um Morgans Rechtsberater zum Rücktritt zu zwingen.

Als im Jahr 1998 gemeldet wurde, dass Morgan Stanley einen jungen afroamerikanischen Analysten gefeuert hatte, dessen Foto einen Tag zuvor das Cover eines Schwulenmagazins geziert hatte, sahen sich die meisten Leute in ihren vorgefassten Meinungen über die Homophobie und den Rassismus der Investment-Banken bestätigt. Die wahre Geschichte Christian Currys und der ausgesprochen ungeschickten Reaktion der Firma lassen ganz andere Schlüsse zu. Curry war ein Produkt der Vorzugsbehandlung. Der junge Mann war eingestellt worden, weil sein Vater Verbindungen zu einem der leitenden Banker von Morgan Stanley hatte, obwohl viele Personen nach den Bewerbungsgesprächen mit ihm Vorbehalte geäußert hatten. Sein Vater Dr. William Curry, der Chirurg im New York Presbyterian Hospital war, hatte gemeinsam mit Bill Lewis, dem damaligen Leiter der Immobilienabteilung von Morgan Stanley, zu den ersten Afroamerikanern gehört, die in den exklusiven Shinnecock Golf Club aufgenommen worden waren. Dort hatten sie sich angefreundet. So hatte sein Sohn Christian auf ganz ähnliche Art einen Arbeitsplatz bei Morgan gefunden wie ungezählte weiße privilegierte Problemkinder, die in angesehene Firmen aufgenommen worden waren. Die Tatsache, dass sich ein verdorbenes Kind reicher schwarzer Eltern ebenso zum Narren machen kann wie die verdorbenen Kinder reicher weißer Eltern, ist auf eine verdrehte Art ein Zeichen für die positive Entwicklung der Beziehungen zwischen den ethnischen Gruppen im Allgemeinen und für die Öffnung der Investment-Banken im Besonderen.

Wäre nicht ein schlechtes Timing durch einen bemerkenswerten Mangel an Urteilsvermögen verschlimmert worden, so wären die Geschehnisse rund um Christian Curry rasch in der Versenkung verschwunden und lediglich seinen enttäuschten Eltern und Förderern in

Erinnerung geblieben. Was das Timing anbelangt, so legte die Personalabteilung Joe Perella im April 1998 überzeugende Beweise dafür vor, dass Curry Gelder unterschlagen hatte. Seine Gaunereien waren aufgeflogen, als jemand die Telefonnummer gewählt hatte, die auf einer der vielen »Essensrechnungen« stand, die Curry mit abgerissenem Kopf als Belege für seine Spesenabrechnung eingereicht hatte. Als sich herausstellte, dass es sich um einen »Nachtklub« mit Namen Cheetah's handelte, wurden weitere Nachforschungen eingeleitet. Es zeigte sich, dass etwa die Hälfte der mehr als 300 Rechnungen, die Curry in seiner zehnmonatigen Tätigkeit für Morgan Stanley eingereicht hatte, mit betrügerischer Absicht vorgelegt worden waren. Unter anderem hatte er Einkäufe bei Cole-Haan, Blockbuster, FAO Schwartz, Lots of Linen und in Spirituosenhandlungen als »Arbeitsessen« deklariert.

Anscheinend handelte es sich um einen klaren Fall. Als wäre der Betrug noch nicht genug gewesen, erschien Curry oft erst zur Mittagszeit zur Arbeit – um die Firma dann vorzeitig wieder zu verlassen. Doch da in seiner Akte stand, dass er von Bill Lewis eingestellt worden war, schlug Perella vor, mit der Kündigung zu warten, bis Lewis am folgenden Montag aus dem Urlaub zurückkehren würde. Das Unglück wollte es, dass die Ausgabe von *Playguy*, auf deren Cover der junge Mann mit halb erigiertem Penis zu sehen war, genau an dem Tag erschien, an dem er wie geplant auf die Straße gesetzt wurde.

Der Fall Curry spricht auch Bände über die Unfähigkeit der großen Investment-Banken, trotz ihres zu jener Zeit unstillbaren Appetits auf Mitarbeiter ihre Standards und ihre Kultur aufrechtzuerhalten. Diese gewaltige Nachfrage wurde zum einen von einer beispiellosen Zahl von Transaktionen, zum anderen von einer beispiellosen Fluktuation unter den besten Mitarbeitern ausgelöst, die scharenweise zu den jungen Internetunternehmen und Wagniskapitalfirmen abwanderten. Das hatte unter anderem zur Folge, dass die Zugehörigkeit zu diesen einst elitären Klubs viel von ihrem Reiz verlor. Und was die Person Currys anbelangte, so wurde dieser egozentrische und mittelmäßige junge Mann mit einem maßlos übertriebenen Sinn für die eigene Bedeutung und einem ungesunden Streben nach Berühmtheit zum Inbegriff der Investment-Banker jener Zeit.

Allerdings bewegte die Erfahrung mit Curry die Firma dazu, sich der Tatsache bewusst zu werden, dass sie sich in eine Einrichtung verwandelt hatte, die kaum noch etwas mit dem vornehmen Klub gemein hatte, der sie einst gewesen war. Der Vorfall zeigte deutlich, dass die internen Mechanismen, die geschaffen worden waren, um deutlich kleinere Geschäftsbereiche mit sehr viel kompetenteren Mitarbeitern zu kontrollieren, der Realität nicht länger angemessen waren.

Es muss unterschieden werden zwischen der Frage der Maßstäbe, die bei der Einstellung neuer Mitarbeiter angewandt wurden, und dem Problem der internen Verhaltensnormen. Im Gegensatz zu der Vorstellung, die die Öffentlichkeit von den Investment-Banken hat, sind dies eher gesetzte Einrichtungen. Zumindest in den Bankabteilungen (im Gegensatz zu den Handelsabteilungen, in denen stets eine eher lockere Atmosphäre herrscht) wird abweichendes oder rücksichtsloses Verhalten eigentlich nicht toleriert. Sexskandale oder andere Fehltritte waren dort lange Zeit unüblich, und wenn es doch einmal zu einem Vorfall kam, wurde rasch und entschlossen eingegriffen. Außer Kontrolle geratene Manager, die Mitarbeiterinnen sexuell belästigen, im Flur unflätige Flüche ausstoßen und ihre nach Deckung suchenden Untergebenen mit Gegenständen bewerfen, bekam man in den führenden Investment-Banken kaum zu sehen.

Taucht man in die unteren Ebenen des Bankwesens ein, so findet man durchaus Beispiele für Vorfälle, die den verbreiteten Stereotypen durchaus entsprechen. Der Grund dafür ist wohl, dass in diesen Firmen eher eine einzige Gruppe für ganz unterschiedliche Ertragspositionen verantwortlich ist. Je schlechter eine Investment-Bank bewertet wird und je höhere Gehälter sie garantieren muss, um gute Banker an sich zu binden, desto wahrscheinlicher ist es, dass einzelne Angestellte oder Gruppen von Mitarbeitern Druck auf die gesamte Firma ausüben können. Wenn eine Gruppe von Bankern, die sich unangemessen verhalten, für ein Viertel der gesamten Erträge im Investment-Banking verantwortlich ist, und wenn all diesen Bankern bei einer Entlassung aus beliebigen Gründen drei Jahresgehälter garantiert worden sind, wird das Management diese Leute kaum auf die Straße setzen.

Dies ist ein weiterer Bereich, in dem der Boom die Unterschiede zwischen den besten Investment-Banken und den übrigen Firmen verwischte. Die Geschichte von Bob Kitts ist ein gutes Beispiel für dieses Phänomen. Kitts war bei Morgan Stanley einer von zwei Leitern der sogenannten Business Development Group (BDG). Die Aufgabe dieser Gruppe bestand darin, kreative Geschäftsideen zu entwickeln und den anderen Gruppen, vor allem aber den ebenfalls von ihr betreuten LBO-Firmen vorzuschlagen. Bob Kitts, ein stämmiger Mann, der in seinem Büro ein Paar Boxhandschuhe aufbewahrte, war aggressiv, streitlustig und auf eine sympathische Art verschlagen. Er kämpfte intern hart darum, dass die Experten aus den Branchengruppen seine LBO-Klienten mit durchführbaren Übernahmekonzepten versorgten. Unterstützt wurde er von einer Verwaltungschefin namens Lauren Bessette, die nicht weniger aggressiv als er war, seine Untergebenen jedoch vor ihm in Schutz nahm, wenn er allzu raubeinig wurde.

Und Bob Kitts war sehr raubeinig. Einmal erzählte mir ein Kollege, er sei nie einem Menschen begegnet, der unter einem derart schlimmen »Kleinwüchsigkeitskomplex« litt wie Kitts. Bob Kitts trank viel. Er hatte ein explosives Temperament. Und er war ein verheirateter Mann mit einer Schwäche für junge Mitarbeiterinnen.

Im Jahr 1998 kam sein problematischer Charakter in einer Situation zum Vorschein, die kaum ignoriert werden konnte. Im Verlauf eines Belegschaftsausflugs stieß sich Kitts an einer Äußerung eines jungen Analysten und schlug nach ihm. Bei der folgenden Rauferei biss er den Analysten ins Ohr. Nachdem die Kampfhähne getrennt worden waren, stürmte Kitts aus dem Raum, kehrte einige Zeit darauf jedoch in einem Taxi zurück, um eine junge Mitarbeiterin abzuholen, mit der er eine Affäre hatte. Die Frau, eine wohlgeformte russische Blondine namens Elena Drill, hatte ihr Studium an der New York University mit Auszeichnung abgeschlossen, war jedoch nicht als reguläre Analystin eingestellt worden. Sie sprach mit einem deutlichen Akzent, war in ihrem Heimatland Model gewesen und passte nicht recht in die Männergesellschaft der Analyseabteilung. Kitts hatte sie trotzdem als »Verwaltungsassistentin« engagiert.

Nach wenigen Tagen kannte jedermann an der Wall Street die Geschichte von Morgan Stanleys »Hannibal Lecter« (andere bezeichneten ihn als unseren »Mike Tyson«).[3] Ich habe keinen Zweifel, dass Firmen wie Morgan Stanley oder Goldman Sachs einen solchen Mitarbeiter zu einer anderen Zeit gefeuert hätten, ohne weitere Fragen zu stellen. Doch dies war eine Zeit, in der die Investment-Banken zu fast jedem Zugeständnis bereit waren, um ihre Banker zu halten. Es war ganz normal, dass einem Mitarbeiter eine mehrmonatige bezahlte »Nachdenkpause« zugestanden wurde. Banker erhielten Verwaltungsjobs, für die sie ungeeignet schienen. Man bot ihnen flexible Arbeitszeiten an. Man bot ihnen alles an. Einen derart produktiven Banker wie Bob Kitts ziehen zu lassen, galt als verrückt. Also schickte man ihn für einen Monat in den Urlaub und riet ihm, sich psychologisch betreuen zu lassen.

Anfang des Jahres 1999 berichtete das *Wall Street Journal*, Kitts habe wenige Monate nach dem Vorfall eine gewaltige Gehaltserhöhung erhalten, da eine mittelständische Bank versucht hatte, ihn abzuwerben (angeblich war ihm ein »5 x 5 Package« angeboten worden, das heißt ein auf fünf Jahre garantiertes Gehalt von 5 Millionen Dollar). Anscheinend schwor Kitts der Unternehmensführung, dass seine Affäre mit Drill beendet sei, und die Sache wurde zu den Akten gelegt.

Einige Monate später wurde ich zu einer Tagung der Business Development Group eingeladen, die außer Haus stattfand. Am Abend saß ich in einem Nachtklub an der Seite eines betrunkenen Bob Kitts. Wenige Schritte entfernt stand Elena Drill auf der Tanzfläche.

»Sehen Sie das da?«, raunte Kitts mir vertraulich zu und deutete auf die junge Frau. »Mein Eigentum. Sie gehört mir.«

Nach einer Pause fragte er: »Möchten Sie mal probieren?«

Ich war mit seiner Assistentin Lauren Bessette befreundet, mit der ich mich etwa einmal im Monat in der Cafeteria traf, um Erfahrungen auszutauschen. Lauren zählte zu den seltenen Personen bei Morgan Stanley, die bereit war, andere Gruppen zu unterstützen, ohne von vornherein Gegenleistungen dafür zu verlangen. Und in der BDG wurde sie als Schutzherrin verehrt, die ihre Mitarbeiter gegen Kitt's Wutausbrüche abschirmte, ihnen bei beruflichen und persönlichen Problemen Ratschläge gab und allen Beteiligten half, die Dinge richtig einzuordnen. Sie dachte seit geraumer Zeit darüber nach, aus dem Bankwesen auszusteigen und sich dem Wahlkampfteam von Hillary Clinton anzuschließen. Als ich sie kurz nach meiner Begegnung mit Kitts traf, wirkte sie sehr nachdenklich. Ich erzählte ihr, was Kitts über Drill gesagt hatte. Sie seufzte und schüttelte den Kopf.

»Er will, dass ich sie befördere«, sagte sie leise.

Lauren war hin- und hergerissen zwischen ihrer persönlichen Freundschaft zu Kitts – der trotz seines instabilen, selbstzerstörerischen Wesens ein liebenswerter Rüpel war – und ihrem Verantwortungsgefühl gegenüber den jüngeren Bankern, denen vor der Möglichkeit graute, Drill könne eine vollwertige Analystin werden. In den folgenden Wochen versuchte ich Lauren klarzumachen, dass es Kitts war, der sie in diese unerträgliche Situation gebracht hatte, weshalb sie sich nicht durch ihre Freundschaft verpflichtet fühlen musste. Schließlich wandte Lauren sich an Perella, und Kitts wurde eingeladen, sich anderswo nach einem Job umzusehen. Als Drill von Lauren erfahren hatte, dass aus der Beförderung nichts werden würde, drohte sie mit einer Klage, und im

Juli 1999 wurde Kitts schließlich aufgefordert, die Firma zu verlassen. Vielleicht hätte man ihn auch unter diesen Umständen noch im Unternehmen gehalten, wären da nicht die negative Publicity im Fall Curry und eine weitere aufsehenerregende Untersuchung der Beförderungspraktiken von Morgan Stanley durch die Gleichbehandlungskommission EEOC gewesen.

Wenige Monate nach Kitt's Ausscheiden fielen sowohl Elena Drill als auch Lauren Bessette surrealen Tragödien zum Opfer. Drill wurde von ihrem russischen Lebensgefährten ermordet, der anschließend Selbstmord beging. Lauren saß mit ihrer Schwester Carolyn und John F. Kennedy Jr. in jenem Privatflugzeug, das vor der Insel Martha's Vineyard ins Meer stürzte. Bei ihrer Beerdigung brachte ich es nicht über mich, Kitts anzusehen, der ihr das letzte Jahr ihres viel zu kurzen Lebens zur Hölle gemacht hatte. Im folgenden Jahr schlug ich gemeinsam mit einigen Freunden von Lauren vor, bei Morgan einen nach ihr benannten Preis für herausragende gemeinnützige Leistungen einzuführen.

Aber es sollte nicht sein. Joe Perella legte die Idee dem Management Committee vor, wo sie in aller Stille für unbegrenzte Zeit zurückgestellt wurde. Obwohl in den Medien kein Zusammenhang zwischen Lauren und Elena hergestellt worden war, wurde in der Öffentlichkeit heftig über die Hintergründe der beiden tragischen Todesfälle spekuliert. Drills Ermordung wurde mit der russischen Mafia in Verbindung gebracht.[4] Morgan Stanley wurde vorgeworfen, Laurens Tod verschuldet zu haben, da sie bis spät am Abend habe arbeiten müssen.[5] Auch innerhalb der Firma, wo Laurens Rolle im Skandal um Kitts und Drill allgemein bekannt war, wurden alle möglichen bizarren Theorien aufgestellt: War das Flugzeug von JFK Jr. von der russischen Mafia abgeschossen worden? So sehr sich Lauren um die Firma verdient gemacht hatte, dies war eine Geschichte, an die Morgan Stanley nicht erinnert werden wollte.[6]

Auf jeden Banker, der während des Booms wie Lauren mit beiden Füßen auf dem Boden blieb, kam ein Dutzend, dem das nicht gelang. Die Banker machen sich von Haus aus viele Illusionen, und sie neigen dazu, ihren persönlichen Anteil an Erfolgen, mit denen sie irgendetwas zu tun haben, maßlos zu überschätzen. Indem die Investment-Banken einer Vielzahl von Bankern die Möglichkeit geben, ein und dieselbe Transaktion für sich in Anspruch zu nehmen, vermeiden sie, dass sich die Banker der Tatsache stellen müssen, dass ihreFantasien mit denen ihrer Kollegen unvereinbar sind. Auf dem beispiellosen Bullenmarkt Ende der neunziger Jahre kam diese Neigung zum Selbstbetrug auf verschiedenste Arten zum Ausdruck. Einige extreme Persönlichkeiten entwickelten einen regelrechten messianischen Komplex: L'Internet c'est moi, könnte man in Anlehnung an Ludwig XIV. sagen. Und die Banken, die ihre produktiven Banker nicht verlieren wollten, duldeten das, womit sie diese Wahnvorstellungen natürlich begünstigten. So wurde der Persönlichkeitskult institutionell verankert, und die strukturellen Schutzmechanismen, die die schädlichen Manifestationen der persönlichen Psychosen der Banker minderten, begannen zu bröckeln.

In der Mediengruppe war Jeff Sine das deutlichste Beispiel für die Ausbreitung dieses Phänomens. Sine war ein gelernter Rechtsanwalt und hatte sich seine Sporen bei Morgan Stanley im eher technischen Umstrukturierungsbereich verdient, bevor er in die neu gegründete Mediengruppe versetzt worden war. Zwischen seinen Tätigkeiten in den Bereichen »Umstrukturierung« und »Medien« war Jeff während der letzten Krise der Branche Anfang der neunziger Jahre kurz Verwaltungschef in der Abteilung Investment-Banking gewesen. In dieser Zeit waren viele Medienbanker den großen Kündigungswellen zum Opfer gefallen, und nach der Krise stieg Jeff zum neuen Leiter der Gruppe auf. Es wurde allgemein angenommen, dass er seinen Posten in der Verwaltung genutzt hatte, um seine Ernennung zum Medienleiter vorzubereiten, indem er die Firma von Medienexperten säuberte.

Jeff war ein wenig einzelgängerisch und sehr stolz auf seine Kenntnisse der strukturellen Details der Transaktionen sowie auf sein Wissen über triviale Einzelheiten aus dem Leben der Medienunternehmen. Er hatte zahlreiche Interessen und investierte in alles Mögliche von Theaterproduktionen bis zu schicken Nachtklubs. Kurz nach meinem Eintreffen bei Morgan Stanley brachte Jeff seine zweite Scheidung über die Bühne und versuchte alles, um sich in einen Lebenskünstler zu verwandeln. Er mietete eine atemberaubende Suite im Trump Plaza, die genau unter den Wohnräumen seiner Hoheit Donald lag, und begann, mit Models herumzuziehen. Selbst seine Frisur entlehnte er bei »The Donald«. Er selbst hielt sich für so etwas wie einen Renaissancemenschen, während andere Banker ihn für einen Idioten hielten.

Da ich selbst ein Anhänger des Theaters war und ebenfalls nebensächliche Details über die Manager zahlreicher Medienunternehmen kannte, kam ich anfangs gut mit Jeff Sine zurecht. Während anderen sein unablässiger Konsum von Fachzeitschriften und die Lawine von

Follow-up-Notizen auf die Nerven ging, fand ich es nützlich, dass er sich derart in das Leben der Branche vertiefte. Dies war eine willkommene Abwechslung von der Fixierung auf die Telekommunikation, die ich bei Goldman erlebt hatte. Und ich denke, dass Jeff in mir eine verwandte Seele sah. Er besuchte mich in meinem Büro, um mir zu erzählen, dass er eines Tages vielleicht für das Southern Poverty Law Center an Wahlrechtsfällen arbeiten werde. Es war mir nie klar, ob er es ernst meinte oder mich nur beeindrucken wollte, aber es gefiel mir, dass er sich mit solchen Dingen beschäftigte.

Mit der Internetspekulationsblase blähte sich auch Sines Selbstwertgefühl auf. Er fühlte sich nicht länger als Investment-Banker, sondern begann sich als International Man of Mystery zu betrachten. Er liebte es, in alle Welt zu reisen, und zum Verdruss der Banker in den ausländischen Niederlassungen tauchte er in ihren Büros auf und verlangte, an allen Sitzungen teilzunehmen, die für den betreffenden Tag angesetzt waren, gleich wie sehr er damit die Kundenbetreuungsarbeit durch den zuständigen Banker störte. Anschließend verschwand er wieder, um sich nie wieder an jenem Ort blicken zu lassen. In der Heimat begann Sine, alle Kollegen als Diener von Jeff Sine, dem König aller Medien, zu betrachten und zu behandeln. Als meine Bemühungen zum Aufbau eines eigenen Kundenstamms erste Früchte trugen, wollte ich nicht Jeffs Helfershelfer sein, und ich wollte auch vermeiden, dass er sich nach Lust und Laune in meine Beziehungen zu den Klienten einmischte.

Zum offenen Konflikt kam es, als ich Thomson betreute. Thomson war jenes Unternehmen, das den Verlag West gekauft hatte. Thomson war ein langjähriger Klient von Morgan Stanley. Sine setzte mich ein, um Aufträge von Thomson abzuwickeln, und zog mich bei der Vorbereitung von Sitzungen mit diesem Klienten zurate, aber er wollte nicht, dass ich selbst Kontakt zu Thomson aufnahm. Ich hatte Sine gedrängt, mir grünes Licht dafür zu geben, mich um den Auftrag für einen Verkauf von Thomsons Zeitungssparte zu bewerben, doch er hatte mich gebremst, was zum Teil daran zu liegen schien, dass er nie an einer Zeitungstransaktion gearbeitet hatte und sich in diesem Bereich nicht wohlfühlte. Als im Februar 2000 bekannt gegeben wurde, dass Thomson Goldman Sachs mit dem Verkauf seiner Zeitungen beauftragt hatte, kochte ich für eine Weile innerlich vor Wut, verabredete mich schließlich jedoch mit Sine zum Mittagessen, um die Sache zu klären.

Das Gespräch verlief katastrophal. Sine konnte einfach nicht verstehen, dass ich nicht vollkommen zufrieden damit war, auf Abruf für ihn bereitzustehen. Er hielt mich für unloyal und glaubte, ich sei derjenige mit einem übertriebenen Sinn für die eigene Bedeutung. Der Fairness halber muss gesagt werden, dass er durchaus Grund zur Verärgerung hatte. Er hatte gemeinsam mit Beatrice Cassou im Jahr 1999 meine Beförderung zum Managing Director unterstützt und dafür gesorgt, dass ich sehr viel mehr verdiente, als in meinen Augen gerechtfertigt war: 1,3 Millionen Dollar im Jahr 1998 und 2,25 Millionen im Jahr 1999. Und obwohl es mir gelungen war, eine profitable kleine Marktnische mit einem stetigen Strom von Aufträgen und Einnahmen zu finden, war meine Sachkenntnis im Medienbereich zweifellos nicht mit seiner vergleichbar. Tatsächlich war ich erst seit knapp sechs Jahren Banker, was mich kaum zu einer grauen Eminenz machte. Und es steht außer Frage, dass ich selbst mit dem Boom-Virus infiziert worden war. Zweifellos überschätzte ich meinen eigenen Anteil an den Erfolgen, an denen ich auf einem Bullenmarkt beteiligt gewesen war.

Aber darum ging es nicht. Ich war zufällig Banker geworden und nur deshalb in dieser Branche geblieben, um festzustellen, ob ich einen eigenen Tätigkeitsbereich aufbauen konnte. Ich war zu Beginn meiner Laufbahn ein »Buttboy« gewesen, wie die strebsamen und folgsamen Jungbanker verächtlich genannt werden, und hatte das sogar genossen, während ich mir meine ersten Sporen verdiente. Doch mit zunehmendem Alter schwand meine Bereitschaft, diese Rolle zu spielen, und meine Ansprüche an Vorgesetzte, die an meiner Gefolgschaft interessiert waren, wuchsen entsprechend. So talentiert Jeff Sine war, er war weit davon entfernt, diesen Ansprüchen zu genügen.

Dass einige Banker in dieser auf den Starkult beschränkten Kultur begannen, sich wie Operndiven zu gebärden, wirkte sich nicht nur auf die Beziehungen zwischen den Bankern aus. Auf die Klienten wirkte dieses Gehabe noch abstoßender. In der Unterhaltungsindustrie gibt es eine Redensart dazu: Wenn die Kostüme beginnen, sich für die Stars zu halten, ist alles verloren. In diesem Zusammenhang kommt einem Walter Yetnikoff in den Sinn, der von einem verschrobenen Anwalt in der Abteilung Geschäftsentwicklung bei CBS Records zum von den Drogen verdorbenen Leiter von Columbia aufstieg.[7] In jüngerer Zeit ist Dick Grasso zu nennen, der entthronte Chairman und CEO der New Yorker Börse, der trotz der bescheidenen Größe des von ihm geleiteten Unternehmens anscheinend zu der Überzeugung gelangte, er sei wichtiger als seine Klienten, weshalb er auch mehr Geld und Zusatzleistungen verdiene. In einer Dienstleistungsbranche wie dem Investment-Banking ist es gefährlich, den Klienten den Eindruck zu vermitteln, dass man sich mehr um sich selbst als um sie sorgt. Es mag den Anschein haben, als widerspreche dies dem achten von John Whiteheads legendären zehn Geboten für das Investment-Banking: »Wichtige Leute suchen die Gesellschaft anderer wichtiger Leuten. Sind Sie eine wichtige Person?« Doch ein Banker, der die Klienten überzeugt, ist nicht dasselbe wie ein Banker, der von sich selbst überzeugt ist, seinen Platz in der Wertschöpfungskette nicht kennt und sich nur am Rande für die Tätigkeit und die Sorgen des potenziellen Klienten interessiert. Letzten Endes hängt der Erfolg im Verkauf von der Fähigkeit ab, sich in die Lage des Kunden zu versetzen. Doch das Einfühlungsvermögen widerspricht der für den Starkult charakteristischen Egozentrik. Wie es in Whiteheads fünftem Gebot heißt: »Die Bestrebung des Klienten ist wichtiger als deine eigene.«[8]

In der gesamten Branche begannen mittelmäßige Banker zu glauben, sie seien Superstars, und die wirklichen Superstars begannen zu denken, als bloße Investment-Banker ihr Leben zu vergeuden. So nahmen einige dieser Stars gut bezahlte Spitzenposten in Unternehmen an, ohne über einschlägige Qualifikationen zu verfügen. Ein Beispiel war Tom Casey, der sich bei Skadden Arps als Anwalt mit der Abwicklung von Transaktionen beschäftigt hatte, bevor er für einen hochrangigen Posten als Banker bei Merrill Lynch engagiert wurde. Nach seiner Beförderung zum Chef des Kommunikationsbereichs schied er bei der Investment-Bank aus, um die Leitung von Global Crossing zu übernehmen.[9] Als der talentierte Michael Price im Jahr 1998 Lazard verließ, war er an vier der sieben größten Telekommunikationstransaktionen der Geschichte beteiligt gewesen. Er überzeugte ein Konsortium der größten Private-Equity-Firmen, ihm über eine Milliarde Dollar für den Aufbau eines europäischen Breitbandnetzes mit Namen FirstMark Communications zu leihen. Für den Board des neuen Unternehmens konnten Stars wie Henry Kissinger und der Technologiechef von Microsoft, Nathan Myhrvold, gewonnen werden.[10] Global Crossing meldete im Jahr 2002 Konkurs an, und die Überreste des umstrukturierten FirstMark wurden im Jahr 2004 für einen Bruchteil der ursprünglichen Investition verkauft.

Typischer als Versuche, tatsächlich die Führung von Unternehmen zu übernehmen, waren die Fälle jener Investment-Banker, die aufgrund ihrer Erfolge auf einem Bullenmarkt sich selbst und andere davon überzeugten, dass sie geniale Investoren waren. Doch entgegen der landläufigen Einschätzung ist ein guter Investment-Banker nicht zwangsläufig auch ein guter Investor. Es gibt sogar überzeugende Argumente dafür, dass ein Investment-Banker so ziemlich die letzte Person ist, der man Investitionen anvertrauen sollte. Das Investment-Banking ist in erster Linie ein Verkaufsjob. Und die besten Verkäufer sind in der Lage, sogar sich selbst davon zu überzeugen, dass ihr Produkt einfach unverzichtbar ist, selbst wenn es in Wahrheit eher wertlos ist. Eine solche Person sollte man engagieren, wenn man ein Haus verkaufen möchte, aber man sollte ihr keine Geldanlage anvertrauen.

Investitionsentscheidungen setzen nicht nur eine sorgfältige Analyse der finanziellen Daten, sondern auch ein ausgezeichnetes Verständnis der Abläufe in dem Betrieb voraus, in den man das Geld investieren will. Die Tätigkeit eines Investors beginnt genau an dem Punkt, an dem die Aufgabe des Bankers mit dem Geschäftsabschluss erledigt ist.

Doch aus allen großen Investment-Banken wanderten prominente Banker in die Welt der Kapitalanlagefirmen und der Wagniskapitalfirmen ab. Rex Golding, der fähige Leiter der Technologiegruppe von Morgan Stanley, wechselte als Partner in eine von der Softbank finanzierte Wagniskapitalgesellschaft. Chris Flowers, der bei Goldman Sachs den Bereich Finanzierungsinstitute führte, schloss sich Ripplewood Holdings an. Steve Rattner, der als Medienbanker bei Lazard beeindruckende Erfolge gefeiert hatte, trieb gemeinsam mit drei Partnern eine Milliarde Dollar an Kapital auf. Bruce Wassersteins wohlverdienter Spitzname »Bid 'em up Bruce« mochte verlockend klingen, wenn man ein Unternehmen zu verkaufen hatte, aber das galt nicht, wenn man Geld investieren wollte. Und seine ersten Ergebnisse deuten darauf hin, dass Wasserstein als Investor bestenfalls wechselnden Erfolg hat. Damit will ich nicht sagen, dass Investment-Banker keine guten Investoren sein können. Vielmehr möchte ich darauf hinweisen, dass die nahe liegende Annahme, dass sie sich zwangsläufig auf Investitionen verstehen werden, vollkommen falsch ist.

Da die Private-Equity-Investoren die Veröffentlichung der Ergebnisse ihrer Investitionen – und insbesondere der schlechten Ergebnisse – hinauszögern können, wird es einige Zeit dauern, bis wir uns ein Bild vom Erfolg dieser Gruppe machen können. Doch einige Berichte über die Fähigkeiten der Investment-Banker als Investoren geben Grund zur

Besorgnis. Die Investment-Banken verloren derart viele ausgezeichnete Köpfe an die Private-Equity-Firmen, dass die Banken begannen, ihren Mitarbeitern die Möglichkeit zu bieten, beträchtliche Direktinvestitionen vorzunehmen, wobei von den Erfolgen vor allem die Banker profitierten, während die Firmen den Großteil des Risikos zu tragen hatte. Diese Investitionen wurden oft ohne die üblichen sorgfältigen Prüfungen vorgenommen. Das Argument lautete, dass es sich um günstige Gelegenheiten handle, die man nicht ungenutzt verstreichen lassen sollte, weil man nicht auf die Prüfungsbürokratie verzichten könne. Die Resultate dieser Vorgehensweise waren voraussehbar.

Als Jeff Sine Investitionen in Start-ups mit Namen wie 360hiphop.com durchsetzte, lehnten Bea und ich es ab, uns an diesen Projekten zu beteiligen. Die Firma ließ sich nicht von den Geschäften abhalten. Wenigstens investierte Sine nur geringe Summen. In den Sektoren Technologie und Telekommunikation wurden Hunderte Millionen Dollar investiert. In einigen Fällen investierten Banking-Gruppen mehr als riesige interne Beteiligungsgesellschaften mit echten Investitionskenntnissen, die extra für diesen Zweck gegründet worden waren. Sines Gegenstück im Telekombereich, Chris Harland, durfte innerhalb von zwei Jahren 300 Millionen Dollar investieren. »Wie ein betrunkener Seemann«, bemerkte einer der Experten, die nominell für die Prüfung einiger dieser Investitionen zuständig waren. Schließlich waren die Banker Stars und mochten es nicht, dass ihr Urteil infrage gestellt wurde. Von den Investitionen, die Morgan Stanley im Jahr 1999 im Telekommunikationssektor vornahm, gingen etwa 84 Prozent verloren.

Die Illusionen jener Zeit breiteten sich auf die gesamte Unternehmenswelt aus. Einer der Gründe dafür, dass es den Strafverfolgungsbehörden so schwerfällt, Urteile gegen die Wall-Street-Figuren zu erreichen, die für einige der schlimmsten Exzesse verantwortlich sind, ist darin zu suchen, dass die Täter tatsächlich an das glaubten, was sie sagten und taten. Die Grenze zwischen Selbsttäuschung und Straftaten war fließend.

Innerhalb des Investment-Bankings ergriff die Selbsttäuschung sogar von den Spitzenmanagern Besitz. Hank Paulson, der vor kurzer Zeit noch als grundsolider Coverage Officer von Goldman Sachs gegolten hatte, stieg Mitte 1999 unerwartet zum Leiter der führenden Investment-Bank der Welt auf, die kurz zuvor an die Börse gegangen war. Die Äußerungen, die Paulson eines Abends in einem italienischen Restaurant in Palo Alto vor den versammelten Leitern der Technologieunternehmen aus dem Silicon Valley von sich gab, zeigen deutlich, dass diese Selbsttäuschung mittlerweile ein fester Bestandteil der Tätigkeit dieser Unternehmen war.

Paulson hatte nie im Verdacht gestanden, ein großer Denker oder Stratege zu sein, doch beflügelt von seiner neuen Rolle, seinem wachsenden Selbstbewusstsein und seinen Beobachtungen im Lauf des Tages sprach Paulson an jenem Abend von einer Revolution. Am Nachmittag war er Zeuge geworden, wie ein riesiges Hightech-Warenlager in Oakland, in dem es von untereinander verknüpften Fließbändern wimmelte, perfekt in Kisten verpackte Lebensmittel ausspuckte, die anschließend von einer Armee kleiner Lastwagen ausgeliefert wurden. Paulsons Begeisterung für das Unternehmen, einen neu gegründeten Internetsupermarkt namens Webvan, wurde offensichtlich nicht durch die Tatsache geschmälert, dass es sich bei den Abläufen, die ihm vorgeführt worden waren, lediglich um einen fortgeschrittenen Beta-Test handelte, bei dem die Lebensmittel zu festgelegten Zeiten an Freunde und Angehörige der Mitarbeiter verschickt wurden. Hier wurden keine Waren an wirkliche Kunden verkauft. Paulson sah das Vertriebslager auf Hochtouren laufen und verkündete, die Zukunft gesehen zu haben.

Die Zukunft, die Paulson zu sehen glaubte, war nicht auf Supermärkte oder auch nur auf den Einzelhandel im Allgemeinen beschränkt. Die Revolution, von der an jenem Abend die Rede war, betraf auch das Investment-Banking. Sollte Goldman Sachs seine Arbeitsweise nicht ändern, warnte Paulson, so werde es sich in das Safeway der Branche verwandeln. Doch er versprach, nicht zuzulassen, dass sich Goldman in einen »Dinosaurier« verwandle.

Offensichtlich lehnte sich Paulson ein wenig zu weit aus dem Fenster, als er seinen Nachruf auf die großen Supermarktketten des Landes sprach. Die Erträge von Safeway, Albertson's und Kroger's belaufen sich gegenwärtig auf insgesamt 150 Milliarden Dollar. Webvan hingegen ging im Juli 2001 in Konkurs – doch zuvor hatte Goldman Sachs auf Paulsons persönliches Drängen hin noch Gelegenheit gehabt, 100 Millionen Dollar an Eigenmitteln in das Unternehmen zu pumpen und den Börsengang von Webvan im November 1999 zu betreuen.

Paulson war nicht der einzige Firmenleiter, der auf der Höhe des Internetbooms falsche Heilsversprechungen von sich gab. Man denke nur an Jerry Levin von Time Warner, der die maßlos überbewerteten Aktien von AOL bereitwillig akzeptierte, um den neuen Koloss stolz in eine gemeinsame Zukunft zu führen.[11] Doch im Jahr 1999 war es eine Revolution für sich, dass der Leiter von Goldman Sachs von einer Revolution sprach. Schließlich war dies einst die konservative Investment-Bank schlechthin gewesen. Es gab eine Zeit, da die Firma nicht mit Unternehmen zusammengearbeitet hatte, die nicht seit mindestens fünf Jahren Gewinne erzielten. Nun brachte Goldman Unternehmen, die noch in keinem einzigen Jahr nennenswerte Erträge ausgewiesen hatten, nicht nur an die Börse, sondern beteiligte sich auch selbst an ihnen. Und Paulsons Voraussage über den Wandel des Investment-Banking ist interessant, weil sie sowohl den seit langem sichtbaren Veränderungen in der Branche entsprach als auch ein Vorbote eines weiteren umwälzenden Wandels war.

Der Fehlschlag mit Thomson wurde zu Jeff Sines Waterloo. Ende 2000 organisierten wir zur Feier der gelungenen Übernahme eines Finanzinformationsanbieters namens Primark ein Abschlussessen. Thomson hatte das Unternehmen für eine Milliarde Dollar erworben. Bei dem Essen war das gesamte Führungsteam von Thomson anwesend. Sine tauchte zu den Cocktails auf, warf einige Kusshändchen in die Runde und erklärte, er müsse noch zu einem anderen, wichtigeren Dinner. Am Ende des Abends nahm Richard Harrington, der CEO von Thomson, den Fusionsspezialisten Stuart Epstein beiseite, der seit einiger Zeit für diesen Klienten arbeitete. Harrington teilte Stuart mit, dass Thomson nur unter einer Bedingung weiterhin mit Morgan Stanley zusammenarbeiten werde: Sine müsse gehen.

Stuart arrangierte für Harrington und dessen Finanzleiter ein Mittagessen mit Joe Perella. Im Verlauf des Gesprächs leierten die beiden ihre zahlreichen Beschwerden über Sine herunter: Er kümmere sich überhaupt nicht um den Kunden, rufe nur an, um Forderungen zu stellen oder sich darüber zu beklagen, dass ein bestimmter Auftrag nicht an ihn gegangen sei, und so weiter. Man einigte sich auf die Bildung eines neuen Betreuungsteams, in dem ich für die alltäglichen Kontakte und ein anderer noch zu ernennender Banker für die »Luftunterstützung« zuständig sein werde. Es blieb Joe überlassen, Sine die schlechte Nachricht zu überbringen.

Nachdem ihm Joe die Situation dargelegt hatte, äußerte Sine nur eine Bitte. Er wollte derjenige sein, der mich über die Änderung in der Betreuungsstrategie informierte. So konnte er den Anschein erwecken, als stamme die Idee von ihm. Joe willigte ein, aber es war ihm klar, dass es unmöglich sein würde, diesen Klienten richtig zu betreuen, ohne die

Geschichte dieser Beziehung vollkommen zu verstehen und zu wissen, dass Thomson uns eine zweite Chance gegeben hatte, was sehr selten vorkam. Also erzählte er mir alles und nahm mir das Versprechen ab, Überraschung vorzutäuschen, wenn Sine mir großmütig die Verantwortung für diesen Klienten übertragen würde.

Alle vom Boom ausgelösten kulturellen Phänomene nahmen bei Morgan Stanley aufgrund des Aufstiegs einer einzigen Person extreme Ausmaße an. Die Rede ist von Mary Meeker, der »Queen of the Net«.[12]

Mary Meeker war Anfang der neunziger Jahre eine eher unauffällige Analystin im Bereich Computer und Software, die Berichte über Unternehmen wie Microsoft und Compaq erstellte. Im Jahr 1991 begann sie in der Abteilung Equity Research von Morgan Stanley zu arbeiten, und bis zum Internetboom tauchte sie nie in den vom angesehenen Magazin *Institutional Investor* erstellten Rankings der besten Analysten auf. Ganz im Gegenteil: Aufgrund einiger falscher Marktbeurteilungen wäre Meeker beinahe gekündigt worden.

Allerdings hatte sie frühzeitig das Internet entdeckt und nur vier Monate nach dem Börsengang von Netscape im Jahr 1995 gemeinsam mit ihrem damaligen Kollegen Chris DePuy in *The Internet Report* das Potenzial der neuen Technologie gepriesen. Dieser Forschungsbericht wurde im folgenden Jahr von HarperCollins als Buch herausgebracht, was ein Novum für derartige Berichte war. Das Buch und seine Nachfolgepublikationen wurden zur Standardlektüre für Venture-Kapitalisten, doch vor allem trugen sie wesentlich zur Legitimierung eines Sektors bei, der erst noch beweisen musste, dass er rentabel sein konnte. Als in das einflussreiche Jahresranking von *Institutional Investor* im Jahr 1996 erstmals eine Internetkategorie aufgenommen wurde, nahm Meeker den ersten Rang ein und hielt diese Position vier Jahre lang. Erst im Jahr 2000 wurde sie von Henry Blodget von Merrill Lynch von der Spitzenposition verdrängt. Als die Internetblase im Jahr 2001 platzte, verschwand Meeker vollkommen aus den Rankings.

Meeker war so etwas wie eine inoffizielle Sprecherin des gesamten Sektors und wurde zu Morgan Stanleys nicht allzu geheimer Geheimwaffe im Krieg um Marktanteile im Technologiesektor. Andere Investment-Banken versuchten verspätet und mit unterschiedlichem Erfolg, ebenfalls medienwirksame Internetanalysten aufzubauen, doch Mary besaß in einem Boom, der nur wenige Jahre dauern sollte, den nicht zu übertreffenden Vorteil des Pioniers. Es ist eine Ironie, dass viele ihrer eifersüchtigen Konkurrenten wahrscheinlich nie ahnten, wie sehr sich viele Leute bei Morgan Stanley wünschten, Meeker loszuwerden.

Das Problem war, dass die Anwesenheit von Mary Meeker bei den Klienten Erwartungen weckte, die einfach nicht zu erfüllen waren. Das lag zum Teil an der überwältigenden Nachfrage nach allem, was Meeker zu sagen hatte. Aber das Problem wurde dadurch verschlimmert, dass Meeker starrköpfig darauf beharrte, in jeder Frage zurate gezogen zu werden, die ihren »Raum« betraf. Und sie war derart berühmt, dass Morgan Stanley bereit war, ihren Autoritätsbereich sehr weit zu fassen.

Es war unmöglich, dass eine einzige Person all jene Aufgaben erfüllte, die Meeker für sich in Anspruch nahm. Auf dem Höhepunkt der Internethysterie gingen in der Telefonzentrale jeden Tag mehrere Hundert Anrufe für sie ein. Die Anrufer waren Personen, die glaubten, wenn Mary ihnen nur 15 Minuten ihrer Zeit opfere, werde sie ihr Unternehmen mit Freuden bei den Investoren anpreisen und sie reich machen. Das Problem war, dass ein einziger Forschungsanalyst nicht mehr als 20 Unternehmen sorgfältig analysieren konnte. Und aufgrund ihrer bestehenden Pflichten konnte Mary unmöglich mehr als einige wenige Unternehmen behandeln. Doch ihr Wert für Morgan Stanley war derart groß, dass sie Gerüchten zufolge auf dem Höhepunkt des Booms nicht weniger als 15 Millionen Dollar im Jahr verdiente, ein beispielloser Betrag für einen Research-Analysten.

Viele der Anrufe – zu denen Tausende E-Mails kamen – stammten von Morgan-Bankern, die wichtige Klienten hatten, die nur ein wenig von Marys Zeit wollten. Die einen wollten eine Tochtergesellschaft an die Börse bringen, andere brauchten Rat bei einer Investition, und wieder andere wollten lediglich die größte Berühmtheit des Augenblicks kennenlernen. Es erübrigt sich zu sagen, dass nur ein Bruchteil der Anrufe beantwortet wurde, geschweige denn, dass die Wünsche erfüllt worden wären.

Bei Morgan Stanley gab es sogenannte »Torwärter« für die Research-Analysten. Die an einen Analysten gerichteten Anfragen wurden von dem Banker geprüft, der sich am besten in der Branche auskannte. Beispielsweise war ich der Torwärter für den Publishing-Analysten Doug Arthur. Das kostete mich sehr wenig Zeit, half Doug jedoch bei der Zeiteinteilung und gewährleistete, dass ich stets wusste, was in meinem Sektor vorging. Der Gesetzgeber wurde schließlich darauf aufmerksam, dass die Banker die Möglichkeit hatten, die angeblich unabhängigen Analysten zu beeinflussen. Aufgrund der entsprechenden Gesetzesreformen ist es mittlerweile eigentlich unmöglich, dass ein Banker ohne Gegenwart eines Anwalts mit einem Analysten spricht. Zu jener Zeit jedoch wurden die Research-Analysten wie Mitglieder des Investment-Banking-Teams behandelt und bezahlt.

Mary brauchte drei Torwärter, zu denen Ruth Porat zählte, die selbst eine talentierte und aggressive Bankerin war und drei Sekretärinnen benötigte, um die eingehenden Anfragen zu prüfen und Termine anzusetzen. Ein weiterer Torwärter war Andre de Baubigny, ein relativ junger Banker, auf den Mary bei der mittelständischen Bank Robertson Stephens aufmerksam geworden war. Sie hatte ihn als Morgan Stanleys leitenden Internetstrategen eingestellt, um die gewaltige Nachfrage nach einschlägiger Beratung zu befriedigen. Der freundliche, schüchterne de Baubigny brach nach etwa einem Jahr unter dem Druck zusammen, kurz nachdem seine zweite Ehe nach wenigen Wochen gescheitert war.[13]

Da kaum jemand bei Morgan Stanley regelmäßig mit Mary sprach, wurde ein Termin mit ihr sowohl intern als auch für die Klienten zu einem wertvollen Gut. Da es eher unrealistisch war, an Mary heranzukommen, wandten sich die Banker nicht nur an ihre offiziellen Torwärter, um irgendwelche Hinweise auf ihre Meinung zu einem bestimmten Thema zu erhalten, sondern traten auch an andere Personen heran, die aus irgendeinem Grund in dem Ruf standen, bei ihr Gehör zu finden. So bildete sich eine inoffizielle soziale Hierarchie heraus, in der die Position von der angeblichen Nähe zu Mary abhing. Noch komplexer wurde die Situation dadurch, dass die Banker allen Grund hatten, eine gute Beziehung zu Mary vorzutäuschen. Dies sicherte ihnen einen höheren Status, und es war schwer festzustellen, ob die Behauptung zutraf oder nicht.

Derartige Probleme gab es nicht nur bei Morgan Stanley, aber in dieser Firma wurden sie durch den Starkult um Meeker und ihre mangelnde Bereitschaft zur Delegierung von Aufgaben vergrößert. Viele andere Firmen lösten das Problem, indem sie ein Heer von Internetanalysten engagierten, die sich jeweils auf irgendein angebliches Teilgebiet des Internets oder einen Bereich wie den elektronischen Geschäftsverkehr, Portale, B2B, Unterhaltung, Software und dergleichen spezialisierten. Morgan konnte nicht so vorgehen, da Mary der Meinung war, für die Zusammenarbeit mit jedem Unternehmen, das irgendetwas mit dem Internet zu tun hatte, sei ihre persönliche Zustimmung erforderlich – unabhängig davon, ob sie dieses Unternehmen tatsächlich betreute. Da mehr und mehr Unternehmen versuchten, sich am Internetgeschäft zu beteiligen, wuchs Marys potenzielles Einflussgebiet exponentiell. Und in Anbetracht ihrer einzigartigen Position in der New Economy war anscheinend niemand bereit, Mary Meeker zu widersprechen.

In meiner Welt, das heißt im Mediensektor, verursachte dieser Anspruch Meekers gravierende Probleme, da sich anscheinend alle unsere Klienten als Internetunternehmen zu positionieren versuchten. Wir hatten die brillante Idee, eine »Konferenz für Internetmedien« zu organisieren, um jene Klienten zufriedenzustellen, für die wir nie eine Einladung zu Marys »echter« Internet-Konferenz erhielten (dies war eine der begehrtesten Veranstaltungen an der Wall Street). Darüber hinaus war dies unsere subtile Art, für unsere traditionellen Medienanalysten die mittlerweile alles entscheidende Internetsachkenntnis in Anspruch zu nehmen. Ich war für die Organisation der Konferenz verantwortlich und hielt Mary und ihre »Torwärter« auf dem Laufenden. Zu Beginn des Jahres 2000 hatten bereits Sumner Redstone, der Chairman von Viacom, und CEO Jerry Levin von AOL Time Warner zugesagt, als Redner aufzutreten, und wir hatten Karten an die Investoren verschickt, damit sie sich den Termin der für den Sommer angesetzten Konferenz in ihren Terminkalendern vormerkten.

Dann kam der befürchtete Anruf. »Mary sagt, Sie können es nicht Internetmedien nennen«, erklärte die Torwärterin Nummer eins. »Warum nicht?«, fragte ich. »Es wird die Investoren verwirren«, erklärte die Torwärterin Nummer eins, »und abgesehen davon wurde Mary nicht ausreichend in die Organisation eingebunden.«

In möglichst unschuldigem Ton erwiderte ich: »Aber Sie und die Torwärter zwei und drei wurden doch von Anfang an informiert, und wir haben von allem Kopien für Mary angefertigt.«

»Sie will es nicht«, sagte die Torwärterin Nummer eins. Quod erat demonstrandum.

Nach monatelangen Verhandlungen gestand man uns schließlich zu, dass wir eine Konferenz über »Digitale Medien« veranstalten könnten (die im Juni 2000 im New York Hilton stattfand und ein Erfolg wurde).

Obwohl Meekers Berühmtheit einige Frustration unter den Bankern hervorrief, die danach dürsteten, jede ertragreiche Geschäftschance zu nutzen, muss rückblickend gesagt werden, dass sie Morgan Stanley in vielen Fällen vor größerem Unheil bewahrte. Indem sie sich zur nicht zu umgehenden Kontrollinstanz für sämtliche Geschäfte mit Internetfirmen aufschwang, gewährleistete sie in einer Ära, in der oft auf jede Prüfung verzichtet wurde, zumindest ein gewisses Maß an Qualität. Der Beweis dafür ist, dass die von ihr an die Börse gebrachten Unternehmen als Gruppe besser abschnitten als die Klienten anderer Banken. Und der Grund dafür, dass Meeker anders als Henry Blodget, ihr Gegenstück bei Merrill Lynch, nie ins Fadenkreuz der Strafverfolgungsbehörden geriet, ist darin zu suchen, dass sie die Kandidaten für einen Börsengang tatsächlich nach Qualitätskriterien auswählte. Dabei konzentrierte sie sich auf die Frage, welches Unternehmen der Marktführer in seiner Sparte werden würde.

Natürlich stellte sich heraus, dass es für einige dieser »Sparten« überhaupt keinen Markt gab. Und Marys Entscheidungen waren nicht immer richtig, ja sie beruhten teilweise nicht einmal auf einer ausreichend sorgfältigen Analyse. Es gibt keine überzeugende Rechtfertigung für Meekers Anspruch, jedes von ihr geförderte Unternehmen müsse automatisch als »Outperformer« eingestuft werden.

Die Tatsache, dass Meeker entschlossen war, nur die besten Unternehmen in ihren jeweiligen Sparten an die Börse zu bringen, bedeutete nicht, dass die entsprechenden Bewertungen stets von höchster Qualität gewesen wären. Ein Vergleich ihrer Finanzanalysen mit denen, die Richard Bilotti, der für das Kabelfernsehen zuständige Analyst, bei vergleichbaren Unternehmen durchführte, fördert einen gewaltigen Qualitätsunterschied zutage. Der Fairness halber muss gesagt werden, dass die Anforderungen an Mary und ihr Beharren auf der endgültigen Entscheidungsbefugnis im Internetbereich fast zwangsläufig zur Folge hatten, dass sie die Situation der von ihr behandelten Unternehmen nur sehr oberflächlich studieren konnte. Dies wiederum wirkte sich auf die Leistungen von Bankern aus, deren Qualität insgesamt gesunken war und die sich angesichts des gewaltigen Zeitdrucks während des Booms vollkommen auf Marys Kenntnis der Internetbranche verließen.

Also warteten die Banker ungeduldig auf die neuesten Standardformulare, die Mary in ihren Präsentationen für die Investoren verwendete. Die Empfehlungen übernahmen sie ungeprüft in ihre eigenen Verkaufspräsentationen. Dann standen sie vor ihrem hingerissen lauschenden Publikum und verkündeten in gewichtigem Ton, dies sei Morgans Einschätzung »des Raums«, wie sie das Internet zu nennen pflegten. Der Vorteil von Marys Analysen war, dass sie selbst für einen relativ jungen Banker mit geringer Erfahrung im Internetgeschäft leicht verständlich waren. Der Nachteil war, dass diese Analysen oft an Plattitüden grenzten. Eine meiner Lieblingsseiten, die buchstäblich Hunderte Male für Pitch Books kopiert wurde, trug die provokante Überschrift »Wer wird das Internet beherrschen?«. Im Untertitel folgte ein kategorisches Urteil: »Die Mediengeschichte hat uns gelehrt, dass …« Weiter unten auf der Seite stand Folgendes:

#1 ist fabelhaft
#2 ist in Ordnung
#3 ist schwierig
#4 ist gefährlich
#5 ist was? Wer? Vergessen …[14]

Diese paar Worte enthielten Marys Internetweltanschauung und sollten dem Zuhörer den Atem rauben. In vielen Versammlungen, an denen ich teilnahm, taten sie das tatsächlich. Selbstverständlich war es vollkommen richtig, dass die Marktführerschaft vorteilhaft war und dass sich die Situation eines Unternehmens verschlechterte, je weiter es von diesem Ziel entfernt war. Etwas ganz anderes war es zu behaupten, dass die in diesem Papier festgehaltenen Abstufungen auf einem sorgfältigen Studium der Geschichte der Medien beruhten oder zum Fortschritt der Menschheit beitrügen.

Peter Elkind schrieb im Jahr 2001 in *Fortune*: »Mary Meeker war derart von der Faszination des Internets berauscht – von der Berühmtheit, vom Geld, von den spannenden Geschäften –, dass sie ihre eigentliche Aufgabe vergaß, die darin bestand, Unternehmen zu analysieren.«[15] Elkind zitierte auch einen nicht namentlich genannten »Freund« Meekers, der erklärt hatte, sie habe Morgan Stanley im Jahr 1996 nicht verlassen, um ihrem Mentor und damaligem Leiter des Technologie-Bereichs Frank Quattrone zu folgen, weil es ihr Ziel gewesen sei, selbst ein »Star« zu werden. Dieser Wunsch war an diesem Punkt an der Wall Street sehr verbreitet. Aber obwohl es Hinweise darauf gibt, dass der außerordentliche Druck, der aufgrund ihrer Berühmtheit auf Meeker lastete, die Qualität ihrer Arbeit beeinträchtigte, gibt es keinen Beweis dafür, dass sie ihren Ruhm einsetzte, um unethische Ziele zu verfolgen. Wenn überhaupt, so dürfte ihr Aufstieg zum Star sie in der Überzeugung bestärkt haben, dass sie ausschließlich auf garantierte Gewinner tippte. Im schlimmsten Fall bewegte ihr

Ruhm sie dazu, ihre Aktienempfehlungen derart eng mit ihrer Person zu verknüpfen, dass es ihr später schwerfiel, Fehler einzugestehen.

Ein Beispiel dafür, wie andere Leute ihre Berühmtheit nutzten, um lediglich den Gewinn zu maximieren, liefert das Verhalten von Meekers früherem Kollegen Frank Quattrone. Dieser wurde unter dem Vorwurf vor Gericht gestellt, die Justiz behindert zu haben. Allerdings legte er erfolgreich Berufung gegen eine erste Verurteilung ein, da eine erste Jury nicht zu einem einstimmigen Schuldspruch gelangt war. Im Mittelpunkt der Prozesse gegen ihn stand die schwer zu klärende rechtliche Frage, ob eine von ihm geschickte E-Mail einen Versuch zur Behinderung der Justiz darstellte. Als er diese E-Mail am 5. Dezember 2000 schickte, hatte Quattrone bereits Hunderte Millionen Dollar für sich und seine verschiedenen Arbeitgeber verdient.

Die Tatsache, dass Quattrones Sturz durch diese E-Mail und nicht durch seine Machenschaften herbeigeführt wurde, sagt einiges über die Unklarheit der Rechtsvorschriften und darüber, wie erfinderisch Quattrone die kurzfristige Verdienstmöglichkeit nutzte, die ihm diese gesetzliche Grauzone eröffnete. Die langfristigen Auswirkungen auf die Banken, für die er tätig war, und auf die von ihm vertretene Branche schienen keine größere Bedeutung für ihn zu haben. Er sah die einmalige Gelegenheit, kurzfristig eine Menge Geld zu verdienen. Die finanzielle Kosten für die Investment-Banken oder der Schaden für ihr Ansehen wurden auf viele Institute und Personen verteilt. Und abgesehen davon wäre die Zerrüttung der in der Branche geltenden Normen in irgendeiner Form auch ohne den Boom unvermeidlich gewesen. Wenn man es so betrachtet, bestand Frank Quattrones einziges Vergehen darin, dass er es besser als jeder andere verstand, sich seinen Anteil an der Beute zu sichern, die den Investment-Bankern in der Ära der Interneteuphorie angeboten wurde. Es lohnt sich, genauer zu untersuchen, worin seine Kunst bestand.

In den Berichten über Frank Quattrone ist stets von seiner Herkunft als Arbeitersohn aus Philadelphia, von seinem Stipendium in Wharton und von seiner bodenständigen Vorliebe für Karaoke im Allgemeinen und für »Rocky Raccoon« im Besonderen die Rede.[16] Quattrone hatte zwei Jahre lang als Analyst bei Morgan Stanley gearbeitet, bevor er ein MBA-Studium in Stanford absolvierte und unmittelbar nach dem Abschluss im Jahr 1991 als Banker in die Firma zurückkehrte und die Leitung des Technologiebereichs übernahm, den er im Jahr 1994 ins Silicon Valley verlegte.

Als Quattrone die Firma im Jahr 1996 verließ, hatte Morgan Stanley in diesem Bereich einen ausgezeichneten Ruf erworben, weil es hervorragende Unternehmen wie Silicon Graphics (1986), Cisco (1990) und vor allem Netscape (1995) an die Börse gebracht hatte. Aber die Beschränkung auf erstklassige Unternehmen hatte ihren Preis, insbesondere, da der Börsengang von Netscape erstmals einen Aktienmarkt für neu gegründete Unternehmen geschaffen hatte, die kaum Betriebserfahrung besaßen und kurzfristig nicht mit Gewinnen rechnen durften. Die Öffentlichkeit hatte die Kriterien für den Kauf von Aktien solcher Unternehmen offenkundig herabgesetzt. Wenn die Investment-Banken diesem Trend folgten und ihre Standards für Aktienemissionen ebenfalls herabsetzten, konnten sie sehr viel Geld verdienen.

Um die mit dieser Denkweise verbundenen Gefahren besser zu verstehen, sollten wir uns die grundlegenden Unterschiede zwischen den zwei rentabelsten Geschäftsbereichen im Investment-Banking – Fusionen und Übernahmen sowie Aktienemissionen – vor Augen halten. Wenn Investment-Banker ein Unternehmen bei einer M&A-Transaktion beraten, gehen sie kein echtes Risiko ein, weder in finanzieller Hinsicht noch in Bezug auf ihr Ansehen. Sie geben Ratschläge (zu Taktik, Bewertung, Struktur, zu den erwartenden Marktreaktionen, zur Positionierung des Unternehmens nach der Transaktion) und helfen bei der Abwicklung der Fusion oder Übernahme. Einem finanziellen Risiko am nächsten kommen die Berater, wenn sie eine »Fairness Opinion« abgeben, das heißt eine schriftliche Stellungnahme, in der die Investment-Bank erklärt, dass der bezahlte oder erhaltene Kaufpreis ihrer Meinung nach für die Aktionäre fair ist – es ist nicht der optimale, der höchste oder der niedrigste Preis, sondern er ist einfach »angemessen«. Doch ungeachtet der Fairness Opinion werden die Banker von ihrem Klienten für alle Handlungen mit Ausnahme der wirklich unerhörten Fehler schadlos gehalten. Und wer wirklich einmal eine Fairness Opinion gelesen hat – mit ihren wasserdichten Formulierungen über das Vertrauen in die Wahrhaftigkeit der von der anderen Seite gegebenen Informationen –, der würde nie auf den Gedanken kommen, dass diese Banker wirklich ihren Hals in die Schlinge gelegt haben. Was die Reputation anbelangt, so sind die an einer Fusion oder Übernahme beteiligten Parteien hoch entwickelte Unternehmen, die eigentlich keinen Irrtum begehen sollten. Selbst wenn die Aktionäre geschädigt werden, wurde das Geschäft den einzelnen Investoren doch nicht wie bei einem Börsengang direkt verkauft – sie haben einfach den Fehler begangen, der Urteilsfähigkeit des Managements zu vertrauen. Ihr Zorn wird sich kaum gegen die Banker richten, die das Unternehmen beraten haben. Selbst wenn eine Transaktion in einer Katastrophe endet, kommen die Banker im Normalfall unversehrt davon. Ein Banker, dessen Seite einen überhöhten Preis erzielt hat, kann sich mit diesem Triumph brüsten, und der Banker auf der anderen Seite gibt dem Klienten die Schuld (»Ich habe sie gewarnt«) und geht seines Weges. Ein extremes Beispiel ist die Zusammenarbeit zwischen Morgan Stanley und Time Warner bei der Fusion von AOL und Time Warner. Morgans Geschäft hat offensichtlich nicht unter den Leistungen seiner Banker bei dieser Transaktion gelitten – obwohl in zahlreichen Büchern genau beschrieben ist, wie schlimm sie von ihren Kollegen bei Salomon Brothers übers Ohr gehauen wurden. Dieselbe Gruppe wurde später sogar erneut von Time Warner engagiert, als es seine Musiksparte veräußern wollte.

Der Ablauf eines Börsengangs hat einige Ähnlichkeiten mit dem einer Fusion und einer Übernahme: So wie ein M&A-Banker bei Geschäftsabschluss unabhängig vom langfristigen Nutzen der Transaktion sein Honorar erhält, kassiert die Investment-Bank unabhängig von der Entwicklung des Aktienkurses 7 Prozent der Emissionseinnahmen. Allerdings sind hier drei weitere Gruppen beteiligt, deren Interessen eine Investment-Bank zwingen, die Situation umfassender zu studieren, bevor sie sich bereit erklärt, ein Unternehmen an die Börse zu bringen.

Erstens kann von Privatanlegern nicht dasselbe Maß an Kenntnissen erwartet werden wie von Unternehmen oder institutionellen Investoren. Diese Tatsache hat die Aufsichtsbehörden in letzter Zeit wiederholt zur Untersuchung des Vorgehens der Investment-Banken bewegt. Diese sehen sich mit dem Vorwurf konfrontiert, die Unabhängigkeit der Research-Analysten sei nicht ausreichend vor dem Einfluss von Bankern geschützt worden, die sich das Wohlwollen ihrer Klienten sichern wollen. Es überrascht, dass bei diesen Skandalen vonseiten der institutionellen Investoren, die den Großteil der von den Banken angebotenen Aktien abnehmen, kaum Klagen zu hören sind. Der Grund dafür ist, dass sie die Empfehlungen der Analysten ohnehin nicht ernst nehmen. Diese Investoren haben ihre eigenen Analysten, die Zugang zu zahlreichen Quellen haben, und wenn sie wissen wollen, was die Analysten der Investment-Banken wirklich denken, müssen sie nur zum Telefonhörer greifen und anrufen. Der Fairness halber muss gesagt werden, dass sich in der Internetära weniger die Qualität der Analysen geändert hat: Die von den Investment-Banken angebotenen Aktien werden seit jeher schamlos in ein vorteilhaftes Licht gerückt. Was sich geändert hat, ist die Zusammensetzung und die Kenntnisse der Leserschaft, die die Berichte der Analysten auswertet. Zwischen 1983 und 2002 stieg der Anteil der amerikanischen Privathaushalte, die in Wertpapiere investierten, von weniger als 20 Prozent auf rund die Hälfte.[17] Aufgrund dieser Verschiebung wird eine wirklich unabhängige Forschungsabteilung unverzichtbar.

Zweitens können junge Unternehmen sich selbst irreparablen Schaden zufügen, indem sie verfrüht an die Börse gehen. Im Normalfall tut man diesen Schritt nur einmal. Dabei hat man die Chance, dem Markt die eigene Geschichte zu erzählen, finanzielle und betriebliche Maßstäbe festzulegen, an denen man gemessen werden möchte, und die strategische Ausrichtung des Unternehmens zu beschreiben. Ein Privatunternehmen, das sich in eine börsennotierte Aktiengesellschaft verwandelt, bevor diese Elemente gegeben sind, riskiert, sich eines Tages erneut an die Käufer seiner Aktien wenden zu müssen, um ihnen zu sagen: »Tut mir leid.« Es ist fast unmöglich, nach einem solchen Vertrauensbruch die Glaubwürdigkeit wiederzuerlangen. Die Zahl der »gefallenen Engel« – also jener Unternehmen, deren Aktien zu Spitzenpreisen auf den Markt gebracht wurden, die Erwartungen jedoch nicht erfüllen konnten und ins Bodenlose stürzen –, die sich von diesem Absturz erholen, kann man an einer Hand abzählen. Es ist so, als versuchte man auf offener Straße die Kleidung zu wechseln: Kaum jemand ist so gut gebaut, dass er sich das erlauben kann. Möglicherweise lockt man eine Menschenmenge an, aber die Leute werden höchstwahrscheinlich angewidert weitergehen. Diese Erfahrung haben ungezählte Unternehmen gemacht, die während des Booms an die Börse gingen. Haben wir jemals gesagt, dass Sie uns am Ertragswachstum beurteilen sollen? Wir meinten die Rentabilität. Wir sagten, dass wir ein Werbemodell sein würden? Wir meinten Abonnements. Natürlich gab es einige Unternehmen, die wussten, dass sie eigentlich nie an die Börse hätten gehen sollen, und nur nach jemandem Ausschau hielten, der ihnen dabei helfen würde, eine Marktanomalie auszunutzen. Vielleicht würden sie das mit der Emission eingenommene Geld verwenden können, um einige echte Assets zu erwerben, bevor der Markt wieder auf den Boden der Tatsachen zurückkehrte. Damit sind wir bei der dritten beteiligten Gruppe.

Die Investment-Banken sind mit einer Reihe von strukturellen Herausforderungen konfrontiert. Ihre Investmentteams werden im Allgemeinen aufgrund der von den Unternehmenskunden gezahlten Honorare beurteilt – im Fall der Aktienemissionen sind dies die erwähnten 7 Prozent. Das Einkommen der Banker in einem gegebenen Jahr hängt nicht von der Qualität, sondern von der Zahl der Transaktionen ab. Aber die langfristige Gesundheit einer Investment-Bank im Allgemeinen und ihrer Verkaufs- und Handelsabteilungen im Besonderen hängt von ihrer Reputation und von ihrer Fähigkeit ab, laufend hochwertige Emissionen anzubieten. Wenn viele der von einer Firma an die Börse gebrachten Unternehmen dort rasch an Wert verlieren, beginnt die Verkaufsabteilung Kunden und Provisionen zu verlieren, und sogar den Investment-Bankern wird es im Lauf der Zeit schwererfallen, sich Finanzierungsaufträge zu sichern. Aber die Banker haben einen finanziellen Anreiz, die langfristigen Kosten einer schlechten Emission für ihre Firma zu ignorieren, vor allem, wenn ein Konkurrent bereit sein wird, den Börsengang durchzuführen. Um das Risiko zu verringern, dass die Firma wenig aussichtsreiche Börsengänge übernimmt, muss die Forschungsabteilung wirklich unabhängig sein. Zudem bedarf es eines internen Kontrollprozesses und eines »Bereitstellungsmechanismus«, um das Urteil von Fachleuten einzuholen, die über den Tellerrand blicken können.

Das führt uns zurück zu Frank Quattrone. Er hielt die strukturellen Fesseln für die kurzfristigen finanziellen Bestrebungen der Investment-Banker für übermäßig beengend. Bevor er sich entschloss, Morgan Stanley zu verlassen, hatte er die Firma ohne Erfolg gedrängt, ihm größere Kontrolle über die Technologiebanker und Analysten sowie einen direktere Beteiligung an den Einnahmen aus den von seiner Gruppe abgewickelten Aktienemissionen zuzugestehen.[18] Die Vereinbarung, die Quattrone mit Deutsche Morgan Grenfell (DMG) schloss, sicherte ihm die direkte Aufsicht über die Analysten und Banker, eine Blankovollmacht für die Einstellung neuer Mitarbeiter und 50 Prozent der Gewinne seiner Gruppe, die er nach seinem Gutdünken verteilen konnte. Endlich genoss Quattrone, was er beschönigend als »Flexibilität und Autonomie«[19] bezeichnete. Nun hatte er den Freiraum, den er brauchte, um ungehindert von den traditionellen Kontrollmechanismen einer Investment-Bank Geld zu machen.

In Anbetracht seines außergewöhnlichen Gewinnstrebens ist schwer vorstellbar, dass Quattrone in den Boom-Jahren bei Morgan

Stanley neben Meeker hätte existieren können. Als ihm das gewünschte Incentive-System zugestanden worden war, vermarktete sich Quattrone eher unapologetisch als Anti-Meeker. Indem er seine »Verdrehungskunst« einsetzte, wie der *Investment Dealers' Digest* es ausdrückte, argumentierte Quattro, die Qualität sei in normalen Zeiten schön und gut, doch während eines Goldrauschs entscheide die Quantität.[20] Er war der Ansicht, Meeker und ihresgleichen hätten ihre »Kapazitäten ausgereizt«. Bei DMG stellte er in weniger als fünf Monaten 90 neun Mitarbeiter ein, von denen ein Drittel Analysten waren. Als Kriterium für die Wahl der Investment-Bank sollten die Klienten seiner Meinung nach das »Verhältnis Kunden pro Mitarbeiter« heranziehen, und gemessen an diesem Maßstab hatte seine Bank »die größte Kapazität in der Branche«. Das klang fast so, als werde bei DMG jedem Klienten ein persönlicher Analyst zugeteilt.

Es steht außer Zweifel, dass Quattrone ein ausgezeichneter Vermarkter und ein effektiver Banker war, aber ebenso klar ist, dass er keine zusätzlichen Kapazitäten, sondern einfach geringere Qualität anbot. Quattrone konzentrierte sich auf jene Unternehmen, die Morgan Stanley und Goldman Sachs mit dem Ratschlag weggeschickt hatten, sie sollten mit einem Börsengang noch »ein oder zwei Quartale warten«.[21] Das mochte auf einen Unternehmensgründer, dessen Kollegen bereits an der Börse und reiche Männer waren, wie eine Ewigkeit wirken, insbesondere auf einen Entrepreneur mit einer guten Auffassungsgabe, der natürlich begriff, dass eine Investment-Bank mit einer Wartezeit von ein oder zwei Quartalen nichts anderes sagen wollte als: »Ich weiß nicht, ob oder wann Sie so weit sein werden, aber im Moment ist Ihr Unternehmen mit Sicherheit nicht reif für die Börse.« Natürlich setzte Quattrones Strategie Goldman und Morgan unter Druck, ihre Auswahlverfahren ebenfalls zu lockern und ihre Standards zu senken. Bald begannen Unternehmen, die an der Börsenorgie teilnehmen wollten, Morgan oder Goldman die Rute namens Quattrone ins Fenster zu stellen und zu behaupten, dieser sei bereit, ihre Emission vorzunehmen. In manchen Fällen konnten die renommierten Investment-Banken ein Unternehmen überzeugen, dass es in seinem eigenen Interesse war, mit dem Börsengang noch eine Weile zu warten. Andere Unternehmen ignorierten diesen Rat, und dann übernahm Quattrones Firma die Konsortialführung. Und manchmal verzichteten die angesehenen großen Investment-Banken auf die Anwendung ihrer strengen Maßstäbe. Da die Standards in jener Zeit eher amorph waren, fanden die Banker stets eine vernünftige Begründung für ihre Entscheidung und konnten die Illusion aufrechterhalten, die Kriterien seien nicht verändert worden. Aber niemand kann ernsthaft behaupten, die Banken hätten sich bei der Auswahl der Unternehmen, die an die Börse gebracht werden konnten, nicht vom Wettbewerbsumfeld beeinflussen lassen.

Im Juli 1998, zwei Jahre nach seinem Ausscheiden bei Morgan Stanley – und nur wenige Monate, nachdem er seinen Klienten einen Brief geschrieben hatte, der mit den Worten »Wir werden an Bord bleiben. Bitte vertrauen Sie uns« endete –, wechselte Quattrone von DMG zur Credit Suisse First Boston (CSFB). Er begründete diesen Schritt damit, dass seine deutschen Arbeitgeber versucht hätten, die Vereinbarung mit ihm neu auszuhandeln, nachdem sie im ersten Jahr einen Gewinn von 143 Millionen Dollar mit ihm hätten teilen müssen. CSFB gestand ihm dieselbe »Autonomie« und neben einem Anteil an den Erträgen seiner Gruppe auch die Möglichkeit zu, im Voraus in die für einen Börsengang vorgesehenen Unternehmen zu investieren – nur für den Fall, dass er noch einen weiteren Anreiz benötigte.[22] Zwei Jahre später machte das Gerücht die Runde, Quattrone habe vor, CSFB zu verlassen,[23] doch trotz erster Hinweise auf eine längere Eiszeit auf dem Markt für Technologieaktien »gelang es ihm, ein gewaltiges neues Gehaltspaket« für drei Jahre auszuhandeln.[24] Es sollte bis Juli 2001 dauern, bis die Firma, die ins Fadenkreuz der Aufsichtsbehörden geraten war, bekannt gab, dass die Analysten nicht länger den Bankern unterstehen würden. Für diese Entscheidung war der neue Firmenleiter John Mack verantwortlich. Mack hatte sich schon Anfang der neunziger Jahre als Präsident von Morgan Stanley geweigert, Quattrones Forderungen nachzugeben.

In der zweiten Hälfte des Jahres 2000 näherte sich der Boom seinem Ende. Zu seinen Opfern zählte die Kultur der führenden Investment-Banken, eine Kultur, deren tragende Säulen ausgezeichnete Qualität und eine verantwortungsbewusste Betreuung der Klienten gewesen waren. An ihre Stelle war ein Personenkult getreten, der eine systematische Herabsetzung der Standards begünstigt hatte. Betroffen waren die Standards für die Einstellung neuer Mitarbeiter, für die Emission von Aktien, für die Analysetätigkeit, für die Konfliktlösung, für die Qualität der Arbeit, für die Teamarbeit und für das Verhalten. Die Senkung der Standards war sowohl für die Mitarbeiter als auch für die Klienten unübersehbar. Als die Branche in die Rezession schlitterte, fragte sich so mancher Beobachter, ob es diesen Firmen jemals gelingen würde, die verlorenen Werte zurückzugewinnen. Wie wir sehen werden, wurde die Schrumpfungsphase eher zur Begleichung alter Rechnungen als zur Rückbesinnung auf die alten Geschäftsprinzipien genutzt.

10

Das Drama des begabten Bankers

Will man verstehen, warum die Investment-Banken dem Druck nicht gewachsen waren, dem sie während des Booms ausgesetzt wurden, so muss man sich genauer ansehen, welche Art von Personen diese Firmen anlockten und welche Ausbildung diese Leute genossen hatten. Die großen Investment-Banken holten sich ihren Nachwuchs seit geraumer Zeit aus einer kleinen Gruppe führender Business Schools. Ein Diplom in Unternehmensführung gilt erst seit relativ kurzer Zeit als erstrebenswertes Ziel für intelligente und ehrgeizige junge Leute. Ein MBA-Titel wurde lange Zeit als bessere Berufsbildungsbescheinigung betrachtet, als zweite Wahl für jene, die keinem ernst zu nehmenden Studium wie dem der Medizin oder der Rechtswissenschaften gewachsen waren. Diese Vorstellung wurde Ende der siebziger Jahre korrigiert, da sich die Einstellung zur Wirtschaft im Allgemeinen und zur Unternehmensführung im Besonderen änderte.

In dieser Zeit hielten wirtschaftliche Themen Einzug in die öffentliche Debatte. Im Jahr 1983 nahmen erstmals Bücher zu wirtschaftlichen Themen die ersten vier Plätze in der Bestsellerliste der *New York Times* im Bereich Sachliteratur ein.[1] Das wachsende öffentliche Interesse an der Wirtschaft hängt eng mit dem Aufstieg prominenter Unternehmensleiter zu Kulturikonen zusammen. Lee Iacocca, der im Jahr 1979 Chairman und CEO von Chrysler wurde, wird vermutlich als der erste prominente Unternehmensleiter der Neuzeit in Erinnerung bleiben.[2]

Zum Wandel in der öffentlichen Einschätzung kam, dass die gut bezahlenden Beratungsfirmen und Investment-Banken dazu übergingen, ihre neuen Mitarbeiter an den Business Schools zu rekrutieren. In den siebziger Jahren besaß weniger als ein Zehntel der neu ernannten Unternehmensleiter ein MBA-Diplom, doch in den neunziger Jahren stieg dieser Anteil auf mehr als ein Viertel.[3] Gemeinsam machten es diese Entwicklungen gesellschaftlich akzeptabel, dass ein ausgezeichneter Universitätsabsolvent ein MBA-Studium anschloss. Diese Ausbildung wurde sogar zur Graduate-Karriere der Wahl für jene, die nicht nur intelligent, sondern echte »Macher« waren.

Die traditionelleren Berufsausbildungen gerieten nun in den Ruf, zu beschränkt und technokratisch zu sein. Ein MBA hingegen galt als geeignete Schulung für den modernen Manager mit Unternehmensgeist. Dieses Studium ermöglichte es ehrgeizigen Arbeitstieren, genau das zu tun, was von ihnen erwartet wurde, und sich durch ihr couragiertes Streben nach diesem nicht genau eingegrenzten Wissen gleichzeitig von den lediglich intelligenten Managern abzuheben. Anstatt die quälenden Details des bürgerlichen Rechts oder der organischen Chemie zu büffeln, wurden die MBA-Studenten zu Allzweckführungskräften ausgebildet, die die Geheimnisse des modernen Managements beherrschten. Diese Fähigkeiten sollten auf jede Branche und jede Situation anwendbar sein. Noch attraktiver wurde das MBA-Studium dadurch, dass man dieses magische Diplom in nur zwei Jahren erwerben konnte, ohne sich der Mühe eines Abschlussexamens unterziehen zu müssen.

In der Realität sah die MBA-Ausbildung ganz anders aus. Und das Resultat war vorhersehbar.

Im typischen MBA-Studium sollen Universitätsabsolventen aus möglichst breit gestreuten Fachrichtungen in die Geheimnisse von mehr als einem halben Dutzend verschiedenen Disziplinen eingeweiht werden. Jedes der unterrichteten Fächer – Volkswirtschaft, Buchhaltung, Marketing, Organisationsverhalten, Finanzen, Fertigungsverfahren oder Statistik – könnte einen zweijährigen Studiengang füllen. Doch da das erste Jahr in erster Linie einer gerafften Abhandlung dieser Kernthemen gewidmet wird, während das zweite Jahr vor allem für die Arbeitsplatzsuche reserviert ist, überrascht es nicht, dass die Fakultätsmitglieder die MBA-Programme oft als hässliche Stiefkinder betrachten, die allerdings viel Geld nach Hause bringen.

Zum Teil ist das Problem darauf zurückzuführen, dass es keine Einigkeit darüber gibt, wofür genau diese Studenten eigentlich ausgebildet werden sollen. Die Vielfalt der behandelten Themen ist nicht zuletzt Ausdruck dieses mangelnden Konsenses. Aber anstatt sich zu bemühen, die zahlreichen Disziplinen miteinander zu verschmelzen, überlassen es die Gestalter der MBA-Programme oft den Studenten, herauszufinden, welcher Zusammenhang zwischen diesen Themenbereichen besteht – sofern es überhaupt einen Zusammenhang gibt.

Es fällt auf, dass der Erfolg der Business Schools bei der Rekrutierung angesehener Lehrkräfte aus den verschiedenen Fachgebieten die

Gestaltung eines wirklich integrierten Studiengangs nicht erleichtert, sondern erschwert hat. Die Stars unter den Professoren sind berühmt dafür, dass sie ihrer eigenen Forschung größere Aufmerksamkeit widmen als dem Unterricht oder der Betreuung der Studenten. Das gilt insbesondere mit Blick auf die MBA-Studenten, die als weniger ernsthaft gelten. Die Tatsache, dass diese Studenten nicht gerade für ihre Demut bekannt sind und wahrscheinlich bald mehr Geld verdienen werden als ihre Lehrer, verschärft das Problem. Die Folge ist, dass es für das Lehrpersonal eigentlich keine Priorität hat, einen wirklich durchdachten, umfassenden Studienplan für diese Studenten zu entwickeln.

So zerfällt das MBA-Studium wie die meisten interdisziplinären Studien und wird zu einer Art von Evelyn-Wood-Schnelllesekurs über sämtliche Themen, die irgendetwas mit den Problemen von Unternehmen zu tun haben. Beispielsweise ist es nichts Ungewöhnliches, dass die Studenten an einem Tag im Kurs Finanzen zu hören bekommen, dass die Diversifizierung nutzlos ist (ausgehend von der Theorie, dass die Investoren selbst eine Diversifizierung bewerkstelligen können, indem sie in eine Vielzahl von spezialisierten Unternehmen investieren), um am nächsten Tag im Fertigungsseminar erklärt zu bekommen, wie vorteilhaft die Diversifizierung ist (da sie die Kapazitätsauslastung verbessert und es dem Unternehmen erlaubt, gleichmäßigere Resultate zu erzielen). Für gewöhnlich sprechen die betreffenden Lehrer nicht miteinander, um ihren Studenten Werkzeuge anzubieten, anhand deren sie die beiden Betrachtungsweisen in Einklang bringen könnten.

Nun sollte man meinen, dass die intelligenten jungen »Macher«, die ein MBA-Diplom erwerben, dieses Verwirrspiel nicht akzeptieren werden. Doch sie steigen auf den Spaß ein. Wenn sie ehrlich sind, werden die Besitzer eines solchen Diploms eingestehen, dass sie es eigentlich nur erworben haben, um zukünftigen Arbeitgebern ihren Wert zu demonstrieren und Freundschaften zu schließen, die ihnen in ihrem späteren Leben nutzen werden. Mit anderen Worten: Sie lassen sich ihre Stechkarte abstempeln und vernetzen sich. Aus einer viel zitierten Studie geht hervor, dass die MBA-Ausbildung zu den schlechtesten Bildungsinvestitionen zählt (eine Ausnahme sind die allerbesten Programme, in denen man wirklich erstklassige Verbindungen knüpfen kann).[4]

Als ich Ende der achtziger Jahre mein MBA-Diplom an der Universität Stanford erwarb, war der interessanteste Kurs der Grundkurs in Makroökonomie. Ich wurde von Thomas Sargent unterrichtet, einem

Gastprofessor, der zu den Begründern des Konzepts der »rationalen Erwartungen« zählt. Sargent tat etwas Unerwartetes. Anstatt einfach die übliche verdünnte Version der herkömmlichen makroökonomischen Vorlesung zu halten, verwandelte er die Vorlesung in eine Einführung in die Spieltheorie, in der die Zentralbank, der Kongress und die Verbraucher als Spieler herangezogen wurden. Doch anstatt sich von diesem provokanten Zugang anregen zu lassen, revoltierten meine Studienkollegen. Dafür hatten sie nicht bezahlt. Es waren noch viele andere Unterrichtsstunden und Bewerbungsgespräche vorzubereiten, und sie hatten wirklich keine Zeit für Debatten über die Anwendbarkeit des Gefangenendilemmas auf die Makroökonomie. Sargent sollte ihnen einfach einige Beispielfragen für das Abschlussexamen geben und alles Übrige ihnen überlassen.

Trotz allem Gerede über Führung, Unternehmertum und Innovation ging Mitte der achtziger Jahre fast die Hälfte der Absolventen der führenden amerikanischen MBA-Programme zu Beratungsfirmen oder Investment-Banken, und bis Mitte der neunziger Jahre stieg dieser Anteil auf mehr als die Hälfte. Nachdem sie so viel investiert hatten, um die kulturellen Erwartungen an einen echten Macher zu erfüllen, schienen diese MBA-Absolventen vor allem darauf bedacht, mit ihrer Berufswahl nicht ihren schwer verdienten sozialen Status zu untergraben.

Ich erinnere mich noch, wie ich mich fühlte, als sich der Großteil meiner Studienkollegen Investment-Banken und Beratungsfirmen zuwandte. Ich hatte den MBA-Jahrgang 1987 der Stanford Business School als eine in vielerlei Hinsicht bemerkenswerte Gruppe von Personen kennengelernt. Als der Studienleiter bei der Einführungsversammlung die Leistungen meiner Studienkollegen herunterrasselte – Astronaut, erfolgreicher Unternehmensgründer, Profigolfer, Kapitän eines kleinen Segelboots, das die Welt umrundet hatte –, stieg das Gefühl in mir auf, dass meine Aufnahme ein Irrtum war. Doch als die zwei Jahre vorüber waren, hatten sich diese brillanten, ehrgeizigen, kreativen Menschen in passive Gefolgsleute verwandelt, die um Gesprächstermine bei den Investment-Banken und Beratungsfirmen wetteiferten.

Das soll nicht heißen, dass interessante Menschen nicht den Wunsch hegen können, Banker oder Berater zu werden. Ich will lediglich sagen, dass nichts an diesen besonders interessanten Menschen darauf hindeutete, dies könne ihr größter Wunsch als Gruppe sein.

In Anbetracht der Passivität dieser MBA-Absolventen und ihrer Abneigung gegenüber Risiken mag es überraschend klingen, dass während des Internetbooms eine Rekordzahl von Investment-Bankern dem Banksektor den Rücken kehrten, obwohl ihre Arbeitgeber mehr als je zuvor bezahlten. Die Abwanderungsrate erhöhte sich um insgesamt 50 bis 100 Prozent, sei es bei den jungen Analysten – die nach dem Studium einen Zweijahresvertrag unterschrieben hatten – oder bei den hochrangigen Managing Directors – die im Normalfall am meisten zu verlieren hatten, wenn sie Aktienoptionen im Wert von Millionen aufgaben.

Noch eigenartiger war, dass diese Banker oft nicht zu Konkurrenten wechselten, sondern sich neu gegründeten Unternehmen anschlossen, die im Bereich des Internet tätig waren. Man kann sich kaum einen Job vorstellen, der weniger zu einem Mitarbeiter einer angesehenen Investment-Bank passt als ein Managerposten in einem Unternehmen, das gerade erst den Betrieb aufnimmt. Das ist so, als würde ein Schönheitschirurg eine Eisenwarenhandlung übernehmen. Es muss nicht überraschen, wenn sich ein einzelner Mensch zu einem derart radikalen Berufswechsel entschließt, doch es verblüfft, dass dieses Verhalten von einer ganzen Berufsgruppe Besitz ergreifen kann.

Unfug, wird so mancher Leser sagen, was ist daran so verwunderlich? Die Banker sind die geldgierigsten Menschen in der Welt. Und das Internet verwandelte sich plötzlich in den Bereich, in dem man am schnellsten Trillionär werden konnte. Warum sollte es also überraschen, dass die Banker diesen Unternehmen die Türen einrannten? Tatsächlich ist diese Erklärung nicht nur in der Öffentlichkeit, sondern auch unter den Bankern selbst sehr verbreitet.

Allerdings ist diese Theorie – nennen wir sie in Anlehnung an das berühmte Motto des von Michael Douglas gespielten hemmungslosen Übernahmegeiers im Film *Wall Street* (»Die Gier ist gut«) die Theorie der »Motivation durch Gier« – nicht vollkommen zufriedenstellend. Würde diese Theorie zutreffen, so hätten die Investment-Banken ihre Mitarbeiter halten können, indem sie ihnen einfach höhere Gehälter anboten. Genau das taten die großen Investment-Banken. Sie begannen vorsichtig mit einer Vielzahl von Initiativen zur Verbesserung der »Lebensqualität«, um die Arbeitsbedingungen nachzuahmen, die in ihrer Einbildung in den Internetunternehmen herrschten. Sie lockerten an Freitagen im Sommer die Kleiderordnung, um ihren Mitarbeitern schließlich zu erlauben, das ganze Jahr ohne Krawatte am Arbeitsplatz zu erscheinen. Als die erhoffte Wirkung ausblieb, wurde das Konzept der Lebensqualität auf alles von kostenlosem Obst und Kaffee bis zu bezahltem Extraurlaub ausgeweitet. Es dauerte nicht lange, bis sich die Investment-Banken dem Instrument zuwandten, mit dem sie am besten vertraut waren: Bargeld. Bald hatten sämtliche Firmen eine Vielzahl zusätzlicher Einkommensschemen eingeführt, die höhere Gehälter, Aktienoptionen und verschiedene Formen der Teilnahme an den Unternehmensbeteiligungen der Bank beinhalteten.

Es ist schwierig, den Erfolg solcher Maßnahmen zu beurteilen, da man unmöglich wissen kann, was geschehen wäre, wenn sie ausgeblieben wären. Dass die Massenflucht der Banker zu den Internetunternehmen schließlich abebbte, könnte leicht auf die Vorboten des Zusammenbruchs dieser Branche zurückgeführt werden. Glücklicherweise erlauben uns die einzigartigen Einkommensregelungen beim Börsengang von Goldman Sachs im Jahr 1999 einige Schlüsse bezüglich des Gewichts des »Gier-Faktors«. Jeder Angestellte der Firma erhielt beim Börsengang einen Anspruch auf ein großes Aktienpaket, den er jedoch verlor, wenn er die Firma innerhalb von drei Jahren verließ. Die Einkommenserhöhungen in anderen Banken stellten, so großzügig sie auch sein mochten, lediglich einen Bruchteil dessen dar, was die Mitarbeiter von Goldman verdienen konnten, wenn sie nach dem Börsengang in der Firma blieben. Würde die Theorie der Motivation durch Gier zutreffen, so hätte die Personalfluktuation bei Goldman Sachs sehr viel geringer sein müssen (selbst wenn man die ohnehin traditionell niedrige Fluktuation in dieser Firma außer Acht lässt).

Doch bei Goldman Sachs war die Abwanderungsrate genauso hoch wie bei den anderen Firmen – und das, obwohl Goldman (zusätzlich zur Verteilung von Aktien) einen der großzügigeren Pläne zur Einkommenserhöhung eingeführt hatte, um den Aderlass zu stoppen. Die Konkurrenten waren zweifellos versucht, sich hämisch über Goldmans Ungemach zu freuen, doch die Häme schlug rasch in Entsetzen um. Wenn Goldman Sachs seine Leute nicht halten konnte, indem es ihnen mit der Peitsche – mit dem Verlust ihrer Aktien – drohte, wie sollten sich dann andere jemals ein ausreichend großes Zuckerbrot leisten können?

Was steckt hinter der eigenartigen Gruppendynamik, die diese extrem leistungsfähigen Mitarbeiter erst in den Bankensektor und dann in die Internetbranche trieb? Zu jener Zeit hielt ich die weniger vereinfachende Theorie der Massenhysterie für überzeugender. Überraschenderweise stieß ich in der Selbstfindungsreise Al Gores, der damals mitten in seinem letztlich erfolglosen Rennen um die Präsidentschaft steckte, auf einen wichtigen Hinweis.

Nach dem katastrophalen Fehlschlag seiner Präsidentschaftskandidatur im Jahr 1988 und einem schweren Autounfall seines Sohnes geriet Al Gore in eine Lebenskrise. Er leitete mit Unterstützung eines klinischen Psychologen von der University of Tennessee eine umfassende Studie dysfunktionaler Familien ein. Das Buch, das nach Gores Meinung Aufschluss über seinen eigenen inneren Kampf gab, trug den Titel *Das Drama des begabten Kindes und die Suche nach dem wahren Selbst* und stammte von der Schweizer Psychonalytikerin Alice Miller. Gore verteilte nicht nur Exemplare des Buchs an Freunde und Kollegen, sondern fragte Stellenbewerber auch, ob sie es gelesen hatten.[5]

Millers Buch behandelt die besonderen Probleme außergewöhnlich begabter Menschen, deren Talent und Leistungen von Kindheit auf gepriesen und bewundert werden, die jedoch dazu neigen, »plötzlich das Gefühl zu entwickeln, sie hätten es nicht geschafft, einem Idealbild und jenen Maßstäben zu entsprechen, denen sie sich verpflichtet fühlen«.[6] Miller führt das Problem auf Eltern zurück, die ein hochbegabtes Kind unbewusst benutzen, um ihre eigenen narzisstischen Bedürfnisse zu befriedigen. Das Kind seinerseits ist dazu verurteilt, ständig mit herausragenden Leistungen um die Liebe seiner Eltern zu buhlen, und hegt insgeheim die Befürchtung, dass seine Eltern eher seine Leistungen als es selbst lieben. Solche Kinder entwickeln nie ein von ihrem Bedürfnis zu gefallen unabhängiges Bewusstsein ihrer selbst und leiden von vornherein unter beträchtlichen emotionalen Schwankungen. Ist die vom letzten Erfolg ausgelöste Euphorie verflogen, so empfinden sie Scham und Leere, weil sie ihren eigenen Gefühlen und Bedürfnissen entfremdet wurden. So hetzen sie bald dem nächsten Erfolg hinterher, in der vergeblichen Hoffnung, die Leere auf Dauer füllen zu können.

Es hat den Anschein, als könne dieses Syndrom zumindest teilweise erklären, warum sich Scharen ehrgeiziger MBA-Absolventen und Investment-Banker in jeden Beruf stürzten, der in der Öffentlichkeit mit dem Erfolg gleichgesetzt wurde, gleichgültig, ob er an und für sich von Interesse für sie war, ja sogar ungeachtet extrem wirksamer wirtschaftlicher Anreize wie der Aktienpakete von Goldman Sachs.

Es bleibt unklar, was die Banken hätten tun können, um der Krise ihrer Mitarbeiter entgegenzusteuern. Auf den ersten Blick scheint die von Miller vorgeschlagene Abhilfemaßnahme – eine Psychoanalyse, um den Patienten wieder in Kontakt mit seinen wahren Gefühlen zu bringen – kaum Erfolg versprechend. Auf der anderen Seite hätte eine Psychoanalyse anders als die Anreize im Bereich der »Lebensqualität« den zusätzlichen Nutzen haben können, die richtigen Leute dazu zu bewegen, das Bankwesen aus den richtigen Gründen zu verlassen. Und wer weiß, vielleicht wäre ein Banker, der sein wahres Selbst gefunden hat, nicht nur ein glücklicherer, sondern auch ein besserer Banker.

Wenn man sich vor Augen hält, wer in den neunziger Jahren aus welchen Gründen Investment-Banker wurde, sind die Auswirkungen der grundlegenden Verschiebung zu einer um die Transaktion kreisenden Firmenkultur in den Banken leichter zu verstehen. Das Ethos des »I'll be gone, you'll be gone« war ein fast vorhersehbares Ergebnis des Zusammenstoßes zwischen dieser neuen Hackordnung und dem überwältigenden Wunsch, die Truppen bei Laune zu halten. Überall an der Wall Street hing der persönliche Stellenwert nicht länger davon ab, ob man im Team arbeiten konnte oder andere ähnlich unzeitgemäße Tugenden bewies. Das einzige Ziel bestand darin, Geschäfte abzuwickeln, Erträge zu erzielen und aufzufallen. Um es mit Paulson zu sagen: Man musste vermeiden, ein Dinosaurier zu werden. Man musste ein Protagonist sein, ein Star, koste es, was es wolle, insbesondere, wenn jemand anderer diese Kosten zu tragen hatte. Und die Kosten waren hoch.

Es ist nützlich, diese Zusammenhänge zu kennen, wenn man begreifen will, was als Nächstes geschah. Jene Banker, die im Verlauf der folgenden Krise ihren Arbeitsplatz verloren, büßten ihr Selbstwertgefühl ein und verloren die Orientierung. Und der Verlust des sozialen Status des Investment-Bankers, der zum Teil mit dem Abbau der Standards einherging, ließ jene, deren persönliche und berufliche Identität eng mit dem Ansehen der Branche verknüpft war, mit dem Gefühl zurück, betrogen worden zu sein. Die Enttäuschung dieser Personen zählt nicht zu den bedeutsamsten gesellschaftlichen Auswirkungen des Wandels im Investment-Banking. Aber es ist das »Drama des begabten Investment-Bankers«, das unserer Geschichte eine gewisse Bitterkeit verleiht.

11

Auf der Seite des Käufers

Als der Markt zu kippen begann, zeigte sich deutlich, mit welchen Schwierigkeiten ein Relationship-Banker in der Ära des Finanzsupermarkts konfrontiert war. Dies galt insbesondere dann, wenn die Aufgabe darin bestand, einen Klienten bei einem Kauf zu vertreten – wenn man, um es mit den Worten der Banker zu sagen, auf der »Kaufseite« tätig werden musste. Ich hatte selten auf dieser Seite zu tun gehabt, bevor ich zu Morgan Stanley kam.

Aufgrund meiner Konzentration auf die »Verkaufseite« hatte ich zudem relativ wenig über den Finanzierungsaspekt des Investment-Banking gelernt. Abgesehen davon, dass ich darauf zu achten hatte, dass der Käufer eine ausreichende Finanzierung bereitstellen konnte, hatte ich nur geringes Interesse an den Kreditdokumenten. Doch wenn man den Käufer vertritt, muss man die Finanzierung für den Kauf sicherstellen. Unter diesen Bedingungen spielt der Investment-Banker zwei verschiedene und potenziell widersprüchliche Rollen: Einerseits muss er objektive Beratung zu allen die Transaktion betreffenden Fragen anbieten, andererseits muss er als Bindeglied zu den internen Finanzierungsspezialisten fungieren, die das Geld bereitstellen möchten. Offenkundig kommt es zu einem Konflikt zwischen diesen Rollen, wenn die von der eigenen Firma angebotenen Finanzierungsbedingungen nicht wettbewerbsfähig sind, weshalb der beste objektive Ratschlag an den Kunden lautet, sich anderswo nach einer Finanzierung umzusehen.

In der Ära der Finanzsupermärkte lautet der strategische Imperativ, dass man jede Gelegenheit nutzen muss, um jedes mögliche Produkt und jedwede Dienstleistung an jeden möglichen Klienten zu verkaufen – selbst wenn man einen Verkäufer berät, der bei einer Auktion den höchsten möglichen Preis erzielen möchte. Hier kommt es zu ähnlichen Interessenkonflikten. Immer häufiger bieten die Berater des Verkäufers den potenziellen Käufern eine »gestaffelte Finanzierung« an. Das entspricht etwa einem Händlerkredit für den Kauf eines Kühlschranks, wobei es jedoch einen wesentlichen Unterschied gibt: Hier ist es nicht der »Händler«, der das Kreditpaket anbietet, sondern die Investment-Bank. Das hat zwei ernste Probleme zur Folge.

Erstens sind die Käufer zwar nicht verpflichtet, das angebotene Paket zu nutzen, sondern haben theoretisch die Möglichkeit, sich anderswo eine bessere Finanzierung zu suchen, doch sie möchten natürlich die für den Verkauf zuständige Investment-Bank nicht vergraulen. Da die mit einer gestaffelten Finanzierung verbundenen Gebühren oft höher sind als die für die Fusion oder Übernahme anfallende Beratungsgebühr, ist für die Investment-Bank die Versuchung groß, den Verkaufsgegenstand einer Partei zuzuschanzen, die ihr Finanzierungspaket nutzen wird. Die Folge ist ein gravierender struktureller Konflikt zwischen dem Investment-Banker und seinem Klienten. Auch wenn die letzte Entscheidung beim Klienten liegt, kann in einer engen Situation ein wenig zusätzliche Information über Sieg und Niederlage in einer heiß umkämpften Auktion entscheiden.

Zweitens verstreicht nach der Unterzeichnung einer Verkaufsvereinbarung üblicherweise ein Zeitraum von 30 bis 90 Tagen, in dem die behördlichen Genehmigungen eingeholt und die Finanzierung durchgeführt wird. Erst dann wird die Transaktion tatsächlich abgeschlossen, und das Geld wechselt den Besitzer. Der Verkäufer versucht natürlich sicherzustellen, dass er sein Geld so schnell wie möglich erhält. Aber genau unter jenen schwierigen Umständen, die einem Verkäufer die größten Sorgen machen, wird dies nicht im Interesse der Investment-Bank sein, wenn sie für die Bereitstellung des Geldes verantwortlich ist. Die Finanzierungsdokumente enthalten vage Ausstiegsklauseln, die dem Kreditgeber die Möglichkeit einräumen, sich aus der Vereinbarung zurückzuziehen, wenn es zu einer »wesentlichen nachteiligen Veränderung« im Unternehmens- oder Marktumfeld kommt. Die Investment-Bank als Kreditgeber hat bei der Aushandlung und Interpretation dieser Bestimmung unterschiedliche Interessen. Und wenn die normale Methode, anhand deren die Investment-Bank ihr Risiko streut – gemeint ist die Syndizierung, bei der andere Banken einen Teil der Finanzierung übernehmen –, nicht richtig funktioniert, wird sie natürlich mehr Zeit für die Bildung des Konsortiums haben möchten, während der Verkäufer daran interessiert ist, dass die Käufer das Geld für die Abwicklung des Geschäfts bereitstellen. In dieser Situation werden der »objektive Berater« und sein Klient tatsächlich zu Widersachern.

Am größten sind die Spannungen jedoch auf der Kaufseite. Die Banker erwecken auf der Kaufseite stets den Eindruck, viel beschäftigt und sehr nützlich zu sein. Sie produzieren zahllose Zeitpläne, Arbeitsgruppenlisten und Analysen hypothetischer Geschäfte. Doch während die Banker auf der Verkaufseite einen Prozess abzuwickeln haben und wirklich sehr beschäftigt sind, ist auf der Kaufseite abgesehen von der Unterstützung bei der Due Diligence, von ein paar Finanzanalysen, von einer Empfehlung bezüglich der wahrscheinlichen Reaktion des Markts auf das Geschäft und von der Beschaffung von Informationen über andere Käufer nicht allzu viel zu tun. Das spiegelt sich auch in den Gebühren auf der Kaufseite wider, die oft weitgehend von der Finanzierung abhängen.

Im Jahr 2002 nahm ich selbst an einer großen Übernahme teil, die zu einer schmerzhaften Initiation in die Welt der Finanzierung auf der Kaufseite wurde. Jenes Jahr war kein gutes Jahr für die Banker, schon gar nicht für jene von uns, die sich auf die Medienbranche spezialisiert hatten. In den Medien geht es um Unterhaltung und Berühmtheit, um Politik und Persönlichkeiten. Dass mich diese Branche mehr anzog als die Forstwirtschaft, lag nicht daran, dass ich dieses Geschäft für besser gehalten hätte als die Produktion von Holz. Die Medien zogen mich an, weil sie sexy waren.

Aber nach dem Crash kehrten die Aktienmärkte den spannenden Branchen den Rücken und wandten sich den sicheren und langweiligen Aktivitäten zu. Für die Wirtschaft insgesamt war das vorteilhaft. Die Rückbesinnung auf freie Barmittel, gute Bilanzen und kontrollierbare Risiken war zweifellos eine begrüßenswerte, ja sogar notwendige Veränderung. Im Mediengeschäft, zumindest in dem Teil, den die meisten Leute als Mediengeschäft betrachten, geht es jedoch nur um Volltreffer: Kinofilme, die Kassenschlager werden, Platinalben, Bücher, die es in die Bestsellerliste der *New York Times* schaffen, Fernsehserien, die Quotenhits werden. Und in Branchen, in denen es um Hits geht, gibt es einfach keine Sicherheit. Wie sollte sich ein Unternehmen, das derartige Produkte auf den Markt bringt, einen dauerhaften Wettbewerbsvorteil sichern? Wie viele Verbraucher machen die Wahl eines Kinofilms oder einer CD davon abhängig, welches Filmstudio oder welche Plattenfirma dieses Produkt herausgebracht hat? So kam es, dass die Medienunternehmen im Jahr 2002 auf dem Markt nicht viel beliebter waren als die Internet-Start-ups.[1]

Doch sogar in der Medienbranche gab es einige Unternehmen, deren betriebliche Charakteristika den Interessen der vorsichtig gewordenen Investoren entsprachen. Das Komische ist, dass diese Unternehmen an den Börsen lange Zeit die hässlichen Entlein gewesen waren. Ihre Barmittel waren vielfach missbraucht worden, um andere, spekulativere Unternehmungen ihrer Muttergesellschaften zu finanzieren. Doch nun verwandelten sich die hässlichen Entlein in die schönsten Schwäne auf dem Teich.

Wohin nach dem Crash der Trend in der Medienbranche ging, zeigt das Beispiel der *Gelben Seiten*. Statt aus Prominententratsch, Hochglanzfotos oder der provokanten Sprache eines Buchbestsellers besteht der »Inhalt« der Branchenverzeichnisse ausschließlich aus Anzeigen und Werbung. Im Gegensatz zu verlockenden Medienunternehmen wie den Unterhaltungskonzernen verzeichnen die Verleger der *Gelben Seiten* nie zweistellige Gewinnzuwächse. Andererseits müssen sie normalerweise keine Einbrüche hinnehmen, wenn es zu einer Rezession kommt. Gleich wie schlecht die Dinge stehen: wenn der örtliche Pizzaflitzer und die Möbelspedition im Geschäft bleiben wollen, müssen sie in den *Gelben Seiten* inserieren. Die Herausgeber von Branchenverzeichnissen kommen fast ohne Kapitalaufwand aus. Ihre Cashflow-Margen liegen üblicherweise bei über 50 Prozent. Zwar haben sie in den Online-Anbietern und in unabhängigen Start-ups Konkurrenz, doch die etablierten Verleger scheinen nicht übermäßig darunter zu leiden und erzielen weiter robuste Einnahmen.

Die Geschichte von R. H. Donnelley (RHD) zeigt sehr schön, wie sehr sich der Mediensektor in den neunziger Jahren verändert hatte. Um die Entwicklung des Unternehmens zu verstehen, müssen wir bis ins Jahr 1917 zurückgehen, als RHD aus der Chicago Directory Company hervorging. Jenes Unternehmen hatte im Großraum von Chicago Branchenverzeichnisse herausgebracht. Im Jahr 1961 wurde RHD von Dun and Bradstreet übernommen, einem für die nichtstrategischen Firmengebilde der sechziger Jahre typischen Konglomerat. Als die Konglomerate aus der Mode kamen, gab Dun and Bradstreet im Jahr 1996 die erste in einer Reihe von Aufsplitterungen und Ausgliederungen bekannt, die in den folgenden fünf Jahren acht verschiedene Unternehmen hervorbrachten: IMS, Moody's, AC Nielsen, Nielsen Media Research, Gartner Group, Cognizant, D&B sowie RHD.

RHD wurde in dieser ansonsten vornehmen Gruppe stets als der sehr arme Verwandte betrachtet und auch so behandelt. Als das Unternehmen im Jahr 1998 endlich als unabhängige Einheit ausgegliedert wurde, lud die Muttergesellschaft D&B ihm den Großteil ihrer Verbindlichkeiten sowie zahlreiche Haftungsverpflichtungen verschiedener Vorgängerunternehmen auf. Das Unternehmen war nur noch ein Schatten seines früheren Selbst. Seine beiden wichtigsten Assets waren nun ein Vertrag über den Verkauf der Werbung und über die Bereitstellung weiterer Hilfsdienste für die Verzeichnisse von Sprint sowie ein 50-prozentiger Anteil an Don Tech, einem Gemeinschaftsunternehmen mit SBC Communications. Don Tech gab Branchenverzeichnisse in Illinois und Indiana heraus. Die Konditionen des Vertrags mit Sprint wurden gegen Ende der Laufzeit immer schlechter, und Don Tech arbeitete vollkommen unabhängig, weshalb sich die Führungskräfte von RHD lediglich ein paarmal im Jahr dort blicken mussten, um einen Scheck abzuholen. Dies war kein verlockendes Unternehmen, und seine Marktkapitalisierung (der Gesamtwert seiner Aktien) lag bei lediglich 350 Millionen Dollar.

Das Management von RHD versuchte alles, um dem Unternehmen neues Leben einzuhauchen. Doch die Schulden beschränkten den Spielraum für Einkäufe, und es hatte den Anschein, als könne nichts die Verleger der *Gelben Seiten* dazu bewegen, die einst ausgelagerten Funktionen wieder RHD zu übertragen. Daher warf das Unternehmen im Jahr 2000 praktisch das Handtuch und beauftragte Goldman Sachs mit einem Verkauf. Doch RHD sollte eine weitere Demütigung erleben: Am 5. Dezember 2000 musste die Unternehmensleitung in einer Pressemitteilung bekannt geben, dass es auf dem heißesten Bullenmarkt der Geschichte nicht gelungen war, einen Käufer zu finden.[2] Dies war wahrhaftig ein Unternehmen, dass keinen Hund hinter dem Ofen hervorlocken konnte.

Doch dann geschah Anfang des Jahres 2002 etwas, das RHD die Möglichkeit eröffnete, sich in ein Unternehmen zu verwandeln, das selbst Branchenverzeichnisse herausgab, anstatt lediglich Verträge mit und Beteiligungen an anderen derartigen Unternehmen zu verwalten. Es begann sich herumzusprechen, dass Sprint die Barmittel ausgingen, weshalb es möglicherweise die Sparte Branchenverzeichnisse verkaufen müsse. Wenn sich RHD die Verzeichnisse von Sprint sichern konnte, würde es sein Schicksal wieder selbst in die Hand nehmen können. Doch wenn der Kauf nicht gelang, konnte dies der Gnadenstoß für das bereits geschwächte Unternehmen sein. Denn sollte jemand anderer, insbesondere ein harter LBO-Käufer, der an einer Kostensenkung interessiert war, die Branchenverzeichnisse von Sprint in die Finger bekommen, so würde RHD keine Chance auf eine Verlängerung seines Vertrags erhalten. Und in der Zwischenzeit war es wahrscheinlich, dass die Beziehungen zu Sprint schlechter würden, wenn dieses versuchte, potenzielle Käufer davon zu überzeugen, dass der Geschäftsbereichs sehr viel profitabler sein würde, wenn der Vertrag mit RHD erst einmal abgelaufen war.

Zu diesem Zeitpunkt war RHD ein kleines Unternehmen mit schlechten Zukunftsaussichten, weshalb kaum ein Banker Interesse hatte, es zu betreuen. Selbst Goldman Sachs hielt sich nach dem Scheitern des Verkaufs in sicherer Entfernung. Ich wusste genug über den Leidensweg von RHD und seine Beziehung zu den Sprint-Verzeichnissen, um zu begreifen, dass diese für RHD lebenswichtig waren. Und für einen Investment-Banker gibt es keinen besseren Käufer als einen, für den das Geschäft eine Frage von Leben und Tod ist.[3] Ich hatte Dave Swanson, den Leiter von RHD, im Vorjahr beim Verkauf eines kleinen unabhängigen Verzeichnisverlegers namens Worldpages.com kennengelernt. Und einer meiner Kollegen kannte den neuen Finanzchef des Unternehmens, Steve Blondy, aus dessen früherer Tätigkeit. Dank dieser Kontakte bekamen wir einen Gesprächstermin, und ich dachte, sie würden auch genügen, um den Auftrag zu bekommen. Allerdings gab es zwei Probleme, von denen eines mit RHD und das andere mit Morgan zu tun hatte.

RHD war mittlerweile ein winziges Unternehmen und schrumpfte weiter. Obwohl es viel von seinem Schuldenberg abgebaut hatte, war es immer noch mit Verpflichtungen von etwa 300 Millionen Dollar belastet und hatte einen Marktwert von nur 800 Millionen Dollar. Die Sprint-Verzeichnisse würden wahrscheinlich 2 Milliarden Dollar kosten. Wir rechneten das Geschäft durch und gelangten zu dem Schluss, dass es mit einer beträchtlichen Aufnahme von Fremdkapital funktionieren könne. Allerdings würde es kein Zuckerschlecken werden. Alles hing davon ab, ob die Märkte eine derartige Verschuldung von RHD akzeptieren würden und ob der Board des Unternehmens bereit sein würde, das Schicksal von RHD von diesem Geschäft abhängig zu machen.

Die LBO-Firmen waren seit einiger Zeit ein sehr wichtiges Segment für die Investment-Banken, da sie sowohl direkt als auch über Portfoliounternehmen eine unerschöpfliche Gebührenquelle waren. Die Banken erfanden sogar einen nicht ganz so schlimm klingenden Namen für die »Unternehmensausschlachter« – so wie die »Junk Bonds« nun als »High Yields« bezeichnet wurden, verwandelten sich diese Firmen im Jargon der Investment-Banker nun in »Finanzsponsoren«. Als die amerikanischen Unternehmen in der Rezession sehr mit sich selbst beschäftigt waren und einige Abneigung gegenüber Übernahmetransaktionen an den Tag legten, sahen die »Finanzsponsoren« eine Gelegenheit zum Kaufen. In dieser Schrumpfungsphase stieg der Anteil der LBO-Firmen an den Übernahmen und Fusionen auf einen historischen Höchststand. Und die Branchenverzeichnisse waren ein ausgezeichnetes Ziel für einen fremdfinanzierten Buy-out: Sie wiesen einen hohen, stabilen Cashflow auf, der eine hohe Kapitalaufnahme ermöglichte, und die nahe liegenden strategischen Käufer (die Telefongesellschaften, die im Besitz der Verzeichnisse waren) waren nicht bereit, mehr in einen Bereich zu investieren, der in ihren Augen nie zu ihrem Kerngeschäft gehört hatte. Für die Banker, die die LBO-Firmen betreuten, war es irrelevant, dass RHD offensichtlich ein besserer Käufer war. Sie wollten die Gelegenheit nutzen, die Beziehungen zu ihrer Klientenbasis zu festigen.

Am Ende erklärten wir uns bereit, an der Seite von Bear Stearns als Berater von RHD tätig zu werden. Bear zählte zu den wenigen Investment-Banken, die sich die Mühe gemacht hatten, dieses Unternehmen aktiv zu betreuen. Bear Stearns ist eine mittelständische Firma mit einer wechselhaften Geschichte und einer schwankenden Reputation, aber wie alle diese Firmen hat sie ihre Stärken, die in diesem Fall im Handel liegen.[4] Im Jahr 2001 übergab der 73-jährige Chairman »Ace« Greenberg, ein legendärer Händler, das Amt an den 67 Jahre alten CEO »Jimmy« Cayne, obwohl er seinen Sitz im Board der Firma behielt. Er ist heute noch Vorsitzender des Leitungsausschusses. Bear Stearns hatte auch eine Handvoll sehr guter hochrangiger Banker in seinen Reihen. Das Problem der mittelständischen Firmen ist, dass sie nicht imstande sind, die besten Hochschulabsolventen für sich zu gewinnen, und dass sie deutlich höhere Gehälter und langfristige Verträge anbieten müssen, um etablierte Banker von Spitzenfirmen abzuwerben. Die Folge ist, dass zwischen ihren Spitzenbankern und den Mitarbeitern auf der mittleren Ebene eine gewaltige Qualitätslücke klafft.

Für Morgan Stanley war der RHD-Auftrag ein potenziell gutes Geschäft, wenn auch kaum geeignet, um in Jubel auszubrechen. Die Transaktion würde mehrere Monate in Anspruch nehmen, und RHD war ein Unternehmen von bescheidener Größe, das sich nicht zwangsläufig bei der Auktion durchsetzen würde. Ich leitete ein Team, dem Adam Shepard, ein guter, aber neuer Managing Director aus dem Bereich Fusionen, und der Associate Todd Davison angehörten. Bei Bear Stearns wurde das Projekt ein wenig ernster genommen. Mein

Gegenstück im Beratungsteam von Bear war Allan Schwartz, der Präsident und Geschäftsführer der Firma. Adams Gegenpart war Lou Friedman, Leiter des Bereichs Globale Fusionen und Übernahmen. Und Todds Gegenstück war Davies Beller, ein hochrangiger Managing Director von Bear, der im Investment-Banking tätig war, seit er und ich vor fast 15 Jahren gemeinsam unseren Abschluss an der Stanford Business School gemacht hatten.

In den folgenden Monaten, die mit ganztägigen Board-Sitzungen ausgefüllt waren (die sich gelegentlich sogar über die folgende Nacht hinzogen), stellte ich immer wieder zu meiner Verblüffung fest, wie viel Zeit das Führungsteam von Bear diesem Projekt widmete. Es war undenkbar, dass sich der Präsident von Morgan Stanley an der Betreuung eines Unternehmens mit einem Marktwert von weniger als einer Milliarde Dollar, geschweige denn an der Abwicklung einer Transaktion beteiligte. Letzten Endes machte es sich für Bear mehr als bezahlt, dass es einen hochrangigen Entscheidungsträger in sein Team gesetzt hatte. Das Problem dieser und anderer Firmen ist, dass dies kein sehr effizientes Geschäftsmodell ist – der Präsident des Unternehmens kann nun einmal nur eine begrenzte Zahl von Klienten betreuen und an einer begrenzten Zahl von Sitzungen teilnehmen.

In den folgenden Monaten überzeugten wir den Board davon, dass ein Kauf ratsam sei, aber sowohl das Unternehmen als auch wir machten uns Gedanken darüber, wie viel Schulden das Unternehmen würde tragen können. Wir konnten nicht sicher sein, wie der Markt auf den Versuch reagieren würde, diesen kleinen, mäßig verschuldeten Outsourcer über Nacht in einen hoch verschuldeten Verlag mit einem Marktwert von mehreren Milliarden Dollar zu verwandeln. Um unsere Wette für den Fall abzusichern, dass die erforderliche Kreditaufnahme das Unternehmen überfordern würde, wollten wir versuchen, uns zu vernünftigen Bedingungen Kapital von Finanzsponsoren zu beschaffen. Also ließen wir durchsickern, dass wir darüber nachdachten, einige Hundert Millionen Dollar an Kapital aufzunehmen, um eine Minderheitsbeteiligung an RHD zu erwerben.

Die Nachricht von unserer potenziellen Offenheit für außerbörsliches Beteiligungskapital breitete sich wie ein Lauffeuer aus. Dutzende Fonds nahmen Kontakt zu Morgan, Bear und dem Klienten auf. Wir organisierten Präsentationen, bei denen hochrangige Partner aller großen Finanzsponsoren RHD davon zu überzeugen versuchten, sie in das Geschäft investieren zu lassen. Allerdings wurde klar, dass dieses Geld sehr teuer werden würde, da diese Firmen auf Erträge aus waren, die mindestens doppelt so hoch waren wie die von Kreditgebern angestrebten. Das Unternehmen wollte sich verständlicherweise die Option offenhalten, die Transaktion nach Möglichkeit ausschließlich mit Krediten zu finanzieren.

Als der Tag näher rückte, an dem die endgültigen Angebote für die Sprint-Verzeichnisse vorgelegt werden mussten, häuften sich die Hinweise darauf, dass Morgan vor der Finanzierung des Geschäfts zurückschreckte. Obwohl die Emission von Wertpapieren üblicherweise auf der Grundlage der »bestmöglichen Bemühungen« erfolgt, brachte eine finanzielle Verpflichtung in einer Situation wie dieser – so lukrativ sie potenziell sein mochte – einige Risiken mit sich. Erstens würden die beteiligten Banken nicht nur die Junk Bonds übernehmen müssen, die an die Investoren verkauft werden sollten, sondern sie würden auch einen Bankkredit bereitstellen müssen. Es war geplant, diesen Kredit sofort auf andere Einrichtungen zu verteilen, doch es bestand die Gefahr, dass die Syndizierung nicht wie geplant verlaufen würde. Zweitens würden die Banken für den Fall, dass die Investoren selbst zu einem sehr hohen Zinssatz nicht zum Kauf der Junk Bonds bewegt werden konnten, einen »Überbrückungskredit« bereitstellen müssen. Das würde unumgänglich sein, da Sprint nie bereit sein würde, das Risiko zu übernehmen, dass der Verkauf seiner Branchenverzeichnisse nur funktionieren würde, sollte die Platzierung der Anleihe von RHD erfolgreich sein. Obwohl diese Überbrückungskredite zu sehr harten Konditionen gewährt werden, fürchten sich die Emissionsbanken davor, darauf sitzen zu bleiben. In ihren Augen gibt es eigentlich keine angemessene Entschädigung für ein derartiges Risiko. Drittens wird selbst bei einer »erfolgreichen« Junk-Bond-Emission von den Konsortialführern erwartet, dass sie anschließend die Liquidität dieser Papiere garantieren – das heißt, dass sie die Rolle des »Market Maker« übernehmen, indem sie selbst einen Bestand an Wertpapieren halten. Sollte der Markt kippen, so kann es passieren, dass sie auf großen Mengen an Junk Bonds sitzen bleiben, deren Wert gesunken ist.

Als Investment-Banker von RHD waren meine internen Ansprechpartner für das Finanzierungsprojekt die Produktspezialisten in der High-Yield-Abteilung. Diese Abteilung ist in den Investment-Banken üblicherweise gemeinsam mit der Handelsabteilung oder unweit davon untergebracht, obwohl sie an sich einfach eine Marketingabteilung ist, die für die Kompetenz der Firma auf dem Gebiet der Junk Bonds werben soll. Sie hat keine Befugnis, Kreditvergabe- oder Emissionsentscheidungen zu fällen. Die Aufgabe der High-Yield-Experten besteht darin, erstens mit den Coverage-Bankern zusammenzuarbeiten und Aufträge hereinzuholen und zweitens als Vermittler zu fungieren, die die Banker über die Ansichten und Bedenken jener informieren, die tatsächlich die Entscheidungen fällen. Das letzte Wort dazu, welche Geschäfte gemacht und welche Gebühren verlangt werden sollen, haben andere. Bei Morgan Stanley war diese Marketingabteilung zu jener Zeit tatsächlich durch eine Wand mit einer verriegelten Tür von den eigentlichen Händlern und Führungskräften getrennt, die letzten Endes für die Entscheidungen verantwortlich waren, die sich auf die Ergebnisse der Firma auswirken würden.

Allerdings wirkte sich die Tatsache, dass die High-Yield-Banker im selben Stockwerk wie die Händler saßen, auf die Kultur dieser Abteilung aus. Diese Leute traten ein wenig großspurig auf, bedienten sich gern einer derben Ausdrucksweise und verwendeten mehr Sportmetaphern als die Mitarbeiter anderer Abteilungen. Aber das war alles nur Show. Diese Jungs hatten nichts damit zu tun, was mit dem Kapital der Firma geschah. Und je mehr Sorgen sie sich über ihre Fähigkeit machten, im Namen ihrer Firma zu sprechen, desto aggressiver wurde ihr Stil, um diesen Mangel an Einfluss zu kompensieren.

So wurde ich langsam nervös, als aus der High-Yield-Abteilung Gerede darüber zu hören war, was für lausige M&A-Banker wir seien, weil wir derart viel für die Sprint-Verzeichnisse bezahlen müssten. Je höher der Preis, desto mehr Fremdkapital würden wir benötigen und desto riskanter würde die Finanzierung werden.

»Seid ihr Idioten, verflucht noch mal?!«, lautete die übliche Begrüßung, wenn ich in der High-Yield-Abteilung eintraf, um mich über den Status unseres Vorschlags zu informieren. Dies war eine große Investition, und jedermann in der Abteilung, selbst jene, die nicht direkt daran arbeiteten, schien etwas dazu zu sagen zu haben.

»Die legen euch rein, Mann. Es gibt keinen anderen Interessenten!«

»Muss ich euch etwa die Grundlagen des M&A-Geschäfts erklären?!«

Wir waren dabei, unsere Präsentation für den Bewilligungsausschuss vorzubereiten, als die Frist für das endgültige Angebot ablief. Theoretisch gibt dieser Ausschuss die endgültige Genehmigung, damit der Banker eine Verpflichtung eingehen kann, eine Wertpapieremission zu bestimmten Konditionen durchzuführen. Eines Morgens, als wir gerade zu einem Treffen mit dem Management von RHD aufbrechen wollten, erhielt das Bankingteam einen Anruf aus der High-Yield-Abteilung. Wir wurden gebeten, zu einer kurzen Besprechung herunterzukommen, bevor wir uns auf den Weg machten. Als wird eintrafen, war Mitch Petrick, der Leiter des Junk-Bonds-Handels, von der anderen Seite der Mauer herübergekommen, um sich das aktualisierte Finanzierungsmaterial anzusehen, das wir RHD vorlegen wollten. Mitch hatte den Handel mit notleidenden Kreditforderungen (das Distressed Debt Trading) geleitet und war sukzessive in führende Managementpositionen aufgestiegen. Da das Material weitgehend dem entsprach, das wir in den letzten Monaten vorgelegt hatten, nahm ich an, dass es keine Kontroverse auslösen würde. Das war ein Irrtum.

»Wer zum Teufel hat Ihnen diese Zahlen gegeben?!«, brüllte Petrick. Das Investment-Banking-Team hatte sämtliche Verschuldungsniveaus, Marktbeurteilungen und Preisbildungsinformationen berücksichtigt, die das High-Yield-Team zur Verfügung gestellt hatte, das seine Arbeit mit den Kollegen von Bear Stearns koordiniert hatte, um zu einer Konsenseinschätzung zu gelangen. Als wir uns dem Leiter der amerikanischen High-Yield-Gruppe zuwandten, der von Anfang an dem RHD-Team angehört hatte, wurde dieser sehr blass. Bevor er die Fassung wiedergewann, fuhr ihm Petrick in die Parade.

»Das ist das erste beschissene Mal, dass ich das sehe«, sagte er. »Um Himmels willen, hier geht es um mehr als 2 Milliarden Dollar!«

Uns blieb nicht viel Zeit, wenn wir pünktlich zu dem Treffen im Firmensitz von RHD in Westchester kommen wollten. Im Auto verlangte Mitch, die Diskussion fortzusetzen.

»Sie hätten früher zu mir kommen sollen«, sagte er zu mir.

»Das ist nicht die richtige Lösung, Mitch«, antwortete ich. Die übrigen Fahrgäste stellten sich taub. »Warum zum Teufel haben Sie eine High-Yield-Abteilung, wenn ich jedes Mal direkt zu Ihnen gehen muss, um sicherzugehen, dass man mir nicht nur Mist erzählt?«

Zum Ärger meiner Gegenstücke in der High-Yield-Abteilung hatte ich RHD stets ermutigt, Konkurrenzangebote für die Finanzierung einzuholen. Aber die kleine Belegschaft der Zentrale war von den Anforderungen dieses riesigen Geschäfts und von der Sichtung der Finanzsponsoren, die eine Investition anboten, bereits überfordert. Abgesehen davon konnten sie sich nicht vorstellen, dass wir am Ende einen Rückzieher machen würden.

In den letzten Tagen vor der Board-Sitzung, in der das endgültige Angebot genehmigt werden sollte, versuchte unser High-Yield-Team, mit Petrick etwas zusammenzubasteln, das für den Bewilligungsausschuss akzeptabel wäre. Aber sie würden auch Bear Stearns an Bord holen müssen, da jeder von uns die Hälfte der Emission übernehmen sollte. Am Ende würden wir dieselben Konditionen vorschlagen müssen. Bear war eine relativ kleine Firma und spielte auf dem Markt für Junk Bonds kaum eine Rolle. Diese Bank konnte unmöglich die gesamte Finanzierung übernehmen. Es war in ihrem Interesse, Morgan an ihrer Seite zu haben, obwohl sie in Wahrheit der Meinung waren, wir seien zu konservativ. Und wenn RHD losging, um andere Finanzierungsvorschläge einzuholen, konnte es passieren, dass eine große Bank darauf bestand, das Geschäft alleine zu machen, womit Bear vollkommen draußen wäre.

Da die Angebote für Kapitalbeteiligungen oft mit Wucherkonditionen verbunden waren, wollte RHD unbedingt einen Vorschlag hören, der nicht von der Aufnahme neuen Eigenkapitals abhing, und sowohl Bear als auch Morgan hatten ihre Bereitschaft zu einer solchen Lösung signalisiert. Doch die Verzeichnisse von Sprint waren mittlerweile nicht mehr die einzigen auf dem Markt. Eine weitere Telefongesellschaft, die in eine finanzielle Notlage geraten war – Qwest – hatte angekündigt, ein noch größeres Portefeuille von *Gelben Seiten* abzustoßen. Und es ging das Gerücht, dass zur Finanzierung dieses Verkaufs ebenfalls eine massive Junk-Bond-Emission vorgesehen war. An diesem Punkt war noch unklar, welche der Emissionen zuerst platziert würde. Bei Morgan Stanley wuchs die Angst, dass die auf derartig riskante Papiere spezialisierten Investoren ungeachtet des Preises keine weiteren Junk Bonds kaufen würden, sollte Qwest seinen Verkauf als erstes über die Bühne bringen. Sollte dieses Schreckensszenario eines Markts, dessen Aufnahmefähigkeit erschöpft war, tatsächlich eintreten, so würden die Emissionsbanken auf Bonds im Wert von Milliarden sitzen bleiben. Also versuchten die Leute aus der High-Yield-Abteilung von Morgan, ihre Kollegen bei Bear in Angst und Schrecken zu versetzen, damit diese einem gemeinsamen Vorschlag zustimmten, der zwar nicht von der Eigenkapitalerhöhung abhing, aber für RHD sehr viel teurer werden würde, wenn nicht innerhalb sehr kurzer Zeit neues Kapital aufgenommen würde. Obendrein ergänzten sie eine Bestimmung, die dem Unternehmen eine zusätzliche Gebühr auferlegte, wenn es den Emissionsbanken nicht gelang, mehr als einen bestimmten Teil der Schuldverschreibungen an den Mann zu bringen. Im Grunde versuchten die beiden Investment-Banken also, das Unternehmen dazu zu zwingen, sie gegen die Risiken einer schwierigen Emission zu versichern. Ich fragte die High-Yield-Leute, ob es irgendeinen Präzedenzfall gab, der eine solche Preisstruktur rechtfertigte. Sie kannten keinen.

Obwohl ein Unternehmen, das das beste vorstellbare Risikoprofil und die größte Fähigkeit zur Erzeugung von Cashflow besaß, mit all diesen Sicherheitsvorkehrungen belastet wurde, herrschte bei Morgan eine Atmosphäre der Verunsicherung, die dazu führte, dass in der Sitzung des Bewilligungsausschusses erbittert diskutiert wurde. Es zeigte sich, dass niemand im Ausschuss der Transaktion seinen Segen geben wollte. Die einzige Ausnahme war komischerweise Mitch Petrick, der seine anfängliche Skepsis überwunden hatte und nun nachdrücklich für das Geschäft eintrat – zumindest zu den sehr ungewöhnlichen Bedingungen, die wir mittlerweile vorschlagen wollten. Jedermann wollte zumindest eine kritische Frage gestellt haben. Es wurde nicht abgestimmt, da die Anwesenden anscheinend weder mit einer Ja-Stimme noch mit einer Nein-Stimme im Protokoll stehen wollten.

Mitch versicherte mir nach der Sitzung, dass er rechtzeitig für die Versammlung des Board von RHD am folgenden Morgen, bei der das endgültige Kaufangebot genehmigt werden sollte, die offizielle Zustimmung einholen werde. Er müsse nur noch ein paar Telefongespräche führen.

Am nächsten Morgen schaute ich in Mitchs Büro vorbei, bevor ich die offizielle Genehmigung einholen ging.

»Ich warte noch auf Georges Rückruf«, sagte Mitch.

»Wer zum Teufel ist George?«, fragte ich. Mitch klärte mich darüber auf, dass George James sein unmittelbarer Vorgesetzter in der neuen Hierarchie der Anleihenabteilung war.

»Rufen Sie mich einfach aus dem Auto an«, sagte er. »Kein Grund zur Sorge.«

Also rief ich auf dem Weg an.

»George möchte noch mit Zoe sprechen«, berichtete mir Mitch. Gemeint war Zoe Cruz, die Gesamtleiterin der Anleihenabteilung. »Wir müssen uns nur ein paar Minuten gedulden.«

Bevor ich in der Zentrale von RHD den Sitzungssaal betrat, kauerte ich mich in eine Telefonzelle am Gang.

»Zoe muss sich noch mit Vikram kurzschließen.« Vikram war einer von zwei Leitern der Institutionellen Wertpapierabteilung, zu der die Anleihenabteilung gehörte.

»Das kann nicht Ihr Ernst sein!«, schrie ich. »Keine dieser Witzfiguren sitzt im Bewilligungsausschuss! Wozu mussten wir sie überhaupt fragen?«

Zum Glück würde die Board-Sitzung mehrere Stunden dauern, und die Finanzierungsfragen waren der letzte Punkt auf der Tagesordnung. Steve Blondy, der Finanzleiter von RHD, nahm mich beim Betreten des Saals zur Seite.

»Habt ihr das Ding in eurem Ausschuss durchgebracht?«, fragte er.

»Es sollte kein Problem geben«, sagte ich in möglichst gelassenem Ton. »Ich warte noch auf die endgültige Genehmigung, die aber lange vor dem Ende der Sitzung eintreffen sollte.«

Als wir uns dem Tagesordnungspunkt »Finanzierung« näherten, entschuldigte ich mich, um auf die Toilette zu gehen, und rief Mitch erneut an.

»Regen Sie sich bitte nicht auf«, begann er in einem für ihn untypischen besänftigenden Ton, »aber Vikram wollte Rücksprache mit Steve halten, der nicht im Büro ist. Spielt Golf oder irgendwas. Sie suchen ihn.« Die Rede war von Steve Crawford, dem jungen Finanzchef von Morgan Stanley.

»Ich sitze hier mit heruntergelassenen Hosen«, sagte ich. »Sie müssen mir helfen, da herauszukommen.«

»Wir werden Crawford finden.«

Als ich in den Sitzungsraum zurückkehrte, fragte Dave Swanson, der CEO von RHD, gerade Allan Schwartz, den Geschäftsführer von Bear Stearns, ob der Finanzierungsvorschlag von einer Kapitalaufstockung abhänge.

»Keinesfalls«, antwortete Schwartz.

An diesem Punkt möchte ich klarstellen, dass unser Angebot zwar nicht an eine Kapitalaufstockung gekoppelt war, dass es das Unternehmen jedoch sehr viel mehr Geld kosten würde, wenn es sich kein Kapital beschaffen konnte. Doch da ich immer noch nicht ermächtigt war, irgendeinen Vorschlag zu unterbreiten, und sei dieser auch noch so lächerlich, konnte ich es mir wirklich nicht herausnehmen, in diesem Gespräch Position zu beziehen.

»Sie haben ihn gerade aufgetrieben«, versicherte ich dem Board schüchtern. »Sein Handy hatte keinen Empfang.«

Allan erhob sich, um auf die Toilette zu gehen, und ich folgte ihm. Zu diesem Zeitpunkt dachten mit Sicherheit alle Anwesenden, dass ich unter Durchfall litt.

»Wir sollten darauf hinweisen, dass zusätzliche Gebühren entstehen, wenn sie das Kapital nicht bekommen«, sagte ich zu Allan, bevor er in den Sitzungsraum zurückkehrte. Er antwortete mir, er sei mit den Einzelheiten des Vorschlags nicht vertraut.

»Wir werden es herausarbeiten«, sagte er unbesorgt. Ich lief zum Telefon zurück. Als sie Crawford schließlich fanden, wollte er sich natürlich kurz mit Purcell absprechen.

Die Sitzung ging dem Ende zu. Mein Handy klingelte. Ich ging hinaus. Wir hatten grünes Licht. Doch unser Angebot würde nicht ausreichend sein und zu spät kommen.

Als das Management von RHD schließlich die Konditionen der Finanzierung sah, war es verständlicherweise wie vom Schlag getroffen. Swanson warf Schwartz vor, ihn in der Board-Sitzung in die Irre geführt zu haben, worauf Schwartz die Bedingung der Kapitalaufstockung sowie die Wucherkonditionen über die Strafen im Fall einer nicht befriedigenden Syndizierung fallen ließ. So einfach war das. Es ist schön, der König zu sein. Oder zumindest Zugang zu einem echten Entscheidungsträger zu haben. Morgan Stanley war überzeugt, dass Bear eine Verschwörung angezettelt habe, um uns aus dem Geschäft herauszudrängen. Aber so durchtrieben war Bear nicht. Vielmehr hatte diese Firma jeden Anreiz, mit uns zusammenzuarbeiten und möglichst hohe Gebühren zu kassieren. Natürlich wären die High-Yield-Leute von Bear glücklich gewesen, die zusätzlichen Gebühren zu verdienen. Meiner Meinung nach glaubten sie einfach nicht, dass RHD diesen Konditionen zustimmen würde, weshalb sie die Zustimmung intern nie davon abhängig machten. Ich bezweifle auch, dass sie sich jemals ähnliche Sorgen wie Morgan bezüglich der Risiken des Geschäfts machten.

Bei Morgan Stanley hingegen waren die knickerigen Konditionen der einzige Grund für die Genehmigung des Geschäfts. Der verständlicherweise wütende Klient unterbreitete Sprint schließlich ein Angebot mit einer halben Finanzierungsbereitstellung und dem Plan, jemanden für die Übernahme der anderen Hälfte zu finden. Das hätte sie das Geschäft kosten können. Glücklicherweise wollte Sprint, dass sich RHD durchsetzte, und gab dem Unternehmen Zeit, die Finanzierung für sein Angebot von 2,23 Milliarden Dollar unter Dach und Fach zu bringen. Morgan Stanley nahm nicht an der Finanzierung teil, die sehr erfolgreich verlief und von Bear in einem Konsortium mit der Deutschen Bank und der Citigroup durchgeführt wurde. (Sie beinhaltete eine Beteiligung von Goldman Sachs in Höhe von 300 Millionen Dollar.) Die Finanzierung brachte Bear Stearns mehr als das Doppelte der M&A-Gebühren ein, die die Firma gemeinsam mit Morgan durch die Betreuung des Kaufs verdiente.

Am Ende hatten die Entscheidungsträger von Morgan dieses Geschäft in jeder Beziehung falsch eingeschätzt. Sie hatten sich bezüglich der Bereitschaft anderer Akteure getäuscht, unsere Position zu übernehmen (nachdem RHD unsere Bedingungen abgelehnt hatte, wurde mir vertraulich mitgeteilt, dass sich das Unternehmen anderswo eine Reihe von Abfuhren holen und uns auf Knien anflehen werde, doch wieder in das Geschäft einzusteigen). Sie täuschten sich bezüglich der Krediteinstufungen (sie beharrten auf der Einschätzung, dass RHD von den Kreditagenturen zwei Punkte herabgestuft werden würde, die jedoch die bestehenden Ratings aufrechterhielten). Sie täuschten sich bezüglich der Aufnahmefähigkeit des Marktes (der mehr als genug Kapazität für dieses und alle anderen Geschäfte im Bereich der Branchenverzeichnisse bewiese). Und sie täuschten sich bezüglich der Reaktion des Marktes (sie waren der Ansicht, die Aktie von RHD werde nach Bekanntgabe des Geschäfts in eine Abwärtsspirale geraten, doch es geschah genau das Gegenteil). Doch die High-Yield-Kultur ist derart verdreht, dass selbst angesichts dieses gewaltigen und für alle Welt offenkundigen Debakels niemand in dieser Abteilung je ein Fehlurteil eingestand. Als unübersehbar wurde, dass das Problem weder der Klient noch der Markt oder der Kredit war, sondern Morgans eigenartiges internes Risikoprofil in Bezug auf derartige Finanzierungen, wurde der Ton des High-Yield-Teams nur noch rüder.

»Wissen Sie nicht, wie man einen Klienten managt?«

»Wir hatten Ihnen das Ding auf dem Tablett serviert! Der Ball lag auf der Torlinie! Sie hätten ihn lediglich über die Linie schieben müssen!«

»Diese Trottel spielen einfach in der Unterliga!«

»Verstehen Sie überhaupt, worum es hier geht?«

Sogar nachdem die Finanzierung verloren war, tauchte der höchstrangige High-Yield-Banker hin und wieder mit einem Vorschlag auf, den wir RHD unterbreiten sollten, um wieder in das Geschäft zurückzukommen. Aber mir war klar, dass er keinerlei Befugnisse hatte und keinerlei Rückendeckung genoss. Tatsächlich bekam ich diese Vorschläge immer an Tagen zu hören, an denen die Junk Bonds reißenden Absatz fanden. Doch wenige Tage später, wenn der Markt in die andere Richtung drehte, rief er mich wieder an, um mir zu erklären, es sei wohl doch keine so gute Idee.

Zum Glück für den Klienten erwies sich der Kauf der Sprint-Verzeichnisse als außergewöhnlich erfolgreich. Die Notierung der RHD-Aktie begann nach der Bekanntgabe der Transaktion im September 2002 zu steigen. Seit diesem Zeitpunkt entwickelt sie sich deutlich besser als der Gesamtmarkt und andere Unternehmen in der Branche und hat ihren Wert mehr als verdreifacht. Zudem gelang es dem Unternehmen im Jahr 2004, für 1,4 Milliarden Dollar den Anteil von SBC an der DonTech-Partnerschaft zu erwerben, und im Oktober 2005 gab RHD den Kauf der früheren Qwest-Verzeichnisse bekannt, die ursprünglich etwa zur selben Zeit wie die Sprint-Verzeichnisse den Besitzer gewechselt hatten. Bear Stearns beriet RHD auch bei diesem Kauf, der ein Volumen von 4,2 Milliarden Dollar erreichte. Morgan Stanley war nicht beteiligt. Der Zweite im Bunde war diesmal J. P. Morgan Chase, das mehr als 10 Milliarden Dollar an Finanzierungsbereitstellungen für die Transaktion auftrieb.

Die Erfahrung mit RHD öffnete mir die Augen dafür, dass mein romantischer Wunsch, mich in einen altmodischen Relationship-Banker zu verwandeln, vollkommen unrealistisch gewesen war. Das Problem war weder irgendein tatsächlicher oder potenzieller Interessenkonflikt noch die kurzfristig auf die Transaktion ausgerichtete Kultur. Eine integre Person kann die meisten Interessenkonflikte bewältigen, und ein Mensch mit Charakter kann die Kultur ignorieren, sofern er bereit ist, den Preis für dieses Verhalten zu zahlen. Ich war stets bereit, alle trivialen Konsequenzen zu tragen, die damit verbunden waren, dass ich die Dinge, an denen mir lag, auf meine eigene Art machte.

Doch es gab ein unüberwindliches Problem: Voraussetzung für das Relationship-Banking war, dass der Banker gegenüber dem Klienten für seine Firma sprechen konnte. Der Banker genoss Vertrauen, und zwar nicht nur, weil er persönliche Integrität besaß, sondern weil außer Frage stand, dass seine Firma hinter ihm stand. Die Erfahrung mit RHD machte mir klar, dass sich die Banker nicht länger in dieser Position befanden. Es gab einfach zu viele andere Klienten, zu viele andere Produkte und zu viele andere externe und interne Interessengruppen. Man konnte nie wissen, wie die Würfel in der gegebenen Situation fallen würden. Wer glaubte, er könne Einfluss auf die Geschehnisse nehmen, der belog sich selbst.

Als ich das begriffen hatte, war der Zeitpunkt gekommen, weiterzuziehen. Aber zu diesem Zeitpunkt hatte ich ohnehin schon andere Gründe, um über einen Wechsel des Arbeitsplatzes nachzudenken.

12

»Bewahren wir den roten Teppich für die Stars auf«

Die Ideologie der New Economy änderte auch die Art und Weise, wie die Investment-Banken ihr Geschäft betrieben. In der Medienbranche gibt es eine Redensart: »Bewahren wir den roten Teppich für die Stars auf.« Doch da die Banker in der Internetära in dem Wahn lebten, nicht ihre Klienten, sondern sie selbst seien die Stars, und da dass Geld in derart großen Mengen in die Kassen floss, dass das Management keinen Anlass sah, diese falsche Vorstellung zu korrigieren, genoss das Kostenmanagement keine große Aufmerksamkeit.

Ich erinnere mich an ein Arbeitsessen, das Sine und Cassou für die Medienbanker und den Investment-Banking-Leiter Terry Meguid organisierten. Sine vertrat die Ansicht, die Mediengruppe sei zwar kleiner, aber sehr viel rentabler als die Technologie- und die Telekomgruppe. In unserer Gruppe waren die Personalkosten und die Ausgaben für Werbung, Konferenzen, Klausuren mit Klienten und dergleichen nicht annähernd so schnell gestiegen wie bei den anderen Gruppen, und wir benötigten sehr viel weniger vom kostbaren Kapital der Firma. Als Sine seine durchaus einleuchtenden Argumente vortrug, wurde Meguid sichtbar ärgerlich und fiel ihm schließlich ins Wort.

»Ich will nie wieder ein Wort über die Rentabilität hören!«, bellte er. »All das verrät mir nur, dass sie zu wenig in das Geschäft investieren. Die Rentabilität ist unsere Sache. Sie sollen uns einfach nur sagen, was Sie brauchen!«

Sine wandte ein, dass wir die potenziellen Ertragssteigerungen gegen die Ausgabensteigerungen aufwiegen müssten, doch Meguid winkte ab.

»Wir stecken in einem Krieg um Marktanteile. Wir werden uns nicht abhängen lassen. Ihre Aufgabe ist es, uns zu sagen, was Sie brauchen.«

Sine, Cassou und ich konnten nicht glauben, was wir da hörten. Doch Meguid meinte es offenkundig ernst. Wir hatten nicht länger auf die Gewinn- und Verlustrechnung unserer Gruppe zu achten. Wir hatten uns ausschließlich darauf zu konzentrieren, rasch die Erträge zu steigern. Man würde uns keinen Vorwurf aus schrumpfenden Gewinnmargen machen, sehr wohl aber aus einem Verzicht auf zusätzliche Mittel.

Die Investment-Banken hatten begonnen, ihre Kosten in atemberaubendem Tempo in die Höhe zu treiben, so wie die Internetunternehmen, die unablässig bemüht waren, die Erträge zu erhöhen, koste es was es wolle, und sich sogar mit ihren »Verbrennungsraten« brüsteten (das heißt mit der Geschwindigkeit, mit der sie ihr Kapital aufzehrten). Wir hatten die alles beherrschenden Managementpraktiken und -maßstäbe der Internetunternehmen verinnerlicht und wandten sie auf unsere ganz andersartigen Tätigkeiten an. Während des Booms hatten nur noch die Einnahmen und der Marktanteil Bedeutung. Als es Ende 2000 zum unvermeidlichen Zusammenbruch kam, machte die gewaltige Kosteninfrastruktur, die errichtet worden war, das Ausmaß und die Dauer der folgenden Schrumpfungsphase nur noch schmerzhafter.

Es ist kaum möglich, einen Crash in dem Moment zu erkennen, in dem er beginnt. Im Fall des Internetbooms gibt es selbst im Rückblick keine Einigkeit darüber, wann genau die guten Zeiten endeten. War es am 10. März 2000, als der Nasdaq seinen historischen Höchststand erreichte? Oder zwei Wochen später, als der S&P 500 den Gipfel erklomm? Vielleicht war es im September oder Oktober, als nacheinander Unternehmen wie Intel, Priceline, Yahoo, Dell und Motorola enttäuschende Ergebnisse meldeten und der auf 10 Milliarden Dollar bezifferte Börsengang von Verizon Wireless abgeblasen wurde?[1] Es könnte natürlich auch erst im folgenden Januar gewesen sein, als zu weiteren enttäuschenden Ertragsmeldungen die massiven Personalkürzungen bei Amazon, Lucent, WorldCom und AOL Time Warner kamen.[2]

Doch unabhängig vom genauen Datum lassen sich zwei bedeutsame Tatsachen festhalten: Erstens setzten die Investment-Banken in der ersten Hälfte des Jahres 2000 den Ausbau ihrer Kosteninfrastruktur fort. Das konnte auch nicht überraschen, da die Erträge zu diesem Zeitpunkt weiter rasant wuchsen. Goldman Sachs und Morgan Stanley erhöhten ihre Erträge im ersten Halbjahr um 50 beziehungsweise 36 Prozent gegenüber dem Vorjahr, das bereits ein Rekordjahr gewesen war. Zweitens bewegten sich all diese Banken, die zuvor exponentiell gewachsen waren, in den letzten Monaten des Jahres 2000 plötzlich nur noch im Schneckentempo voran. Die Ergebnisse des letzten Quartals fielen bei Goldman und Morgan sowohl im Vergleich zum Vorquartal als auch gegenüber dem Vergleichsquartal des Vorjahres schlechter aus.

Der Zeitpunkt des Ertragseinbruchs war bedeutsam. Erstens hatte niemand Lust, den Boom für beendet zu erklären, da die meisten Banker ausgehend von den kurz vor Ende des Kalenderjahres ermittelten Ertragsergebnissen bezahlt werden (wie bereits erwähnt, endet das Geschäftsjahr sowohl bei Goldman als auch bei Morgan am 30. November, und die Banker erhalten ihr Jahresgehalt üblicherweise Anfang Januar). Die erste Jahreshälfte war so ertragreich gewesen, dass das Jahr 2000 für die meisten Banken insgesamt immer noch das beste Jahr der Geschichte sein würde. Und die Banker wollten unbedingt auf dieser Basis bezahlt werden. Der Welt zu verkünden, dass die Party vorüber sei, wäre in niemandes Interesse gewesen. Am besten betrachtete man es als eine Stabilisierung des Marktes, als kurze Atempause vor der Fortsetzung des unaufhaltsamen Aufstiegs im neuen Jahr.

Zweitens würden die insgesamt relativ guten Jahresergebnisse das Ausmaß des Missverhältnisses zwischen den bis Mitte 2000 angehäuften, beispiellos hohen Kosten und dem dramatisch geschwundenen Geschäftsaufkommen nach dem Boom zeitweilig übertünchen. Die Auswirkungen dieser akkumulierten Kostenerhöhungen würden erst im Jahr 2001 wirklich zu spüren sein. Dazu kam ein weiteres Problem: Da über die Neueinstellungen ein Jahr im Voraus entschieden wurde, würde die Zahl der neuen Mitarbeiter, zu deren Aufnahme sich die Firmen für den Herbst 2001 verpflichtet hatten, in vielen Fällen einen historischen Höchststand erreichen, womit die bereits aufgeblasenen Gemeinkosten weiter steigen würden.

Als sie die unübersehbare Verschlechterung der Wirtschaftslage nicht länger leugnen konnten, kündigten die großen Investment-Banken Anfang 2001 erste Entlassungen an.[3] Für Morgan Stanley war die erste Kündigungswelle besonders schwierig, da seit des letzten Personalabbaus in dieser Firma ein Jahrzehnt vergangen war. Morgan hatte sich stets der Tatsache gerühmt, dass es die letzte Abschwungphase im Jahr 1994, in der es bei Goldman Sachs zwei brutale Kündigungswellen gegeben hatte, als »Chance zur Aufnahme von Talenten« genutzt hatte. Doch diesmal machte das gewaltige Missverhältnis zwischen

Kosten und Erträgen eine derart mitarbeiterfreundliche Lösung unmöglich.

Es war eine Ironie des Schicksals, dass die erste von den Kündigungen betroffene Gruppe, die in vielen Fällen die schlechtesten Banker umfasste, bei deren Aufnahme während des Booms niedrige Maßstäbe angewandt worden waren, am meisten Glück hatte. Die Banken schienen zu glauben, dass es sich um eine einmalige Korrekturmaßnahme handelte, und boten den freizusetzenden Mitarbeitern relativ großzügige Entschädigungen an. Wichtiger war, dass diese Mitarbeiter im Allgemeinen andere Jobs in »echten« Unternehmen oder in untergeordneten Bankinstituten fanden, da Ausmaß und Dauer der Krise noch nicht absehbar waren. Die fähigeren Banker, die die ersten Entlassungsrunden überstanden, sollten später sehr viel unwirtlichere Bedingungen vorfinden, als es so weit war, dass auch sie gehen mussten.

Meine persönliche Position bei Morgan Stanley schien durch diese Entwicklungen gefestigt zu werden. Im Jahr 2000 verdiente ich 3,25 Millionen Dollar, und im Jahr 2001 wurde ich zu einem von zwei Leitern der Mediengruppe ernannt. Doch eine Reihe von anderen Veränderungen, die teilweise spezifisch meine Situation betrafen und teilweise allgemeiner Natur waren, musste ich als dunkle Vorzeichen deuten. So reifte Mitte 2001 in mir der Verdacht, dass meine Tage bei Morgan Stanley gezählt sein könnten.

Anfang des Jahres 2000 hatte Bea Cassou, die wie viele andere den übermäßigen Anforderungen in jener Zeit nicht mehr gewachsen war, den Entschluss gefasst, eine Nachdenkpause einzulegen und sich beurlauben zu lassen. Kurz nachdem sie gegen Jahresende zurückgekehrt war, fiel die Entscheidung, die Gruppen Medien und Telekommunikation zusammenzulegen und Jeff Sine sowie Christopher Harland, den langjährigen Leiter der Telekomgruppe, zu Leitern der neuen globalen Gruppe zu machen. Doch Sine war beim Management des Investment-Banking nicht sehr beliebt. Und obwohl die Gruppe durchaus erfolgreich war, gab der Konflikt mit Thomson jenen Leuten, die Sine für unerträglich arrogant hielten, einen Vorwand, um gegen ihn vorzugehen. Die Folge war, dass Sine lediglich nominell Co-Leiter der Gruppe wurde. Die gesamte administrative Verantwortung wurde Harland übertragen.

Kurze Zeit später sicherte sich Sine in einer atemberaubenden Transaktion endlich den lange ersehnten Respekt seiner Kollegen, indem er einen Vertrag bei der Union Bank of Switzerland (UBS) unterzeichnete, der ihm Gerüchten zufolge für drei Jahre ein jährliches Einkommen von 10 Millionen Dollar garantierte. Ken Moelis, ein ehemaliger Banker von Drexel, der die legendäre DLJ-Niederlassung in Los Angeles aufgebaut hatte, hatte dieses Büro einfach samt Beständen und Mietvertrag zu UBS mitgenommen, als der Verkauf von DLJ an Credit Suisse First Boston abgeschlossen war. Nun nutzte er als globaler Leiter des Investment-Banking die Verrücktheit jener, die in dem Glauben, die Investment-Banken besäßen ihre Mitarbeiter, maßlos überhöhte Preise für diese Firmen bezahlten. Moelis holte sich einfach die produktivsten Personen und Gruppen aus anderen Firmen an der Wall Street. Und obwohl er Spitzengehälter zahlte und gelegentlich Fehler machte, wusste er, dass er zumindest den gewaltigen Fehler vermeiden würde, für ein Unternehmen zu zahlen, aber nur eine ausgehöhlte Schale zu erhalten.

Nun war Chris Harland also alleiniger globaler Leiter des Bereichs Medien und Telekommunikation. Cassou hatte sich mittlerweile entschlossen, in die Niederlassung in Menlo Park zu wechseln und für die Gesamtgruppe eine Vertretung an der Westküste aufzubauen. Der zu jener Zeit einzige andere auf die Medien spezialisierte Managing Director war auf Meguids Betreiben nur ein Jahr vorher in die Gruppe geholt worden, um die Kabelbetreiber zu betreuen. Der blonde und blauäugige Andrew Tisdale sah zweifellos angemessen gut aus und hatte stets gute Leistungsbeurteilungen erhalten, aber er hatte zuletzt weit vom Schuss im Morgan-Büro in São Paulo gearbeitet und besaß praktisch keine Erfahrung mit den Medien.

Ich war zu Morgan Stanley gekommen, weil ich geglaubt hatte, mich dort gemeinsam mit gleich gesinnten Kollegen auf die strategische Beratung von Medienunternehmen spezialisieren zu können. Obwohl man mir den Titel eines Co-Leiters des Medienbereichs der zusammengelegten Medien- und Telekommunikationsgruppe verliehen hatte, womit ich direkt Harland unterstand, machte ich dort eine Erfahrung, die mir schon vertraut war. Wie bei Goldman Sachs war ich auch hier auf mich gestellt und der Gnade der Telekombanker ausgeliefert. Noch schlimmer war jedoch, dass diese Leute ganz anders an das Banking herangingen und dass es ihnen mit ihrer Methode gelungen war, riesige Mengen Geldes in den Sand zu setzen.

Ich kannte Harland nicht gut, aber anfangs hegte ich die Hoffnung, er sei anders gestrickt als die Telekombanker, mit denen ich bis dahin zu tun gehabt hatte. Zumindest was den Stil anbelangte, unterschied er sich tatsächlich sehr von meinen ehemaligen Kollegen bei Goldman, die sich den großen, trägen, rentablen Telefongesellschaften gewidmet hatten. Harland war kein ruhiger, methodischer Gefolgsmann des Unternehmens, sondern gab sich unangepasst. Die Gruppen Telekommunikation und Medien saßen bereits im selben Stockwerk, und ich sah Harland nicht selten ohne Schuhe und mit aus der Hose hängendem Hemd durch die Büros wandern, wobei er unentwegt vor sich hin fluchte. Seine Schwäche für eine derbe Ausdrucksweise hatte sogar Eingang in seinen Spitznamen gefunden: »Chris Fucking Harland«. Unsere gelegentlichen Unterhaltungen kreisten zumeist um seine Verachtung für verschiedene Bürokraten, insbesondere für Bill Lewis – dieses Gefühl teilten viele Gruppenleiter, obwohl sie es nicht so deutlich aussprachen wie er.

Die Stilunterschiede zwischen Harland und den Bankern, die ihre Tage mit Versuchen verbrachten, sich bei den Finanzexperten von Bell South oder SBC Gehör zu verschaffen, hatten damit zu tun, dass er an einer anderen Klientengruppe interessiert war. Harland hatte sich einen Namen gemacht, indem er sich mit einer aggressiven Vorgehensweise eine Führungsposition bei den »neuen Telekoms« gesichert hatte, das heißt bei jenen Unternehmen, die versuchten, mit den etablierten Telekomkonzernen zu konkurrieren, Produkte und Dienstleistungen zu verkaufen oder aufstrebenden Firmen, die in der vernetzten Umgebung der Internetära Daten speicherten, verwalteten und transportierten. Dieser Gruppe gehörten »Hosting-Unternehmen« wie Exodus (das Internetdatenzentren betrieb), neue Wettbewerber im Ortsnetz (CLECs) wie XO Communications (die auf den lokalen Märkten mit den Telefongesellschaften um Firmenkunden buhlten), Ferngesprächsanbieter wie FLAG Telecom (das Unterwasserkabel verlegte) sowie Dutzende andere Unternehmen an, die in verschiedensten Nischen tätig waren.

Während des Booms waren die neuen Telekomunternehmen hinter den Technologiefirmen der zweitgrößte Geschäftsbereich für die Investment-Banken. Im Gegensatz zum Technologiesektor, in dem ein Unternehmen wie Webvan, das beträchtliche Investitionen in materielle Infrastrukturen vornehmen musste (es war ein sogenanntes »Bricks and Clicks«-Unternehmen), eher die Ausnahme als die Regel war, war das Segment der neuen Telekomunternehmen von Natur aus kapitalaufwendig – es mussten Kabel verlegt, Mobilfunkantennen installiert, Schaltanlagen gekauft werden. Die Finanzierung dieser Unternehmen erfolgte weitgehend ausgehend von der Prämisse, dass die Kunden schon kommen würden, wenn man die Infrastruktur für sie aufbaute. Doch die Kunden kamen nicht – zumindest nicht schnell genug, um zu verhindern, dass zahlreiche milliardenschwere Aktiengesellschaften Bankrott machten oder gegen Bezahlung eines Restwerts von anderen Unternehmen geschluckt wurden.

Wie ihre Gegenstücke im Internetsektor wiesen diese Unternehmen nie Gewinne aus, aber manchmal hatten sie ein positives EBITDA (was, wie wir wissen, »Gewinn vor Zinsen, Steuern, Abschreibungen auf Sachanlagen und Abschreibungen auf immaterielle Vermögensgegenstände« bedeutet). In einem Bereich wie dem Verlagswesen, in dem die Kapitalerfordernisse sehr gering sind, entspricht das EBITDA tatsächlich annäherungsweise der Fähigkeit der zugrunde liegenden Vermögenswerte zur Erzeugung von Bargeldflüssen. In neuen Telekomunternehmen, die einen unersättlichen Appetit auf Kapital für den Aufbau und die Verbesserung ihrer Netze haben, vertuscht ein positives EBITDA die Tatsache, dass die Barreserven dieser Unternehmen ausbluten.

In Anbetracht der Tatsache, dass Morgan Stanley die traditionsreichste aller Investment-Banken war und seit einer kleinen Ewigkeit AT&T betreute, die traditionsreichste aller Telefongesellschaften (obwohl es diesen Kunden schließlich an Goldman Sachs verlieren sollte), wählte Harland einen überraschenden Zugang zur Entwicklung des Telekommunikationsgeschäfts von Morgan Stanley. Er bewegte die Firma dazu, sich eine herausragende Position in dem Sektor zu sichern, indem sie besonders aggressiv Anleihen junger Telekomunternehmen auf den Markt brachte. So erzielte die Telekommunikationsgruppe während des Booms im Gegensatz zur Technologiegruppe den Großteil ihrer Erträge mit der Emission von Junk Bonds.[4]

Harlands Vorgehensweise, die eine Zeit lang wie ein Geniestreich wirkte, da er während des Booms gewaltige Gebühreneinnahmen erzielte, brachte zwei Probleme mit sich. Erstens bestand die Möglichkeit, dass die traditionellen Telefongesellschaften, die in einfacheren Zeiten die besten Kunden der Bank gewesen waren, nicht glücklich darüber waren, dass sich Morgan Stanley in den wichtigsten Kapitalbeschaffer für unrentable neue Unternehmen verwandelte, deren erklärtes Ziel es war, die etablierten Akteure in Überfahrene am Straßenrand des Information Highway zu verwandeln. Zweitens hatte Morgan Stanley in Bezug auf die Beteiligung am Junk-Bond-Markt zwar bereits vor einiger Zeit den Rubikon überschritten, aber angesichts des Kreditprofils der »neuen« Telekoms begab sich die Firma auf sehr gefährliches Terrain.

Es war eine Sache, ein Unternehmen zu finanzieren, dessen Cashflow mit Müh und Not die Zinszahlungen deckte, doch es war eine ganz andere Sache, ein Unternehmen zu finanzieren, das lediglich hoffte, eines Tages einen Cashflow zu erreichen, der möglicherweise genügen würde, die Zinszahlungen zu decken. Da fast keines der neuen Telekomunternehmen irgendeinen Cashflow vorzuweisen hatte, sprang Morgan Stanley kopfüber in einen sehr trüben Teich, in den es früher bestenfalls einen Fuß gesteckt hätte.

Anders als die Begebung von Kapital ist die Emission von Anleihen hoch verschuldeter Unternehmen auf umkämpften Märkten mit beträchtlichen finanziellen Risiken verbunden und kann dem Ansehen einer Investment-Bank schweren Schaden zufügen. Unternehmen, die wiederholt Anleihen begeben, verlangen und erhalten von ihrer Emissionsbank oft die Zusage, eine gesamte Anleihe zu »kaufen«, etwas, was bei einem Börsengang nie geschieht, denn dort wird der Emissionspreis einfach vom Markt festgelegt.[5] Das Gegenstück zum Aktienpreis ist bei einer Schuldverschreibung der Zinssatz. Ein Unternehmen, das Aktien begibt und sich möglichst billiges Kapital beschaffen möchte, hofft darauf, bei einem Börsengang einen hohen Aktienpreis zu erzielen. Ein Unternehmen, das eine Anleihe begibt, betet um einen niedrigen Zinssatz für seine Junk Bonds. Indem sie eine Anleihe »kauft«, legt die Emissionsbank eine Grenze für die vom begebenden Unternehmen zu zahlenden Zinsen fest: Die Bank garantiert, jenen Teil der angebotenen Anleihen zu übernehmen, den sie auf dem Markt nicht zu einem bestimmten Preis absetzen kann. Wird der Preis sehr schlecht kalkuliert, so kann es im schlimmsten Fall geschehen, dass die Emissionsbank auf der gesamten Anleihe sitzen bleibt.

Dazu kommt, dass ein Fehlurteil bei der Emission einer hochspekulativen Anleihe aufgrund einer gesetzlichen Anomalie für eine Investment-Bank tatsächlich teurer ist als für eine Geschäftsbank. Die Investment-Banken müssen den Wert von Schuldverschreibungen jedes Quartal in ihren Büchern zum Marktpreis ausweisen. Das hat zur Folge, dass eine Investment-Bank, die eine große Position eines Kredits oder eines Junk Bonds hält, der sich nach der Emission schlecht entwickelt, gezwungen sein könnte, fast augenblicklich eine beträchtliche Abschreibung vorzunehmen. Eine Geschäftsbank muss das nicht tun, solange sie nicht befürchten muss, dass der Kredit nicht zurückgezahlt werden wird.

Bei seinem Vorstoß in den umstrittensten Bereich des ohnehin umstrittenen Geschäfts mit hochspekulativen Anleihen machte Harland aggressiv von Morgan Stanleys Kapital und seiner Handelsabteilung Gebrauch. Diese Aggressivität kam in einem besonders forschen Auftreten der an diesen fragwürdigen Krediten beteiligten Banker zum Ausdruck. In Zusammenarbeit mit Dwight Sipprelle, der damals bei Morgan das Junk Trading leitete, zeigte Harland den Emittenten, dass die Aggressivität der Firma nicht mit der Begebung der Anleihen endete, sondern sich auch auf den Handel erstreckte. Den Klienten wurde versprochen: Wenn Morgan Stanley eine Anleihe übernommen hat, wird es auch auf einem schwierigen Markt für Liquidität sorgen. Man führte potenziellen Emittenten Diagramme vor, die Morgans hohen Anteil am Handel mit Anleihen neuer Telekomunternehmen zeigten. Gemeinsam mit seinen Verbündeten in der Rentenabteilung hatte Harland dazu beigetragen, die einst konservative Firma in einen ernsten Konkurrenten für DLJ auf dem Markt für hochspekulative Anleihen zu verwandeln.

Zu Beginn meiner Zeit als einer von zwei Leitern der Mediengruppe war Harland sehr bemüht um mich, und ich hegte die Hoffnung, die Zusammenarbeit könne funktionieren. Erste Hinweise auf bevorstehenden Ärger gab es, als die Personalkürzungen begannen. Erst da wurde mir klar, was mit dem Telekomgeschäft im Allgemeinen geschehen war und wie Harland seine Gruppe ausgerichtet hatte.

Im Frühjahr 2001 machte die seit langem befürchtete Nachricht die Runde, dass die Firma erstmals seit einem Jahrzehnt zu Kündigungen gezwungen sein würde. Dies konfrontierte die Manager mit einer Reihe von Problemen. Erstens kann man mitten in einer Rezession unmöglich abschätzen, wann der Tiefpunkt erreicht sein wird. Daher ist es schwierig zu entscheiden, wie schnell man Kapazitäten abbauen sollte. Zum einen möchte man in der Lage sein, den Truppen zu sagen, dass das Schlimmste bereits vorüber ist, und man möchte vermeiden, zu einer weiteren Kündigungswelle gezwungen zu sein, was Goldman Sachs im Jahr 1995 passierte. Zum anderen ist es kostspielig, zu viele Leute freizusetzen, da es bei einer Markterholung schwierig sein wird, hochwertigen Ersatz zu finden. Auch möchte man potenziellen Mitarbeitern keine Firma zeigen, die nicht bereit ist, für ihre Mitarbeiter kurzfristige Schwierigkeiten auf sich zu nehmen. Im Medienbereich entschlossen wir uns nach langen Diskussionen dafür, frühzeitig einen schmerzhafteren Einschnitt vorzunehmen, um später nicht erneut zu Kündigungen gezwungen zu sein. Obwohl unsere Ergebnisse im Juni leicht über dem Vorjahreswert von 450 Millionen Dollar lagen, verschlechterte sich die Auftragslage rasch. Wir hatten Mitarbeiter für sehr viel mehr Geschäft eingestellt, wozu uns nicht zuletzt die Drohung Terry Meguids bei jenem denkwürdigen Essen im Vorjahr veranlasst hatte. Also entließen wir sechs Banker aus der Mediengruppe, das heißt fast 20 Prozent unserer US-Banker oberhalb der Analystenebene.

Ich wusste, dass der Telekommunikationssektor von der Krise relativ hart getroffen worden war, hatte die genauen Zahlen jedoch noch nicht gesehen. Und Harland schien nicht die Absicht zu haben, sie mir zu zeigen. Als ich das Gerücht hörte, er werde möglicherweise überhaupt keinem Telekombanker kündigen, suchte ich ihn auf. Ohne die Zahlen zu kennen, sagte ich ihm, dass es sehr wichtig für die Moral der Mitarbeiter und für seine persönliche Glaubwürdigkeit als Leiter der Gesamtgruppe sei, zumindest einige symbolische Personalkürzungen im Telekombereich vorzunehmen. Harland gab mir im Prinzip recht. Als es so weit war, unseren sechs Bankern die schlechte Nachricht zu überbringen, wurden sie buchstäblich aus dem Gebäude eskortiert. Später erfuhr ich von den sichtlich betroffenen Überlebenden in der Mediengruppe, dass kein einziger Telekombanker entlassen worden war.

»Machen Sie sich keine Gedanken«, sagte Harland, als ich ihn darauf ansprach, »der Schein trügt.« Er deutete an, dass einige seiner Banker in Kürze in andere Gruppen versetzt werden würden – eine Höflichkeitsgeste, die den Mitarbeitern in der Mediengruppe nicht zuteil geworden war. Doch zumindest konnte man das als Geste des guten Willens deuten. Es vergingen mehrere Tage, aus denen bald Wochen wurden. Der Frühling endete, und der Sommer begann, ohne dass etwas geschehen wäre.

Für Anfang Juli war eine ganztägige Geschäftsanalyse angesetzt, bei der wir erfahren würden, wie sich die Tätigkeit der verschiedenen Gruppen entwickelte. Bei dieser Tagung wurde mir klar, dass im Telekommunikationssektor ein Erdbeben stattgefunden hatte. Wie alle Investment-Banken hatte Morgan Stanley ein System zur Klassifizierung der Unternehmen aufgrund ihres Gebührenpotenzials. Das Ranking von Morgan reichte von der Kategorie »Zinn« am unteren Ende (mit einem Gebührenpotenzial von 5 Millionen Dollar über einen Dreijahreszeitraum) bis zu »Platin« am oberen Ende (ein Potenzial von 50 Millionen). Verständlicherweise konzentrierte sich die Firma auf die

Unternehmen in der höchsten Kategorie, die normalerweise eine Marktkapitalisierung von mehreren Milliarden Dollar hatten und entweder übernahmefreudig waren oder sehr viel Kapital benötigten.

Wir hatten uns im Konferenzraum versammelt, und ich überflog die Präsentationen. Dabei fiel mir etwas Überraschendes auf. Der Sektor »Junge Telekoms« hatte zahlreiche Teilsektoren, für die es jeweils eigene Betreuungsteams und Strategien gab, und für jeden dieser Sektoren war eine vollständige Präsentation vorgesehen. In jeder dieser Präsentationen waren mehrere Unternehmen in den Kategorien »Platin« und »Gold« für die Diskussion vorgesehen. Aber diese Unternehmen waren in vielen Fällen winzig – sie gehörten der Gruppe der »Micro Caps« an, wie wir Unternehmen mit sehr geringer Marktkapitalisierung bezeichneten. Einige dieser Unternehmen, denen aufgrund zuversichtlicher Zukunftserwartungen irgendwann einmal der Gold- oder Platin-Status zuerkannt worden war, hatten seitdem 90 Prozent oder mehr ihres Wertes verloren. Doch niemand hatte sich die Mühe gemacht, ihre Klassifizierung zu ändern, geschweige denn die Coverage-Strategie oder die Ressourcenzuteilung zu modifizieren. So wurden im Kapitel Internet-/Datendienste 18 Aktiengesellschaften und mehrere Dutzend noch jüngere Privatunternehmen behandelt und vier weiteren Untersektoren zugeordnet. Alle 18 Unternehmen zusammen hatten kaum eine Marktkapitalisierung von 10 Milliarden Dollar, die normalerweise die untere Grenze für eine Einstufung als Platin-Kunde war. Eines der Unternehmen, das in die Kategorie »Silber« aufgenommen worden war (reserviert für Unternehmen, die über einen Zeitraum von drei Jahren Gebühren von 10 Millionen Dollar generieren konnten), hatte überhaupt nur einen Marktwert von 10 Millionen Dollar. Ich nahm Harland zur Seite und schlug ihm vor, aufgrund dieser offenkundigen Widersprüche einige Zahlen aus seinen Präsentationen zusammenzufassen. Er gab meiner Bitte widerstrebend statt, doch er war zweifellos nicht glücklich darüber.

Beim Anblick dieser Zahlen wurde mir klar, wie ungerecht verteilt die Kündigungen gewesen waren. Während die Bruttoerträge der Mediengruppe im Jahresvergleich geringfügig gestiegen waren, waren die Erträge der Telekomgruppe auf die Hälfte geschrumpft. Doch nach den Personalkürzungen hatte die Telekomgruppe in den Vereinigten Staaten doppelt so viele hochrangige Mitarbeiter wie die Mediengruppe. Nachdem ich die Präsentationen verfolgt hatte, musste ich bezweifeln, dass diese Banker tatsächlich ausgelastet waren. Um den Mangel an

Arbeit auszugleichen, begann Harland bald, ganze Sektoren, die zuvor von der Mediengruppe betreut worden waren – Kinos, Satellitenradio, Mobilfunktürme –, seinen unterbeschäftigten Telekombankern zuzuteilen. Und er fing an, wichtige Medienkunden wie News Corp. an sich zu ziehen.

Nun wurde mir auch vollkommen klar, welche finanziellen und strategischen Nachteile Harlands Zugang zum Telekommunikationssektor hatte. Die Einbußen bei den Bruttoerträgen waren dramatisch, doch noch schockierender waren die Zahlen zu den »Nettoerträgen«. Im Fall der Medien waren die »Brutto-« und »Nettoerträge« im Wesentlichen identisch – es war nicht notwendig, die »Bruttogebühren« zu bereinigen, um ein zutreffendes Bild der finanziellen Gesundheit der Gruppe zu zeichnen. Bei der Telekomgruppe hingegen klaffte zwischen »Brutto« und »Netto« ein Loch von mehreren Hundert Millionen Dollar. Der Grund waren Verluste aufgrund dummer Investitionen in Kapitalbeteiligungen, nicht verkaufte Positionen an von uns übernommenen Junk Bonds und Verluste im Handel mit diesen hochspekulativen Anleihen. Allein in der ersten Hälfte des Jahres 2001 wies die Telekomgruppe in ihren Büchern Verluste von fast 250 Millionen Dollar aus, denen Erträge von knapp 300 Millionen gegenüberstanden. Da die Bruttoerträge überwiegend im europäischen Geschäft und die Verluste hauptsächlich in den USA angefallen waren, musste man bei einer sorgfältigen Analyse zu dem Schluss gelangen, dass der US-Bereich – der einzige, für den Harland in der Alltagstätigkeit zuständig war[6] – in Wahrheit ein negatives Ergebnis aufwies. Als der Markt die Talsohle erreichte, hatte dieser Geschäftsbereich Schätzungen zufolge mehr als eine Milliarde Dollar verloren.

Harlands kritische Lage war mir nicht vollkommen bewusst gewesen, und in meiner Blauäugigkeit hatte ich ihm geglaubt, als er mir versichert hatte, nicht an einer Einmischung in den Medienbereich interessiert zu sein. In Harlands Telekomgruppe gab es eine Verwaltungsangestellte, die er unter vier Augen als Spionin von Bill Lewis bezeichnete, was ihn jedoch nicht daran hinderte, sie mit unangenehmen Missionen zu betrauen. Kurz nach der Fusion der Gruppen schickte er sie herüber, um uns darüber zu informieren, dass keine reinen Mediensitzungen mehr erlaubt seien. Als Cassou, Tisdale und ich – das theoretische Dreigestirn an der Spitze der Mediengruppe – eine Sitzung ansetzten, um unsere Ideen zum Management des Medienbereichs abzustimmen, wurde uns mitgeteilt, dass sich Harland nur einzeln mit uns treffen werde.

Anfangs verwirrte mich die persönliche Unsicherheit, die in diesem Verhalten zum Ausdruck kam, da sie dem selbstbewussten, beinahe großspurigen Auftreten Harlands widersprach, doch nun glaubte ich sie zu verstehen. Harland hatte sich auf Kosten der Beziehungen zu den großen herkömmlichen Telekoms auf die neuen Marktteilnehmer konzentriert, ja er hatte sogar riskiert, sich die traditionellen Unternehmen zu Feinden zu machen, indem er sich mit ihren Konkurrenten verbündete. Während des Booms der New Economy war das Geschäft mit den alten Unternehmen eher flau gewesen. Doch in der Krise wurden die großen etablierten Unternehmen erneut zur wichtigsten Einnahmequelle im Telekommunikationssektor. Ironischerweise war der zweite Bereich, in dem während der Rezession mit den Telekoms Geld verdient werden konnte, das Umstrukturierungsgeschäft, aus dem Morgan Stanley normalerweise ausgeschlossen war, da es weiterhin auf den Schulden vieler dieser Unternehmen saß und sich daher in einem Interessenkonflikt befand.

Ende des Jahres 2001 waren die meisten hochrangigen Banker, die Verantwortung für die Verluste im Telekomgeschäft trugen, auf die Straße gesetzt worden. Andere wurden versetzt. Dass Harland angesichts der furchtbaren Nachrichten aus dem von ihm aufgebauten Geschäftsbereich seinen Einfluss nicht verlor, war zweifellos ein Beweis für seine politischen Fähigkeiten. Und es machte ihn zum Prototypen einer neuen Figur, die während der Rezession einen Platz im Pantheon des Investment-Banking eroberte: gemeint ist der Überlebenskünstler.

Wie Anhänger der Realityshow *Survivors* wissen, ist nicht vollkommen vorhersehbar, wovon der Erfolg im Überlebenskampf abhängen wird. Es gibt kein narrensicheres Rezept. Doch es gibt einige Eigenschaften, die anscheinend besonders nützlich sind. Man muss sich die richtigen Verbündeten aussuchen und sie ohne viel Federlesens fallen lassen, wenn sie nicht länger nützlich sind. Man muss sich darauf verstehen, die Schuld für eigene Fehler unauffällig anderen zuzuschieben und die Position jener zu untergraben, die zu einer Bedrohung werden könnten. Und man muss den Eindruck erwecken, ungeachtet aller Fehler unersetzlich zu sein.

Harland besaß mehrere dieser Talente. Er machte regelmäßig Dwight Sipprelle, den ehemaligen Leiter des Junk-Bond-Handels, für die Verluste im Telekomgeschäft verantwortlich und behauptete, die

Hälfte der Verluste seien auf Sipprelles Handelsentscheidungen zurückzuführen, auf die er selbst keinen Einfluss gehabt habe. Diese gewagte Argumentation war überraschend erfolgreich, wenn man bedenkt, dass der Vorwurf auf den ersten Blick nicht nur einfallslos, sondern auch kaum haltbar war. Denn Harland hatte Sipprelles Bereitschaft, selbst in einer Rezessionsphase als »Market Maker« für hochspekulative Anleihen zu fungieren, aggressiv gefördert, um in Fällen, in denen Morgan hätte passen sollen, dafür zu sorgen, dass die Firma den Zuschlag für die Begebung solcher Papiere erhielt. Die Emittenten und Inhaber wissen die Zusage einer Emissionsbank zu schätzen, einen Markt für eine Anleihe zu schaffen, das heißt die (hoffentlich nur temporäre) Liquidität des Wertpapiers zu gewährleisten, wenn es nur wenige externe Käufer gibt – und das erfordert die Bereitschaft, in Zeiten hoher Volatilität eine beträchtliche Menge der Wertpapiere zu halten. Wie dem auch sei: In jedem Fall war Harlands Argument, er sei lediglich für Einbußen in Höhe von 500 Millionen Dollar verantwortlich, an sich keine sehr gute Antwort auf den Vorwurf, er habe zu einem Verlust von einer Milliarde Dollar beigetragen.

Harland, der seit fast 15 Jahren bei Morgan Stanley war, hatte frühzeitig ein festes Bündnis mit Terry Meguid geschlossen, der im September 2000 Joe Perella als Leiter des Investment-Banking ablöste. Letzten Endes verhielt sich Harland ähnlich wie der überführte Vatermörder, der ein gnädiges Urteil erhofft, weil er ja nun Waise ist, ganz still, während die anderen Verantwortlichen, darunter Sipprelle, den Laufpass erhielten. Schließlich war er der einzige hochrangige Banker, der etwas über die Kredite wusste, auf denen das gigantische Kredit- und Investmentportfolio des Telekombereichs beruhte. Nun brauchte man ihn, um diese Positionen im Lauf der Zeit abzubauen. Und es konnte eigentlich nicht überraschen, dass sich Harland in den vielen Jahren an der Spitze der Telekomgruppe nie bemüht hatte, einen glaubwürdigen Stellvertreter aufzubauen.

Dasselbe Drama spielte sich in abgewandelter Form in verschiedenen Teilen der Firma und in der gesamten Branche ab. Die Krise hielt das gesamte Jahr 2002 an, bevor im Jahr 2003 erste Anzeichen einer Besserung der Marktlage zu beobachten waren. Schließlich wurde klar, dass sich das Auftragsvolumen auf dem Mitte der neunziger Jahre erreichten Niveau stabilisieren würde. Das um die Jahrtausendwende beobachtete gewaltige Volumen gehörte der Geschichte an. Doch so wie die Investment-Banken schlecht auf den Boom der neunziger Jahre vorbereitet gewesen waren, hatten sie auch keinen Plan für den Crash zu Beginn des neuen Jahrhunderts gehabt. Und mit jeder Ankündigung neuer Personalkürzungen klang das Versprechen, dies werde die letzte Kündigungswelle sein, weniger glaubwürdig. Die zu erwartenden Bonuszahlungen sanken dramatisch, und die Banker, die sich einer wachsenden Bedrohung ausgesetzt sahen, konzentrierten sich zusehends auf interne Ränke und Positionskämpfe, anstatt sich um ihre Klienten zu kümmern.

Wie ihre Gegenstücke in anderen Dienstleistungsbranchen werden erfolgreiche Investment-Banker häufig in Führungspositionen befördert, für die sie eigentlich nicht gerüstet sind. So kam es, dass viele Banker, die wie Harland während des Booms auf der Welle der künstlich erhöhten Erträge ritten, Positionen im Management bezogen hatten, als der Absturz begann – womit genau diese Leute nun darüber entschieden, wer bleiben durfte und wer gehen musste. Dieses Phänomen war nicht auf Morgan Stanley beschränkt. Im September 2004 bezeichnete Kevin Kennedy, der langjährige Vorsitzende des Bewilligungsausschusses von Goldman Sachs, seine Entscheidung zur Betreuung der Börsengänge von Unternehmen wie Webvan und PlanetRx.com rückblickend als »persönlich beschämenden Tiefpunkt« seiner Karriere.[7] Doch zu dem Zeitpunkt, da Kennedy diese Selbstkritik äußerte, war Brad Koenig, der leitende Technologiebanker, der diese und Dutzende weitere verhängnisvolle Börsengänge verfochten hatte (von denen sich die Firma später zu distanzieren versuchte), zum globalen Leiter nicht nur des Bereichs Technologie, sondern auch der Telekom- und Mediengruppen ernannt worden.[8]

Nun sollte man meinen, dass ein Banker, der auch in den schlechten Jahren neue Aufträge hereinzuholen vermochte, seine Position in der firmeninternen Hackordnung verbessert hätte. Seltsamerweise war genau das Gegenteil der Fall. Als unübersehbar wurde, dass die Ernte im Jahr 2001 mager ausfallen würde, war aller Welt klar, dass niemand annähernd so viel Geld verdienen würde wie während des Booms. Die Mitarbeiter, insbesondere die altgedienten Banker, würden dramatische Einkommenseinbußen hinnehmen müssen.

In der Aufschwungphase war das Geld offensichtlich der Maßstab: Alles drehte sich darum, wie viel ein Banker für die Firma verdienen konnte und wie viel die Firma ihm zu zahlen bereit war. In der Abschwungphase begannen sich die Banker, die nun viel freie Zeit hatten und wussten, dass der nächste Zahltag deutlich schlechter ausfallen würde als die vergangenen, um ihren Status sowohl intern als auch gegenüber der Außenwelt zu fürchten und wandten sich dem einzigen Spiel zu, das noch gespielt wurde: der Politik. Die Situation war der an den Universitäten vergleichbar, wo die politischen Ränke brutal sind, weil der Leistungsdruck derart gering ist. Wenn im Investment-Banking zeitweilig wenig auf dem Spiel steht, werden die Energien rasch dafür frei gemacht, das eigene Überleben zu sichern, aufwärts zu managen, nach administrativen Aufgaben zu suchen und eine gute Position für den zu erwartenden Aufschwung zu beziehen.

Die neue Fixierung auf die interne Bürokratie speiste einen blühenden Galgenhumor, denn jede Woche schien ein neues, willkürliches Verwaltungsedikt zu bringen, das überall mit dem Sesselrücken an Deck der Titanic verglichen wurde: ein neuer Ausschuss hier, eine neue Initiative dort, eine Reorganisation, ein neues Bekenntnis zur »Kundenzentrierung« oder ein anderes leeres Modewort, eine neue Reihung oder Kategorisierung der Kunden. (Alle winzigen Klienten werden ab sofort als Bronze-Klienten bezeichnet!)

Die Banker an der Wall Street tauschten Geschichten über die jüngsten internen Innovationen aus, die dazu dienten, den Eindruck der Geschäftigkeit zu erwecken und die Aufmerksamkeit von der Tatsache abzulenken, dass es keine Aufträge gab. Unsere eigene neue dreigeteilte »Managementstruktur« für die Mediengruppe war das Symptom einer Krankheit, die während der Rezession sämtliche Firmen infiziert hatte, in denen die Banker verzweifelt nach einem offiziellen Daseinsgrund suchten. Die Rede ist von der Co-Headitis. Ein leitender Goldman-Banker erzählte mir, dass seine Firma eine interne Prüfung vorgenommen hatte, um festzustellen, wie viel Geld sie mit der Entscheidung einsparen könnte, in jeder Gruppe oder Abteilung im Investment-Banking auf jeweils einen »Ko-Leiter« zu verzichten. Goldman Sachs gelangte zu dem Schluss, dass diese Maßnahme 100 Millionen Dollar einsparen würde.

Sogar existierende bürokratische Prozesse entwickelten in jener Zeit ein neues Eigenleben. Bei Morgan Stanley fanden in jedem Quartal strategische Geschäftsanalysen statt, in denen die leitenden Bürokraten der Abteilungen die finanziellen Fortschritte der verschiedenen Branchengruppen beurteilten. Dies hätte durchaus ein sinnvolles Managementinstrument sein können, doch unter der Leitung des Chefbürokraten der Abteilung Investment-Banking, Bill Lewis, war die Übung vor langer Zeit zu einem Pro-forma-Verfahren verkommen, das allgemein als schlechter Scherz galt. »Strategisch« war an diesen Analysen lediglich die Aufgabe, beim Ausfüllen des von Lewis gestalteten Vordrucks strategisch richtig vorzugehen, um möglichst wenig Fragen aufzuwerfen, damit er die Gruppe in Ruhe ließ. Ich überflog einmal die Geschäftsanalysen sämtlicher Branchengruppen und stellte zu meiner Verblüffung fest, dass es allen erhobenen Daten zum Trotz völlig unmöglich war, eine Strategie zu erkennen oder auch nur herauszufinden, ob eine Gruppe Marktanteile gewann oder verlor. Als wollte er gewährleisten, dass die Täuschung des Systems noch längere Zeit dauern würde, gestaltete Lewis den Analysevordruck regelmäßig um und brachte stolz die jüngste »Verbesserung« unters Volk.

Seit der Verschmelzung der Medien- und Telekomgruppen hatte Harland das »strategische« Versteckspiel beim Ausfüllen der strategischen Geschäftsanalysen zu einer Wissenschaft erhoben. Wie bereits erwähnt, zeichneten seine Daten an sich eigebenso klares wie beunruhigendes Bild: Das amerikanische Telekom-Geschäft war eine Katastrophe. Abgesehen von einem bedauernswerten Marktanteil war das einzige erkennbare »Wachstum« jenes der Verluste mit dem vorhandenen Junk-Bonds-Portefeuille und Investitionen in Unternehmensneugründungen. Im Gegensatz dazu wuchs das europäische Telekomgeschäft auch während der Marktkrise kräftig. Im Medienbereich verhielt es sich genau umgekehrt: In den USA entwickelte er sich gut, aber in Europa schlecht, obwohl auch der europäische Bereich nicht unter derart erdrückenden Verlusten wie der amerikanische Telekombereich litt. Doch aus unseren strategischen Geschäftsanalysen hätte selbst ein aufmerksamer Leser niemals auf diese grundlegenden Fakten schließen können. Die Zahlen wurden über geografische Bereiche und Branchensektoren hinweg zusammengefasst, um sie jeglicher Aussagekraft zu berauben. Oder es wurde ein falscher Eindruck der Transparenz erweckt, indem die Erträge – bei gleichzeitiger Vermengung der Sektoren Medien und Telekommunikation – in derart kleine Teilsektoren untergliedert wurden, dass man ein sehr hohes Maß an Branchenkenntnissen benötigt hätte, um das grundlegende strategische und finanzielle Bild zu rekonstruieren. Um sicherzustellen, dass niemand die Katze aus dem Sack ließ, schickte Harland seine Verwaltungsassistentin los, die Kollegen, die stets an den Auswertungssitzungen zu den strategischen Analysen teilgenommen hatten, darüber informierte, dass ihre Anwesenheit nicht erforderlich sei.

Auf persönlicher Ebene wurde jede neue Personalkürzungsrunde sowohl für jene, die die immer tiefer gehenden Einschnitte vornehmen mussten, als auch für jene, die davon betroffen waren, langsam unerträglich. Zu den Attributen der internen Macht und des Ansehens in einer Investment-Bank zählt die Fähigkeit, dafür zu sorgen, dass die eigenen Leute »bezahlt« werden (dass sie ihren Jahresbonus erhalten) und »geschützt« sind (wenn es zu Personalkürzungen kommt). Waren die ersten Runden relativ problemlos, da in der letzten Phase des Booms viele offenkundig nicht ausreichend qualifizierte Mitarbeiter eingestellt worden waren, so verursachten die folgenden Runden wachsende Schwierigkeiten, da die Entscheidungen kaum noch aufgrund der Leistungen gefällt werden konnten. In den mittleren Freisetzungsrunden konnten einflussreiche hochrangige Banker im Normalfall noch dafür sorgen, dass »ihre Leute« auf die eine oder andere Art geschützt waren: Bei knappen Entscheidungen wurden sie bevorzugt, und war eine Kündigung unumgänglich, so wurden sie vor dem nahenden Unheil gewarnt und konnten in aller Stille auf eine andere Position in der Bank versetzt werden, bevor das Fallbeil tatsächlich herabsauste. Doch als die Rezession ohne Anzeichen einer Besserung in das zweite Jahr ging, ließen die folgenden Personalkürzungen oft keine derart nuancierten Lösungen mehr zu.

Nun hieß es, das Ganze sei ein »Zahlenspiel« geworden: Da es der Firma schwerfallen würde, die von der »Street« erwarteten Ergebnisse zu erzielen, musste bis zum letzten Tag des Quartals eine bestimmte Zahl von Mitarbeitern aus den Büchern genommen werden. Dieser Wert wurde anschließend durch die Bereiche und anschließend durch die Gruppen dividiert, und jede Gruppe musste sich der vorgegebenen Zahl von Bankern entledigen. Nur war die Zahl mittlerweile derart hoch und die verbleibende Fettschicht derart dünn, dass es einfach keine Möglichkeit mehr gab, die schmerzhaftesten Entscheidungen zu vermeiden.

Wie konnte man noch entscheiden? Die Einschnitte betrafen bereits den inneren Kern der Banker auf der mittleren Ebene. Da die Mitarbeiter unterschiedliche Stärken und Schwächen besaßen, gab es keine klare Methode, um sie anhand ihrer Leistungen zu reihen. Der eine besaß größere technische Fähigkeiten, wirkte jedoch unreif und kaum geeignet, sich eines Tages in einen Partner zu verwandeln. Der andere konnte nicht allzu gut mit den Zahlen umgehen, war jedoch bei den Klienten sehr beliebt. Wie stabil war die Beziehung des Bankers zu seinen

Kunden? Würde der Bereich, auf den er sich spezialisiert hatte, jemals wieder Erträge abwerfen? In allen Banken wurden erregte Debatten über diese und ähnliche Fragen geführt. Die Argumente waren an der Oberfläche stets nachvollziehbar, aber im Grunde ging es nur um die Frage, wessen Gans geschlachtet werden sollte. Wenn ein Teilnehmer an einer Sitzung, in der die Managing Directors der Gruppen über Kündigungen sprachen, die Bedeutung der technischen Fähigkeiten gegenüber der Marktkenntnis hervorhob, schoss allen anderen Anwesenden derselbe Gedanke durch den Kopf: »Wen will er schützen, und was wird mich das kosten?« Es wurde unablässig hinter den Kulissen gefeilscht. Die Managing Directors behielten Informationen über frei werdende Stellen in anderen Teilen der Bank für sich, bis ihre verwundbarsten Gefolgsleute eine Chance auf ein Bewerbungsgespräch erhielten. Es war wirklich eine Zeit der Verzweiflung.

Unter diesen Bedingungen hatte ich die Wahl. Harland hatte bei jeder Gelegenheit klargemacht, dass er mich im Team halten wollte. Er wollte mit meinen Erträgen in Verbindung gebracht werden und brauchte jemanden, der ihm im Medienbereich auf die Sprünge half. Allerdings würde er nie eine Bedrohung seines übergeordneten Überlebensplans zulassen. Ich konnte sein Spiel spielen oder mich für einen Krieg rüsten. Wenn ich Harlands stabile Position, seine Beziehung und die Investitionen der Firma in seinen Bereich mit meinem relativ neuen und kleinen, wenn auch sehr rentablen Verlagsgeschäft verglich, war klar, dass ich einen Krieg nur verlieren konnte. Allerdings hatte ich persönliche Gründe dafür, mich dagegen zu sträuben, einfach aufzugeben.

Meine Entscheidung, Harland die Stirn zu bieten – bezüglich der Umverteilung der Kunden, bezüglich der Qualität seines Geschäftsbereichs, bezüglich der unausgewogenen Verteilung der Kündigungen –, anstatt mich mit ihm ins Einvernehmen zu setzen, würde meine Isolierung in der Gruppe zur Folge haben. Ich wusste, dass Harland bereits versuchte, mich an den Rand zu drängen: Er erzählte, ich käme nicht gut mit Leuten aus, ich betreue zu viele oder die falschen Unternehmen, und all die anscheinend mit meiner Tätigkeit verbundenen Erträge seien in Wahrheit das Verdienst anderer – und das ungeachtet der Tatsache, dass es sich fast nur um Unternehmen, ja sogar Sektoren handelte, mit denen Morgan Stanley bis zu meiner Ankunft nie zu tun gehabt hatte.

In der neuen Gruppe Medien und Telekommunikation folgte jede neue Runde von Personalkürzungen einem ähnlichen Muster: Harland schickte Tisdale zu mir und Cassou, um unsere Zustimmung zur Entlassung durchaus beschäftigter Medienbanker einzuholen, die anschließend durch untätige Mitarbeiter aus dem Telekombereich ersetzt werden sollten, die angeblich von besserer Qualität seien. Wenn wir Einspruch erhoben, rief uns Harland an, um uns für unseren mangelnden »Teamgeist« zu rügen, Konsequenzen anzudrohen und widerstrebend einer Lösung zuzustimmen, die nicht ganz so drakonisch wie die ursprünglich geplante war. Obwohl Cassou Mittel für den Aufbau unseres Außenpostens an der Westküste zugesagt worden waren, bekam sie letzten Endes nur einen einzigen Analysten. Irgendwann schickte Harland seine Verwaltungsassistentin, um Cassou darüber zu informieren, dass ein wichtiger Kunde, den er ihr zugesagt hatte, um die Initiative an der Westküste zu rechtfertigen, jemand anderem zugeteilt worden war.

Der übliche Gang der Dinge wurde nur einmal unterbrochen. Eines Tages drohte Ruth Porat, die ohne Managementfunktion als hochrangige Bankerin in unsere Gruppe aufgenommen worden war, um bei der Betreuung ausgewählter großer Medienklienten zu helfen, sie werde kündigen und sich UBS Warburg als stellvertretender Chairman anschließen. Eine von Ruths Klagen lautete, dass Harland nicht nur die nominellen Co-Heads des Medienbereichs, sondern sämtliche Managing Directors der Gruppe vollkommen ignorierte, wo er sie zurate hätte ziehen müssen. Nachdem sich Ruth bereit erklärt hatte, in der Firma zu bleiben, wurde eine Sitzung angesetzt, in der wir gemeinsam entschieden, wer von den nächsten Personalkürzungen betroffen sein würde. Einige Tage später tauchte Tisdale mit einer Bitte Harlands in meinem Büro auf. Der Vereinbarung zum Trotz wollte er, dass ich statt einem seiner Telekombanker einen weiteren Medienbanker opferte. Selbst ich war überrascht, wie schnell er seine gewohnte Praxis wieder aufgenommen hatte.

So gerne ich meinen Widerstand gegen Harlands Machtübernahme als selbstlosen Akt eines Kämpfers gegen das Böse im Investment-Banking darstellen würde, muss ich zugeben, dass die Wahrheit sehr viel komplexer ist. Schon bevor Harland die Kontrolle übernommen hatte, war mir klar geworden, dass mein Vorhaben, in meinem kleinen Teil der Investment-Banking-Welt Sidney Weinberg zu kopieren, nicht zu verwirklichen war. Die Fixierung auf die kurzfristigen Erträge und das Quer-Verkaufen verschiedenster Produkte, die von der gesamten Branche Besitz ergriffen, als die Margen schrumpften und die Finanzsupermärkte zu immer bedrohlicheren Konkurrenten wurden, waren unvereinbar mit meiner Idealvorstellung, mich in einen vertrauenswürdigen Berater der Entscheidungsträger von Unternehmen zu verwandeln.

Ich beriet seit Jahren für ein nominelles Jahreshonorar von 50.000 Dollar einige Klienten, ausgehend von der Annahme, dass sie auf mich zurückgreifen würden, sollten sie jemals Interesse an einer größeren Transaktion haben. Zu diesen Klienten zählte das im Besitz seiner Mitarbeiter befindliche Bureau of National Affairs. Obwohl das Unternehmen deutlich mehr als eine Milliarde Dollar wert war, würde es möglicherweise nie zu einer großen Transaktion kommen. Und in der Zwischenzeit würde das Unternehmen natürlich keine Junk Bonds ausgeben müssen und wahrscheinlich auch keines der anderen Finanzierungsprodukte benötigen, die zu jener Zeit von den Investment-Banken angepriesen wurden. Dies war jene Art von langfristiger Zusammenarbeit, die ich angestrebt hatte, als ich Goldman Sachs verlassen hatte, wo ich der reinen Geschäftsabwicklung nachgegangen war. Diese Funktion bestand darin, meine Klienten darüber aufzuklären, wie sie sich gegen finanzkräftigere börsennotierte Konkurrenten behaupten, auf feindliche Übernahmeangebote reagieren, effektiv mit ihren Mitarbeitern/Aktionären kommunizieren und realistische Übernahmestrategien entwickeln konnten. Doch diese Tätigkeit schien in einem globalen Finanzkoloss immer geringeren Wert zu haben.

Zu Jahresbeginn 2001 entwarf ich ein Konzept für einen Kurs zum Thema »Fusionen im Mediensektor« und schickte ihn aufs Geratewohl an die Columbia Business School. Der Zeitpunkt erwies sich als glücklich gewählt. Der in der Abteilung Finanzen und Volkswirtschaft für die Einstellung von Gastprofessoren zuständige Direktor erzählte mir später, dass er wenige Monate nach Erhalt meines Vorschlags, als das Ausmaß der Marktkrise unübersehbar wurde und viele Firmen begannen, sich sogar von älteren Partnern zu trennen, mit Lebensläufen freigesetzter Investment-Banker überschwemmt worden sei. Zu meinem Glück hatte er sich zu diesem Zeitpunkt bereits für meinen Kurs entschieden.

Meine Entscheidung, die Konfrontation mit Harland zu suchen, fiel also nicht aufgrund der unrealistischen Erwartung eines Sieges und beruhte auch nicht auf besonderer Tapferkeit. Ich fällte sie mit einem Fuß auf der Straße.

13

Ein Blick von oben

Die politischen Ränke in der Rezession waren nicht auf die Auseinandersetzungen zwischen Gruppen und Abteilungen beschränkt. Das Phänomen war in dieser Zeit auch an der Spitze bemerkenswert vieler Investment-Banken zu beobachten. Die ohnehin von politischen Scharmützeln wie jenen zwischen Harland und mir demoralisierten Truppen verfolgten mit großer Sorge, was sich auf der Führungsebene ihrer Firmen abspielte, wo die Finanzierungstätigkeit ebenfalls zweitrangig geworden war. Bei Goldman Sachs nutzte Hank Paulson die Gunst der Stunde, um sich seiner früheren Mitverschwörer Thornton und Thain zu entledigen. Bei Morgan Stanley zeigte der Sturz des Präsidenten und Geschäftsführers John Mack durch CEO Phil Purcell, welche Konflikte seit der Fusion der von diesen beiden Männern geleiteten Firmen geschwelt hatten.

Das Komische ist, dass die im Februar 1997 bekannt gegebene Fusion von Morgan Stanley und Dean Witter Discover ein Lehrbeispiel für eine Firmenverschmelzung ist, die unter geschäftlichen Gesichtspunkten tatsächlich vernünftig war. Und wie Purcell in den Präsentationen für die Analysten nach dem Abschluss der Transaktion im Mai 1997 gerne betonte, entwickelten sich die Aktien der kombinierten Firmen während des Booms wirklich besser als jene ihrer Konkurrenten. Doch der schwer auszusprechende Name der neuen Firma – Morgan Stanley Dean Witter Discover – wurde zum Symbol für die Unvereinbarkeit der Kulturen der beiden Firmen.

Das geschäftliche Konzept der Kombination stand fest, seit die beiden Firmen im Jahr 1993 – Dean Witter Discover war gerade als unabhängige Einheit aus Sears ausgegliedert worden – erstmals über die Möglichkeit gesprochen hatten. Morgan Stanley, dessen Aktien seit seinem Börsengang im Jahr 1986 aufgrund seiner relativ volatilen Erträge im Vergleich zur übrigen Branche mit einem Abschlag gehandelt wurden, durfte sich von einer Fusion eine mehrfache Aufwertung seiner Aktien sowie eine Verbesserung der Ertragslage erhoffen, da im

Einzelhandelsvertriebsnetz von Dean Witter neue Produkte wirksam vermarktet werden konnten. Dean Witter Discover, eine Firma, deren Kundenstock sowohl im Kreditkartengeschäft als auch im Einzelhandelsbrokergeschäft am unteren Ende der sozioökonomischen Skala angesiedelt war, durfte davon ausgehen, dass es an der Seite von Morgan Stanley die Möglichkeit zur Verbesserung seiner Kundenbasis und Zugang zu neuen Produkten erhalten würde. Doch trotz der theoretischen Vorteile war nie zuvor die Kultur eines Brokers erfolgreich mit der Kultur einer Investment-Bank verschmolzen worden.[1] Die bisher einzige erfolgreiche Kombination von Einzelhandelskompetenz und institutioneller Stärke war Merrill Lynch, doch dieses Gebilde war nicht durch eine Fusion, sondern durch ein mühsames internes Wachstum entstanden.[2]

Für Purcell bestand ein weiterer wesentlicher Vorteil dieser Fusion, der in den immer wieder unterbrochenen Gesprächen zuvor nicht auf den Tisch gekommen war, darin, dass er die Leitung des neuen Unternehmens übernehmen würde. Im Jahr zuvor hatte Purcell ein Übernahmeangebot des sehr viel größeren American Express für Dean Witter Discover abgelehnt.[3] Nun erklärte sich im Verlauf der hitzigen Abschlussverhandlungen, die im Haus von Richard Fisher am Central Park stattfanden, dessen designierter Nachfolger als Chairman und CEO von Morgan, John Mack, damit einverstanden, in der kombinierten Firma ohne Vorbedingungen die Position des zweiten Mannes einzunehmen. Im Oktober 1996 war vereinbart worden, dass Mack Fisher im Juni des folgenden Jahres als CEO ablösen würde. Doch obwohl auch Fisher davon abriet, war Mack bereit, sowohl diesen Titel als auch den des Chairman an Purcell abzutreten, wenn das nötig war, damit die Fusion zustande kam.[4]

Zu jener Zeit schienen die sehr unterschiedlichen Kundengruppen der beiden Firmen das wichtigste Thema zu sein. Wie erwähnt, war Dean Witter nicht nur ein Einzelhandelsbroker, sondern ein auf das unterste Segment des Privatkundengeschäfts beschränkter Broker. Die Broker von Merrill verdienten im Durchschnitt fast doppelt so viel wie ihre Kollegen von Dean Witter. Die Firma hatte sogar Büros in Kaufhäusern von Sears eröffnet, zur Verzweiflung der Broker, die unangemeldete Verkaufsgespräche führen mussten, während im Hintergrund die Mütter verloren gegangener Kinder über Lautsprecher ausgerufen wurden.[5] Fisher erzählte eine Geschichte, die sehr schön zeigt, welch gewaltige Kluft zwischen dem Status seiner früheren Firma und dem von Dean Witter klaffte: Kurz nach der Fusion wollte Fisher in einer Boutique in der Fifth Avenue ein teures Geschenk für seine junge Frau kaufen und mit einer Discover-Karte bezahlen. »Da habe ich eine schlechte Nachricht für Sie«, erklärte ihm der Verkäufer mit Grabesstimme. »Nicht nur, dass wir diese Karte nicht akzeptieren. Wir bedienen auch niemanden, der eine solche Karte hat.«

Doch bei allem Gerede über den Zusammenprall zweier unvereinbarer Kulturen – in der Presse sah man zahlreiche Schlagzeilen wie »Klasse trifft Masse«[6] und »Weiße Schuhe treffen weiße Socken«[7] – war der Mangel an geschäftlichen Überschneidungen gerade die Stärke dieser Fusion. Anders als bei der katastrophalen Übernahme von Donaldson, Lufkin and Jenrette durch die Credit Suisse First Boston, die einen erbarmungslosen Krieg zwischen Legionen von Bankern auslöste, da nur ein Teil der Angestellten in den zusammengelegten Bereichen den Arbeitsplatz behalten konnte, handelte es sich hier um den Zusammenschluss zweier Firmen, die einander ergänzten, statt miteinander zu konkurrieren.[8] Abgesehen davon waren die Banker von Morgan Stanley natürlich entsetzt über den lächerlichen neuen Firmennamen. Und ihr Entsetzen wurde noch größer, als sich Klienten bei ihnen zu beschweren begannen, weil sie von jemandem angerufen worden waren, der behauptet hatte, von Morgan Stanley zu sein, und ihnen Aktien anzudrehen versuchte (ein Banker beklagte sich bei mir, eine Visitenkarte von Morgan Stanley in der Hand eines Brokers von Dean Witter sei wie eine geladene Pistole in der Hand eines Kindes). Doch abgesehen von solchen Ärgernissen und gelegentlicher Verwirrung ging die Fusion im Alltag weitgehend spurlos an den Investment-Bankern vorüber. Und insofern, als das Investment-Banking wettbewerbsintensiver wurde, da Unternehmenskunden auf den Einzelhandel ausgerichtete Wertpapiere verkauft wurden, erwies sie sich als Gewinn. Und Purcell, der das Management des institutionellen Wertpapiergeschäfts einschließlich des Investment-Bankings Mack zu überlassen schien, blieb nach der Fusion weitgehend unsichtbar.

Da die verschiedenen Teile der neuen Organisation kaum interagierten, schienen sich alle Beteiligten einig zu sein, dass kein Grund zur Sorge bestand, solange die kulturellen Konflikte auf der Führungsebene zu bewältigen waren. Wie Mack selbst einmal mit Blick auf die erfolglosen Verhandlungen mit American Express sagte: »Der Erfolg einer Fusion hängt von der Spitze ab. Bei dieser Fusion gab es beträchtliche Meinungsverschiedenheiten an der Spitze. Das ist bei uns nicht der Fall.«[9] Man muss davon ausgehen, dass Mack keine Ahnung hatte, wie recht er hatte – und wie sehr er sich irrte.

So hart »Mack the Knife« – wie er wegen seiner Neigung zu Kostensenkungen, aber auch wegen seines sehr direkten Stils genannt wurde – auch sein mochte, in den Verhandlungen mit Purcell legte er eine bemerkenswerte Naivität an den Tag. Zum einen verzichtete er auf einen Berater, was an die Redensart erinnert, dass ein Rechtsanwalt, der sich selbst vertritt, einen Dummkopf zum Klienten hat. Purcell zog Bruce Wasserstein zu Rat. Mack bestand auf einen Board, in dem jeweils sieben Vertreter der beiden Firmen sitzen müssten (zwei interne Direktoren und fünf Außenstehende aus den Vorgängerunternehmen), traf jedoch keine Vorkehrungen dafür, wer die neuen Board-Mitglieder auswählen würde.[10]

In den Verhandlungen über eine Fusion gibt es keine gefährlichere Kombination als die von Naivität und Arroganz, und John Mack besaß beide Eigenschaften im Übermaß. Als mehrere Führungskräfte von Morgan Stanley ihre Sorge darüber äußerten, dass sie ihren Gegenstücken von Dean Witter unterstellt sein würden, versuchte Mack seine Leute mit folgenden Worten zu beruhigen:

»Haben Sie Geduld. Die Creme steigt immer nach oben.«[11]

Während Mack Geduld bewies, klaute Purcell ihm die Brieftasche. Kurz nach John Macks Rücktritt im Jahr 2001 bewegte ein Kollege von mir Phil Purcell dazu, ihn zu einem Treffen mit dem Leiter eines Unternehmens zu begrüßen, das Morgan Stanley gerade an die Börse gebracht hatte.

»Ich habe nie für eine börsennotierte Gesellschaft gearbeitet«, sagte der neue Unternehmensleiter zu Purcell. »Worauf sollte ich achten?«

»Auf den Nominierungsausschuss«, antwortete Purcell, ohne zu zögern.[12]

Zu dem Zeitpunkt, da Mack Purcell sein Rücktrittsschreiben vorlegte, stand es im Board 8 zu 3 für Dean Witter. Als ein schwer angeschlagener Richard Fisher verlangte, vor dem Board zu sprechen, um Mack dazu zu bewegen, seine Entscheidung noch einmal zu überdenken, teilte ihm Purcell vertraulich mit, dass der Board nicht daran interessiert sei, ihn anzuhören.[13] Zu diesem Zeitpunkt gehörte Fisher bereits nicht mehr dem Leitungsgremium der Firma an und war aus der Führungsetage verbannt worden. Kurze Zeit später sorgte Purcell dafür, dass er in ein anderes Gebäude versetzt wurde.

Rückblickend ist immer schwer zu beurteilen, ob die Partner in einer gescheiterten Ehe das Bündnis ursprünglich im guten Glauben eingingen. Doch die Tatsache, dass Purcell in letzter Minute auf eine Änderung der Gesellschaftssatzung bestand, mit der gewährleistet werden sollte, dass weder er noch Mack ohne Zustimmung von drei Vierteln des Boards ersetzt werden könnten, wirkt zumindest verdächtig.[14] Offensichtlich machte sich Purcell Sorgen, er selbst könne zum Ziel eines Putsches der Leute von Morgan Stanley werden – zumindest solange, bis er den Nominierungsausschuss unter seine Kontrolle gebracht hatte. Bezeichnender war in meinen Augen Purcells heftige Reaktion auf einen Bericht über eine »per Handschlag besiegelte Vereinbarung« über eine Übergabe des Zepters an Mack nach fünf Jahren. Charles Gasparino, ein Korrespondent des *Wall Street Journal*, hatte die Geschichte über diese mündliche Vereinbarung kurz vor Macks Rücktritt veröffentlicht.[15]

Die Meldung musste auf jedermann, der ein wenig Erfahrung mit Verhandlungen besaß, lächerlich wirken. Es konnte kaum zwei besser vorbereitete Verhandlungspartner als diese beiden Firmen geben. Wenn man will, dass etwas unbedingt Teil einer Vereinbarung wird, wartet man mit der Unterzeichnung, bis diese Bestimmung aufgenommen wurde. Kann man den Punkt in den Verhandlungen nicht durchsetzen, so kann man eine mündliche Vereinbarung über die Absichten der anderen Seite anstreben. Aber kein Fusionsexperte wird in derartigen Bekundungen des guten Willens mehr als eine Geste sehen, die das Gesicht einer der beiden Seiten wahren soll. In diesem Fall bestritten beide Firmen zum Zeitpunkt der Fusion die Existenz einer solchen Vereinbarung.[16]

Besser als wütende Proteste wäre die Entscheidung gewesen, die Sache einfach auf sich beruhen zu lassen – vor allem, nachdem es gelungen war, Mack endgültig zu verdrängen. Doch Purcell war besessen davon, die Geschichte zu widerlegen, denn sie war ein Indiz dafür, dass er von Anfang an unlautere Absichten verfolgt hatte. Allerdings hatte er auch hier nicht mehr Erfolg als im Fall von Christian Curry. Doch er tat den zusätzlichen Schritt, den damaligen Leiter des Investment-Banking, Terry Meguid, anzuweisen, den Wahrheitsgehalt des Zeitungsberichts am Montag nach dem Rücktritt Macks vor der versammelten Investment-Banking-Abteilung zu bestreiten. Meguid erklärte der versammelten Truppe, Purcell und Mack hätten das *Wall Street Journal* angerufen, um eine Gegendarstellung zu verlangen.

»Es gab keine mündliche Vereinbarung. Phil und John haben es bestritten, doch das *Journal* wird ihre Gegendarstellung nicht abdrucken«, verkündete ein sichtlich erregter Meguid, der seine Empörung über die ethischen Standards des zeitgenössischen Journalismus nicht verbarg.

Zu jener Zeit betreute ich Dow Jones, den Verleger des *Journal*. Und diese Geschichte wirkte ein wenig bizarr. Warum sollte sich die Zeitung weigern, die Darstellung der beiden Parteien des angeblichen Handschlags, die die Vereinbarung ausdrücklich abstritten, abzudrucken? Zufällig hatte ich am nächsten Tag eine Besprechung mit dem Klienten und entschloss mich nachzufragen. Als ich dem Manager von Dow Jones erzählte, was Meguid gesagt hatte, begann er zu lachen.

»Eure Leute sagten, sie würden Purcell und Mack ans Telefon holen, um die Vereinbarung zu bestreiten, wenn wir versprächen, die gesamte Geschichte zu kippen«, erklärte er mir. Mit anderen Worten, Purcell und Mack hätten die Geschichte inoffiziell bestritten, aber nur, wenn das *Wall Street Journal* im Voraus versprochen hätte, die ganze Sache unter den Tisch fallen zu lassen. Da keiner der beiden bereit war, die Darstellung der Zeitung einfach öffentlich zu bestreiten, waren die Journalisten verständlicherweise skeptisch.

»Da wir nicht zusagten, die Geschichte unter den Teppich zu kehren, waren sowohl Purcell als auch Mack nicht bereit, einen Kommentar abzugeben«, sagte mein Gesprächspartner.

Die Episode hinterließ bei mir den Eindruck, dass Purcell zumindest etwas zu verbergen hatte. Schließlich erfuhr ich von Richard Fisher, dass es sehr wohl eine mündliche Vereinbarung gegeben hatte, allerdings nicht zwischen Purcell und Mack. Fisher war sehr besorgt gewesen, weil sich Mack bereit erklärt hatte, die Position der Nummer zwei zu akzeptieren. Also hatte Fisher Purcell aufgefordert, ihm sein Wort darauf zu geben, dass es seine Absicht sei, die Führung der Firma nach einiger Zeit an Mack abzutreten. Das tat Purcell, und sie gaben einander die Hand darauf.

Wie dem auch sei, Mack gelangte nur ein Jahr nach der Fusion anscheinend zu der Erkenntnis, dass er einen Fehler begangen hatte, und begann, die Position eines zweiten CEO einzufordern. Doch nicht einmal Fisher unterstützte ihn bei dem Versuch, die Managementvereinbarung derart früh neu auszuhandeln, obwohl er Mack weiter die Treue hielt.[17] Dennoch wusste Purcell, dass er handeln musste, bevor die Stimmung umschlug. Gleichzeitig versicherte er Mack, dass seine Zeit kommen werde. Ein Spitzenmanager sagte Berichten zufolge über Macks fortgesetzte Bemühungen um eine Beförderung: »Purcell fühlte sich nicht nur bedroht. Er war bedroht.«[18] Unmittelbar vor Bekanntgabe der Fusion hatte Mack eine große Reorganisation angekündigt, bei der die Firma in die Abteilungen Wertpapiere und Vermögensverwaltung unterteilt werden sollte. An die Spitze dieser beiden Abteilungen setzte Mack seine engsten Vertrauten Peter Karches und Jim Allwin. Macks Kampagne für eine Teilung des Führungsjobs bedrohte nun diese beiden Positionen.

Im Jahr 1998 fügte die russische Schuldenkrise einer Reihe von Banken schwere Verluste zu. Morgan Stanley kam im Vergleich zu anderen Firmen, insbesondere zu den größten Handelsbanken, einigermaßen glimpflich davon.[19] Morgans Engagement war im Wesentlichen auf einen einzigen Emerging-Markets-Hedgefonds beschränkt, der Allwins Vermögensverwaltungsabteilung unterstand und im Herbst jenes Jahres rund 300 Millionen Dollar verlor. Der verantwortliche Fondsmanager trat zurück, während sein Vorgesetzter zeitweilig beurlaubt wurde. Es wurde allgemein angenommen, damit sei die Sache erledigt. Doch im Dezember wurde bekannt gegeben, dass der erst 45 Jahre alte Jim Allwin nach 22 Jahren bei Morgan Stanley in den Ruhestand treten werde.

So gut sich die Branche und die Firma auch entwickeln mochten, im 39. Stock des Firmensitzes in der Broadway Street Nr. 1585, wo alle hochrangigen Führungskräfte ihre Büros hatten, fand täglich ein brutaler Abnützungskrieg statt, der nur durch sporadische Waffenstillstände unterbrochen wurde. Das Klima in der Firma war ausgesprochen schlecht. Das *Wall Street Journal* berichtete, Purcell sei Anfang 1999 an Peter Karches herangetreten, um herauszufinden, wie er Mack zufriedenstellen könne. Karches antwortete: »Kündigen Sie einfach.«[20] Es sollte bald noch schlimmer werden.

In diesem destruktiven Spiel unter dem Motto »Wie du mir, so ich dir« sahen Macks Gefolgsleute im Skandal um Christian Curry die Chance, Purcell die Schuld für den Niedergang der Firmenkultur in die Schuhe zu schieben und eine seiner engsten Vertrauten loszuwerden. Als der Vorschlag für das Führungsteam der aus der Fusion hervorgegangenen Firma bekannt gegeben worden war, hatte die Ernennung von Christine Edwards zur leitenden Rechtsberaterin zu den größten Überraschungen gezählt. Für Edwards musste Morgan Stanleys langjähriger Rechtsberater Jonathan Clark seinen Posten räumen. Clark, der an der

University of Virginia studiert hatte, war zuvor Partner bei Davis Polk gewesen und genoss an der Wall Street einen legendären Ruf. Edwards hingegen war ein Management-Trainee bei Sears gewesen, während sie die Abendschule an der University of Maryland besucht hatte.[21]

Während Edward's Ernennung für Außenstehende eine Überraschung war, so wussten »viele mit Dean Witter vertraute Personen, dass Mrs. Edwards den Spitzenjob in der Rechtsabteilung bekommen würde, als entschieden war, dass Mr. Purcell die Leitung der verschmolzenen Unternehmen übernehmen würde«, wie es im *Wall Street Journal* hieß.[22] Zuvor hatte die Zeitung berichtet, Purcell habe im Verlauf der Verhandlungen auf eine Reihe anderer Spitzenpositionen verzichtet, um den Posten für Edwards zu bekommen.[23] Die beiden behielten ihre Hauptwohnsitze in Chicago und pendelten oft gemeinsam im Firmenjet zwischen Chicago und New York. Der *New York Observer* lenkte die Aufmerksamkeit auf eine wachsende Zahl von Zeitungsberichten, die auch einige Andeutungen bezüglich der »engen Beziehung zwischen Ms. Edwards und Unternehmenschef Philip Purcell enthalten, die beide verheiratet sind".[24] Als die interne Untersuchung des Falls Curry zutage förderte, dass Edwards im Voraus von einer geheimen Zahlung an einen Informanten erfahren hatte – womit für kurze Zeit Morgan Stanley statt Curry ins Fadenkreuz der Ermittler geriet –, schien ihr Rücktritt unvermeidlich.

Doch Purcell erhielt bald Gelegenheit, Rache zu nehmen. Zum Teil verdankte er diese Chance Morgans Debakel im Telekomgeschäft. Ende des Jahres 2000 gelang es Morgan Stanley zum ersten Mal seit der Fusion nicht, seine Ertragsziele zu erreichen, was einen Absturz seiner Aktien zur Folge hatte. In ihrer Analysteninformation am 21. September machte die Firma Schwierigkeiten beim Handel mit ihren Telekomanleihen für die schlechten Ergebnisse verantwortlich.[25] Im Oktober beschleunigte sich der Wertverfall ihrer Aktien, nachdem ein Analyst von Salomon Brothers darauf hinwies, dass Morgan die Telekom-Junk-Bonds mit der schlechtesten Kursentwicklung seit Anfang 1998 übernommen hatte.[26] Im Sommer und Herbst traten nach der Reihe fast alle Schlüsselmanager aus dem Anleihenbereich von Morgan Stanley zurück, von Peter Karches bis zu Dwight Sipprelle.[27] Nun war John Mack vollkommen allein.

Macks Rücktritt im Januar 2001 machte den Triumph des früheren Dean-Witter-Managements perfekt. Macks Kapitulation war auch bezeichnend für die Arroganz der Investment-Banker jener Zeit. Er hatte angenommen, Morgan Stanley werde dank seiner überlegenen Intelligenz und seines höheren Niveaus letzten Endes die Oberhand über das einfache Volk von Dean Witter behalten. Purcell hatte nichts angenommen, sondern den Ernennungsausschuss nicht aus den Augen gelassen und auf seine Gelegenheit gewartet. Doch obwohl er schließlich eine entscheidende Schlacht um die interne Kontrolle gewann, war Purcell weiterhin mit einem größeren Krieg auf dem erbittert umkämpften Markt konfrontiert – und mit legitimen Fragen bezüglich seiner Fähigkeit, diesen Krieg mit seinen weitgehend auf das Privatkundengeschäft beschränkten Kenntnissen richtig zu führen. Zudem stellte sich die Frage, wie groß die Kluft zwischen ihm und den Truppen der von ihm beseitigten Führungskräfte war.

Auch war das Blutvergießen noch nicht beendet. Kurz nach Macks Rücktritt hielt die Anleihenabteilung in Boca Raton ihre Jahreskonferenz für institutionelle Junk-Bond-Investoren ab. Diese High-Yield-Konferenz ist so etwas wie eine große Party, zu der sich ein konservatives, überwiegend männliches Publikum versammelt. Die Firma engagiert prominente Redner wie Margaret Thatcher und teure Unterhaltungskünstler wie Jimmy Buffet. Manchmal gerät die Feier ein wenig außer Kontrolle. Wie an jenem Abend, an dem Margaret Thatcher beim Bankett anscheinend ein wenig zu viel getrunken hatte und sich wiederholt zu respektlosen Äußerungen über verschiedene Entwicklungsländer hinreißen ließ. Das schadete ihr bei diesem Publikum nicht, doch nachdem sie mit den Indern, Pakistanern und Chinesen fertig war, wandte sich Thatcher den Argentiniern zu. Und da Morgan Stanley in jenem Jahr die Emission einer großen argentinischen Staatsanleihe übernommen hatte, waren mehrere Regierungsvertreter aus diesem stolzen Land eingeladen worden. Sie verließen den Saal.

Thatchers Fauxpas löste keinen öffentlichen Eklat aus. Doch im Jahr 2001 war Morgan Stanley als erster Organisation die Ehre zuteil geworden, für eine Rede des gerade aus dem Amt geschiedenen Präsidenten Clinton bezahlen zu dürfen. Die Firma machte sogar ein gutes Geschäft. Die 100.000 Dollar, die Clinton für die Rede erhielt, waren etwa die Hälfte dessen, was er kurze Zeit später verlangen würde. Dies war eine sehr republikanische Versammlung, und Clintons Rede war ein wenig ausschweifend und nicht allzu interessant, doch er blieb anschließend im Saal, sprach mit jedem, der wollte, und feierte bis spät in die Nacht mit den Investoren. Es war ein Volltreffer.

Doch aufgrund einer unglücklichen Wahl des Zeitpunkts erhielt die Veranstaltung negative Publicity, die das Management von Morgan Stanley traf. Clinton, der gerade aus dem Amt geschieden war, stand im Kreuzfeuer heftiger Kritik, weil er in letzter Minute den Financier Mark Rich begnadigt hatte und weil die Clintons und ihre Mitarbeiter angeblich das Weiße Haus verwüstet und geplündert hatten. Die Kommentatoren beschwerten sich darüber, dass Clinton seine Präsidentschaft mit hoch bezahlten Redeauftritten zu Geld mache. Das Argument war zweifelhaft, aber es dauerte einige Zeit, bevor es vergessen war. Unterdessen gab Purcell eine öffentliche Entschuldigung für die »mangelnde Sensibilität« der Firma ab. Ein zerknirschter Mike Rankowitz, der Sipprelles Posten übernommen hatte, übernahm die Verantwortung für die anscheinend unangemessene Einladung und trat ebenfalls zurück. Er wurde durch Mitch Petrick ersetzt, der bis dahin das Distressed Debt Trading geleitet hatte.

Die Säuberung in den Reihen der mit Mack verbundenen Mitarbeiter, die irgendwie mit den Verlusten im Telekomgeschäft in Verbindung gebracht werden konnten, wurde Ende 2002 abgeschlossen, als Anthony Melchiore eines Tages an seinem Arbeitsplatz erschien und entdecken musste, dass seine Identifikationsnummer nicht mehr funktionierte.[28] Als Sipprelles Mann fürs Grobe in der Handelsabteilung war Melchiore derjenige, der die von Morgan übernommenen Telekom-Junk-Bonds tatsächlich verkaufte. Soweit ich wusste, galt Melchiores Einschätzung der zu erwartenden Marktreaktion auf eine geplante Anleihenemission als definitiv. Als ich begriffen hatte, dass sich der gesamte Vermarktungsapparat für die High Yields, der dem Investment-Banking den Kurs vorgab, auf Tonys Urteil stützte, begann ich, mich direkt bei ihm zu erkundigen. Tony war ein lustiger, redseliger, respektloser Händler, dem das anmaßende Verhalten der Leute, die für die Betreuung der Investment-Banker und ihrer Klienten zuständig waren, vollkommen fehlte. Im Jahr 1999 war Melchiore in der Presse als Morgans »Geheimwaffe«[29] und als eine der vier einflussreichsten Personen in der Welt der Junk Bonds bezeichnet worden.[30]

Die Auswirkungen von Purcells Konzentration auf das Privatkundengeschäft werden manchmal missverstanden. Die vereinfachende Einschätzung, Mack habe aufseiten der Banker und Purcell aufseiten der Broker gestanden, lässt die Tatsache außer Acht, dass Mack ein Anleihenhändler für institutionelle Klienten gewesen war, kein Investment-Banker für Unternehmenskunden. Er hatte zu Beginn seiner

Laufbahn für eine kleine Firma namens F. S. Smithers Anleihen verkauft, bevor er im Jahr 1972 zu Morgan Stanley wechselte, das gerade seine Handelsabteilung aufbaute. Tatsächlich klaffen die tiefsten Gräben in den Investment-Banken historisch zwischen der Anleihenabteilung und der Investment-Banking-Abteilung. Und Purcell hatte während Macks Herrschaft zwar nicht viel mit der Betreuung der Bankklienten zu tun gehabt, aber seine Behauptung, er habe sich aufgrund der Spannungen zwischen ihm und Mack aus dessen Verantwortungsbereichen herausgehalten, hat einiges für sich. Selbstverständlich erklärt das nicht die unablässigen Klagen darüber, dass Purcell auch nach Macks Ausscheiden keinerlei Kontakte zu den Unternehmenskunden pflegte. Peter Karches behauptet weiterhin, Purcell sei »wahrscheinlich die inkompetenteste Führungskraft in der Geschichte der Finanzdienstleistungen«.

Eines hat das Einzelhandelsbrokergeschäft mit dem Bankgeschäft gemein: Auch dort dreht sich alles um den Verkauf. Ich machte die Erfahrung, dass Purcell, wenn er einmal an einem Treffen mit einem Klienten teilnahm, in mancher Hinsicht sogar leistungsfähiger war als Mack. Dieser war ein hochmütiger, schroffer Mann. War der Unternehmensleiter, auf den er traf, ebenso hochmütig und schroff wie er, so konnte das Gespräch entweder sehr gut oder sehr schlecht verlaufen. Bei den Gelegenheiten, bei denen Purcell mich zu einem Treffen mit einem Klienten begleitete, hielt er sich an das vorgegebene Drehbuch und tat, was nötig war. Ein hochrangiger Investment-Banker sagte mir: »Der Unterschied zwischen Phil und John ist, dass Phil das Geschäft versteht. Wenn ein Klient sagt, er soll sich hinknien und lutschen, dann tut Phil das, während John sich weigert.«

Allerdings sind die Unterschiede zwischen den Kunden im Einzelhandel und im institutionellen Geschäft sehr real. Das Debakel mit der Anleihenkonferenz, an der Clinton teilnahm, verdeutlicht die scharfen Gegensätze zwischen diesen beiden Gruppen. Die institutionellen Investoren, für die die Konferenz organisiert worden war, hatten viel Spaß und waren begeistert über die Begegnung mit dem Ex-Präsidenten. Purcell entschloss sich zu einer Entschuldigung, weil er E-Mails von einigen Brokern erhalten hatte, deren Privatkunden sich aufgrund von Zeitungsberichten beklagt hatten. Zu jener Zeit verkaufte ich gerade einige Unternehmen für den umstrittenen konservativen Zeitungsmagnaten Conrad Black. Black war kein Anhänger von Clinton, doch er war empört darüber, dass sich der Leiter einer großen Firma dem öffentlichen Druck beugte und sich öffentlich für das angebliche Verbrechen entschuldigte, einen Ex-Präsidenten als Gastredner eingeladen zu haben.

Die Banker schienen immer wieder Entschuldigungen oder Erklärungen für Bestandteile der Einzelhandelskultur abgeben zu müssen, die sich unerklärlicherweise in das institutionelle Bankgeschäft eingeschlichen hatten. Nachdem Purcell die Kontrolle über den Board erlangt hatte und Mack losgeworden war, fühlte er sich endlich sicher genug, dem Unternehmen den Namen zu geben, den es von vornherein hätte erhalten sollen: Morgan Stanley.[31] Das Problem war, dass Purcell nicht bereit war, unter dem gemeinsamen Dach unterschiedliche Marken beizubehalten, um die grundverschiedenen Kundengruppen anzusprechen, die von den unterschiedlichen Teilen des Finanzkolosses betreut wurden, in den sich Morgan Stanley verwandelt hatte. Als die Citigroup Smith Barney erwarb, verwandelte sie die Broker nicht in Citigroup-Broker oder auch nur in Salomon- oder Travelers-Broker. Es gab weiterhin Smith Barney, das nunmehr »ein Unternehmen der Citigroup« war. Jede der genannten Marken arbeitete weiter mit Erfolg auf ihren spezifischen Stammmärkten. Bei Morgan Stanley hingegen war die Visitenkarte eines Brokers in Topeka nicht mehr von der eines Bankers in London zu unterscheiden. Und die Firma startete für viele Millionen Dollar eine bizarre einheitliche Werbekampagne, die dazu diente, Rentnern, ausländischen Regierungen und Unternehmensleitern gleichermaßen die Stärken der Marke zu demonstrieren.

Man schien nicht zu verstehen, dass das Konzept »Klient für Klient« zwar weit genug gefasst war, um all diese Situationen zu erfassen, dass jedoch jeder einzelne Markt ein Maß an Aufmerksamkeit erforderte, das den Rahmen einer solchen Kampagne sprengte. Tatsächlich unterminierte die unausgesprochene Behauptung, die Kenntnisse, die Morgan Stanley bei der Unterstützung mittelständischer amerikanischer Familien erwerbe, die für die Hochschulausbildung ihrer Kinder investierten, seien eine geeignete Grundlage für die sorgfältige strategische Beratung eines Unternehmensleiters bei der nächsten Übernahme, genau das, was einst die Stärke der Marke und ihr Ansehen in der amerikanischen Unternehmenswelt begründet hatte. Die Banker wurden von ihren Klienten erbarmungslos mit dieser Werbung aufgezogen. Der Spott mochte gutartig sein, doch die Banker hatten das unangenehme Gefühl, ein wenig von ihrer Glaubwürdigkeit verloren zu haben.

Besorgniserregend war zudem, dass parallel zu Macks Ausscheiden der gesamte Entscheidungsapparat der High-Yield-Abteilung ausgehöhlt wurde. Ende 2002 fanden sich in der langen Liste der Entlassenen nicht nur wichtige Entscheidungsträger, sondern auch Analysten und Händler. Und die anhaltende und brutale öffentliche Säuberung beraubte die Firma nicht nur ihres Wissens über den Umgang mit diesen Anleihen, sondern hatte auch zur Folge, dass die Leute sowohl innerhalb als auch außerhalb der High-Yield-Abteilung lieber die Finger von Entscheidungen ließen, die irgendein Ertragsrisiko bargen.

Angesichts dieses Klimas der Angst konnte es nicht überraschen, dass es in der Zeit nach Macks Ausscheiden im Jahr 2001 unmöglich war, eine interne Einigung über die Beteiligung an Transaktionen zu erzielen, selbst dort nicht, wo Morgan den Käufer beriet und damit Anspruch auf die Teilnahme an der Emission hatte. Das lag teilweise daran, dass sich die Firma in der Vergangenheit die Finger verbrannt hatte, und zum Teil daran, dass es kein erfahrenes internes Team mehr gab, das ein geeignetes Urteil hätte fällen können. Bei der RHD-Transaktion war mir hinter vorgehaltener Hand mitgeteilt worden, dass die Aussicht auf das Plazet des Bewilligungsausschusses aufgrund von Harlands Beteiligung gering sei. Der Grund waren Harlands Misserfolge mit den Telekomanleihen. Dabei war RHD ein Verlagsunternehmen. Ein anderer Spitzenmanager deutete im Nachhinein an, dass mit den Ratingagenturen Gespräche über Morgans eigene Einstufung geführt würden, weshalb die Firma sehr vorsichtig mit weiteren Beteiligungen an Anleihen sei. Doch der wichtigste Grund für die Unentschlossenheit war die Atmosphäre der Angst und Ungewissheit, die nach der Säuberung bei Morgan Stanley herrschte. Wenn man einmal von Harlands Fall absieht, ist das Risiko, den Arbeitsplatz zu verlieren, sehr viel geringer, wenn man sich ein Geschäft entgehen lässt. Man wird eher auf die Straße gesetzt, weil man ein Geschäft gemacht hat, das Verluste verursacht.

Im Jahr 2003 blühte der Junk-Bond-Markt wieder auf, womit die Lähmung unserer Entscheidungsträger zu einem besonders ungünstigen Zeitpunkt kam. Während des größten Booms in der Geschichte landete Morgan Stanley im Jahresranking 2003 gemessen am Marktanteil bei den High Yields hinter sehr viel kleineren Firmen wie Lehman auf einem demütigenden neunten Rang. Sogar dort, wo Morgan Stanley selbst der Klient war, konnte die Firma nicht über ihren eigenen Schatten springen. Als ACG, ein Portfoliounternehmen der LBO-Sparte von Morgan Stanley (die den Namen Morgan Stanley Capital Partners oder MSCP trug) die günstige Marktlage nutzen wollte, um für eine Refinanzierung mehr Kredit aufzunehmen, verweigerte die High-Yield-Abteilung ihre Zustimmung. Erst als sich MSCP in seiner Verzweiflung an den Konkurrenten First Boston wandte, um die Transaktion durchzuführen, erklärte sich Morgan Stanley bereit, sich an der Finanzierung zu beteiligen.

Dieser Fall ist auch ein gutes Beispiel für die systematischen Konflikte, die ein Unternehmen bewältigen muss, das zugleich als objektiver Finanzberater und als Anbieter bestimmter Finanzprodukte tätig sein will. Hier haben wir es mit der institutionellen Version des Konflikts zu tun, der auftritt, wenn ein Finanzberater versucht, seinen Privatkunden die Investmentfonds seiner eigenen Firma einzureden, weil er dafür eine höhere Provision erhält. Ein Banker, der einen Junk-Bond-Spezialisten zu einem Klienten mitnimmt, dem ein Übernahmeprojekt vorgeschlagen werden soll, lässt sich auf eine Gratwanderung ein. Ein Banker, der einem Klienten das Produkt seiner eigenen Firma »empfiehlt« – selbst wenn dessen Konditionen günstiger sind als die der Konkurrenzprodukte –, läuft Gefahr, seine Glaubwürdigkeit als unabhängiger Berater auf Dauer zu verlieren. Ein Banker, der einem Klienten das Produkt eines Konkurrenten nahelegt, riskiert die interne Ausgrenzung oder Schlimmeres.

All des schönen Geredes über die Vorteile der Betreuung »aus einer Hand« zum Trotz weiß ein Banker, dass den Interessen seines Klienten mit der billigsten, sichersten und flexibelsten Finanzierung, die auf dem Markt verfügbar ist, am besten gedient ist. Und der Banker kann unmöglich wissen, ob das Anleiheprodukt seiner Firma letzten Endes das Beste sein wird. Wie wir am Beispiel von RHD gesehen haben, kann nicht vorausgesagt werden, welche Faktoren letzten Endes darüber entscheiden, wie entschlossen eine Bank sein wird, wenn der Zeitpunkt kommt, eine Verpflichtung einzugehen. Zahlreiche Faktoren wirken sich auf die Bereitschaft einer Firma aus, ein bestimmtes Geschäft an einem bestimmten Tag durchzuführen: Die vorhandenen Anleihenpositionen der Investment-Bank im betreffenden Sektor, eine Diskussion des Finanzleiters mit einer Ratingagentur über das Risikoprofil der Bank, der Optimismus oder Pessimismus zahlreicher interner Einflussgruppen in Bezug auf den Kreditsektor, die in der Firma vorherrschende Einschätzung der »Marktstimmung«. Kaum einen dieser Faktoren kann die Investment-Bank, geschweige denn der einzelne Banker, im Voraus genau einschätzen.

Und wie jeder Banker weiß, kann nur eines dem Klienten die besten möglichen Konditionen sichern: der Wettbewerb. Doch ein Banker, der seinem Klienten rät, sich nach alternativen Finanzierungsquellen umzusehen, macht sich in seiner Firma nicht unbedingt beliebt, vor allem nicht bei der Anleihenabteilung, die kaum großen Anteil an den Beratungsgebühren haben wird. Und sollte sich zeigen, dass der Finanzierungsbereich des Hauses eine Transaktion nur mit einer geringeren Verschuldung als andere Investment-Banken übernehmen wird – was den Spielraum einschränkt, den der Klient bei der Preisgestaltung mit fortgesetzter Finanzierungsunterstützung genießt –, wird unter Umständen Druck auf den Beratungsbereich der Firma ausgeübt, damit dieser den Klienten dazu bewegt, einen geringeren Preis als ratsam anzubieten.

Ich geriet einmal in Schwierigkeiten, weil ich einen Klienten warnte, der ermutigt wurde, sich bei einem Beteiligungszweig der Investmentabteilung namens Princess Gate um Kapital zu bemühen. Ich sagte dem Klienten lediglich, dass die Chance, von Princess Gate wirklich eine Finanzierung für das Projekt zu erhalten, kaum höher sei als die Wahrscheinlichkeit, vom Blitz getroffen zu werden. Obwohl dies aus statistischer Sicht noch eine sehr wohlwollende Einschätzung war (Princess Gate wurde mittlerweile dankenswerterweise geschlossen), wurde diese Manifestation der »Klientenlastigkeit« zu jener Zeit nicht begrüßt.

So hatte das Ausscheiden Macks und seiner Gefolgsleute im Anleihenbereich vor allem zur Folge, dass Morgan Stanley Marktanteile im Bereich der Junk Bonds verlor und dass die Führungskräfte der Firma kaum noch bereit waren, finanzielle Risiken einzugehen. Das zweite Problem war besonders gravierend, da es genau zu dem Zeitpunkt auftrat, als die reinen Investment-Banken nach einer Antwort auf die Strategie der großen Geschäftsbanken suchten, ihre Rücklagen aggressiv einzusetzen, um ihre Positionen auf dem Markt nach dem Glass-Steagall-Gesetz zu festigen.

Ironischerweise war am Machtkampf zwischen Purcell und Mack und an allen anderen Konflikten an der Spitze der großen Investment-Banken nur eines von langfristiger Bedeutung: die Tatsache, dass es bei keiner dieser Auseinandersetzungen um etwas ging, das langfristige Bedeutung hatte. Wie wir gesehen haben, waren derartige Machtkämpfe nichts Neues. Doch in der Vergangenheit war es dabei stets um eine strukturelle oder bedeutsame Frage gegangen: Bei Lehman Brothers hatten die Anleihenabteilung und das Investment-Banking um die Vorherrschaft gestritten.[32] Bei Kidder Peabody war das Problem die Kapitalkrise infolge des Ausscheidens zu vieler Partner gewesen, die ihr Kapital aus der Firma abgezogen hatten.[33]

Doch diesmal ging es einfach nur um die Macht. In den Presseberichten über den Konflikt zwischen Purcell und Mack oder um den Streit zwischen Thornton und Paulson bei Goldman wurde nicht ein einziges Mal ein bedeutsamer sachlicher oder politischer Gegensatz im Management erwähnt. Es ging lediglich darum, dass die Nummer zwei die Nummer eins verdrängen wollte und beseitigt wurde. Als Mack im Jahr 2005 schließlich die Leitung von Morgan Stanley übernahm, weigerte er sich hartnäckig, jene Bereiche – den Kreditkartenbereich Discover oder das Einzelhandelsbrokergeschäft – zu verkaufen, für deren Veräußerung sich die Gegner Purcells stark gemacht hatten.

Einem substanziellen Konflikt am nächsten kam noch die im Wesentlichen territoriale Auseinandersetzung zwischen New York und Chicago, die in Anbetracht des Geredes über die Globalisierung der Entscheidungsfindung in all diesen Firmen besonders abwegig wirkte. Dieses Problem mag zu geringfügig wirken, um echte Spannungen auszulösen, doch der Brief vom 3. März 2005, in dem die »missmutigen alten Männer« den Board von Morgan Stanley zum Sturz Purcells aufforderten, rückte die Frage tatsächlich in den Mittelpunkt.

»Während die Firma in New York ansässig ist, in der Hauptstadt der Finanzwelt, wohnen weder der Chairman noch irgendein anderes Mitglied des Board im Großraum New York«, schrieben sie an ein Gremium, in dem sie zu diesem Zeitpunkt mit Sicherheit nicht viel Zuneigung genossen.

Sowohl in Macks als auch in Thorntons Fall willigte ein sehr selbstbewusster New Yorker Banker ein, die zweite Geige neben einem Mann aus Chicago zu spielen, den er als kontrollierbar einschätzte. Doch dann wurden die Männer aus New York unter Kontrolle gebracht und schnurstracks beiseitegedrängt. Möglicherweise hatten Mack und Thornton recht, was ihre intellektuelle Überlegenheit anbelangte, aber sie täuschten sich in Bezug auf die Fähigkeiten, die man benötigt, um an der Spitze einer Aktiengesellschaft zu bestehen. Eine Lehre aus jener Zeit besteht zweifellos darin, dass ein gutes Machtmanagement nicht überschätzt werden kann.

Auch im Kampf um die Nachfolge von David Komansky bei Merrill Lynch spielte der Gegensatz zwischen New York und Chicago eine Rolle. Zwar stammte Stan O'Neal, der sich letzten Endes durchsetzte, nicht aus Illinois, sondern aus Alabama, doch er verdankte seine Beförderung einer Allianz mit der sogenannten »Chicago Gang«, der einige wichtige Board-Mitglieder und Führungskräfte angehörten. Thomas Patrick, ein führendes »Bandenmitglied«, war während des erbitterten Nachfolgekriegs im Jahr 2002 Finanzchef.[34] O'Neal setzte sich dank einer sehr irreführenden Präsentation für den Board durch, in der Patrick die Rentabilität von O'Neals Bereich gegenüber dem seines wichtigsten Widersachers übertrieben hatte.[35] Nachdem ihm die Täuschung nachgewiesen worden war, entschuldigte sich Patrick für einen »unbeabsichtigten Fehler« und fuhr fort, als O'Neals Mann fürs Grobe alle anderen Thronanwärter aus dem Weg zu räumen. Die Geschichte endete so, wie in dieser Zeit alle diese Geschichten zu enden schienen: Als Patrick seine Arbeit erledigt hatte, räumte O'Neal ihn aus dem Weg.

Die Natur der Konflikte, die während der Krise ausbrachen, festigte die Wertvorstellungen, die sich während des Booms entwickelt hatten. Der Boom begünstigte die Entstehung eines Persönlichkeitskults in den Firmen, und die sehr persönlichen Auseinandersetzungen während der Krise wirkten wie die logische Erweiterung einer neuen Weltordnung, in der die individuellen Interessen eindeutig Vorrang vor denen der Institution erhielten. Vor nicht allzu langer Zeit hatten noch die Interessen der Firma und der Klienten im Vordergrund gestanden. Der Boom hatte diese Werte infrage gestellt. Die für die Rezession charakteristische Verlagerung der Aufmerksamkeit auf das Innenleben der Firmen hatte nicht dazu beigetragen, diese Werte wiederherzustellen, sondern weckte neue Zweifel am langfristigen Bekenntnis der Investment-Banken zu ihren Mitarbeitern und Klienten. Und obwohl die Branche mittlerweile wieder wächst, hat sie viel von dem Zauber, den sie einst sowohl auf die Banker als auch auf die Klienten ausübte, möglicherweise auf Dauer verloren.

14

Der Mythos der Meritokratie

Die Personalentscheidungen während des Booms stellten die tief verwurzelte Überzeugung der Banker, dass in ihrer Firma eine Meritokratie herrsche, auf eine harte Probe. Als sich nach den letzten Kündigungswellen die Aufregung gelegt hatte, war diese Vorstellung endgültig als Mythos entlarvt. Die Anomalien waren einfach zu zahlreich, und es war unübersehbar, dass die Personalentscheidungen von internem Zwist und persönlicher Voreingenommenheit beeinflusst worden waren.

Nicht einmal die mächtigsten Personen überstanden diese Zeit ohne Schaden. Und so schwer es für die Verantwortlichen gewesen sein mochte, diese Entscheidungen zu fällen, waren sie am härtesten für jene, die zum ersten Mal in ihrem Leben ohne Arbeit waren und kaum Aussichten hatten, erneut eine Position mit einem vergleichbaren sozialen Status zu finden. An anderer Stelle habe ich die Vermutung geäußert, dass viele dieser Banker unter einem chronischen Erfolgshunger litten und sich blind in eine Karriere gestürzt hatten, die in der Öffentlichkeit gerade mit dem Erfolg gleichgesetzt wurde, ohne darüber nachzudenken, ob die Tätigkeit an sich interessant für sie war. Wenn diese Vermutung richtig ist, kann man sich vorstellen, was für ein vernichtender Schlag eine Kündigung für diese Personen sein musste.

Diese Banker hatten ihr Leben damit verbracht, die an sie gerichteten Erwartungen zu erfüllen: ausgezeichnete Schulzeugnisse, ein gutes Ergebnis im Aufnahmetest für das Studium, die richtige Universität, der richtige Job nach dem Abschluss, eine ausgezeichnete Managementhochschule und ein sicherer Job in einer führenden Investment-Bank. Und nun saßen sie auf der Straße und hatten bestenfalls die demütigende Aussicht auf einen Posten in einer mittelständischen Bank – sofern sie überhaupt einen Arbeitsplatz finden würden. Diejenigen, die während des Booms in ein mittlerweile zusammengebrochenes Internetunternehmen gewechselt hatten, mussten den zusätzlichen Nachteil eines holprigen Lebenslaufs mit sich herumschleppen und hatten noch trübere Aussichten. Und nun begannen sich einige von ihnen zu fragen, warum sie überhaupt in eine Investment-Bank gegangen waren. Da das Selbstwertgefühl dieser Personen eng mit dem sozialen Status verbunden war, den sie als Mitarbeiter einer solchen Firmen genossen, hatten die Personalkürzungen beträchtliche Auswirkungen auf die kulturelle Hackordnung der Banker.

In den Jahren 2001 bis 2003 gab es Monate, in denen ein wichtiger Teil meiner Tätigkeit darin bestand, gekündigte Banker emotional zu betreuen. Und es ging nicht nur um die Banker von Morgan Stanley. Wenn eine neue Kündigungswelle begann, erhielt ich jede Woche einen Anruf von einem Kollegen bei einer anderen Investment-Bank, der unter Schuldgefühlen litt. Diese Gespräche begannen immer gleich: »Ich weiß, dass ihr eigentlich keine Leute sucht, aber ich habe da diesen ausgezeichneten Mann, dem wirklich übel mitgespielt wurde, und ich wäre Ihnen sehr dankbar, wenn Sie einmal mit ihm sprechen könnten.« Es folgte eine kurze Erklärung des Schicksals dieses Bankers – vor Kurzem in die Gruppe versetzt, hatte keinen »Schutzherren«, persönliche Konflikte mit einem tyrannischen Gruppenleiter, Verantwortung für einen von der Krise besonders hart getroffenen Sektor und so weiter. Dann kamen sie endlich darauf zu sprechen, welche Art von Hilfe sie von mir erwarteten: Sie wandten sich an mich, weil ich schon andere Dinge im Leben getan hatte. Konnte ich eine halbe Stunde erübrigen, um dem Unglücklichen bei der Suche nach einem Ausweg zu helfen? Der Anrufer litt offensichtlich darunter, dass es ihm nicht gelungen war, seinen nun arbeitslosen Kollegen zu schützen, und dass ihm die praktischen Ratschläge ausgegangen waren.

Natürlich dauerten diese Gespräche nie eine halbe Stunde, und sie hatten eher Ähnlichkeit mit einer psychologischen Betreuung als mit einer Berufsorientierung. Zudem ähnelten sie einander auf eine unheimliche Art. Das Opfer beharrte stets darauf, eine sorgfältig einstudierte Erklärung zum Hergang seiner Entlassung abzugeben, so als hätte dieser irgendeinen Einfluss auf seine weitere Entwicklung. Und all diese Banker platzten in einem vollkommen unangemessenen Moment mit dem Bekenntnis »Ich bin kein Versager!« oder »Ich bin kein Verlierer!« heraus. Einige sagten dasselbe im Jargon der Investment-Banker: »Ich bin keiner aus dem untersten Viertel!«

Ich lernte diese Gespräche relativ gut zu steuern. Nachdem ich mir die Geschichte angehört hatte – dieser Teil konnte zeitlich nicht beschränkt werden und nahm mindestens die ursprünglich für das gesamte Gespräch eingeplante halbe Stunde in Anspruch –, erklärte ich meinem Gesprächspartner möglichst behutsam, aber direkt, dass seine Probleme niemanden interessierten, vor allem keinen potenziellen Arbeitgeber. Vielmehr ist es so, dass es den Leuten sehr unangenehm ist, sich die Erklärungen eines Fremden zu vergangenen Problemen, Konflikten oder Ungerechtigkeiten anzuhören. Das Einzige, was die Leute interessiert, ist, was man für sie tun kann. Daher sagte ich meinen Gesprächspartnern, dass sie als erstes aufhören müssten, um Mitgefühl zu buhlen und von anderen zu erwarten, ihr Problem zu lösen.

Anschließend wandte ich mich der guten Nachricht zu: Es konnte nicht mehr schlimmer kommen! (Selbstverständlich konnte es durchaus schlimmer kommen. Aber diese traumatisierten Menschen, deren Selbstwertgefühl vollkommen von ihrem Job abhing, hatten das Gefühl, den Tiefpunkt erreicht zu haben.) Ich erklärte ihnen, das müsse eigentlich befreiend wirken. Warum dachten sie nicht darüber nach, wer sie waren und was sie wirklich wollten, anstatt sich Gedanken darüber zu machen, wer sie in den Augen anderer sein sollten?

An diesem Punkt legte ich den Text auf den Tisch, den ich noch immer für die beste Arbeit über die Karriereplanung halte: Ich begann, die *Briefe an einen jungen Dichter* von Rainer Maria Rilke als eine Art von Schocktherapie für diese gebrochenen Personen zu verwenden. Ich kaufte eigens für diesen Zweck einen Vorrat von Exemplaren bei Amazon. Für diejenigen Leser, die das Werk nicht in der Schule oder auf der Universität gelesen haben, sei erläutert, dass Rilke an den Dichter schreibt, um ihn vor den Härten des gewählten Berufs zu warnen und ihm zu raten, sich einer genauen Selbstprüfung zu unterziehen. »Fragen Sie sich in der stillsten Stunde Ihrer Nacht: muss ich schreiben?« Zögere man nur einen Augenblick mit der Antwort, so solle man einen anderen Beruf wählen: »Es genügt ... zu fühlen, dass man, ohne zu schreiben, leben könnte, um es überhaupt nicht zu dürfen.«

Auf den ersten Blick mochte es extrem wirken, Rilkes strenge Maßstäbe auf jegliche Berufswahl anzuwenden. Doch wie viele dieser Personen wären tatsächlich Investment-Banker geworden, wenn sie sich zuvor einer solchen Selbstanalyse unterzogen hätten? Und wie viele von ihnen wünschten sich nun, das früher getan zu haben? In dieser Hinsicht war die Rezession wirklich nützlich: Sie zwang Hochschulabsolventen, die sich ansonsten kurz entschlossen in den heißesten Job des Augenblicks gestürzt hätten, genau darüber nachzudenken, welche Tätigkeit ihnen wirklich Spaß machen würde.[1] Diese jungen Leute hatten möglicherweise zum ersten Mal in ihrem Leben Gelegenheit, innezuhalten und sich mit einer Welt auseinanderzusetzen, in der der nächste Schritt nicht vorgegeben war, und dies konnte eine wirklich läuternde Erfahrung sein.

Jene, die sich in Zeiten des Übermuts unbedacht auf das Investment-Banking eingelassen hatten, erhielten eine unvergleichliche Gelegenheit zu prüfen, ob sie nicht möglicherweise für etwas anderes bestimmt waren. Selbstverständlich liebte ein Teil dieser Investment-Banker seine Tätigkeit. Doch diese Leute waren eine kleine Minderheit. Für sie bestand die richtige Lösung darin, das jedermann klarzumachen, der zuzuhören bereit war. Sie würden schließlich wieder einen guten Arbeitsplatz finden, auch wenn sie sich zumindest anfangs mit einer Tätigkeit in einer weniger renommierten Firma zufriedengeben mussten. Die andere Minderheit waren jene, die meinen Rat annahmen und sich auf die lange, manchmal einsame und oft beängstigende Reise in ein neues Leben begaben. Doch die meisten meiner Gesprächspartner waren zwar nicht sicher, ob das Bankwesen wirklich das Richtige für sie war, verspürten jedoch auch wenig Lust, sich auf die Suche nach einer besser geeigneten Tätigkeit zu machen. Sie zogen die Geborgenheit des Bereichs, an den sie sich gewöhnt hatten, dem Furcht einflößenden Neubeginn vor.

Für die Überlebenden der großen Säuberungen der Jahre 2001 bis 2003 änderte sich das Leben in vielerlei Hinsicht. Zum einen mussten sie sich mit dem Verlust kleiner Annehmlichkeiten abfinden: Die Obstkörbe und der Gratiskaffee gehörten der Vergangenheit an, und auch wenn die Lockerung der Kleiderordnung nicht offiziell rückgängig gemacht wurde, hatten sich die sozialen Implikationen doch deutlich verschoben. War eine legere Kleidung zuvor ein Hinweis darauf gewesen, dass ein Banker coolere Klienten hatte, so deutete sie nun lediglich darauf hin, dass er keine Klienten mehr hatte, die er hätte besuchen können. Und in der Zeit der großen Säuberungen war es nicht sehr klug, Beschäftigungslosigkeit zu signalisieren. So wurde der Anzug wieder verpflichtend, ob er nun vorgeschrieben war oder nicht.

Auf einer grundlegenderen Ebene bestand der größte Unterschied selbstverständlich darin, dass es nun sehr viel weniger zu tun gab. Und sofern es etwas zu tun gab, war die Wahrscheinlichkeit sehr viel geringer, dass es tatsächlich zu einem Geschäftsabschluss kam. Über weite Strecken der neunziger Jahre war fast jedes Projekt, das zur Bearbeitung in die Wurstmaschine geschleust worden war, einige Monate später auf die eine oder andere Art als Wurst herausgekommen.

Nun mündeten nicht einmal mehr die Hälfte der M&A-Aufträge, die angenommen wurden, in die Unterzeichnung einer Vereinbarung mit einem Käufer. Und nur in der Hälfte der Fälle, in denen eine Vereinbarung zustande kam, wurde das Geschäft tatsächlich abgeschlossen. Die beiden häufigsten Hindernisse für einen Abschluss waren die Unfähigkeit, eine Finanzierung auf die Beine zu stellen, und die Geltendmachung einer »wesentlichen nachteiligen Veränderung« durch den Verkäufer, da die versprochenen Einnahmen nicht erreicht werden konnten.

In den neunziger Jahren war es nicht ungewöhnlich, dass ein Banker in einem Jahr an zehn oder mehr abgeschlossenen Transaktionen beteiligt war. Nun konnte es durchaus vorkommen, dass ein Banker, der im Jahr 2000 seinen Abschluss an der Business School gemacht hatte, einige Jahre später zum Vice President befördert wird, ohne je an einer Transaktion gearbeitet zu haben, die tatsächlich abgeschlossen wurde. Selbst wenn man die immensen Kosten außer Acht lässt, die diesen Firmen durch den Analyse- und Handelsbetrieb entstehen, erklärt dies, warum keine noch so einschneidenden Kostensenkungen die Rentabilität früherer Zeiten wiederherstellen konnten: Das Investment-Banking hatte deutlich an Effizienz verloren. Wir versuchten, die jungen Banker, die von ungezählten erfolglosen Verkaufspräsentationen und nicht abgeschlossenen Geschäften frustriert waren, mit dem Argument zu trösten, gerade in einem schwierigen Umfeld mache man besonders nützliche Erfahrungen. In guten Zeiten könne jeder ein Geschäft abschließen. In schwierigen Zeiten müssten die Banker in der Lage sein, sich durch besondere Fähigkeiten auszuzeichnen und tatsächlich Einfluss auf den Erfolg einer Transaktion zu nehmen. Und obwohl in dieser These mehr als ein Körnchen Wahrheit steckt, ist es leider so, dass man die Abwicklung von Transaktionen nur erlernen kann, indem man Transaktionen abwickelt.

Möglicherweise wären die jungen Banker eher bereit gewesen, sich damit abzufinden, wenn sie mit einem sicheren Arbeitsplatz oder einem hohen Einkommen für die Enttäuschungen entschädigt worden wären. Doch an die Stelle der Arbeitsplatzsicherheit waren die stetige Drohung der Arbeitslosigkeit, der Galgenhumor und die Gerüchteküche getreten, die dank Internet-Messageboards bei Yahoo und The Vault ständig brodelte und bemerkenswert zuverlässige Informationen lieferte. Die erwarteten finanziellen Belohnungen rückten mit den sukzessiven Gehaltskürzungen in immer weitere Ferne. Hatte ein neu ernannter

Vice President einst durchschnittlich eine halbe Million Dollar im ersten Jahr kassiert, so gab es nun Managing Directors, die diese Schwelle nicht erreichten. Und ein wachsender Anteil des Einkommens wurde mit Optionen bezahlt, deren Laufzeiten länger und länger wurden. Und die Anziehungskraft der Investment-Banken sank weiter, da der Mythos der Meritokratie, der Sozialvertrag zwischen Banker und Bank sowie die Teamkultur in ihrer Existenz bedroht waren.

15

Der König der KSU

Als sich das Jahr 2002 seinem Ende zuneigte, wurde eine vierte Kündigungswelle vorbereitet. Als mich niemand um Beiträge bat, war mir klar, dass ich in Schwierigkeiten war. Die Leute, die ich bei den vorangegangenen drei Personalkürzungen vor dem Fallbeil bewahrt hatte, waren nicht mehr zu retten.

Ich hatte in der dummen Illusion gelebt, dass ich in Sicherheit sei, da ich das Glück gehabt hatte, mich auf das Verlagswesen zu konzentrieren, das von den Konjunkturzyklen weitgehend unberührt blieb. Die »Informationsindustrie« – dies war der attraktive Name, den wir uns für den Verlagssektor ausgedacht hatten, um während der Internethysterie ein wenig Aufmerksamkeit auf unseren Bereich lenken zu können – beinhaltete auch die Herausgeber von Branchenverzeichnissen, die seit neuestem als sexy galten. Die Informationsindustrie besteht aus verschiedenen Sektoren, von denen einige (etwa von der Werbung lebende Unternehmen wie Zeitungen und Publikumszeitschriften) in Blütezeiten besonders gute Ergebnisse erzielen, während sich andere in Krisenzeiten besser als der Markt entwickeln (man denke an die von Abonnements lebenden Unternehmen wie die Verleger von juristischen und wissenschaftlichen Publikationen, einige Marktforschungsunternehmen und die bereits erwähnten *Gelben Seiten*). Und dann gibt es da noch jene, die anscheinend immer überdurchschnittliche Ergebnisse erzielen (bestimmte Unternehmen im Bildungssektor und Ratingagenturen wie Moody's). Fast alle diese Unternehmen haben einen ausgezeichneten Cashflow vorzuweisen, womit sie auch in schlechten Zeiten Transaktionen abwickeln können, sofern sie in den guten Zeiten klug genug gewesen sind, sich nicht allzu sehr zu verschulden. Wie wir gesehen haben, machen diese Eigenschaften diese Unternehmen zu verlockenden Zielen für LBO-Firmen, die für die Kreditaufnahme einen stabilen Cashflow brauchen, um hohe Kapitalerträge erzielen zu können.

Ende des Jahres 2002, die Krise dauerte mittlerweile über ein Jahr, wirkte die Wahl des Verlagswesens im weitgehend brachliegenden Investment-Banking immer noch sehr vorausschauend. Obwohl es sich bei den Verlagen überwiegend um kleinere Privatunternehmen handelt, entfielen im Jahr 2002 vier von insgesamt nur acht M&A-Transaktionen im Medienbereich auf diesen Sektor. Unsere Gruppe war an zwei dieser vier Geschäfte und an einer Reihe kleinerer Transaktionen beteiligt. Neben dem Kauf der Sprint-Verzeichnisse für RHD arbeiteten wir am Kauf des zu Vivendi gehörenden traditionsreichen Lehrbuchverlags Houghton Mifflin durch ein Konsortium von LBO-Firmen (obwohl Morgan Stanley, dessen Verhalten in diesem Fall sehr an sein Vorgehen im Fall der Kapitalerhöhung von RHD erinnerte, eine Beteiligung an der letzten Endes sehr erfolgreichen Finanzierung des Geschäfts ablehnte). Zudem unterstützten wir Instinet, eine Tochtergesellschaft von Reuters, beim Kauf der elektronischen Aktienhandelsplattform von Island. Wir hatten in einem der größten Kapitalbeteiligungsgeschäfte des Jahres gerade eine Milliarde Dollar für Thomson beschafft und waren von Thomson und Moody's aufgefordert worden, strategische Übernahmeziele für sie ausfindig zu machen. Der Zeitschriftenverlag Primedia hatte uns mit dem Verkauf von *Seventeen* betraut, und wir berieten das Special Committee des Board of Freedom Communications (Herausgeber des *Orange County Register* und Dutzender weiterer Zeitungen und Fernsehsender) bei der Lösung eines seit langem schwelenden Konflikts zwischen den Eigentümern des Familienunternehmens. Zur gleichen Zeit herrschte im Telekombereich unserer Gruppe Funkstille, obwohl dort nach nunmehr drei Personalkürzungsrunden unerklärlicherweise deutlich mehr Banker tätig waren als im Medienbereich.

Doch mittlerweile schätzte ich meine Aussichten realistischer ein. Ich ging davon aus, dass Harland den bevorstehenden tiefen Einschnitt nutzen würde, um auch mich für immer loszuwerden. Ich war eher zufällig zum Investment-Banker geworden und konnte kaum glauben, dass ich dieser Tätigkeit nach einem Jahrzehnt immer noch nachging. Kurz nach der Zusammenlegung der Gruppen hatte ich begonnen, meinen endgültigen Ausstieg vorzubereiten, obwohl es damals unwahrscheinlich schien, dass ich jemals den Anstoß erhalten würde, den Schritt endlich zu tun. Doch nun schien der Tag der Entscheidung tatsächlich näher zu rücken. Ich hatte Spaß an der Lehrtätigkeit an der Columbia Business School, und meine Tätigkeit in den Aufsichtsgremien verschiedener gemeinnütziger Einrichtungen hatte es mir ermöglicht, gute Beziehungen zu einer Gruppe von Headhuntern zu knüpfen, die bei der Suche nach Leitern für die meisten dieser Einrichtungen und nach Führungskräften für verschiedene Hochschulen eingeschaltet wurden. Ich hatte das Gefühl, dass es ein Leben nach dem Banking gab.

Doch obwohl mein Job nicht mehr derselbe wie früher war, gab es durchaus gute Gründe für meine berufliche Reglosigkeit. Mein Einkommen war immer noch absurd hoch, wenn ich auch nur noch einen Bruchteil dessen verdiente, was ich in den Boomjahren nach Hause gebracht hatte. Mit wachsender Erfahrung waren die Routinetätigkeiten sehr viel einfacher geworden, weshalb ich genug Zeit hatte, um meinen anderen Interessen nachzugehen. Ich hatte stabile berufliche Beziehungen geknüpft, und das ist der wichtigste und zeitaufwendigste Teil der Tätigkeit eines Bankers. Ich wusste mehr als jeder andere über die Unternehmen und die strategische Dynamik, die ihre Leiter in der Nacht nicht schlafen ließ, und ich war lange genug dabei, um in einer Zeit, in der die Branche in einer schweren Vertrauenskrise steckte, Vertrauen zu genießen. Und obwohl ich mich eigentlich eher kurzfristig für diese Tätigkeit entschlossen hatte, hatte ich mittlerweile seit Jahren mit denselben Unternehmen und Führungskräften zu tun. In einer Welt, in der eine der häufigsten Klagen der Klienten die hohe Fluktuation unter den Bankern betraf, sammelte ich einfach dadurch Punkte, dass ich mich regelmäßig blicken ließ.

Bei allem anfänglichen Zynismus in Bezug auf das Investment-Banking und bei allen Zweifeln bezüglich verschiedener Aspekte des Jobs war mir klar, dass wichtige Gründe für mein Bleiben sprachen. Wenn ich den Rilke-Test, den ich anderen nahegelegt hatte, selbst machte, so wurde mir klar, dass ich die Möglichkeit, Einfluss auf Entscheidungsträger zu nehmen, nicht missen wollte. Obwohl wir in diesen mageren Jahren manchmal nicht viel zu lachen hatten, gelangte ich zu dem eher überraschenden Schluss, das Investment-Banking sei eigentlich der ideale Job für mich. Da mich die Politik sehr interessierte, gefiel es mir auch, dass die Unternehmensleiter wahrscheinlich die wichtigsten Entscheidungsträger der zeitgenössischen Gesellschaft waren. Ihr Einfluss auf die wirtschaftliche Entwicklung konnte bedeutsamer sein als die meisten politischen Entscheidungen, die in Washington fallen. Und anders als Rechtsanwälte oder Berater hatten die Investment-Banker Gelegenheit, mit den Unternehmensleitern über die Dinge zu sprechen, die diesen am wichtigsten sind. Da ich selbst kein Entscheidungsträger werden konnte, gab es keine andere Tätigkeit, in der ich mehr Möglichkeiten zur Einflussnahme erhalten würde. Wer direkt Einfluss auf wichtige wirtschaftliche Entscheidungen nehmen möchte, kann keinen besseren Tätigkeitsbereich finden als das Investment-Banking.

Obwohl sich an der Praxis in diesem Bereich viel geändert hat, ist es weiterhin eine sehr erfüllende Aufgabe, einem Unternehmensleiter bei der Gestaltung des strategischen Kurses für sein Unternehmen und bei der Umsetzung des Plans zu helfen. Ob es sich um eine Kapitalumschichtung, um den Verkauf eines Unternehmensbereichs, um eine Fusion oder irgendein anderes Thema handelt: Es ist eine faszinierende Aufgabe, Unternehmensführungen zu beraten. Für mich gibt es nichts Vergleichbares. Und gerade in einer schwierigen Wirtschaftssituation kann eine gute, unabhängige Beratung wesentlich zum Erfolg eines Unternehmens beitragen. Im Lauf der Zeit wurde mir bewusst, dass ich großes Glück gehabt hatte, in einen Beruf zu plumpsen, der meinen persönlichen Bedürfnissen so gut entsprach.

Und mir wurde klar, dass es mir eben jene Eigenschaften, die Morgan Stanley in den ersten Jahren zu einem wunderbaren Arbeitsplatz für mich gemacht hatten, nun unmöglich machten, dort zu bleiben. Ich war in erster Linie davon angezogen worden, dass die Firma ihren Branchengruppen beträchtlichen Spielraum bei der Gestaltung ihrer Aktivitäten einräumte. Solange sich alles gut entwickelte, genoss die Gruppenleitung weitgehende Freiheit bei ihren internen strategischen Einkommens- und Personalentscheidungen. Solange ich mit Jeff Sine und Bea Cassou zusammenarbeitete, funktionierte alles wunderbar. Doch die logische Folge war, dass aufgrund der Gegensätze zwischen Harland und mir einer von uns gehen musste. Ich nahm es der Firma nicht übel. Anfangs profitierte ich von der dezentralisierten Entscheidungsfindung, und mir war stets klar, dass ich die Konsequenzen akzeptieren müsste, sollte sich der Wind eines Tages drehen. Um es mit den Worten Bob Sillermans zu sagen: »Ge-ge-ge-schäft ist Ge-ge-geschäft.«

Zu meiner Überraschung gelang es Harland auch in der vierten Runde der Personalkürzungen nicht, mich aus dem Weg zu räumen (obwohl wie erwartet meine verbliebenen Schützlinge gehen mussten). Wie mir später hinter vorgehaltener Hand mitgeteilt wurde, wurde ich von einer Mehrheit des Leitungsausschusses verteidigt. Allerdings schloss der Ausschuss einen bizarren Kompromiss, der es mir erlauben sollte, weiterhin mit vielen der seit Jahren von mir betreuten Unternehmen zusammenzuarbeiten, während ich gleichzeitig formal aus der Mediengruppe abgezogen wurde. Stattdessen würde ich in einer neuen Funktion direkt dem Leiter der Abteilung Unternehmensfinanzierung unterstehen. War ich bis dahin der »König des Verlagswesens« gewesen, so verwandelte ich mich nun in den »König der kleinen Scheißunternehmen« (im Folgenden nur KSU).

Zumindest konnte ich nachvollziehen, warum diese elegante »Lösung« allgemeine Zustimmung fand: Harland wurde nicht nur einen Ausgabenposten, sondern auch einen politischen Störenfried los und konnte das von mir hereingeholte Geschäft obendrein für seine Gruppe in Anspruch nehmen. Zudem würde er mir im Lauf der Zeit die verbleibenden großen Verlage entziehen, um sie jemand anderem zuzuweisen, womit er meinen Einfluss weiter beschneiden konnte. Die Firmenleitung ihrerseits vermied den Verlust eines produktiven Bankers zu einer Zeit, da solche Mitarbeiter rar waren, und obendrein musste nicht einmal der Medien- und Telekommunikationsbereich erneut umstrukturiert werden.

Während alle Welt mit dem Kompromiss zufrieden schien, war er in meinen Augen zum Scheitern verurteilt. Der Grund dafür war, dass es in den großen Investment-Banken sehr schwierig war, kleine Scheißunternehmen zu betreuen.

Wie bereits erwähnt, arbeiten die »wichtigen« Banker am liebsten an wichtigen Aufträgen wichtiger Klienten. Es ist schwierig, ein wichtiger Banker zu werden, ohne wichtige Klienten zu betreuen. Im Investment-Banking ist »wichtig« zumeist gleichbedeutend mit »groß«. Und wer zum Ranking beitragen will, von dem die internen Entscheidungen und das Recht zum Renommieren abhängen, der muss zu großen Transaktionen beitragen. Auf der anderen Seite hat es einige strategische Nachteile für eine Investment-Bank, sich ausschließlich auf riesige Transaktionen und riesige Klienten zu konzentrieren und die Unternehmen mit einer Marktkapitalisierung von wenigen Hundert Millionen bis zwei Milliarden Dollar (dies ist die Kerngruppe der KSU) völlig zu ignorieren.

Erstens werden einige Schlüsselprodukte, darunter insbesondere die Junk Bonds, in erster Linie an KSU verkauft. Der eigentliche Daseinszweck einer eigenen Abteilung für die Vermarktung von Junk Bonds besteht darin, dafür zu sorgen, dass die Coverage-Banker die KSU nicht vernachlässigen. Die wichtigste Aufgabe dieser Abteilung besteht darin, die Betreuungsexperten anzutreiben, sich wirklich um diese

Kunden zu kümmern und sie mit Material über die Fähigkeit dieser Unternehmen zu versorgen, auf dem Markt für Junk Bonds aktiv zu werden. Wie wir im Fall von RHD gesehen haben, haben die für die Vermarktung der hochspekulativen Anleihen zuständigen Banker in der High-Yield-Abteilung normalerweise weder eine formale Verantwortung für die Klienten noch die Befugnis, tatsächlich Kapital zuzusagen. Sie sind eher Botschafter der Anleihenabteilung im Investment-Banking.

Zweitens kann eine gute Position bei den KSU die Volatilität der finanziellen Ergebnisse im Investment-Banking auffangen. Jedes Jahr entschließt sich ein Teil der KSU zum Verkauf, zu einer Umstrukturierung oder zu einer Übernahme. Obwohl der größte Teil der Gesamterträge aus dem Investment-Banking durchweg auf die großen Transaktionen entfällt, ist es eine sehr riskante Strategie, ausschließlich eine Beteiligung an den großen Geschäften anzustreben. Wird das Ziel verfehlt, so steht man am Ende möglicherweise mit leeren Händen da. Das ist so, als würde ein Medienunternehmen ausschließlich in große Musik- und Filmproduktionen investieren, ohne über stabile Einnahmequellen wie Kabelkanäle oder eine Bibliothek älterer Platten-, Film- oder Bucherfolge zu verfügen. Ein KSU-Portfolio kann also die finanziellen Resultate stabilisieren.

Drittens bleibt man am ehesten im Gespräch mit den Branchenführern, wenn man viel über die kleineren Marktteilnehmer weiß. Über seine wichtigsten Konkurrenten weiß ein Großunternehmen stets mehr, als ein Banker je lernen wird. Hingegen profitiert es sehr von Einblicken in die Funktionsweise eines KSU, das ein perfekt zu ihm passendes Übernahmeziel wäre. Und wer diese Information bereitstellen kann, der hat beste Aussichten, um sich in den Berater bei den wirklich großen Geschäften zu verwandeln.

Das Problem ist, dass es nahezu unmöglich ist, eine wirkungsvolle Coverage-Strategie für die KSU zu entwickeln. Es gibt zwei grundlegende Zugänge zur Gestaltung einer solchen Strategie.

Eine Methode besteht darin, auf die KSU spezialisierte Betreuungsteams zu bilden. Das ist allerdings schwierig, da es aus den genannten Gründen fast nicht möglich ist, die besten Banker dazu zu bewegen, sich in reine KSU-Betreuer zu verwandeln. Merrill Lynch hat seit langem eine in Chicago ansässige Coverage- und Durchführungsgruppe für das »mittlere Marktsegment«, die jedoch nicht unbedingt als Ausbildungszentrum für die besten Köpfe der Firma gilt. Bei Goldman

Sachs wurde einmal versucht, diesen Tätigkeitsbereich für die Mitarbeiter attraktiver zu machen, indem man ihn als »Entrepreneur's Group« bezeichnete. Zum Glück für Goldman senkte die Firma ihre Einstellungskriterien nie so weit, dass sich jemand fand, der sich durch diesen Euphemismus hätte täuschen lassen. Manche Firmen übertragen die formale Zuständigkeit für die Betreuung der KSU einfach der High-Yield-Abteilung. Das Problem ist, dass diese Banker normalerweise nur Interesse an diesen Klienten zeigen, wenn eine unmittelbar bevorstehende Anleihenemission lockt, und zu diesem Zeitpunkt ist es eigentlich zu spät, um echtes Interesse am Klienten vorzutäuschen.

Ein größeres Problem ist, dass sich die KSU selbst nicht als »kleine Scheißunternehmen« betrachten. Der Fall erinnert ein wenig an den Fehlschlag mit den Zeitschriften *Mode* und *Grace*. Die Zielgruppe für diese Magazine waren jene Frauen, die auch als »Übergrößen« bezeichnet werden. Dieser Kategorie gehört in Wahrheit die große Mehrheit der Frauen an, die anders als jene knochigen Figuren, die die Titelblätter der meisten Modezeitschriften zieren, klugerweise täglich drei Mahlzeiten zu sich nehmen. Erfreulicherweise ist die Werbebranche sehr bemüht, diese sehr kaufkräftige Zielgruppe zu erreichen. Das Problem ist, dass sich die wenigsten Frauen dieser Kategorie zuordnen möchten, indem sie eine auf die »Übergrößen« zielende Zeitschrift kaufen – gleichgültig, wie subtil der Euphemismus verwendet wird. Desgleichen wollen die KSU nicht von der zweiten Mannschaft einer Investment-Bank betreut werden. Das gilt insbesondere dann, wenn das für die zweitrangigen Kunden zuständige Team nicht auf eine Branche spezialisiert ist, sondern ein Sammelsurium von KSU aus verschiedensten Bereichen betreut.

Der zweite Zugang zur Betreuung der KSU besteht darin, den für eine bestimmte Branche zuständigen Bankern die Verantwortung für sämtliche Unternehmen in ihrem Sektor zu übertragen, unabhängig von deren Größe. So verfügen die Banker über ausreichende Kenntnisse über die Branche und die großen Unternehmen, um für die KSU glaubwürdig zu sein. Gleichzeitig sind diese KSU die vorrangigen Übernahmeziele für die größeren Branchenteilnehmer, die gerne auf das Wissen eines Bankers zurückgreifen werden, der die strategischen Absichten der kleineren Unternehmen kennt. Doch obwohl dieser Zugang mehr Erfolg verspricht, treten bei der Umsetzung Probleme auf. Das wichtigste Hindernis ist, dass die Wirksamkeit dieser Strategie von den Leistungen des einzelnen Bankers abhängt. Und die Banker sind notorisch schwach im Zeitmanagement. Doch ohne gutes Zeitmanagement kann man unmöglich eine große Zahl von KSU erfolgreich betreuen.

Für einen Banker, der für fünf bis zehn große Unternehmen zuständig ist, stellt das Zeitmanagement kein Problem dar: Man ruft jeden dieser Klienten einmal in der Woche an und denkt sich immer neue Vorwände aus, um ihn aufsuchen zu können. Die Bearbeitung von 30 bis 50 KSU ist komplexer, vor allem, wenn man daneben auch noch für eine Handvoll großer Unternehmen zuständig ist. Im Prinzip ist es ganz einfach: Man muss jede zusätzliche Minute dort einsetzen, wo man den größten zusätzlichen Ertrag erwarten kann. In der Praxis ist die Sache ein wenig komplexer. Man muss sorgfältig prüfen, wie hoch das Ertragspotenzial jedes einzelnen KSU tatsächlich ist, und sich genau ansehen, wie eng die Beziehung des Bankers zu dem Kunden und wie groß die Wahrscheinlichkeit ist, den Zuschlag für die entsprechenden Transaktionen zu bekommen.

Was den zweiten Teil der Aufgabe anbelangt, so neigen die Banker hier zu denselben Fehleinschätzungen, die auch die Feststellung der tatsächlichen Beiträge zu den Transaktionen derart erschwert. Ein Klient mit einem mittleren Ertragspotenzial, bei dessen Unternehmensleiter man jedoch als Banker nur an der dritten oder vierten Stelle steht, sollte ignoriert werden, sofern es nicht einen potenziellen Katalysator gibt, der ein Vorrücken auf den ersten oder zweiten Rang ermöglichen könnte. Im Gegensatz dazu sollte man in einen Klienten mit einem geringeren Ertragspotenzial – bei dem beispielsweise nur mit einem Auftrag zu rechnen ist, sollte das Unternehmen verkauft werden, was dieses Jahr oder in drei Jahren oder nie geschehen kann –, dessen Leiter den Banker jedoch als vertrauenswürdigen Berater betrachtet, auch dann investieren, wenn kein unmittelbarer Ertrag zu erwarten ist. Ein Banker, der nicht imstande ist, eine ehrliche Antwort auf die Frage zu geben, ob er der erste oder vierte Ansprechpartner eines Kunden ist, wird bei der Zeiteinteilung zwangsläufig verhängnisvolle Fehler begehen.

Im Rahmen einer intensiven Selbstprüfung, der sich Morgan Stanley in der Rezession unterzog, engagierte die Investment-Banking-Abteilung Richard Foster, einen früheren Berater von Booz Allen, als eine Art von internem Strategen. Foster erstellte eine Reihe von Statistiken zur Wettbewerbsposition der Firma und gelangte zu dem Ergebnis, dass unser Anteil an Bronze- und Silberkunden (also die KSU) deutlich unter dem vergleichbarer Investment-Banken lag. Da der

Verlagssektor einer der wenigen Bereiche war, in denen wir den höchsten Marktanteil bei den KSU hatten, kamen Foster und ich ins Gespräch.

In Reaktion auf Harlands Behauptung, ich könne unmöglich derart viele Unternehmen erfolgreich betreuen, hatte ich eine Reihe von Schaubildern zusammengestellt, in denen jedes dieser Unternehmen in einer Matrix eingeordnet wurde, die zur Bestimmung der Coverage-Strategie diente. Auf der x-Achse wurde das Ertragspotenzial, auf der y-Achse die Stabilität der Beziehung zu dem Klienten dargestellt. Die empfohlene Strategie bestand darin, die Ressourcen in jene Unternehmen zu investieren, die sich in dem Quadranten mit dem höchsten Ertragspotenzial und der engsten Beziehung befanden oder bei denen gute Aussichten bestanden, den Kunden in diesen Quadranten zu bringen. Dieses Instrument stellte eine einfache Methode dar, die Coverage-Strategie grafisch darzustellen und die Banker dazu zu zwingen, sich Gedanken über die Priorität ihrer Klienten zu machen. Die Tatsache, dass sich diese Strategie mit Fosters Einschätzung deckte, hatte wahrscheinlich größeren Einfluss auf meinen Verbleib in der Firma als jeder andere Faktor.

Dies war in zweierlei Hinsicht widersprüchlich. Erstens führten die Vorwände, deren sich Harland bedient hatte, um mich endgültig aus dem Weg zu räumen, indirekt dazu, dass ich Gelegenheit erhielt, in der Firma zu bleiben. Zweitens beruhte mein Erfolg bei der Bearbeitung der KSU darauf, dass ich den zweiten Zugang gewählt hatte: Ich hatte meine Branchenkenntnis und eine sorgfältige Einstufung der Unternehmen nach ihrer Priorität genutzt, um eine breite Kundenbasis in einem Sektor aufzubauen. Das Komische war, dass nun vorgeschlagen wurde, ich solle meinen »Erfolg« auf andere Sektoren ausweiten, indem ich den ersten, vollkommen falschen Zugang zur Betreuung der KSU anwendete. Ich sollte versuchen, eine branchenübergreifende Kenntnis der Bedürfnisse von KSU als Wissen zu vermarkten, das für alle Gruppen von Interesse war.

Selbst wenn die Firma ausreichende Ressourcen für diese Initiative bereitgestellt hätte, wäre sie meiner Meinung nach zum Scheitern verurteilt gewesen. Wenn mich meine Erfahrung mit dem Verlagssektor etwas gelehrt hatte, so war das die Tatsache, dass man die KSU nur erfolgreich bearbeiten konnte, indem man den führenden Köpfen in allen Bereichen ausreichende Anreize dafür bot, sich auch um diese Unternehmen zu kümmern. Die in der Vergangenheit abgebrochenen

Initiativen im Bereich der KSU-Coverage hatten gezeigt, dass es selbst mit einem derartigen Bekenntnis sehr schwierig war, die nötigen Leute zu bekommen, um KSU-Projekte durchzuführen. Und die Forschungsabteilung zur Auseinandersetzung mit diesen Unternehmen zu bewegen, war nahezu unmöglich. Doch ich erhielt überhaupt keine Ressourcen, womit die Initiative nicht nur zum Scheitern verurteilt war, sondern auch zur Farce wurde.

Ende Dezember 2002 wurde die Mediengruppe in einem Memo darüber informiert, dass Ruth Porat und ich weiterhin für ausgewählte Klienten im Mediensektor zuständig seien, jedoch in die General Industrial Group wechseln würden, wo Ruth ausgewählte Großunternehmen und ich ausgewählte kleine Klienten betreuen würden.

Meine neue Aufgabe war nicht nur aussichtslos, sondern auch lächerlich. Das wurde schon in der Sitzung deutlich, in der sie beschrieben wurde. In dem Bemühen, mich davon zu überzeugen, dass dies ein richtiger Job sei, legte man mir Listen potenzieller Klienten vor. Als erstes drückte man mir einen sechsseitigen Ausdruck in die Hand, der die Namen Dutzender Unternehmen aus der Datenbank der Firma enthielt. Es handelte sich um Unternehmen, die der zuständige Coverage-Banker im vergangenen Jahr höchstens einmal besucht hatte. Als ich die Liste unbekannter Namen überflog, begann ich zu verstehen, warum sich die Kundenbetreuer nicht die Mühe gemacht hatten, sich um diese Unternehmen zu kümmern. Zweitens hatte die Firma, um ihren guten Willen zu demonstrieren, eine Reihe von Gruppenleitern persönlich um Namen potenzieller Klienten gebeten. Natürlich hatten diese Kollegen Unternehmen angeboten, an denen sie selbst nicht das geringste Interesse hatten. Man übergab mir das wenig überraschende Ergebnis dieses ersten Vorstoßes: eine Liste von 21 Unternehmen aus verschiedensten Bereichen, die entweder niemals einer Investment-Bank einen Auftrag erteilen oder aufgrund irgendeines alten Grolls oder Interessenkonflikts nie mit Morgan Stanley zusammenarbeiten würden. Ich betrachtete diese Klientenliste, die aus der Hölle kam. Da war zum Beispiel Price Chopper, eine kleine Kette von Discountsupermärkten, die im Norden des Bundesstaates New York ansässig war. Oder Corrections Corporation of America, eine Gefängnisverwaltung mit Sitz in Nashville. Endlich hatte man mir den Anstoß gegeben, den ich gebraucht hatte.

»Das ist nur eine erste Auswahl«, beteuerte man mir.

»Wenn Sie im Januar aus dem Urlaub zurückkehren, können Sie sich mit den einzelnen Gruppenleitern zusammensetzen und klären, welche dieser Unternehmen wirklich interessant sind.«

Die Rezession ging nun in das dritte Jahr. Wir hatten gerade die vierte Kündigungswelle hinter uns. Die Vorstellung, die Gruppenleiter würden mir bereitwillig echte Ertragschancen anbieten, war mehr als absurd. Aber die Gespräche mit ihnen waren sehr unterhaltsam, denn die Gruppenleiter überboten sich gegenseitig in dem Bemühen, Kooperationsbereitschaft mit dieser »wichtigen Initiative« vorzutäuschen. Doch es war beiden Seiten klar, dass wir nur den Anschein wahrten. Es war an der Zeit, dass ich weiterzog.

16

Der lange Abschied

Obwohl ich schon erste Bewerbungsgespräche mit Universitäten und gemeinnützigen Organisationen geführt hatte, lag ein weiter Weg vor mir, der mich an ein unbekanntes Ziel führen würde. Am einfachsten wäre es gewesen, einfach zu einer anderen großen Investment-Bank zu wechseln. Doch auf dem Weg in die Rezession war etwas Eigenartiges geschehen. Abgesehen von dem Drama in meiner kleinen Welt, vom kulturellen Wandel und von den Auswirkungen der fortgesetzten Schrumpfung fanden in der Branche strukturelle Veränderungen statt, die unangenehme Auswirkungen auf das Leben der Investment-Banker hatten und sogar die Funktion der Firmen neu definierten. Diese Veränderungen hatten zur Folge, dass die Banker immer weniger Zeit mit der Beratung der Klienten verbrachten und einen wachsenden Teil ihres Arbeitstags dafür aufwenden mussten, interne Memos zu schreiben, mit Rechtsberatern und Experten für Regulierungsfragen zu sprechen und Präsentationen für eine blühende Vielfalt interner Ausschüsse durchzuführen.

Das schmutzige kleine Geheimnis des Investment-Banking war, dass die Firmen keine klare Vorstellung von ihrem Geschäftsmodell und ihrer Rolle auf dem Markt mehr hatten. Die Entstehung der Finanzsupermärkte machte den Investment-Bankern das Leben schwer. Die Firmen an der Wall Street hatten eine schizophrene Einstellung zu der Frage entwickelt, in welchen Kreditgeschäften sie tätig sein wollten oder sollten. Als es den Anschein hatte, dass es nicht mehr schlimmer kommen könne, tauchte Elliot Spitzer auf. Der New Yorker Generalstaatsanwalt hatte eine Untersuchung eingeleitet, um zu klären, ob die von den Analysten herausgegebenen Berichte, die den Investoren bei der Wahl der richtigen Wertpapiere helfen sollten, in Wirklichkeit von den Unternehmenskunden der Investment-Banken manipuliert wurden, um den Wert ihrer Aktien aufzublasen. Spitzer förderte sehr aufschlussreiche interne E-Mails zutage, in denen sich Analysten zu den von ihnen empfohlenen Aktien geäußert hatten. Henry Blodget wurde dadurch berühmt, dass er ein von ihm empfohlenes Internetunternehmen in einem E-Mail an einen Kollegen als »Stück Scheiße« bezeichnet hatte.

Die Analyseskandale erzwangen eine weitere Bürokratisierung des Lebens der Investment-Banker. Als Spitzer im April 2003 bekannt gab, dass sich sämtliche großen Firmen bereit erklärt hätten, einen Vergleich zu schließen und eine globale Entschädigung in Höhe von 1,4 Milliarden Dollar zu zahlen, hatte seine Untersuchung die Geschäftsabläufe bereits verändert.

Komischerweise war der Grund für die plötzliche Verschärfung der Aufsicht über die Analyseabteilungen der Investment-Banken nicht darin zu suchen, dass die Banken ihr Verhalten wesentlich geändert hätten. Die institutionellen Investoren nahmen seit langem die Dienste der Analysten in Anspruch, um unabhängige Finanzmodelle für die Unternehmen zu entwickeln. Diese erfahrenen Investoren nahmen die Empfehlungen, die nun im Mittelpunkt der Kritik standen – Kaufen, Halten, Verkaufen –, nie ernst und beklagten sich folglich auch nie darüber. Die Tatsache, dass es keinerlei Zusammenhang zwischen dem Rating der Analysten durch *Institutional Investor* und dem Prozentsatz der Treffer bei Aktienempfehlungen gab, ist ein weiterer Beleg dafür.

Doch die Demokratisierung des Aktienbesitzes in der Zeit der Börseneuphorie und des Online-Tradings von zu Hause aus machten die Forschungsberichte der Investment-Banken der breiten Öffentlichkeit zugänglich. Und dem Privatanleger die Kauf- und Verkaufsempfehlungen in diesen Analyseberichten in die Hand zu geben, hatte ein wenig Ähnlichkeit mit der Maßnahme, die Piloten von Passagierflugzeugen zu bewaffnen: Unfälle waren unvermeidlich.

Viele hochrangige Bankmanager dankten Spitzer insgeheim für sein Eingreifen, denn in einigen Firmen kostete es eine Milliarde Dollar im Jahr, eine Gruppe von Staranalysten zu unterhalten. In Boomzeiten standen diesen Kosten hohe Handels- und Emissionsgewinne gegenüber. Doch nachdem das Geschäft einige Jahre schlecht gelaufen war, waren viele Investment-Banken erleichtert über eine behördlich verordnete Gelegenheit zur Kostensenkung (so vermieden sie außerdem den Vorwurf der Absprache mit anderen Firmen).

Aber nach der Bekanntgabe des Vergleichs mit den Banken – der nicht auf Geldstrafen beschränkt war, sondern auch Vorschriften für die Zusammenarbeit zwischen Analysten und Investment-Bankern beinhaltete – dauerte es noch sechs Monate, bis ein Gericht die Einigung absegnete. Und die neuen Regeln werden von den einzelnen Banken, die vielfach noch mit der Feinabstimmung ihrer internen Verfahren beschäftigt sind, sehr unterschiedlich ausgelegt. Der praktische Nutzen der Vorschriften steht noch in den Sternen. Die Regulierungsbehörden gehen davon aus, dass der Zweck der Analyseabteilungen darin besteht, das Geschäft anzukurbeln, doch die Wahrheit ist, dass die Investment-Banken darin nie mehr als einen Nebennutzen gesehen haben. Der eigentliche Zweck der Aktienanalyse besteht darin, die riesige Trading-Maschinerie der Investment-Banken zu füttern. Der Handel mit Investment-Banken ist für die institutionellen Investoren sehr viel kostspieliger als alle Alternativen, vor allem, seit es die kostengünstigen elektronischen Handelsplattformen gibt. Die Aktienanalyse ist Bestandteil großer »Soft-Dollar«-Regelungen, in deren Rahmen den institutionellen Investoren als Ausgleich für die höheren Preise ein »Wert« angeboten wird. Eine radikale Einschränkung der Aktienanalyse könnte weitreichende Auswirkungen auf diese Handelsmaschinerie haben. Gegenwärtig weiß niemand genau, wie das Geschäftsmodell langfristig aussehen wird, sei es in der Aktienanalyse oder ganz allgemein im Wertpapierhandel.

In der Zwischenzeit stehen die Investment-Banker zwischen zwei Fronten. Auf der einen Seite sind die Regeln für die Kommunikation mit den Analysten von Firma zu Firma unterschiedlich – allerdings ist vor einer Kontaktaufnahme durchweg die Einschaltung der Rechtsabteilung erforderlich. Heute fällt es einem Banker außerhalb von Morgan Stanley leichter als einem Banker der Firma, sich bei der Forschungsabteilung von Morgan über die Einschätzung eines bestimmten Unternehmens durch die Investoren zu informieren. Auf der anderen Seite scheinen die Klienten die Banker weiterhin abhängig davon zu bestrafen und zu belohnen, ob der Analyst ungeachtet des Einflusses der Klienten auf die Forschung deren Aktien ausreichend positiv bewertet. Die Beschäftigung mit der Analyse nimmt mehr und mehr Zeit in Anspruch, ohne dem Ziel einer »guten und unabhängigen Beratung« zu dienen.

Die neuen Krediterfordernisse und die Veränderungen in der Forschung haben die bürokratische Belastung einer Tätigkeit, die schon zuvor mit beträchtlichem Verwaltungsaufwand verbunden war, weiter erhöht. So unrealistisch es auch sein mag, die Banker sehen sich selbst gern als Entrepreneure. Und es ist im Interesse ihrer Arbeitgeber, diese Illusion zu nähren – das kostet nichts und macht die Angestellten glücklich. Doch das heutige Maß an Bürokratie macht es sehr schwer, diese Illusion aufrechtzuerhalten.

In meiner eigenen Gruppe musste ich im Jahr 2002 feststellen, dass ich immer mehr Zeit für die Verhandlungen über die strukturellen Fragen aufwenden musste. Ich gebe zu, dass ich mit zunehmendem Alter immer weniger Lust habe, mich mit Dingen zu befassen, die nicht direkt mit der strategischen Beratung der Klienten zusammenhängen. Doch selbst wenn ich meine wachsende Ungeduld beiseitelasse, trägt die interne Ungewissheit bezüglich der eigentlichen Tätigkeit der Investment-Banken zweifellos dazu bei, die Investment-Banker von der Aufgabe abzulenken, ihre Klienten gut zu beraten. Die neuen Vorschriften und der verschärfte Wettbewerb haben es einerseits schwieriger gemacht, den Klienten die potenziellen Vorzüge der Zusammenarbeit mit einer großen Investment-Bank zugutekommen zu lassen, und andererseits den Druck erhöht, das gesamte Ertragspotenzial der Firma zu maximieren, auch wenn dies auf Kosten des Klienten geschieht.

Solange, bis die Branche und die Regulierungsstruktur ein Gleichgewicht erreichen, dürfte eine wachsende Zahl von Investment-Bankern – Neueinsteiger ebenso wie Veteranen – die Gültigkeit vieler jener Annahmen infrage stellen, die sie in diese Branche lockten. Dasselbe wird geschehen, sollte dieses Gleichgewicht sehr bürokratischer Natur sein. Vielleicht ist es kein Zufall, dass die »Boutiquen« in dieser Zeit eine Renaissance erlebt haben. Diese kleinen Beratungsfirmen nehmen einen Großteil der Bürokratie der Finanzsupermärkte von den Schultern der Banker und versprechen den Klienten eine unabhängige Beratung. Bob Greenhills kleine Firma Greenhill and Co. ging im Mai 2004 sogar an die Börse, und ihre Aktie entwickelt sich deutlich besser als jene von Goldman Sachs oder Morgan Stanley.

Trotz dieser Veränderungen in der Branche und trotz meiner zunehmenden Ausgrenzung fiel es mir überraschend schwer, Morgan Stanley zu verlassen. Ich gefiel mir in der Rolle des Außenseiters, doch ohne es zu bemerken, hatte ich im Lauf der Zeit die Werte der Branche übernommen, der ich seit fast einem Jahrzehnt angehörte. Und ich war mir selbst gegenüber nicht ganz ehrlich gewesen, was meine persönlichen Gemeinsamkeiten mit meinen Kollegen anbelangte.

Zum einen wollte ich nicht verlieren. Ich konnte die verschiedensten vernünftigen Erklärungen für die Geschehnisse bei Morgan Stanley finden, doch feststand, dass ich nicht gewonnen hatte. Als ich über einen Ausstieg nachdachte, stellte ich zu meiner Verblüffung fest, dass ich von einem ausgeprägten Wettbewerbsdenken beherrscht war. Ich ertappte mich dabei, dass ich unrealistische Strategien für die Umkehrung einer Situation entwickelte, die offenkundig nicht umkehrbar war. Und ich schämte mich sehr dafür, jene Menschen im Stich zu lassen, die eng mit mir zusammengearbeitet hatten und unter den neuen Bedingungen einer unsicheren Zukunft entgegensahen.

Da ich nun deutlich sah, dass es die Fähigkeit zur Beeinflussung von Entscheidungsträgern gewesen war, die mich dazu bewegt hatte, Investment-Banker zu werden, fragte ich mich auch, ob ich mein Ausscheiden möglicherweise bedauern würde. Gleichgültig, wie schlecht es in den letzten Jahren für die Branche und für mich persönlich gelaufen war, sah ich immer noch keine Alternative zu dieser Tätigkeit. Würde es mir ohne die institutionelle Rückendeckung einer großen Investment-Bank gelingen, denselben Zugang zu den Entscheidungsträgern zu finden? Ich wusste die Antwort auf diese Frage nicht, doch das war ohnehin unbedeutend. Denn so sehr ich diesen Aspekt der Tätigkeit auch genoss, spielte er in meiner Arbeit mittlerweile einfach keine wesentliche Rolle mehr. Und ich war zu der Überzeugung gelangt, dass die Veränderungen in der Branche die von ihr angebotenen Dienstleistungen beeinträchtigten.

Also entschloss ich mich zu gehen. Die letzten Wochen in der Firma verbrachte ich damit, Arbeitsplätze für jene meiner Mitarbeiter zu finden, die der letzten Kündigungswelle zum Opfer gefallen waren. Im März 2003 verließ ich Morgan, um als einer von zwölf Partnern in eine kleine Investment-Boutique einzutreten, in der ich mir keine Gedanken über Finanzierungen, Analysen oder politische Konflikte mehr machen musste. Meine neuen Partner gestanden mir Freiraum für eine Lehrtätigkeit und für das Schreiben zu. Ich hatte mit einigen Investment-Banken gesprochen, aber diese Gespräche hatten mich lediglich in der Überzeugung bestärkt, dass die bei Morgan Stanley beobachteten grundlegenden Probleme die gesamte Branche betrafen. Ursprünglich hatte ich geplant, dem Bankensektor endgültig den Rücken zu kehren, doch die Beratungsboutique, in die ich eintrat, war von Personen gegründet worden, die ich seit vielen Jahren kannte und die ebenfalls unterrichteten, schrieben und im Dienst der Öffentlichkeit tätig waren. Daher hoffte ich, dass ihre Zustimmung zu meinem Wunsch nach einer Ausweitung meiner Interessen ehrlich war. Bisher wurden meine Erwartungen übertroffen.

Die Trennung von Morgan Stanley verlief relativ schmerzlos. Kaum jemand nahm mir meine Entscheidung übel, und meine Kollegen waren sichtlich erleichtert darüber, dass ich nicht zu einer Konkurrenzfirma wechselte. Das einzige hässliche Detail hatte mit der größten Transaktion zu tun, an der ich damals arbeitete. Dies war die Kapitalumschichtung von Freedom Communications, die einen Umfang von 2 Milliarden Dollar hatte. Da der Auftrag noch nicht schriftlich besiegelt war, willigte Morgan widerwillig ein, die Gebühr mit meiner neuen Firma zu teilen. In den Verhandlungen über die genaue Aufteilung bot mir Morgan eine persönliche Zahlung an, wenn ich mich im Gegenzug mit einem geringeren Gesamtanteil an der Gebühr zufrieden gäbe.[1] Die Firma war besorgt, mit dem vorgesehenen Prozentsatz einen Präzedenzfall zu schaffen, und hoffte mit der Aufstockung meines Anteils meine neuen Partner zu übervorteilen. Wenn es eines weiteren Beweises für den Niedergang der Verhaltensnormen im Investment-Banking bedurft hätte, so war er damit erbracht worden. Ich lehnte ab, und meine neue Firma erhielt den geforderten Anteil an der Gebühr.[2]

Wie erwartet, setzte Morgan Stanley die Coverage-Strategie für die KSU nie um. In einer letzten skurrilen Wendung taten fast alle anderen großen Investment-Banken genau das, und im Jahr 2003 wickelten die kleinen Unternehmen eine Rekordzahl von Transaktionen ab. In jenem Jahr entfielen weltweit 61 Prozent der M&A-Beratungsgebühren auf Transaktionen mit einem Volumen von weniger als einer Milliarde Dollar.[3] Eine große Zahl derartiger Aufträge erweist sich mittlerweile selbst für die großen Investment-Banken als rentabler als die riesigen Transaktionen, bei denen heute hart über die Gebühren gefeilscht wird, die obendrein zwischen mehreren Beratern aufgeteilt werden müssen. Trotz des neuen Interesses einiger großer Firmen stellen sich vielen KSU »bei dem Gedanken, eine führende Investment-Bank könne an ihrer Haustür erscheinen und die Hand aufhalten, immer noch die Nackenhaare auf«, wie die *Financial Times* schreibt. Sie vertrauen lieber ihren langjährigen Beratern, bei denen es sich vielfach um »Investment-Bank-Boutiquen handelt, die von verstoßenen Mitarbeitern der New Yorker Riesen gegründet wurden«.[4]

Nachwort:

Auf der Suche nach Sidney Weinberg

Einige Monate, nachdem ich Morgan Stanley verlassen hatte, schien das Geschäft der Investment-Banken endlich die Talsohle erreicht zu haben. Mitte des Jahres 2003 begann sich die Branche zu erholen, obwohl einige Firmen weitere Personalkürzungen vornahmen. Im Jahr 2004 war ein echter Aufschwung zu beobachten, und im Jahr 2005 explodierten die Erträge, sodass die Bonuszahlungen wieder ein Niveau erreichten, das an die übermütigsten Tagen des Booms erinnerte.[1] Die Gesamtzahlungen an die Mitarbeiter der Firmen an der Wall Street wurden auf über 20 Milliarden Dollar geschätzt.[2] »Die Trüffelsaison hat begonnen«, erklärte einer der Inhaber des bei Bankern sehr beliebten Restaurants Four Seasons, »und die Leute zahlen 180 Dollar für einen Gang.«[3] Laissez les bons temps rouler!

Die finanzielle Genesung hat manche zu der Vermutung bewegt, die in diesem Buch beschriebenen bedenklichen Entwicklungen im Investment-Banking seien vorübergehende, auf eine neuartige Marktumgebung zurückzuführende Anomalien gewesen. Wenn man diese Einschätzung teilt, kann man davon ausgehen, dass das Investment-Banking bald seine frühere Bedeutung und seinen Glanz zurückgewinnen wird, sobald die unglückselige, aber vorübergehende Krise vergessen ist.

Die Zeit wird es zeigen. Fest steht, dass lange vor der Bekanntgabe der Bonuszahlungen für das Jahr 2005 in einigen Bereichen rasch der Zustand wiederhergestellt wurde, der vor der Krise geherrscht hatte. Ein Beispiel sind die Einkommen der Firmenchefs. Auch wenn man die geringfügige Erholung im Jahr 2003 heranzieht, stiegen die Einkommen der CEOs der sechs größten Investment-Banken im Durchschnitt um 71,5 Prozent.[4] Dieser Anstieg war so gewaltig, dass die Gesamteinkommen einiger Firmenleiter sogar jene auf dem Höhepunkt des Booms überstiegen.[5] Und einige der in diesem Buch beschriebenen Phänomene waren eindeutig flüchtig. Morgan Stanley schien seine Position auf dem amerikanischen Markt für Junk Bonds zurückzugewinnen und kletterte vom neunten Rang im Jahr 2003 auf den respektableren sechsten Platz im Jahr 2004. Im Jahr 2005 fiel die Firma in diesem Ranking erneut zurück, aber mit der Rückkehr von John Mack bekommt Morgan Stanley möglicherweise die Chance, diese Sparte wieder zu stärken, wobei zu hoffen ist, dass der Preis dafür geringer sein wird als beim letzten aggressiven Vorstoß ins Junk-Land.

Aber die missmutigen alten Männer sind anscheinend weiterhin missmutig. Zum Teil dürfte das daran liegen, dass sie nicht gerade mit offenen Armen aufgenommen wurden. Mack war anscheinend verärgert darüber, dass sie nicht ihn, sondern Bob Scott vorschlugen, als ein Nachfolger für Purcell gesucht wurde. Und Mack hat sämtliche strukturellen Empfehlungen wie den Verkauf von Discover Card ausdrücklich abgelehnt, obwohl die missmutigen alten Männer dies auf dem Höhepunkt ihrer Auseinandersetzung mit Purcell vorgeschlagen hatten. Sodann ist da die schmerzhafte Tatsache, dass kein einziger der in der Zeit der Wirren abgewanderten prominenten Banker zurückgekehrt ist. Joe Perella und Terry Meguid haben eine eigene Investment-Boutique gegründet – der sich nach seinem Ausscheiden bei Goldman Sachs sogar Peter Weinberg angeschlossen hat. Vikram Pandit, der ehemalige Leiter der Abteilung Institutionelle Wertpapiere, und John Havens, der frühere Equities-Chef, bauen einen eigenen Hedgefonds auf. Ray McGuire gab seinen Posten an der Spitze der Abteilung Fusionen und Übernahmen auf, um bei der Citigroup das Investment-Banking zu übernehmen. Keiner dieser Männer ist zurückgekehrt. Und sobald zu Jahresbeginn 2006 die Bonusse ausgeschüttet worden waren, kam es zu einer weiteren Abwanderungswelle. Ein Analyst bemerkte, Morgan müsse vermutlich »Gehaltszuschläge zahlen, wenn die Firma verhindern will, dass einige sehr produktive Banker abtrünnig werden«.[6]

Doch die Gründe für die Unzufriedenheit der missmutigen alten Männer gehen über die anhaltenden Auseinandersetzungen bei Morgan Stanley hinaus. Viele der in diesem Buch behandelten Entwicklungen dürften dauerhafte Folgen haben. In meinen Gesprächen mit Investment-Bankern höre ich kaum noch etwas von jener Loyalität, die die Banker früher gegenüber ihren Arbeitgebern empfanden. An ihre Stelle ist eine opportunistische Einstellung zur gegenwärtigen Tätigkeit getreten, die den Firmen Sorge machen sollte. Und bei den Unternehmensleitern stößt man auf ein ungekanntes Maß an Zynismus und Misstrauen gegenüber den Investment-Banken, was Anlass zu noch größerer

Besorgnis gibt. Es gibt handfestere Belege für diese Hypothese als meine nichtwissenschaftliche Befragung von Mitarbeitern und Klienten.

Trotz der spektakulären Verbesserung der Auftragslage und der Einkommen hat sich die nicht erzwungene Mitarbeiterfluktuation bei den Investment-Banken in den Jahren 2004 und 2005 deutlich erhöht. Viele der besten Nachwuchsbanker wechseln zu den Hedgefonds, die anscheinend die Rolle übernommen haben, die die Internetunternehmen und Venture-Capital-Firmen während des Booms spielten.[7] Mehrere Investment-Banken, darunter Credit Suisse First Boston und Bear Stearns, griffen Anfang 2004 zu einer verblüffenden Maßnahme, die einem Eingeständnis der wachsenden Ernüchterung unter den Mitarbeitern gleichkam: Zum ersten Mal in der jüngeren Geschichte boten sie sämtlichen Mitarbeitern finanzielle Garantien für das gesamte Jahr an. Noch beunruhigender ist, dass in Firmen wie Goldman Sachs, wo früher nur ganz selten ein Mitarbeiter freiwillig ausschied, ausgezeichnete Banker der mittleren Ebene einfach kündigen, ohne einen neuen Job in Aussicht zu haben. Dieses Phänomen war besonders oft zu beobachten, nachdem am 23. Juni 2004 die letzte Tranche der beim Börsengang zugesagten Aktien freigegeben worden war.[8] Und unter den hochrangigen Bankern war die Bereitschaft, für eine kurzfristige Einkommenserhöhung die Firma zu wechseln, nie so groß wie heute.

Was die Klienten anbelangt, so ist bezeichnend, dass die Beratungs-Boutiquen den höchsten Marktanteil aller Zeiten bei Fusionen und Übernahmen erreicht haben. Eigentlich hätte man annehmen müssen, dass die wachsende Neigung der großen Unternehmenskunden zur »Pay-to-play«-Politik den Boutiquen-Firmen schaden würde. »Pay-to-play« bedeutet, dass eine Investment-Bank bestimmten Unternehmen bereits für die Möglichkeit, eine Geschäftspräsentation durchzuführen, zunächst einen Kredit zusagen muss (das heißt, sie muss dafür »bezahlen, mitspielen zu dürfen«). Doch allem Anschein nach bewegt der allgemeine Wertverlust der von den Investment-Banken erbrachten Dienste gemeinsam mit den Zweifeln an ihrer Objektivität und Unabhängigkeit mehr und mehr Unternehmensleiter dazu, sich den Boutiquen zuzuwenden. Das Resultat ist, dass Investment-Boutiquen und regelrechte Finanzsupermärkte, die regelmäßig Bankkredite gewähren, M&A-Anteile auf Kosten der traditionellen reinen Investment-Banken gewonnen haben. Besonders bei den Boutiquen ist der Anstieg spektakulär: Zwischen 1998 und 2004 erhöhte sich ihr Marktanteil bei

Fusionen und Übernahmen von 9 auf 37,9 Prozent,[9] und dieser Trend scheint sich in den letzten beiden Jahren fortgesetzt zu haben.

Alteingesessene Wall-Street-Firmen wie Morgan Stanley und Goldman Sachs werden von den flinken Boutiquen, die auf eine kostspielige Infrastruktur verzichten können, und von den Finanzsupermärkten mit ihren gewaltigen finanziellen Reserven in die Zange genommen. Die *New York Times* zitiert einen Banker, der dieses Schicksal mit dem eines stets schlecht stehenden Tennisspielers vergleicht, der »in der Mitte des Platzes klebt und weder die Duelle am Netz noch den Schlagabtausch an der Grundlinie für sich entscheiden kann«.[10] Dazu kommt, dass die strukturellen Veränderungen anscheinend trotz des jüngsten Anstiegs des Auftragsvolumens bleibende Auswirkungen auf die Investment-Banken haben.[11] Diese Bedrohungen für die Rentabilität dürften die Fixierung der Banker auf die Transaktionen noch verstärken. Die Investment-Banken, die sämtliche Dienstleistungen anbieten, sehen sich unter dem Druck ihrer Kostenstruktur gezwungen, in möglichst kurzer Zeit möglichst viele Geschäfte abzuschließen. Diese Konzentration auf die Transaktionen hat einerseits bei vielen Klienten Zweifel an der Unvoreingenommenheit der Beratung durch die Investment-Banken geweckt und schränkt andererseits die Bandbreite der Aufträge ein, die für die Banken lohnenswert sind.

Unter den Firmen an der Wall Street herrscht nicht einmal Einigkeit darüber, in welchen Geschäftsbereichen sie tätig sind oder sein sollten. Man nehme nur die gegensätzliche Einstellung von Morgan Stanley und Goldman Sachs zum LBO-Geschäft. Morgan Stanley zählte zu den ersten Investment-Banken, die Kapital beschafften, um es in Leveraged Buy-outs zu investieren, doch Anfang 2004 gab die Firma bekannt, sich von ihren Beteiligungsgesellschaften zu trennen.[12] Als diese Gesellschaften größer und größer wurden, stellte Morgan Stanley fest, dass es immer häufiger zum Konkurrenten seiner Klienten wurde, die dieselben Übernahmeziele ins Auge fassten. So wie eine Reihe anderer Firmen gelangte Morgan schließlich zu der Überzeugung, dass es diese Konflikte nur vermeiden konnte, indem es sich vollkommen von seinen Kapitalbeteiligungsgesellschaften trennte.

Goldman Sachs auf der anderen Seite ist zu der Überzeugung gelangt, dass es als börsennotierte Gesellschaft mit einer Marktkapitalisierung von mehr als 50 Milliarden Dollar unmöglich eine angemessene Kapitalrendite erzielen kann, indem es sein Geschäftsmodell in erster Linie auf den für Dienstleistungen erhobenen Gebühren aufbaut. Dies gilt insbesondere in einem Umfeld, in dem die Margen im Beratungs- und Abwicklungsgeschäft mit zunehmender Transparenz der Kapitalmärkte und aufgrund des erbitterten Wettbewerbs auf dem M&A-Markt zusammenschmelzen. Daher hat Goldman sein Kapital in das Trading und in das Beteiligungsgeschäft gesteckt. Die Firma erzielt mittlerweile mehr als 75 Prozent ihres Gewinns in diesen Bereichen. Goldmans jüngster LBO-Fonds ist mit einer Marktkapitalisierung von 8,5 Milliarden Dollar einer der größten der Welt, und die Firma hat die Finanzierung und Beratung langjähriger Klienten eingeschränkt, um ihrer Beteiligungsgesellschaft die Möglichkeit zu geben, bei Übernahmen mit ihnen zu konkurrieren.

Obwohl sich Goldman Sachs im Jahr 2005 erneut die Spitzenposition unter den Investment-Banken sichern konnte, ist fraglich, ob die Firma mit diesem strategischen Zugang ihre Führungsrolle auf dem M&A-Markt noch lange verteidigen kann. Das schmutzige kleine Geheimnis von Goldman ist, dass es in dieser Frage bereits den Rubikon überschritten hat. Das Investment-Banking hat nur noch einen Anteil von knapp 5 Prozent am Gewinn von Goldman Sachs, und der Verlust dieser 5 Prozent ist die einzige Gefahr für die Firma. Und dies ist ein Risiko, das Goldman Sachs einzugehen bereit ist. Wenn Präsident Lloyd Blankfein verkündet, dass »die Bedeutung des Investment-Banking für unsere Firma kaum überschätzt werden kann«, stößt er auf ähnliche Skepsis wie Morgan Stanley mit der Behauptung, während des Booms »nur erstklassige Geschäfte auf erstklassige Art und Weise« zu machen.

Tatsächlich haben sowohl Morgan als auch Goldman recht. Die Investition eigenen Kapitals in Unternehmen beschwört zumindest auf diesem Niveau einen unlösbaren Konflikt mit dem Beratungsgeschäft herauf. Gleichzeitig gibt es immer weniger einzigartige Wettbewerbsvorteile im Finanzierungs- und Beratungsgeschäft, die den Aktionären auf lange Sicht einen zufriedenstellenden Ertrag sichern können. Tatsächlich hat Morgan Stanley trotz der Abstoßung seines LBO-Geschäfts mittlerweile sein Interesse bekundet, sein eigenes Geld einfach gemeinsam mit LBO-Klienten zu investieren, um eine alternative Ertragsquelle zu erschließen.[13] Und CEO Mack hat öffentlich die Absicht bekundet, einen Hedgefonds zu kaufen.

All das scheint der letzten Generation von MBA-Absolventen nicht entgangen zu sein. In ihrer jüngsten Analyse der besten Business Schools zitierte *Business Week* aus einer Umfrage unter MBAs, in der sich herausgestellt hatte, dass »im Jahr 2003 nur 10 Prozent der

Absolventen der elf führenden Business Schools in eine Investment-Bank eintreten wollten, ... der niedrigste Wert seit fast einem Jahrzehnt«.[14] Nur 8 Prozent des Abschlussjahrgangs 2003 der Harvard Business School nahmen einen Job im Investment-Banking an. Man muss bis in die siebziger Jahre zurückgehen, um einen ähnlich niedrigen Wert zu finden.

Welche Maßnahmen könnten dem Beruf und der Branche die frühere Geltung zurückgeben? Würde man in der gegenwärtigen Situation im Sinne Sidney Weinbergs den Grundsatz vorschlagen, nur mit einem großen Unternehmen in jeder Branche zusammenzuarbeiten, so säße man ganz schnell auf der Straße. In letzter Zeit ist der Maßstab eher ein kreatives Klienten- und Konfliktmanagement und eine aggressive Rechtfertigung jeglicher Maßnahme, die geeignet ist, sich ein Geschäft zu sichern. Die Banken errichten interne »chinesische Mauern«, um die Teams, die einander überschneidende Vorhaben verfolgen, voneinander zu isolieren und plausible Ausreden zur Hand zu haben, wenn etwas vollkommen schiefgeht. Und wenn schon eine strenge Regel zur Vermeidung von Interessenkonflikten nicht begrüßt würde, kann man sich die Reaktion auf den Vorschlag vorstellen, Weinbergs Vorstellung wieder auszugraben, ganze Sektoren sollten als zu spekulativ betrachtet werden. Weinberg würde sich im Grab umdrehen, wenn er erführe, dass Goldman Sachs im Jahr 2005 eine Milliarde Dollar an Krediten und Beteiligungskapital für die neue Filmproduktionsfirma der Weinstein-Brüder aufgebracht und sogar eigenes Geld investiert hat, um Vertrauen in das Geschäftsmodell eines Unternehmens zu demonstrieren, das über keinerlei Assets verfügt.[15] Und sollten die Margen der Investment-Banken auch während des gegenwärtigen Aufschwungs gering bleiben, so wird die Neigung dieser Firmen zunehmen, Rechtfertigungen für jedes verfügbare lukrative Geschäft zu finden. Das wiederum wird den langfristigen Ansehensverlust dieser Firmen bei den Unternehmensmanagern beschleunigen.

In seinem Essay »The Death of the Banker« (der kurz vor Beginn jener Zeit erschien, die ich in diesem Buch geschildert habe) vertritt Ron Chernow die Ansicht, die Grundlage für auf dem altmodischen Beziehungsmodell beruhende Bündnisse zwischen Bankern und Unternehmen habe sich bereits »in Luft aufgelöst«.[16] Chernows Begründung für diese These lautet, die Relevanz des Bankers hänge »von seiner Stärke im Verhältnis zu den Kapitalgebern und -nehmern« ab.[17] Als zu Beginn des 20. Jahrhunderts riesige Banken wie J. P. Morgan eine beherrschende Position gegenüber ihren Klienten und einer Vielfalt zersplitterter institutioneller und privater Investoren einnahmen, war es dieser Theorie zufolge im Interesse aller Beteiligten, solche langfristigen Beziehungen einzugehen. Doch in den fünfziger und sechziger Jahren »wurde der Mittelsmann von den beiden anderen Säulen der Finanzgemeinschaft in die Zange genommen«.[18] Auf der einen Seite hatten die Fortune-500-Unternehmen eine Größe erreicht, die es ihnen erlaubte, »auf den Segen einer Bank zu verzichten«.[19] Auf der anderen Seite schuf der Aufstieg gigantischer institutioneller Kapitalverwalter, die die Ersparnisse von Millionen Menschen sammelten, eine Industrie, die in der Lage hätte sein sollen, ohne Unterstützung der Investment-Banken direkt mit den großen Unternehmen zusammenzuarbeiten.

Das Problem von Chernows Hypothese ist, dass die Beziehungen zwischen den Investment-Banken und ihren Klienten Bestand hatten, obwohl sie eigentlich schon vor Jahrzehnten hätten gelöst werden müssen, würde seine Analyse zutreffen. Um dieses »bizarre Phänomen« zu erklären, vergleicht Chernow die Blue-Chip-Konzerne mit »kurzsichtigen Bullen«, die einfach nicht begriffen, dass sie aufgrund der Verschiebung des Machtverhältnisses zwischen Banker und Kunde eigentlich mühelos aus dem Pferch dieser langjährigen Beziehung hätten ausbrechen können.[20]

Fragt man jedoch hochrangige Manager, die seit vielen Jahren im Geschäft sind, so wird man zu hören bekommen, dass sie die Vertrauensbeziehung zu einem Investment-Banker vermissen. Die Rolle, die Sidney Weinberg spielte, wurde von den Unternehmen, die er betreute, sehr geschätzt. Es liegt auf der Hand, dass die Investment-Banken diese Rolle heute nicht mehr spielen. Und die Geschehnisse im vergangenen Jahrzehnt wecken zumindest Zweifel an der Möglichkeit, dass sie diese Position zurückerobern können. Auch ist unklar, ob dieselben Unternehmensleiter damit einverstanden wären, für eine Rückkehr in die gute alte Zeit des Relationship-Banking einem Banker einen exklusiven Betreuungsauftrag zuzugestehen. Fest steht jedoch, dass sich die Manager mehr als 50 Jahre, nachdem solchen Beziehungen in Chernows Augen eigentlich der Todesstoß versetzt wurde, immer noch nach dieser verlässlichen Beratung sehnen.

Auch die Investment-Banker, insbesondere die jungen, träumen davon, eines Tages als Berater das Vertrauen der Industrietitanen zu genießen. Doch selbst jene, die sich aus den »richtigen« Gründen für diese Tätigkeit entscheiden, anstatt einfach nur der Herde zu folgen, scheinen ihre Illusionen immer rascher zu verlieren.

Chernow hat mit Sicherheit recht in Bezug auf die makroökonomische Dynamik, die die Beziehungen zwischen den Investment-Bankern und ihren Klienten belastet. Ironischerweise sind genau jene Finanzierungsinstrumente, die sich in Massengüter verwandelt haben, die Grundlage für die Zusammenarbeit mit den Fortune-500-Unternehmen, an denen den Investment-Bankern am meisten liegt. Die einzigen rentablen Nischen, die noch bleiben, sind laut Chernow die »Junk Bonds, die Börsengänge und andere Formen der Finanzierung, die in erster Linie auf kleinere und mittelständische Unternehmen zielen, die keinen Zugang zu den Kapitalmärkten haben«.[21] Mit anderen Worten, die bevorzugten Finanzierungsinstrumente der KSU, mit denen sich die Investment-Banker so ungern befassen!

Glaubt man Chernow, so geht der Trend dahin, dass die größeren Unternehmen einfach sämtliche Tätigkeiten, die früher den Investment-Banken übertragen wurden, selbst übernehmen werden. Doch der Wunsch vieler Führungskräfte nach einem »vertrauenswürdigen Berater« deutet darauf hin, dass sie sich der Gefahren der Inselmentalität bewusst sind, die mit einer umfassenden Verinnerlichung der strategischen Entscheidungsfindung einhergehen. Obwohl die Investment-Banken zahlreiche Anreize haben, auf eine wirklich objektive Beratung zu verzichten, ist dieses Manko unbedeutend im Vergleich zu den Nachteilen einer großen Unternehmensbürokratie. Und die Bürokratie ist im Allgemeinen nicht in der Lage, jene Markt- oder Wettbewerbsaufklärung zu betreiben, die erforderlich ist, um den Entscheidungsträgern fundierte Entscheidungen zu ermöglichen – oder sie hat die unvorteilhafte Neigung, die Informationen im eigenen Interesse zu verfälschen. Je größer ein Unternehmen ist, desto schwerer fällt es seiner Leitung, sich ehrliche, unvoreingenommene, durchdachte und fundierte Informationen zu beschaffen. Die daraus resultierende Einsamkeit weckt in den Unternehmensleitern das Bedürfnis, die in Chernows Augen nicht mehr zeitgemäßen Dienste eines vertrauenswürdigen Investment-Bankers einzuholen.

Es wäre nicht verwunderlich, würde sich der Leser an diesem Punkt fragen, was das ganze Theater soll. Es ist schön und gut, Sidney Weinberg und die goldene Ära des Relationship-Banking zu verklären, aber warum sollte sich jemand Gedanken über die Qualität der Beziehungen zwischen Investment-Bankern und Unternehmensleitern machen? Schließlich verdienen beide Berufsgruppen gemessen an ihren gesellschaftlichen Beiträgen ungeheuerliche Summen Geldes. Was soll's, wenn sie einander nicht vertrauen können? Es vertraut ihnen ja auch sonst niemand!

Doch es steht etwas Bedeutsameres auf dem Spiel Die Investment-Banker könnten und sollten eine größere Aufgabe erfüllen, indem sie die Unternehmensführungen objektiv beraten und beispielsweise darauf hinweisen, dass ein Geschäft eine schlechte Idee ist oder dass eine bestimmte Vorgehensweise beträchtliche Wettbewerbsrisiken mit sich bringt. Werden die Investment-Banken wie Anbieter von geringwertigen Dienstleistungen behandelt, so werden sie genau solche Massenware anbieten. In diesem Fall helfen die Investment-Banker den Unternehmen lediglich gegen Gebühr, genau das zu tun, was sie ohnehin tun wollten. Die »Fairness Opinion« geht vielfach nicht mehr über diese Leistung hinaus. Und das ist nicht gut für die Gesellschaft. Die bevorzugte Entschuldigung der Manager in den jüngsten Firmenskandalen von Enron bis WorldCom (deren Opfer zumeist Kleinanleger und Beschäftigte waren) lautet, sie hätten sich auf ihre Berater verlassen: auf die Rechnungsprüfer, die Rechtsanwälte, die Banker. All diese Berater wurden dafür bezahlt, nur das zu sagen, was man von ihnen hören wollte. Und keiner von ihnen hatte eine ausreichend umfassende Vorstellung von seiner Rolle und seiner Verantwortung, um eine andere Meinung zu äußern.

Neben der Beratung der Unternehmensführungen spielten die Investment-Banken im vergangenen Jahrhundert eine wichtige und konstruktive Rolle bei der Steuerung der Kapitalzuteilung in unserer Wirtschaft. Dass uns die Banken in diesem Bereich wertvolle Dienste erwiesen, war kein Zufall, sondern beruhte auf internen Abläufen, die der Bedeutung der Verantwortung entsprach. Doch heute beruht die Entscheidung einer Investment-Bank, die Emission der Aktien eines Unternehmens zu übernehmen, nicht mehr auf der aufrichtigen Überzeugung, die Investoren sollten diese Aktien halten, sondern lediglich auf der Einschätzung, dass die Investoren davon überzeugt werden können, diese Aktien zu einem bestimmten Preis zu erwerben. So, wie die Unfähigkeit der Rechtsanwälte, ihre Funktion als »Rechtspfleger« zu erfüllen, anstatt sich einfach als käufliche »Rechtsverdreher« zu verdingen, den Respekt für sie und das Rechtssystem als Ganzes geschmälert hat, untergräbt die immer häufiger zu beobachtende Söldnermentalität der Investment-Banken das Vertrauen in unsere Finanzmärkte und ihre Effizienz.

Europäische Führungskräfte sehen den Unterschied zwischen ihrer und der amerikanischen Kultur darin, dass das Verhalten in Europa auf Prinzipien beruhe, während es in den Vereinigten Staaten streng geregelt sei. Das zeigte sich nach Meinung der Europäer in verschiedenen Bereichen. Da ist der grundlegende Unterschied zwischen den amerikanischen Grundsätzen der ordentlichen Rechnungslegung und den internationalen Grundsätzen der ordentlichen Rechnungslegung. Und die Rechtfertigung für die schlimmsten Firmenskandale in den Vereinigten Staaten beruht immer auf einer Auslegung einer bestimmten Regel, gleichgültig, ob die Handlung im Prinzip korrupt war. Man könnte die Ansicht vertreten, dass die Saat des Enron-Skandals ausgebracht wurde, als es Jeff Skilling gelang, zuerst den Prüfungsausschuss von Enron und anschließend die Börsenaufsichtsbehörde dazu zu bewegen, die Verwendung der »Mark-to-market«-Methode der Buchführung in der Erdgasindustrie zu erlauben.[22] So konnte das Unternehmen die Erträge jedes Quartal ausgehend von seinen eigenen »Schätzungen« des zukünftigen Werts der Erdgasverträge anpassen, und diese Verträge hatten Laufzeiten von bis zu 20 Jahren. Tatsächlich machte Skilling die Übernahme des Jobs bei Enron von dieser Genehmigung abhängig, und er behauptet immer noch, alle seine Maßnahmen zur Steuerung der Erträge während des Zusammenbruchs des Konzerns hätten der »genehmigten« Buchführungsmethode entsprochen.

Die europäische Methode der Unternehmensverwaltung ist im Allgemeinen kaum nachahmenswert, aber die Kritik, die Amerikaner hielten sich allzu oft an die Buchstaben des Gesetzes, anstatt seinem Geist zu entsprechen, klingt durchaus überzeugend. Die Europäer meinen, dass in den Vereinigten Staaten jedermann ein Rechtsanwalt ist, und zwar ein ziemlich guter. Die Folge ist, dass die Allgemeinheit ungeschützt ist. Wenn sich die Fachleute nicht an den Werten ihres Berufsstands orientieren, können uns auch noch so viele Regeln nicht schützen.

Damit sind wir erneut bei den Werten, für die Sidney Weinberg stand. Die Geschehnisse im vergangenen Jahrzehnt machen es noch schwieriger, die von Chernow beschriebenen strukturellen Probleme zu überwinden, die eine Renaissance des Relationship-Banking unwahrscheinlich machen. Doch angesichts der unübersehbaren Enttäuschung darüber bei den Managern der Unternehmen und auch bei den Bankern sollte es möglich sein, zumindest einen Teil der verlorenen Werte zu neuem Leben zu erwecken. Die Fragen, ob es den Investment-Banken gelingen wird, eine Antwort auf die Frage zu finden, wer die Lücke füllen kann, sollte es ihnen nicht gelingen, und welche Gestalt die Branche im einen oder anderen Fall annehmen wird, sind nicht Thema dieses Buches. Ich habe versucht zu erklären, wie wir in die gegenwärtige Situation geraten sind, in der Hoffnung, dass wir gemeinsam einen Weg finden werden, um Sidney J. Weinbergs Berufsethos erneut Geltung zu verschaffen.

Anmerkungen

Vorwort

1 Robert Berner und David Kiley, »Annual Report: Global Brands«. In: *Business Week*, 1. August 2005.
2 Landon Thomas Jr., »Out of the Tar Pits, Into the House of Morgan“. In: *New York Times*, 3. April 2005.
3 Ebda.
4 Charles Gasparino, »Wall Street: Stand by This Man«. In: *Newsweek*, 4. April 2005.

Kapitel 1: Ein Hühnchen in jedem Topf

1 *SuperMarketing*, 20. März 1987, 32.
2 »Secrets of the City: Survivors – Mergers and Acquisitions«. In: *Times*, 16. April 1992.

Kapitel 2: Ein Investment-Banker durch Zufall

1 Zu meiner Verblüffung wurde ich wenige Tage nach Beginn meiner Tätigkeit in London zu einer Reihe von Einstellungsgesprächen aufgefordert, die vermutlich dazu dienten, eine ordnungsgemäße Personalakte zu erstellen.

Kapitel 3: Ein Imperium für sich

1 William Lewis, »Mr. Levy Walks Tall on Wall Street«. In: *Financial Times*, 23. Januar 1998.
2 Lisa Endlich, *Goldman Sachs: The Culture of Success* (New York: Knopf, 1999), 169.
3 Barry E. Supple, »A Business Elite: German-Jewish Financiers in Nineteenth-Century New York«. In: *Business History Review*, Bd. 31, Nr. 2 (Sommer 1957), 145.
4 Der erste Partner, der nicht der Familie Lehman angehörte, wurde fast 70 Jahre nach der Gründung der Firma im Jahr 1924 aufgenommen.
5 Michael C. Jensen, *The Financiers: The World of the Great Wall Street Investment Banking Houses* (New York: Weybright and Talley, 1976), 195. Der erste von der Firma betreute Börsengang war jener

von United Cigar im selben Jahr, aber der Börsengang von Sears gilt allgemein als Goldmans Durchbruch in der Branche.

6 Neal Gabler, *An Empire of Their Own: How the Jews Invented Hollywood* (New York: Crown, 1988).

7 Jean Strouse, *Morgan: American Financier* (New York: Random House, 1999), 537–538.

8 Waddill Catchings war nicht der erste Partner, der nicht der Familie angehörte. Diese Ehre gebührt Henry S. Bowers.

9 J. P. Morgans Investmentgesellschaft erging es beim Crash fast ebenso schlecht, doch Morgan hatte ihr klugerweise nicht seinen eigenen Namen gegeben, sondern sie United Corp. genannt.

10 Vgl. Peter Chippendale und Suzanne Franks, *Dished! The Rise and Fall of British Satellite Broadcasting* (London: Simon & Schuster, 1991); Mathew Horsman, Sky High: *The Amazing Story of BSkyB – and the Egos, Deals and Ambitions that Revolutionised TV Broadcasting* (London: Orion, 1997).

11 Horsman, *Sky High*, 132.

Kapitel 4: »Fragen wir Sidney Weinberg«

1 Endlich, *Goldman Sachs*, 124.

2 Odlum, der lange Jahre Goldmans Klient blieb, stieß die Gesellschaft kurze Zeit später mit Gewinn ab.

3 John Kenneth Galbraith widmete Catchings und Goldman besondere Aufmerksamkeit. Vgl. John Kenneth Galbraith, *The Great Crash: 1929* (New York: Houghton Mifflin, 1954), 147.

4 Sidney J. Weinberg, »The Functions of a Corporate Director«, Rede vor dem Harvard Business School Club in Cleveland, 31. Mai 1949. Die Rede kann auf der Website von Goldman abgerufen werden.

5 Robert Sheehan, »Let's Ask Sidney Weinberg«. In: *Fortune*, Oktober 1953.

6 Ebda.

7 E. J. Kahn, Jr., »The Director's Director – I«. In: *New Yorker*, 8. September 1956.

8 Ebda.

9 Ebda.

10 Ron Chernow, *The House of Morgan: An American Banking Dynasty and the Rise of Modern Finance* (New York: Grove, 1990), 513.

11 E. J. Kahn, Jr., »The Director's Director – I«. In: *New Yorker,* 8. September 1956.
12 Beth McGoldrick, »Inside the Goldman Sachs Culture«. In: *Institutional Investor,* Januar 1984.
13 Lynn Cowan, »Deals & Deal Makers: Goldman Sachs CEO Apologizes for Layoff Comments«. In: *Wall Street Journal,* 4. Februar 2003.

Kapitel 5: Was ein Investment-Banker wirklich tut

1 Diese drei Begriffe werden in diesem Buch abwechselnd verwendet.
2 Sharon Schmickle und Tom Hamburger, »U.S. Justices took trips from West Publishing«. In: *Minneapolis Star Tribune,* 5. März 1995. Vgl. auch Chris Ison, »West calls stories ›tabloid journalism‹«. In: *Minneapolis Star Tribune,* 6. März 1995.

Kapitel 6: Die Kultur der M&A-Abteilung

1 Cary Reich, *Financier: The Biography of Andre Meyer* (New York: Wiley, 1983), 234.
2 E. M. Christner, »Goldman Sachs Celebrates Its First 100 Years«. In: *Investment Dealers' Digest,* 9. Dezember 1969.
3 Chernow, *House of Morgan,* 595.
4 Bruce Wasserstein, Big Deal: *Mergers and Acquisitions in the Digital Age* (New York: Warner Business, 1998), 560.
5 Irwin Ross, »How Goldman Sachs Grew and Grew«. In: *Fortune,* 9. Juli 1984.
6 Ebda.
7 Paul M. Scherer, »Heard on the Street: Goldman Sachs Sees Hostile Bids in New Light«. In: *Dow Jones Business News,* 10. Juni 1999.
8 Chernow, *House of Morgan,* 597.
9 *House of Morgan,* 597.
10 Michael Peltz, »Wall Street's no-name merger gang«. In: *Institutional Investor,* März 1996.
11 Endlich, *Goldman Sachs: The Culture of Success,* 61.
12 John C. Whitehead, *A Life in Leadership: From D-Day to Ground Zero* (New York: Basic Books, 2005), 127.
13 Obwohl Jimmys Bruder John Livingston Sue Ann Gotshal aus jener jüdischen Familie heiratete, die die bekannte Rechtsanwaltsfirma Weil Gotshal and Manges gegründet hatte, war ihre Mutter eine Anhängerin der Christian Science und die Familie praktizierte den jüdischen Glauben nicht.

14 Andrew Barry, »King's Ransom for Lazard: Wasserstein, other insiders benefit royally over new shareholders«. In: *Barron's*, 9. Mai 2005.

Kapitel 7: Der Aufstieg John Thorntons

1 Die Firma gab sich größte Mühe, ihre Entschlossenheit zu vermitteln, eine unabhängige Privatfirma zu bleiben. Vgl. Leah Spiro, »Inside The Money Machine: In a big-isall business, Goldman vows to go it alone«. In: *Business Week*, 22. November 1997.
2 Anita Raghavan und Michael Siconolfi, »Goldman Sachs Drops Idea of a Public Sale«. In: *Wall Street Journal*, 21. Januar 1996.
3 Kate Kelly, »Lenzner, Through a Darker Lens«. In: Time, 10. Juli 2000.
4 Andrew Garfield, »Rise of the Goldman Boy«. In: *Independent – London*, 17. März 1999.
5 Anita Raghavan und Patrick McGeehan, »Corzine Resigns as Co-CEO at Goldman Sachs«. In: *Wall Street Journal*, 12. Januar 1999.
6 Joseph Kahn, »Goldman, Sachs Tries to Soothe Limited Partners«. In: *New York Times*, 30. Juli 1998.
7 Endlich, *Goldman Sachs*, 267.
8 Corzine war nicht dumm. Er hatte die Partnerschaftsvereinbarung dahingehend geändert, dass im Executive Committee 80 Prozent der Stimmen erforderlich waren, um die Firmenleitung auszutauschen. Das bedeutet, dass Paulson, Thornton und Thain zusätzlich das andere Ausschussmitglied Bob Hurst von ihrem Plan überzeugen mussten. Hätte Corzine eine solche Entwicklung für möglich gehalten, so hätte er jedoch nie zugelassen (oder, wie manche sagen, gefördert), dass sein Verbündeter Zuckerberg aus dem Ausschuss ausschied.
9 Vgl. Randall Smith, »Going Public Challenges Goldman's Venerable Culture«. In: *Wall Street Journal*, 1. Mai 2000.
10 Stanley Reed und Joyce Barnathan, »Goldman's ›Dealmaker Supreme‹«. In: *Business Week*, 25. Januar 1999.

Kapitel 8: Morgans Haus

1 Cary Reich, *Financier: The Biography of Andre Meyer: A Story of Money, Power, and the Reshaping of American Business* (New York: Morrow, 1983), 50–51.

2 Brief Russell C. Leffingwells an Franklin Roosevelt, zitiert nach Ron Chernow, *The House of Morgan: An American Banking Dynasty and the Rise of Modern Finance* (New York: Grove, 1990), 386.
3 Chernow, *House of Morgan*, 500.
4 Chernow, *House of Morgan*, 511.
5 Chernow, *House of Morgan*, 623.
6 Chernow, *House of Morgan*, 24.
7 Beth McGoldrick, »Inside the Goldman Sachs culture«. In: *Institutional Investor*, Januar 1984.
8 Interview mit John Whitehead. In seiner kürzlich erschienenen Autobiografie erzählt Whitehead diese Geschichte, zitiert Weinberg allerdings mit den Worten »Bei uns laufen sie seit jeher herum«. Vgl. John C. Whitehead, *A Life in Leadership: From D-Day to Ground Zero* (New York: Basic Books, 2005), 86.
9 Ann Monroe, »Can Joe Perella's New Marriage Work?«. In: *Investment Dealers' Digest*, 7. November 1994.
10 Professor Ashish Nanda von der Harvard Business School hat sich eingehend mit dem »Produzent-Manager-Dilemma« beschäftigt und auch einen Vortrag zum Thema vor einer Versammlung von Managing Directors bei Morgan Stanley gehalten. Er hat gemeinsam mit dem ehemaligen Leiter der Entwicklungsabteilung von Morgan Stanley, Thomas Delong, ein Lehrbuch verfasst: *Professional Services: Text and Cases* (New York: McGraw-Hill/Irwin, 2003).
11 Richard Johnson, »Cigar incites horsey hooliganism«. In: *New York Post*, 7. Mai 1998.

Kapitel 9: Risse in der Fassade

1 *Thomson Financial.*
2 Chernow, *House of Morgan*, 628.
3 Charles Gasparino und Ann Davis, »Morgan Stanley Case Illustrates Less Tolerance in Bias Claims«. In: *Wall Street Journal*, 14. September 1999.
4 Larry Celona, Adam Miller und Gersh Kuntzman, »Wall Street Hothead Quizzed in Slaying of Russian Model«. In: *New York Post*, 15. September 1999.
5 Kate Kelly, »Morgan Stanley's Season in Hell«. In: *New York Observer*, 27. September 1999.

6 Laurens Eltern gründeten eine nach ihr benannte Stiftung, die sozial benachteiligten Studenten Stipendien für das Smith College gewährt.

7 *In Howling at the Moon: The Odyssey of a Monstrous Music Mogul in an Age of Excess* (New York: Broadway Books, 2004) hat Walter seine eigene Version der Ausschweifungen in jener Zeit erzählt. Eine weniger bissige, jedoch ausgewogenere Beurteilung von Walters Herrschaft liefert Fredric Dannen. Vgl. Fredric Dannen, *Hit Men: Power Brokers & Fast Money Inside the Music Business* (New York: Random House, 1990). In meiner Zeit bei Goldman arbeitete ich kurz an der Finanzierung eines neuen Plattenlabels für den geläuterten Yetnikoff mit. Das Label trug den Namen Velvel (die jiddische Form von – wie könnte es anders sein – »Walter«).

8 Das fünfte Gebot hat Whitehead in seiner jüngst erschienen Autobiografie seltsamerweise ausgelassen. Er erwähnt nur neun Gebote. Vgl. *A Life in Leadership*, 106. Obwohl ich den Verdacht hege, der Fall liege ähnlich wie jener der Großmutter, die eine wichtige Zutat aus einem Familienrezept auslässt, damit das Gericht nie genau kopiert werden kann, hat Whitehead mir versichert, es habe sich lediglich um einen Flüchtigkeitsfehler gehandelt.

9 Elizabeth Douglas, »Another Name at Global Stands Out: Former Chief Executive Thomas Casey was at the helm during the period that is of most interest to investigators«. In: *Los Angeles Times*, 27. Oktober 2002.

10 Steven Lipin, »How a Little Start-Up With No Revenue Attracted an All-Star Board«. In: *Wall Street Journal*, 14. Dezember 1999. Price hat mittlerweile eine ungemein erfolgreiche Karriere als Investment-Banker aufgenommen. Vgl. Heidi Moore, »Price Points«. In: *The Deal*, 12. April 2004.

11 Nicht jedermann machte sich Illusionen. Nina Munks gibt in *Fools Rush In: Steve Case, Jerry Levin and the Unmaking of AOL Time Warner* (New York: Harper Business, 2004), 123–129, ein vernichtendes Urteil darüber ab, wie Case und seine Berater ihre überbewerteten Aktien optimal zu nutzen versuchten und schließlich über das unglückliche Time Warner und den emotional instabilen Jerry Levin herfielen.

12 Den Titel verlieh ihr Andrew Barry in einem Artikel, der in *Barron's* erschien. Vgl. Andrew Barry, »Net Queen: How Mary Meeker Came to Rule the Internet«. In: *Barron's*, 21. Dezember 1998.

13 De Baubigny gründete später eine Weinhandlung in San Francisco.
14 Diese und ähnliche Seiten sind in Anhang IX des *European Internet Report* aus dem Juni 1999 abgedruckt, der eine von mehreren Nachfolgepublikationen des ursprünglichen *Internet Report* darstellt. Keiner der folgenden Analyseberichte wurde für die kommerzielle Verbreitung gedruckt.
15 Peter Elkind, »Where Mary Meeker Went Wrong«. In: *Fortune*, 14. Mai 2001.
16 Vgl. z.B. Randall Smith, »High Tech Banker Scores Deals With Mule and ›Rocky Raccoon‹«. In: *Wall Street Journal*, 24. September 1999.
17 *Equity Ownership in America, 2002*, Investment Company Institute and the Securities Industry Association.
18 Susan Pulliam und Randall Smith, »Silicon Touch: For Frank Quattrone, With a Fief at CSFB, Tech Was a Gold Mine – Both Banker and Investor, He Made the Most of IPOs and Venture-Capital Ties – Getting in On the Ground Floor«. In: *Wall Street Journal*, 3. Mai 2001.
19 Andrew P. Madden, »The German Occupation – Frank Quattrone aims to build a new breed of technology investment bank by hitching his wagon to a European powerhouse«. In: *The Red Herring*, 1. Mai 1996.
20 Ann Monroe, »Under a magnifying glass at Deutsche Morgan Grenfell«. In: *Investment Dealers' Digest*, 3. Februar 1997.
21 Vgl. »Rocky Raccoon« für ein dokumentiertes Beispiel dieses Phänomens.
22 Vgl. »Silicon Touch«.
23 Gregg Worth, »Frank Quattrone: Figuring out his next move?«. In: *Investment Dealers' Digest*, 15. Mai 2000.
24 E. S. Browning, »Party On: Despite Slump, Wall Street Binges on Pay and Perks«. In: *Wall Street Journal*, 18. September 2000.

Kapitel 10: Das Drama des begabten Bankers

1 »Business Best Sellers«. In: *New York Times*, 26. Juni 1983, F15.
2 Rakesh Khurana, »The Curse of the Superstar CEO«. In: *Harvard Business Review*, September 2002.
3 Kevin Murphy und Jan Zabojnik, »Managerial Capital and the Market for CEOs«. In: *Marshall School of Business, University of Southern California, Working Paper*, Dezember 2003.

4 J. Pfeffer und C. T. Fong, »The end of business schools? Less success than meets the eye«. In: *Academy of Management Learning and Education,* (2002) 1, 78–95.
5 Katherine Boo, »The Drama of the Gifted Vice President«. In: *Washington Post Magazine,* 28. November 1993.
6 Alice Miller, *The Drama of the Gifted Child: The Search for the True Self* (New York: Basic Books, 1981), 5–6.

Kapitel 11: Auf der Seite des Käufers

1 Beispielsweise erregte die gescheiterte Auktion von MGM großes Aufsehen. Vgl. Yvetter Kantrow, »Media Maneuvers: Echo Chamber«. In: *The Daily Deal,* 18. Januar 2002. Dass es MGM Ende 2004 schließlich gelang, zwei Kaufinteressenten dazu zu bewegen, beinahe 5 Milliarden Dollar zu bieten, deutet darauf hin, dass die Krise zu diesem Zeitpunkt überstanden war.
2 »R. H. Donnelley Resumes Share Repurchase Program After Suspending Process to Explore Possible Sale of Company«. In: *Business Wire,* 5. Dezember 2000.
3 Im Februar 2002 wurde Morgan Stanley so wie alle anderen großen Firmen aufgefordert, auf eine förmliche Aufforderung zur Einreichung von Vorschlägen für den Verkauf seiner Verzeichnisse zu antworten. Obwohl jede Bank lieber den Verkäufer als einen von vielen potenziellen Käufern vertreten würde, wurde Morgan Stanley aufgrund seine schlechten Beziehungen zu den etablierten Telekoms, die die Branchenverzeichnisse besaßen, nie ernsthaft für eine dieser Transaktionen in Erwägung gezogen.
4 Erin E. Arvedlund, »Who Will Buy Bear Stearns? – Dull businesses and scandal taint this odd Wall Street firm«. In: *Barron's,* 7. August 2000.

Kapitel 12: »Bewahren wir den roten Teppich für die Stars auf«

1 Lauren R. Rublin, »What Now? Some Street seers say the halcyon days of the market are over«. In: *Barron's,* 16. Oktober 2000.
2 Dina Temple-Raston, »Layoff clouds start to gather but surge in last week's numbers may exaggerate actual job losses«. In: *USA Today,* 29. Januar 2001.
3 Tara Siegel, »Citigroup to Lay Off ›Several Hundred‹ Workers«. In: *Dow Jones News Service,* 3. April 2001.

4 Roger Lowenstein schätzt, dass die Telekom-Start-ups während des Booms zwanzigmal mehr Kapital auftrieben als die neu gegründeten Internetunternehmen. Vgl. Lowenstein, *Origins of the Crash: The Great Bubble and Its Undoing* (New York: Penguin, 2004), 159.

5 Investment-Banken kaufen oft große Mengen an Wertpapieren, um sie anschließend weiterzuverkaufen. Das wird bei Börsengängen nie und bei Anschlussemissionen selten getan, da diese im Normalfall der Erhöhung des Eigenkapitals dienen.

6 Obwohl Harland nominell der globale Leiter der Gruppe war, wurde der europäische Telekombereich seit langem von dem begabten Paulo Pereira geleitet, der sich anders als Harland auf die Betreuung der großen europäischen Telekom-Konzerne konzentrierte. Pereiras Enttäuschung über Harlands Vorgehensweise bewegte ihn dazu, über einen Wechsel zu Goldman Sachs nachzudenken, aber die Führung von Morgan konnte ihn umstimmen. Vgl. »Morgan Stanley Executive Decides to Stay«. In: *Bloomberg Business News*, 9. Oktober 2001. Schließlich schied Pereira doch bei Morgan aus, ging allerdings nicht zu Goldman. Stattdessen folgte er Joe Perella in die neue Investment-Boutique, die der ehemalige Leiter der Investment-Banking-Abteilung von Morgan Stanley gegenwärtig aufbaut. Vgl. Carrick Mollenkamp, Jason Singer, Michael Wang, »Morgan Stanley names new Europe M&A chief – Macdonald tapped as Pereira prepares to join Perella's firm«. In: *Wall Street Journal Europe*, 27. Januar 2006.

7 Bethany McLean, »Goldman Sachs: Inside the Money Machine«. In: *Fortune*, 6. September 2004.

8 Koenig ging Ende 2004 in den Ruhestand. Vgl. »Observer Column: Restart?« In: *Financial Times* (US-Ausgabe), 23. Dezember 2004.

Kapitel 13: Ein Blick von oben

1 Der größte Fehlschlag war der Versuch von American Express, in den achtziger Jahren Shearson Loab Rhoades mit Lehman Brothers zu verschmelzen.

2 »Zu den Dingen, die im Lauf der Zeit in Vergessenheit geraten«, erklärte Chairman David Komansky von Merrill Lynch zum Zeitpunkt der Fusion, »ist die Tatsache, dass Merrill Lynch sehr lange brauchte, um sein Investment-Banking aufzubauen.« Vgl. Tracy Corrigan, »Scenes from a One-Sided Marriage«. In: *Financial Post*, 25. Juli 1997.

3 Vgl. Anita Raghavan und Patrick McGeehan, »Dean Witter's Purcell Gets His Day After Hits and Misses«. In: *Wall Street Journal,* 13. Februar 1997.

4 Charles Gasparino und Anita Raghavan, »Survivor: How Dean Witter Boss Got the Upper Hand in Merger With Morgan«. In: *Wall Street Journal,* 22. März 2001.

5 Vgl. »Purcell Gets His Day.«

6 Leah Nathans Spiro, »Class Meets Mass on Wall Street: Morgan Dean Witter could change the balance of power«. In: *Business Week,* 17. Februar 2001.

7 Leslie Alan Horvitz, »White Shoes Meet White Socks As Morgan Marries Dean Witter«. In: *Insight,* 26. Mai 1997.

8 Mack behauptete, von mehr als 40.000 Arbeitsplätzen würden lediglich 250 gestrichen werden. Vgl. »One-Sided Marriage«.

9 Patrick McGeehan und Bridget O'Brian, »The Morgan Stanley/Dean Witter Deal – Conflicts of Cultures Could Occur«. In: *Wall Street Journal,* 6. Februar 1997.

10 In der Presse wurde berichtet, der Ernennungsausschuss sei zum Zeitpunkt der Vereinbarung noch nicht bestimmt gewesen. Anita Raghavan, »Morgan Stanley Puts More in Stock Than in the Title«. In: *Wall Street Journal,* 7. Februar 1997.

11 Vgl. »Survivor«.

12 Im Ernennungsausschuss saßen ursprünglich gleich viele Vertreter beider Seiten, doch den Vorsitz hatte ein Gefolgsmann von Purcell inne. Die folgenden Ereignisse zeigten, wer am Steuer saß.

13 Vgl. »Survivor«.

14 Ebda.

15 Charles Gasparino, »Will Two Wall Street Reign Makers Cede Their Thrones? – A Handshake Agreement Adds to the Tense Times at Morgan Stanley«. In: *Wall Street Journal,* 19. Januar 2001.

16 Vgl. »Conflicts of Cultures«.

17 Vgl. »Survivor«.

18 Emily Thornton, »Morgan Stanley: Life After Mack«. In: *Business Week,* 12. Februar 2001.

19 Andy Serwer, »Khrushchev's Revenge«. In: *Fortune,* 12. Oktober 1998.

20 Vgl. »Survivor«.

21 Laurie P. Cohen, »Morgan Stanley's Top Lawyer Draws Increasing Scrutiny«. In: *Wall Street Journal,* 4. Juni 1999.

22 Ebda.
23 Patrick McGeehan, »At Dean Witter, Merger Creates Job Limbo«. In: *Wall Street Journal,* 24. Februar 1997.
24 Kate Kelly, »Morgan Stanley's Season in Hell«. In: *New York Observer,* 27. September 1999.
25 Landon Thomas Jr., »Morgan Stanley's Hot Guy Folds It Up and Goes Home«. In: *New York Observer,* 16. Oktober 2000. Thomas zitiert Quellen, die erklärten, allein bei drei Emissionen lägen die herabgestuften Positionen der Firma »jenseits von 500 Millionen Dollar«. Obwohl Morgan Stanley diese Schätzungen wiederholt als deutlich überhöht bezeichnete, fielen die Verluste im Telekomsektor letzten Endes sehr viel höher aus.
26 Jonathan Stempel, »Morgan Stanley junk telecom bonds perform worst – analyst«. In: *Reuters News,* 11. Oktober 2000. Salomon zog den Bericht schließlich auf Ersuchen von Morgan Stanley zurück. Vgl. Jonathan Stempel, »Salomon pulls Morgan Stanley junk bond analysis«. In: *Reuters News,* 13. Oktober 2000.
27 Randall Smith und Paul Sherer, »Morgan Stanley Bond Executive Resigns After Recent Management Restructuring«. In: *Wall Street Journal,* 6. Oktober 2000.
28 Tom Barkley, »Morgan Stanley Eliminates Head Trader, Others on Junk Bond Team«. In: *Dow Jones Business News,* 19. November 2002.
29 Vgl. Pallavi Gogol, »Junk Bond Kings: MSDW's Melchiorre A Jack of All Trades«. In: *Dow Jones News Service,* 9. Juni 1999. Gogol erklärt, dass bei allem Talent Anthonys als Hybridexperte, der »zum Teil Investment-Banker, beinahe ein Analyst und ein großartiger Verkäufer« sei, aus Sicht des Klienten eigentlich die »gewaltigen Kapitalinvestitionen ausschlaggebend für die Fähigkeit eines Händlers« seien.
30 Pallavi Gogol, »Four Men Hold Sway Over Junk Bond World«. In: *Wall Street Journal,* 15. Juni 1999.
31 »Morgan Stanley Changes Parent Company Name«. In: *Business Wire,* 18. Juni 2002. Der Name »Discover« war im Jahr 1998 aus dem Firmennamen gestrichen worden. Vgl. »Holders Approve New Morgan Stanley Dean Witter & Co. Name«. In: *Dow Jones News Service,* 24. März 1988.

32 Sehr anschaulich dokumentiert wurde dies von Ken Auletta in *Greed and Glory on Wall Street: The Fall of the House of Lehman* (New York: Random House, 1986).
33 Charles R. Geisst, *The Last Partnerships: Inside the Great Wall Street Money Dynasties* (New York: McGraw-Hill, 2001), 128.
34 Ann Davis, Randall Smith und Charles Gasparino, »Merrill Lynch's Cost Cutter Is Out Himself«. In: *Wall Street Journal,* 30. Juli 2003.
35 Ebda.

Kapitel 14: Der Mythos der Meritokratie

1 Jonathan A. Knee, »Lack of Opportunities May Benefit Graduates«. In: *Atlanta Constitution,* 28. Mai 2002.

Kapitel 16: Der lange Abschied

1 Die Zahlung unter der Hand sollte kaschiert werden, indem man mir die Möglichkeit einräumen würde, meine Morgan-Aktien mit Sperrfrist zu behalten.
2 Und ich erhielt meine Aktien leider nicht.
3 James Politi und David Wells, »Wall Street hums a different tune: Investment Banking: Top Financiers are starting to appreciate the merits of the small-timedeal«. In: *Financial Times,* 23. August 2004.
4 Ebda.

Nachwort: Auf der Suche nach Sidney Weinberg

1 Jenny Anderson, »Optimism on Wall Street. Over Size of Bonuses«. In: *New York Times,* 8. November 2005. Vgl. auch Gene Colter »Wall Street Bonuses Enhance American Dream: In New York, It's 2 BRs and a Meditation Garden«. In: *Wall Street Journal,* 7. Januar 2006.
2 David Litterick, »Wall Street Life, Scores Score As Payouts Soar While Non-Bankers Suffer Bonus Envy«. In: *Daily Telegraph,* 14. Januar 2006.
3 Susanne Craig, »Street's Weather: Bonus Showers,« In: *Wall Street Journal,* 8. November 2005.
4 Avital Louria Hahn, »A Rebound Year for CEOs: After taking pay cut in 2002, Wall Street's top executives more than made up for it in 2003«. In: *Investment Dealers' Digest,* 15. März 2004.

5 Patrick McGeehan, »For Wall Street Chiefs, Big Paydays Continue«. In: *New York Times,* 23. März 2004.

6 Susanne Craig, »Street's Weather: Bonus Showers«. In: *Wall Street Journal,* 8. November 2005.

7 Landon Thomas Jr., »Staff Issues Hampering Morgan's Recovery«. In: *New York Times,* 24. November 2005.

8 Carolyn Sargent und Judy McDermott, »This Trader Exodus Has Legs: More and more big names defect from sell side to hedge funds«. In: Investment Dealers' Digest, 14. März 2005.

9 Denise Lugo, »Life After Goldman«. In: *Investment Dealers' Digest,* 24. Mai 2004.

10 Avital Louria Hahn, »Banking the Old Fashioned Way«. In: *Investment Dealers' Digest,* 17. Mai 2004.

11 Landon Thomas Jr., »The Incredible Shrinking Investment Bank: Will Merrill Lynch and Morgan Stanley Become Wall Street Relics?« In: *New York Times,* 17. Oktober 2004.

12 Robin Sidel, Erik Portanger und Jathon Sapsford, »Investment Banks See Fees Shrink in Battle With New Rules, Rivals«. In: *Wall Street Journal,* 18. Mai 2004.

13 David Carey und John E. Morris, »Morgan Stanley spins off PE unit«. In: *Daily Deal,* 27. Februar 2004.

14 Einige Investment-Banken sehen in der direkten »Ko-Investition« in LBO-Geschäfte eine Möglichkeit, Interessenkonflikte zu vermeiden und dennoch die entsprechenden Ertragschancen zu nutzen. Vgl. Randall Smith, »How Merrill CEO Warms to Risk«. In: *Wall Street Journal,* 8. Dezember 2005. Die Idee ist, Auseinandersetzungen um Investoren und Transaktionen mit den großen Private-Equity-Firmen zu vermeiden, da diese die größten Klienten der Investment-Banken sind. Ein solcher Wettbewerb ist unvermeidlich, wenn eine Bank eigene Unternehmensbeteiligungsgesellschaften gründet. Allerdings sichert dieser Zugang den Banken keine vergleichbaren Erträge und ist auch nicht unbedingt geeignet, Interessenkonflikte zu vermeiden. Ein beträchtlicher Anteil der LBO-Erträge entfällt auf eine jährliche Gebühr für die verwalteten Milliarden, die nicht vom Erfolg der Geschäfte abhängt. Und als Ko-Investor muss eine Investment-Bank schwierige Verhandlungen mit ihrem »Klienten« über die Bedingungen und Verwaltungsrechte führen.

15 Emily Thornton, »Wall Street? Thanks, I'll Pass«. In: *Business Week,* 18. Oktober 2004.

16 David Carr, »Placing Bets On Miramax The Sequel«. In: *New York Times*, 31. Oktober 2005.
17 Ron Chernow, The Death of the Banker: *The Decline and Fall of the Great Financial Dynasties and the Triumph of the Small Investor* (New York: Vintage, 1997), 24.
18 Ebda., 7.
19 Ebda., 49.
20 Ebda., 48.
21 Ebda.
22 Ebda., 73.
23 Bethany McLean und Peter Elkind, *The Smartest Guys in the Room: The Amazing Rise and Scandalous Fall of Enron* (New York: Portfolio, 2003), 39–42.

Stichwortverzeichnis